舒国滢

著

法哲学
立场与方法

增订版

广西师范大学出版社

GUANGXI NORMAL UNIVERSITY PRESS

桂林·

FAZHEXUE: LICHANG YU FANGFA ZENGDING BAN
法哲学：立场与方法（增订版）

出 品 人：赵运仕　　　项目策划：乐律文化
责任编辑：田　晨　　　责任技编：伍智辉
特约编辑：高惠娟　　　装帧设计：徐俊霞
　　　　　范　娟　　　　　　　　俸萍利

图书在版编目（CIP）数据

法哲学：立场与方法：增订版 / 舒国滢著. --桂林：
广西师范大学出版社，2023.6
　　ISBN 978-7-5598-6004-0

Ⅰ．①法… Ⅱ．①舒… Ⅲ．①法哲学 Ⅳ．①D90

中国国家版本馆 CIP 数据核字（2023）第 078282 号

广西师范大学出版社出版发行

（广西桂林市五里店路 9 号　邮政编码：541004　）
　网址：http://www.bbtpress.com
出版人：黄轩庄
全国新华书店经销
广西广大印务有限责任公司印刷
（桂林市临桂区秧塘工业园西城大道北侧广西师范大学出版社
集团有限公司创意产业园内　邮政编码：541199）
开本：880 mm × 1 240 mm　1/32
印张：16.625　　字数：300 千
2023 年 6 月第 1 版　　2023 年 6 月第 1 次印刷
定价：108.00 元

如发现印装质量问题，影响阅读，请与出版社发行部门联系调换。

序

　　本书增订版在原来所集六篇文章的基础上新增近年发表的另六篇文章，主题涉及法哲学和法律论证理论。

　　前六篇文章偏向对法哲学（法理学）发展的宏观梳理：《走出概念的泥淖》着力考察汉语中"法哲学""法理学"两概念并用的成因、它们所代表的学问传统以及中国法哲学发展可能遭遇的难题。《"法理"：概念与词义辨正》重在辨析"法理"概念的本体论和认识论意蕴。《从方法论看抽象法学理论的发展》主要根据"法学内的法学"和"法学外的法学"之分梳，强调法律论证理论在法学发展中的意义，并且尝试对"当代中国法学理论向何处去"的问题进行解答。《寻访法学的问题立场》对"法律公理体系"之法学建构的努力进行反思，主张法学应回到实践学问和问题立场，通过菲韦格的"论题学法学"思想的讨论，提出建立"兼容论题学与公理学思考之法学"的观点。《战后德国法哲学的发展路向》对1945—1995年德国法哲学的发展做了勾勒，意在为中国法理学的立意寻求借鉴和找到方位。《评价法学的理论面貌》致力于评述哈利·韦斯特曼、海因里希·胡布曼、鲁道夫·莱因哈特、约瑟夫·埃塞尔、卡尔·拉伦茨、弗朗茨·维亚克尔、阿图尔·考夫曼、莱因霍尔德·齐佩利乌斯等人在战后德国评价法学和法学方法论上所做出的理论贡献。

随后六篇文章尝试综合评价所选法哲学家个人的思想和方法：《古斯塔夫·拉德布鲁赫法哲学思想述评》介绍拉德布鲁赫相对主义法哲学、思想转向以及影响。《沙伊姆·佩雷尔曼的新修辞学法学》以佩雷尔曼的"新修辞学"思想为评价的重点。《法学实践知识之困与图尔敏论证模型》讨论斯蒂芬·图尔敏的论证模型及其应用。《罗伯特·阿列克西〈法律论证理论〉述评》对阿列克西的"法律论证理论"进行线条性勾勒。《亚历山大·佩策尼克的法律转化与法律证成理论》对佩策尼克所著《法律论证基础》的结构、特别是对其"法律转化"与"法律的深度证成"理论进行了简要的总结。《奥利斯·阿尔尼奥的法律解释之证成理论》追寻奥利斯·阿尔尼奥的理论理路，重点评述其法律论证合理性理论以及"听众"概念。上述法学思想者分隔不同时代，思想风格迥异，话语不同，但我本人从中感受到他们各自"智慧的洞见"和"建筑学般精微分析"的能力。

原来曾打算把这些文章作为《法哲学沉思录》之附录一并出版，但《法哲学沉思录》一书篇幅足够独立成书，故而将它们另行编订成册。读者可以将这本书看作是《法哲学沉思录》的姊妹篇或者补充性研究成果：若没有这些文章的铺垫，《法哲学沉思录》一书的内容是不够丰满的。

　　思，吾乐，不思，无怨，若微风随意，从之。

目　录

第一部分　法哲学之辨

走出概念的泥淖*
——"法理学"与"法哲学"之辨

一、译名之惑

恩格斯在《反杜林论》第三版序言有一段话，相信凡是读过此书的人都不会忘记。恩格斯说："'创造体系的'杜林先生，在当代德国并不是个别的现象。近来在德国，天体演化学、自然哲学、政治学、经济学等等体系，雨后春笋般地生长起来。最蹩脚的哲学博士，甚至大学生，不动则已，一动至少就要创造一个完整的'体系'。"[1]

以恩格斯的话来看我国法哲（理）学发展的现状，其情形也大体如此。近年法哲学、法理学的"大著"不断面世，充塞于店堂坊间，其体系之宏阔、概念堆垒之繁复，恐怕康德、黑格尔在世也自叹弗如了。

在这些论著中，有相当大的篇幅讨论"法理学"与"法哲学"的异同分合问题。应当说，这种辨析，对于我国当前法理学或法哲

---

* 原文载《学术界》2001年第1期。收于本书时对文字做了部分修改，并加上了各部分标题。

1 《马克思恩格斯选集》第3卷，人民出版社1976年版，第46页。

学的推展并不是没有意义的。但问题在于：各种辨析文字本身陷入了"道不清、说不明"的窘境，我们从中看不出清晰的理路和问题域（Problematik）的关联性。带着满头的雾水，去给久成传统的两个外延界限不明的名称划定"所指"和"能指"的意谓，确定其各自的"研究对象"和"研究范围"，甚至在此基础上建构各自的"体系"，其中的匆忙是可想而知的。

法理学与法哲学的并用，是 20 世纪在中国法学中出现的独特现象。究其成因，也并不是一两句话可以讲得清楚的。但从根本上说，这种并用，是多年来中国法学在与"旧学"断别之后向西学求助时摇摆于欧洲大陆和英美两大学术传统而产生的必然结果。其间扭结着中国法学家们在继受西方方法学（广义上包括苏联法学）时体认上的差异和一些阴差阳错的偶然因素。

应当看到，译名的引入，作为一个很偶然的学术事件，对后来中国法理学和法哲学学科发展的影响是不可低估的。比较公认的事实是：日本法学家穗积陈重在译介西方法哲学时独用"法理学"一词，是百年来有关名称之争的一个开端。

1881 年（明治 14 年），穗积陈重在东京帝国大学法学部（原开成学校）讲授"法论"时，认为当时流行日本的"法哲学"（德文 Rechtsphilosophie）名称之"主观性"的形而上学气味太重，而提出"法理学"这个译名，并在日本历史上第一次开设法理学课程。[1] 穗积氏青年时负笈英伦和德国留学，深谙英美和大陆法哲学传

1　详见洪逊欣：《法理学》，台北三民书局1998年版，第4—5页。

统之差异，又颇受流行的历史实证主义法学的影响，故他创造一个
标新立异的名称来标识其课程的个性，也是一个非常矛盾的选择。

但问题是，以"法理学"来对译德文 Rechtsphilosophie，现在
看来多少是不得要领的，而且一开始就隐藏着与"法哲学"混用的
可能性。其在后来所造成的认识上的麻烦也逐渐地显露出来了。在
德国，至少从黑格尔以降，Rechtsphilosophie（或者 Philosophie des
Rechts[1]）作为一个学科的传统已经形成。德国学者，无论是哲学
家，还是职业法学家，大体上都承认：法哲学（Rechtsphilosophie）
是哲学的一个部分，而不是法学的分支学科。[2] 尽管哲学家的法哲
学和法学家的法哲学（Juristenphilosophie）[3]在体系建构、提出的具
体问题和回答问题的方式上有些微不同，但他们大多数在对待法之
原则问题与根本问题上"以哲学的方式"加以观照、讨论并予以答

1　1821年版的黑格尔《法哲学原理》德文标题是*Grundlinien der Philosophie des Rechts*。
在黑格尔之后，学者们的法哲学著作标题多用 Rechtsphilosophie，但也有不少学者用
Philosophie des Rechts。
2　例如，古斯塔夫·拉德布鲁赫（Gustav Radbruch, 1878—1949）在《法哲学》第
1章"事实与价值"中指出："法哲学是哲学的一个部分。因此，首先指出法哲学的
一般哲学前提条件，是绝对必要的。"（Gustav Radbruch, *Rechtsphilosophie*, K. F.
Koehler Verlag Stuttgart, 1963, S. 91）相同的论述，也出现在阿图尔·考夫曼（Arthur
Kaufmann, 1923—2001）的著述中。参见Arthur Kaufmann, "Rechtsphilosophie,Rec
htstheorie, Rechtsdogmatik", in: A. Kaufmann und W. Hassemer (Hrsg.), *Einführung in
Rechtsphilosophie und Rechtstheorie der Gegenwart*, 3. Aufl., C. F. Müller Juristischer Verlag
GmbH, Heidelberg/Karlsruhe 1981, S. 1; Arthur Kaufmann, *Rechtsphilosophie*, 2 Aufl., C.
H. Beck'sche Verlagsbuchhandlung, München 1997, S. 7。
3　"法学家的法哲学"（Juristenphilosophie），语见Arthur Kaufmann, *Rechtsphilosophie*,
S. 13。

复的态度是一致的。[1]

按照德国法哲学家们的解释，法哲学作为"正义的学说"（Die Lehre von der Gerechtigkeit），总是对"法应当是什么"或"正确法"（Richtiges Recht）[2]的问题的讨论和追问。例如，为什么存在者终究存在，而不存在者终究不存在？为什么我终究在此存在并且终究走向何处？为什么必须有法根本上（Überhaupt Recht）存在，而这种（正当的）法究竟是什么？为什么人必须受到惩罚？等等。这些问题大体上可以简化为两个最基本的问题：（1）什么是"正确法"（正义）？（2）我们如何才能认识并实现正确法？这两个问题共同构成法哲学的任务[3]。一切法哲学家，无论他们使用的方法有什么不同，其观察的角度有什么差别，都不过是在寻找这两个基本问题的终极答案。

在德国哲学家看来，法哲学不能归属于法学，首先因为它不是一门法教义学（Rechtsdogmatik，一译"法律释义学"或"法律解释学"）。法教义学，又称"教义学法学"（dogmatische Rechtswissen-

1　Arthur Kaufmann, "Rechtsphilosophie, Rechtstheorie, Rechtsdogmatik", in: A. Kaufmann und W. Hassemer (Hrsg.), a.a.O., SS. 1-7.

2　"正确法"（Richtiges Recht）的概念，是前柏林大学法哲学教授鲁道夫·施塔姆勒（Rudolf Stammler，1856—1938）提出的，参见Rudolf Stammler, *Die Lehre von dem richtigen Rechte*, Berlin 1902。而其英译本译者胡西克（I. Husik）把德文Richtiges Recht译作"正义"（Justice），可参照意会。参见Rudolf Stammler, *The Theory of Justice*, trans. by I. Husik, Macmillan, New York 1925。

3　Arthur Kaufmann, *Rechtsphilosophie*, SS. 9-10.

schaft），是研究某一特定法律体系或子体系（法律语句命题系统）的实在法理论。或者说，它是一门"法律概念和法律制度的自成体系的基础学问"，一门以"科学"的趣味来构建的法律学问。[1]19世纪学说汇纂（又名"潘德克顿"）体系的理论大师温特沙伊德（Bernhard Windscheid，1817—1892）认为，法教义学有三项主要的任务：（1）法律概念的逻辑分析；（2）将此一分析综合成为一个体系；（3）将此一分析结果运用于司法判决的论证。[2]按照这一解释，以教义学为特征的法学的研究活动只不过是：对有效法律的描述；串联法律之概念体系；提供建议以解决法律案件的问题。法教义学者由一些既定的前提出发进行概念的推演，但他们并不像法哲学家那样去审问这些前提的真实性和正当性。例如，他们不追问法为何物，在什么条件下可以获得法的认识。法教义学的讨论仅限于所谓"体制之内"（systemimmanent）或有效的法律体系之内。与此相反，法哲学的讨论不是限定在有效法的框架之内，而对待法律总是采取一种体制之外的立场（eine systemtranszendente Stellung）。[3]

换句话说，法哲学的问题是要由哲学来回答的，而不是由法学自身来予以解答的。正是在这个意义上，将本来很清楚的一个德文

1　详见舒国滢：《战后德国法哲学的发展路向》，载《比较法研究》1995年第4期，第353页。
2　引自Robert Alexy, *Theorie der juristischen Argumentation: Die Theorie des rationalen Diskurses als Theorie der juristischen Begründung*, 2 Aufl., Suhrkamp, Frankfurt a. M. 1991, S. 308。
3　Arthur Kaufmann, *Rechtsphilosophie*, SS. 11-12.

概念 Rechtsphilosophie 译作"法理学"，并当然地把它界定为"法学基础理论"，不仅没有带来穗积陈重所希望看到的避免"主观性"形而上学气味之结果，反而导致了学科定界上的许多无谓的争论。而将大陆法哲学（至少德国的法哲学）视为法学的一个学科，则更是有些把错了经脉。职是之故，在穗积陈重之后，深得德国法哲学之个中三昧的日本法学家又纷纷改换称谓，重拾"法哲学"一词，自然也是情理之中的事情。

二、传统之分

倒是中国的法学家唯对"法理学"一词情有独钟，偏爱有加，接过穗积陈重的话头，一直讲了一个世纪。但稍做梳理便可发现，中国学者"接着讲"的，不过是穗积氏"法理学"之名称，其所承袭的并不是（或不完全是）德国、法国等大陆国家法哲学之知识传统。（更确切地说，20 世纪前 50 年讲英美法理学，后 50 年讲苏联"国家与法的理论"。）在此意义上，汉语"法理学"对译英语 Jurisprudence 一词，几成惯例。

Jurisprudence 作为一门独立的学科是由职业法学家来推动其形成的。这一方面折射出 19 世纪的人文—社会精神处境的变化，另一方面也反映了法学家试图通过自己的努力，来完成法理学（实在法哲学）与普通哲学"分手"的雄心。[1]职业法学家们终于在 19 世

---

1 德国法哲学家罗伊雷克（G. Roellecke）指出：为了从哲学中"解放"出（转下页）

纪抓住了伸展的契机，建立了法学家的法哲学，此即带有浓厚的实证主义学派色彩和理论背景的"法理学"。

众所周知，17世纪以来，自然科学的发展和机器生产深深地改变了人类的社会结构，使人类对自己在关于自然环境方面的能力有了一种新的概念。针对思想、政治、经济中的传统体系，在哲学上和政治上出现了深沉的反抗，引起了对向来看成是颠扑不破的许多信念和制度的攻击。[1]故此，19世纪，以法国的奥古斯特·孔德（A. Comte，1798—1857）为代表的近代科学实证主义得以产生，而该思潮按照物理学的模式所倡导的"通过观察、比较、实验、分析和归类过程进行科学研究"的风气，对人文社会科学有着强大的冲击力。

在政治—法律研究领域，一个最重大的事件，就是流行千年之久的"自然法哲学"受到排斥，逐渐趋于衰落。代之而起的，是所谓"法律实证主义"（legal positivism），它强调要以后验的（a posteriori）方法取代先验的（a priori）方法，像物理学那样把法律当作一个物质的实体——实际的法（actual law）或实在法（positive law），用可以度量、权衡轻重和精确计算的方式来研究与分析。[2]虽然英国的功利主义哲学家和法学家边沁（Jeremy

---

（接上页）来，法学家以自治的方式把法的哲学问题作为一种"法学家的法哲学"来单独地予以回答。（G. Roellecke [Hrsg.], "Rechtsphilosophie oder Rechtstheorie?", *Nissenschaftliche Bnchgesllschaft*, 1988.）

1　详见［英］罗素：《西方哲学史》（下卷），马元德译，商务印书馆1982年版，第21章。
2　参见S. N. Dhyani, *Jurisprudence: A Study in Legal Theory*, New Delhi 1985, pp. 44ff.。

Bentham, 1748—1832）于 1782 年在撰写的《法理学限定的界限》（*The Limits of Jurisprudence Defined*）中最早表述了这一分析原则，但该书手稿直到 1945 年才被发现和出版。故此，至少在英美学界，真正对法理学学科的独立产生影响的，是 1832 年约翰·奥斯丁（John Austin, 1790—1859）的《法理学范围之限定》（*The Province of Jurisprudence Determined*）一书的出版。[1] 奥斯丁在著作中强调：法理学只应研究"事实上是什么样的法律"（即"实在法"），而不是"应当是什么样的法律"（即理想法或"正义法"），力图将道德、功利、伦理和正义的模糊观念排除于法理学的领域以外，创立一个逻辑自足的法律概念体系。[2] 基于此点，后世许多法学家称奥斯丁为"分析法理学之父"。也有人干脆把英美的法理学称为"奥斯丁法理学"。应当承认，正是奥斯丁著作的影响及其追随者们——如阿莫斯（Sheldon Amos, 1835—1886）、马克伯（Sir William Markby, 1829—1914）、霍兰德（Thomas Erskine Holland, 1835—1926）、萨尔蒙德（John William

---

1　奥斯丁的著作几乎与边沁1782年未出版的著作名称完全相同，二者到底有何联系，不得而知。

2　在《法理学范围之限定》的开篇中，奥斯丁即对"法律"的用语作了学理的界定。他指出："适当的法律，或适当地被称谓的法律，都是命令；那些不是命令的法律，就是不适当的法律，或不适当地被称谓的法律。适当地被称谓的法律，连同那些不适当地被称谓的法律，可以合适地分为下列四种：（1）神的法律，或上帝的法律：……（2）实在法：……（3）实在道德，或实在的道德规则。（4）隐喻的法律或比喻的法律。"（John Austin, *Lectures on Jurisprudence or The Philosophy of Positive Law*, Vol. 1, p. 79.）

Salmond, 1862—1924）等人的努力和贡献，法理学最终作为一门独立的学科（理论知识体系、学问和大学的法学课程）而存在。

实证主义在德语国家法学上的影响，表现为所谓"一般法学"（Die Allgemeine Rechtslehre）的形成。在 19 世纪，这一法学倾向作为另一种法学家的法哲学，实际上是对康德之认识论批判的回应。其创立者为阿道夫·默克尔（Adolf Merkel, 1836—1896）。该理论的重要代表人物有卡尔·宾丁（Karl Binding, 1841—1920）、爱恩斯特·鲁道夫·比尔林（Ernst Rudolph Bierling, 1845—1919）、卡尔·伯格博姆（Karl Bergbohm, 1849—1927）和菲尼克斯·佐姆洛（Felix Somlo, 1873—1920）等。在较为宽泛的意义上，一般法学也包括汉斯·凯尔森（Hans Kelsen, 1881—1973）的"纯粹法学"。[1]

一般法学的核心内容是注重对法律概念（尤其是法的基本概念）的讨论。这些概念大体分为两类：一类是"与法律相关但又非本义的（uneigentliche）法律概念"，如出生、死亡、物、能力、挪动、致死、继承、婚约、伤害、意志（意思）、错误、占有、所有、真实、宣誓、建筑物、业主、市场行为、内部市场、邻居、纵火、物资匮乏、时间、空间、转移、卑鄙无耻、诚实信用，等等。另一类是法的基本概念和本义的（eigentliche）法律概念，如法、法律、法律规范、法律渊源、法律事实、法律关系、法律主体，等等。[2]

1　Arthur Kaufmann, *Rechtsphilosophie*, S. 95.

2　Arthur Kaufmann, *Rechtsphilosophie*, Kap. 7.

上述概念同样是英美法理学著作讨论的主要内容。[1] 所以，如果可以类比的话，德国 19 世纪的"一般法学"实际上就等同于英美国家的法理学。它们均带有 19—20 世纪学术发展的时间印痕。的确，从本质上讲，它们都是一种"法哲学"，但它们又都是法学家们的法哲学，是一种"实在法哲学"（the philosophy of positive law）。应当说，这种法哲学与德国正统的法哲学是有一些区别的 [2]，这里仅指出四点：第一，在学术传统上，德国正统的法哲学（为说明的方便，下文以 Rechtsphilosophie 代替）承接的是自古希腊以来一脉相传

---

1 例如，奥斯丁著《法理学讲义》从第 1 卷第 12 讲讨论"权利""人""物""事实"（"事件"与"行为"）"义务""意思""意图""抑制""不作为""疏忽""制裁""伤害""有罪""苛责（性）"，等等。（参见 John Austin, *Lectures on Jurisprudence or The Philosophy of Positive Law*, Vol. 1, pp. 343-507。）霍兰德在《法理学精要》中讨论的三部分内容也以法律的基本概念为主，如"法律和权利""私法""公法""国际法"。（参见 Sir Thomas Erskine Holland, *The Elements of Jurisprudence*, 13th edition., Oxford 1924。）

2 美国休斯敦大学（University of Houston）法律中心教授詹姆斯·艾伯特·赫尔杰特（James Elbert Herget, 1934—2016）在 1996 年出版的《当代德国法哲学》（*Contemporary German Legal Philosophy*）第 8 章"德国法哲学的评估"对德国法哲学和美国法理学的差别的勾勒，可以作为一种参照：

德国	美国
高度抽象的理论	抽象程度低
注重法律秩序	注重法律过程
理性诉求	理性怀疑
体系的必要	体系不重要
追求"结论"	追求好的（理由）论证
法院适用法律	法院创造法律
法律科学	法律技术，法律分析
学术（科学）的取向	实践取向
实施国家政策作为基本的法院职能	对案件做出裁决作为基本的法院职能

（参见 James E. Herget, *Contemporary German Legal Philosophy*, University of Pennsylvania Press, 1996, p. 120。）

的西方哲学，更注重在体制之外来以哲学的方式解答法律的问题；
而法理学（Jurisprudence）所承接的是以近代科学为背景的实证主义
传统，它力图摆脱普通哲学的影响，故采取更为接近在体制之内的
立场来讨论实在法的问题。第二，在学科归属上，Rechtsphilosophie
偏向哲学，Jurisprudence 偏向法学。故此，在知识分类中，Jurispru-
dence 很难与当代"法的理论"（Rechtstheorie、legal theory 或 theory
of law）区别开来。而 Rechtsphilosophie 与 Rechtstheorie 的逐渐分离，
是德国近 30 年来学科发展的一个趋势。[1] 第三，在研究方法上，
Rechtsphilosophie 的进路侧重传统哲学的直观和思辨（Spekulation），
Jurisprudence 倚重语言分析和逻辑论证。第四，在研究范围上，
Rechtsphilosophie 偏重法的本体论之实质哲学问题（法的存在与效力、
自然法、法的正当性、法与道德等），而 Jurisprudence 偏重法的本体
论之形式哲学问题（法的概念、结构、逻辑等）。

三、未来之变

根据上文的分析，我们有理由对法哲学与法理学在不同语境中
的使用作适当而必要的区分，至少在学理思考中，当我们笼统地说
"法理学是法哲学"或"法哲学是法理学"时，我们应当明白正在
谈论的是什么语境中的"法哲学"或"法理学"。在这里，法哲学

---

1 详见颜厥安：《法与实践理性》，台北允晨文化实业股份有限公司1998年版，第9页
及以下页。

与法理学名称本身并不是十分重要的，重要的是它们所代表的学术传统、使用的方法和研究的问题。选择法哲学或法理学概念，事实上就是选择其中的某种学术传统和方法。

在中国，至少20世纪以来，普通哲学家对法哲学的问题不大关注，而受到法学训练的法哲学家则更多的是处于法学的立场和从法学的进路来介入法哲学，这样他们更愿意接受从"体制之内"考察法律问题的法理学，而不是在厚重的普通哲学传统中从体制外考察法律现象的法哲学。简括地说，中国的法理学大体上属于"法学家的法哲学"，偏向对实证法问题的研究，或至少是从实证法及其制度背景的规定性出发来选择理论的旨趣和方法的。

理论旨趣和方法的选择本身本是无可非议的，但应当看到它所带来的影响却是不容忽视的。中国法理学对具有实证主义背景的法理学（在一定意义上，苏联的法学，尤其所谓"维辛斯基法学"，是另类的实证主义法学[1]）的承接，呈现出诸多难以走出的困境。这其中，最为明显的一种困境是：意在"体制之内"却在"体制之外"。它是表面上的实证主义与扭曲的"法的本体论"交织在一起

---

[1]　相关的观点，参见沈宗灵《评维辛斯基关于法的定义》一文的分析。沈先生认为，维辛斯基的观点，来自两个方面思想的结合："一个方面是马克思、恩格斯讲过的法是统治阶级意志的体现；另一方面是英国19世纪分析法学派创始人之一的奥斯丁关于法的定义：法是掌握主权者对在下者所下的，以制裁的威胁作为后盾的命令。"（沈宗灵、罗玉中、张骐编：《法理学与比较法学论集——沈宗灵学术思想暨当代中国法理学的改革与发展》上册，北京大学出版社、广东高等教育出版社2000年版，第334页。）

所形成的一种理论现象。

　　我们说中国法理学承接实证主义传统，其实只讲对了一半。它在价值立场上选择了实证主义，但在认识论和方法论上却抛弃了实证主义法理学之分析传统和"科学"的品格，而在弱暗处接通了受意识形态宰制的本体论。身陷"体制之内"，而又动不动借助"体制之外"的话语权力，这两种看似矛盾的因素的奇特组合，就形塑出中国法理学之"本质论情结"，使法理学家们在相当长的时间内把更多的精力投入对某些"虚假的问题"的讨论，而无暇顾及真正的学术问题的研究。法理学家所采取的"体制之内"的视角，并不是一个纯粹法学家的法学视角，而更多的是一个受参与决策志向驱动的官方话语解释者的视角。他们对实在法的制度和规则本身并不十分感兴趣，不是从实在法的内容本身出发来思考问题，而是把自己的理论兴趣转向对实在法的隐性背景的解释。这种理论被不适当地称为"注释法学"（真正的注释法学终归还是属于一门"法学"学问的）。

　　此种"注释法学"所造成的损害是严重的，它不仅没有使法理学完成与其他学问（如政治学）的分离，而且败坏了法理学作为一门理论学科及大学基础（主干）课程的声名和学问的品格。它一方面使法理学界之内的人受到某种非学术的"词的暴力"的压力，另一方面又使该学问圈之外的人（如民法学家、刑法学家和法学之外的人文社会科学学者）对法理学普遍产生"腻烦"甚或轻蔑的态度，把法理学看作是"幼稚的"概念游戏。由于功利定向的法理学造成智慧的抑制，不能满足法学之内和之外的学人的期望，它就愈来愈失去吸引力。那些具有智慧头脑的人把他们的目光从法理学处移走，投向更富有魅力的理论和知识领域。在此情境下，法理学从"理论的市场"中撤离"摊位"，也似乎是很顺理成章的结果。

同样的结果，来自法理学界内部：那些渴望法哲学智慧的学人重新打出"法哲学"的旗子，强烈要求法哲学从法理学中走出，在更为"纯粹的"语境和学术场景中讨论法哲学的主题，逐步建立和形成新的体系与传统。这一学术的"离婚事件"所昭示的是"法哲学家"对多年来中国法理学"注释（政治）"品行的不满和抵抗。

我们同样把倡导法哲学独立的行动看作是当代中国的职业法学家经过"问题的反思困惑"之后的一种觉悟，一种寻求哲学的理论支持的努力。法哲学家们意识到：在这个由分析实证法学和社会法学占主导地位的时代，知识分化已经导致了理论"对话"和"商谈"（discourse）的阻隔，法哲学被各种社会"科学"所蚕食和并吞，在"科学"语言解构之后已经变得支离破碎。在此背景下，法哲学也愈来愈消隐去自己的"智慧之光"，遮蔽在多元无序的杂乱的思想场中[1]，堕落成对受政治权力宰制的实在法规则的简单注

---

1 这一问题，是法国当代法哲学家米歇尔·维利（Michel Villey, 1914—1988）在其法哲学著述中所指出的。2000年4月在中国政法大学法理学教研室主办的法哲学与法社会学系列学术讨论会上，留法归国的程春明博士对维利的思想做了报告。此处部分援引了报告的内容，谨此说明并对程博士致以谢意。

释，成为一个把有关法的各种各样的思考都可以投入其中的杂货袋（ragbag）。[1]

职是之故，我们说法哲学家们重振法哲学的初始愿望是良好的，它给了我们追寻法哲学智慧的一线光亮。但不能不指出，法哲学振兴的呼声和动力仍然是来自法学家群体之内的，它并没有得到职业哲学家们的普遍而积极的回应。

这样，一方面，法学家又试图从法学的进路来建构一种不同于"注释（政治）法理学"的法哲学。但这种努力在多大程度上能够创建出一个有别于"注释（政治）法理学"的法哲学体系，是令人怀疑的。过去的历史证明这条道路走不通，或至少是有局限的。另一方面，职业哲学家对法哲学研究的冷漠，也预示着中国法哲学在发展过程中缺乏一种普通哲学的智力支持背景，它的振兴前景是较为暗淡的。我们从现下的法哲学研究成果所暴露出的问题也可以看出这一点。

总体上讲，现在法哲学家们是在旧的哲学知识框架内，以"哲学的术语"来重新表述法理学旧有的观念和思想。他们更多的是在"讲述"法哲学，而不是在"思考"法哲学。而"思考"本来应该看作是法哲学的生命本性。像哲学这门"爱智慧"的学问一样，法哲学离开了严肃的思考，也就开始走到生命的尽头了。

1　参见J. W. Harris, *Legal Philosophies*, Butterworths, London 1980, p. 1。

　　有责任心的学人应该是非常清楚的：法哲学的重建是需要一个过程的，粗糙的法哲学体系比没有这种体系更为有害。因此，不要因为我们"复兴了"法哲学，而使法哲学离我们更加遥远。我们也特别希望"思想的闪电"能够哪怕是瞬间照亮法哲学探索的幽暗之途，但我们切忌以概念的块垒把这一路途堵死。德国哲学家雅斯贝尔斯（Karl Jaspers，1883—1969）在《智慧之路》中对哲学的评论也同样适用于法哲学：

　　　　哲学的真谛是寻求真理，而不是占有真理。
　　　　哲学就是在路途中。
　　　　哲学不是给予，它只能唤醒……[1]

1　Karl Jaspers, *Way to Wisdom: An Introduction to Philosophy*, Yale University Press, New Haven/London 1954, Chap. I.

"法理"：概念与词义辨正 *

　　法学不是一种自然科学意义上的、完全遵循自然科学范式和方法法则的"科学"，也不能说它的学科形成是一块处自然科学管制下的"知识殖民地"的结果。我们看到，自然科学的普适性和它可以派生出有明显实效性的技术的独特优势并没有在知识领域完全取代法律人的思考和法学家们的工作方式，特别是，自然科学取代不了法学家们的法学知识建构方式和法学家们诠释法律的方式。职是之故，现任美国范德堡大学（Vanderbilt University，一译"范德比尔特大学"）法学和政治学教授爱德华·L. 鲁宾（Edward L. Rubin）在 1996 年为《法哲学与法理论指南》（*A Companion to Philosophy of Law and Legal Theory*）所写的词条"法学者"（Legal scholarship）中指出："法学者把法律作为一套被人们设计为一种意义体系的规范性述说（normative statements）来加以研究。……他们考察法律的内在结构和意义。"[1] 在笔者看来，鲁宾所谓"法

---

* 原文载《中国政法大学学报》2019年第6期。

1　Edward L. Rubin, "Legal scholarship", in: Dennis Patterson (ed.), *A Companion to Philosophy of Law and Legal Theory* (Blackwell Companions to Philosophy, Vol. 8), Blackwell Publishers, Oxford 1996, p. 562.

律的内在结构和意义"，其实就是"法理"。

但何为"法理"？"法理"可否认知并加以描述？如何认知和描述？我们要澄清法学的知识性质，首先需要研究上述问题。

一、中西文献中有关"理"和"法理"的表述

从词源学上梳理"法理"一词的含义是必要的。我们先来看汉语"理"的用法：无疑，"理"很早就是一个语义丰富的汉字[1]，其所指对象及意义差别较大，既可以指"物质组织的条纹"（纹理）[2]，也可指"事情的内在之理"（事理），还可指"理事"（对事情的管理、办理），其与"法""事""情""义""天""人"等组合成不同的汉语词汇[3]：比如，汉代班固著《汉书·宣帝纪》中载："孝宣之治，信赏必罚，综核名实，政事文学法理之士咸精其能。"[4]此处"法理"实为"理法"（司理法律），"法理之士"

---

1 钱穆指出：中国古代，"大抵东汉以前重讲道，而东汉以后则逐渐重讲理"（钱穆：《中国思想通俗讲话》，生活·读书·新知三联书店2002年版，第2页），"魏晋以下，喜用理字"（钱穆：《庄老通辨》，生活·读书·新知三联书店2005年版，第379页）。

2 《说文解字》："理，治玉也。顺玉之文而剖析之。"（许慎：《说文解字》，中华书局1963年版，第12页）；《韩非子·解老》："理者，成物之文也。""短长、大小、方圆、坚脆、轻重、白黑之谓理。"（《韩非子》，陈秉才译注，中华书局2007年版，第106页，第113—114页。）

3 《康熙字典》解释"理"："物之脉理，惟玉最密，故从玉。"其可指"治玉"[《说文解字》（徐铉注）："治玉治民皆曰理"；《汉书·循吏传》："政平讼理"]，也指"正"（《左传·成二年》："先王疆理天下"）、"道""义理""性""条理""分""治狱官""媒"等义（参见《康熙字典》，同文馆书局原版，中华书局1958年版，第733页）。

4 班固：《汉书》卷八《宣帝纪第八》，中华书局2000年简体版，第192页。

翻译成现代汉语，则指"司法人员"或"司法机关"（故此，郑玄
注曰："理，治狱官也。"）。[1] 魏末晋初注律家张斐在《律注表》
/《律注要略》亦已表达"理"的思想："夫理者，精玄之妙，不
可以一方行也；律者，幽理之奥，不可以一体守也。""夫律者，
当慎其变，审其理。""夫刑者，司理之官；理者，求情之机；情
者，心神之使。"比如："刑杀者是冬震曜之象，髡罪者似秋凋落
之变，赎失者是春阳悔吝之疵也。"[2]

　　《唐律疏议》中多有关"理"之规定[3]：比如，《名例》"十
恶"条疏议曰："五服至亲，自相屠戮，穷恶尽逆，绝弃人理，故
曰'恶逆'"，[4]《贼盗》"夜无故入人家"条"答"曰："夜入
人家，理或难辨，纵令知犯，亦为罪人"，[5]《断狱》"疑罪"条

1　相关的解读，参见刘晓林：《〈唐律疏议〉中的"理"考辨》，载《法律科学》2015
年第4期，第24页；张文显：《法理：法理学的中心主题和法学的共同关注》，载《清华
法学》2017年第4期，第13页；蒋楠楠：《传统法典中的法理及其现代价值——以〈唐律
疏议〉为研究中心》，载《法制与社会发展》2018年第5期，第48页，注释5。
2　《晋书·刑法志》。引自何勤华编：《律学考》，商务印书馆2004年版，第92页，第
101—102页，第119页。
3　据统计，《唐律疏议》中的"理"共出现192次（其中包括"情理"11次，"事理"4
次），除《捕亡》外，涉及其余11篇中的相关律文，共计96条，其中，出现在律文中的
17条，约占总数的18%；出现在注文中的5条，约占总数的5%；出现在疏文中的95条，约
占总数的99%（参见刘晓林：《〈唐律疏议〉中的"理"考辨》，第25页，第31页）。
而且，《唐律疏议》在说理时直接以儒家经义作为疏议律条的重要依据，其中引用《礼
记》有32处，引《周礼》10处，其他依次为：《尚书》7处，《春秋左传》5处，《周
易》4处，《孝经》3处，《诗经》2处，《春秋公羊传》1处。（参见蒋楠楠：《传统法
典中的法理及其现代价值——以〈唐律疏议〉为研究中心》，第50页。）
4　长孙无忌等：《唐律疏议》，刘俊文点校，法律出版社1999年版，第8页。
5　长孙无忌等：《唐律疏议》，第374页。

曰："诸疑罪，各依所犯，以赎论。是非之理均"，[1]《户婚》"有
妻更娶"条"答"曰："一夫一妇，不刊之制。有妻更娶，本不成
妻。详求理法，止同凡人之坐"，[2] 等等。有学者认为，唐律中的
"理"乃唐代律令之外的价值判断依据以及断罪的"第三法源"，[3]
包括三类：其一，为人之道以及人与人相处之道，即"人理"
（如，君臣、父子之人伦之道）、"言理"（涉及言辞的内容）、
"词理"、"情理"（情节、实情，含有行为动机、目的）等；[4]
其二，事务存在之道以及处理事务之道，即"事理"，与法二者均
为判断是非对错、判定犯罪与否的依据，其精要在于"义理"（含
有礼的义理）；[5] 其三，"天秩"、"天常"（上天的常理、常道、
天德，自然界的运行原理，被用来规范人事）与"天理"（表示
天地、阴阳、四时的自然法则，宋代以后也被用来表达"三纲五
常"之人伦道理）。[6] 总体上看，中国古代的所谓"理"可以解释

1　长孙无忌等：《唐律疏议》，第617页。

2　长孙无忌等：《唐律疏议》，第278页。

3　高明士：《律令法与天下法》，上海古籍出版社2013年版，第152页，第154页，第164页。

4　高明士：《律令法与天下法》，第152页，第155—158页。

5　高明士：《律令法与天下法》，第158—159页，第165页，第181页。敦煌所遗唐代《文明判集残卷》（现藏法国巴黎国立图书馆，编号：P.3813）第148—155行载有一起以义理判断的案例（"马倒致殂"案）："奉判：选人忽属泥涂，赁马之省。泥深马瘦，因倒致殂。马主索倍，选人不伏。未知此马合倍已不？……计马既倒自亡，人亦故无非理。死乃仰惟天命，陪则窃未弘通。……倒既非马之心，死亦岂人之意。以人况马，彼此何殊。马不合倍，理无在惑。"（刘俊文：《敦煌吐鲁番唐代法制文书考释》，中华书局1989年版，第446—447页。）

6　高明士：《律令法与天下法》，第159—164页，第186页。

为"是非对错判断的依据"，或谓"正当理由""道理"[1]"行为的正当性"。[2]"理"也可作为推断之词，如"究理""正理""歪理""乖理""失理""合理""非理"等。高明士在分析唐代律令中的"理"时指出："顺天人的道理，可视为广义的理；论人道之理，可视为狭义的理；而律、令正是规定人道之理，所以律、令当中所意涵的理，可称为狭义的理，也就是义理。"[3]沈家本在总结中国古代刑法之理时也曾说："事变愈多，法理愈密，然大要总不外'情理'二字。"[4]

在西方语言中，"理"也有名词和动词两种用法。作为名词，"理"通常有四种意义：（1）解释某事造成某种状态（或者某事为何发生）的"原因"；（2）说明或论证某人做出、思考或说出某事的"理由"或"理据"（说理根据）；（3）做某事，感觉某事成为正当、合适的事实、条件、情境或动机（"合理"）；（4）逻辑地认识、思考、理解、判断（区别正确与错误、是与非）、确信、计算、衡量和决断的（健康）心智能力或心智状态（"理智""理性"）。作为动词，"理"主要是指"推

1　晋朝李轨注扬雄《法言·修身》曰："天地之交以道，人道之交以理。"（引自高明士：《律令法与天下法》，第182页。）
2　高明士：《律令法与天下法》，第155页，第157页。
3　高明士：《律令法与天下法》，第182页。
4　沈家本：《法学名著序》，载氏著：《历代刑法考》，中华书局1985年版，第2240页。

理"，即，运用逻辑的方式思考并逻辑地得出结论或判断。[1] 在英语中，"理"一词，可以用 reason 表示（来自法语 raison，古法语写作 reisun），该词最早起源于希腊语"逻各斯"（λόγος, logos），后者在罗马时代被译成拉丁语 ratio，意指"计算金钱"。在英语中，"法理"一词可以译为 the reason of the law，[2] 该词对应拉丁文 ratio juris，与这个词相关的是"法律之理"（ratio legis），后者强调"理"来自制定法文本（the letter of the statute），而前者则更强调"理"不包含在制定法体系本身，它们可以被称为"高级规则"（a higher rule）或"一般原理"（generale principium），现行法规则仅仅是此种"法理"逻辑演绎的后果（结果）。[3] 在拉丁语格言中，我们可以找到较多有关"理"或"法理"的表述：诸如，"理同，法律亦同"（Eadem est ratio, eadem est lex），"理不局限于一地"（Ratio non clauditur loco），"法律之理是法律

---

1 参见*Collins English Dictionary*, 12th edition, Harper Collins Publishers, London 2014。另见梁实秋主编：《远东英汉大辞典》，台北远东图书公司1977年版，第1728页。
2 参见Timothy Endicott, "The Reason of the Law", in: *The American Journal of Jurisprudence,* Vol. 48, 2003, pp. 83-106。应当指出，在英语中，有两个词似乎也可以译作"法理"，即legal principles和legal grounds。（参见Stig Jørgensen, *Fragments of Legal Cognition*, Aarhus University Press, Aarhus 1988, p. 11。）不过，在笔者看来，the reason of the law是一个法本体论概念，而legal principles和legal grounds更多地属于法认识论概念：作为客观本体的the reason of the law被人们所认识并普遍接受，才可以作为认识论意义上的legal principles或者legal grounds来对待。
3 参见Karl Georg Wurzel, "Methods of Juridicial Thinking", in: The Editorial Committee of the Association of American Law Schools (ed.), *Science of Legal Method: Select Essays by Various Authors*, trans. by Ernest Bruncken, Layton B. Register, The Boston Book Company, Boston 1917, pp. 319-328。

的灵魂"（Ratio legis est anima legis），"法理乃公正的衡平"（Ratio in jure aequitas integra），"理是习惯的来源和因由"（Ratio est formalis causa consuetudinis），"理是法律的灵魂，法理改变，法律也改变"（Ratio est legis anima; mutata legis ratione mutatur et lex），"可疑之处应予以探究，因为通过推理我们可以得到正当之理"（Quaere de dubiis, quia per rationes pervenitur ad legitimam rationem），"法律是理性的命令"（Lex est dictamen rationis），"法律总是以合理为目的"（Lex semper intendit quod convenit rationi），"法律与理相一致时最值得称道"（Lex plus laudatur quando ratione probatur），"理性和权威是世界上最亮的两盏灯"（Ratio et auctoritas duo clarissima mundi lumina），"自然之理在所有人当中确立的规则被称为万民法"（Quod naturalis ratio inter omnes homines constituit, vocatur jus gentium），等等。

二、"理"和"道"的哲学阐释

不管怎样，在中西古代法律文献中，"理"和"法理"这些词语的运用是不统一的，受语境支配的。我们要想对问题有一个较为清晰的把握，必须对此类概念有较为统一的、清晰的词源及词义变迁的厘定。

我们先来考察一个哲学问题。这里的关键在于："理"和"法理"是不是"独立于心灵的实在"（mind-independent reality）？如果它们是"独立于心灵的实在"[1]，那么它们到底是什么样的实在？显然，我们在这里必须从本体论上讨论"理"和"法理"问题。应当看到，无论在中国古代文献中，还是在西方文献中，"理"和"道"这两个词总是如影随形，纠缠不清的。

比如，古希腊的"逻各斯"（logos，拉丁文译作 ratio）经常被说成是宇宙秩序和人类知识的"初始原则"（赫拉克利特）[2]或者"贯穿宇宙并使之永存不朽的积极之理""宇宙的生成原理"（斯多葛学派）。当然，"逻各斯"一词还有其他诸多用法，比如，"根据"（ground），"借口/托词"（plea），"意见"（opinion），"预期"（expectation），"词语"（word），"言语"（speech），"因由"（account），"比例"（proportion），"话语"（discourse），等等。[3]这其中的词源变迁历史漫长［包括希腊化时期的罗马拉丁语翻译，《新约》以及中世纪基督教神学的诠释（比如，《新约·约翰福音》第 1 章第 1 节"太初有道，道与神同在，道就是神"，把"基督"与"道"［logos］等同，说耶稣"道

1　"独立于心灵的实在"就是指本体论存在，这一本体论观念根植于经验基础的假定：凡现实存在的，都是不可（心灵）支配的（Unverfügbares），有内在逻辑的、本体论的结构。（参见Arthur Kaufmann, "Preliminary Remarks on a Legal Logic and Ontology of Relations: Foundations of a Legal Theory based on the Concept of a Person", in: Patrick Nerhot [ed.], *Law, Interpretation and Reality: Essays in Epistemology, Hermeneutics and Jurisprudence*, Kluwer Academic Publishers, Dordrecht/Boston/London 1990, p. 105。）

2　参见Luce Irigaray, *Teaching,* Continuum, London 2008, pp. 183-187。

3　参见Henry George Liddell, Robert Scott, *An Intermediate Greek‐English Lexicon*, Clarendon Press, Oxford 1889, pp. 476-477。

成肉身"）等］，需要专门的词源学考古。

不管怎样，"逻各斯"作为哲学的用语所指对象并不是特别固定化。故此，对于该词的用法，笔者关心的问题有三：（1）"逻各斯"到底是指宇宙（世界）生成的初始"根据"（原则/原理）或宇宙（世界）统一的内在秩序结构［此种意义上的"逻各斯"最好理解为宇宙（世界）之"道"］？（2）还是指我们人类通过"沉思"（meditation）而映射（reproducing）宇宙（世界）之"道"的"理"［在此意义上，"理"是对宇宙（世界）之"道"的镜现（mirroring）］？（3）或者"逻各斯"兼有宇宙之"道"和"理"二者？[1] 在笔者看来，对于上述问题，西方古代的先贤们提供的解释各不相同。

同样的情形也表现在中国古代思想家们的作品之中，例如，春秋末期道学创始人老子（老聃，名李耳，生卒不详）在《道德经》中称："有物混成，先天地生，寂兮寥兮，独立不改，周行而不殆，可以为天下母。吾不知其名，字之曰道，强为之名曰大。"[2] "道冲而用之或不盈，渊兮似万物之宗。挫其锐，解其纷，和其光，同其尘。湛兮似或存，吾不知谁之子，象帝之先。"[3] 依照他的说法，"道"是一切存在的本源依归（"万物之宗"），

1　Luce Irigaray, *Teaching*, pp. 182-183.
2　王弼：《老子道德经注校释》，楼宇烈校释，中华书局2008年版，第62—63页。
3　王弼：《老子道德经注校释》，第10页。

在它之上没有什么更本源的存在（"先天地生""可以为天下母""象帝之先"）。战国中期道家学派代表人物庄周（约前369—前 286/275）在《庄子·缮性》中称"道，理也。……道无不理，义也"，[1] 比较早地将"道"和"理"互释。战国末期法家代表人物韩非（约前 280—前 233）在解释老子《道德经》（《解老》）有关"道""理"时也指出："道者，万物之所然也，万理之所稽也。理者，成物之文也；道者，万物之所以成也。故曰：'道，理之者也。'物有理，不可以相薄；物有理不可以相薄，故理之为物之制。万物各异理，而道尽稽万物之理。……凡道之情，不制不形，柔弱随时，与理相应。"[2] 他既承认"道"是"万理构成的总汇"（万理之所稽）或"道""理"同一，又说"道"是万物生成的原因（万物之所以成也），其意所指并不统一。曹魏经学家王弼（226—249）在所著《老子道德经注校释》中阐释曰："事有宗而物有主，途虽殊而（同）（其）归（同）也，虑虽百而其致一也。道有大常，理有大致。……道视之不可见，听之不可闻，搏之不可得。……识物之宗，故虽不见，而是非之理可得而名也。"[3]

到了宋明时代，中国有关"道"和"理"的解释有了新的发展，其中还纠结着"德""礼""心"等概念的辨析，影响超过

1　郭庆藩：《庄子集释》（全四册），王孝鱼点校，中华书局1961年版，第548页。
2　《韩非子》，陈秉才译注，中华书局2007 年版，第106—107 页。
3　王弼：《老子道德经注校释》，第126页。

了两汉"经学"、魏晋"玄学"和南北朝隋唐"佛学"。比如，北宋周敦颐（1017—1073）用《易》之"阴阳""太极"来解释"道""理""礼""诚"，提出"太极而无极"说、"一实万分"和"以诚为本"的天道本体论思想："诚者，圣人之本。"[1]"诚，五常之本，百行之源也。"[2]"礼，理也；乐，和也。……阴阳理而后和，君君、臣臣、父父、子子、兄兄、弟弟、夫夫、妇妇，万物各得其理，然后和。故礼先而乐后。"[3]张载（1020—1077）在区分"闻见之知"（见闻小知）和"德性之知"（天德良知）的基础上，提出："循天下之理之谓道，得天下之理之谓德。"[4]（清王夫之在《张子正蒙注》阐释曰："理者，物之固然，事之所以然也，显著于天下，循而得之，非若异端孤守一己之微明，离理气以为道德。"[5]）南宋朱熹（1130—1200）承二程（程颢、程颐）之学，著有《四书章句集注》《太极图说解》《通书解说》《周易读本》《楚辞集注》诸作，提出系统的理学（也称道学、性理之学或义理之学）思想，[6]诸如"理一分殊"（"万物皆有此理，理皆同出一原。但所居之位不同，则其理之

1　《周敦颐集》，陈克明点校，中华书局1990年版，第12页。

2　《周敦颐集》，第14页。

3　《周敦颐集》，第24页。

4　王夫之：《张子正蒙注》，中华书局1975年版，第168页。

5　王夫之：《张子正蒙注》，第168页。

6　参见中华书局编辑部：《理学丛书出版缘起》，载黎靖德：《朱子语类》，王星贤点校，中华书局1986年版，第1页。

用不一""一草一木皆有理"[1]）、"格物致知"（"《大学》之道，所以在致知、格物。格物，谓在于事物之理各极其至，穷到尽头"[2]）、"知先行后"和"存天理，灭人欲"，等等。至明代中叶，王阳明（王守仁，1472—1529）提倡"致良知"（一种先验的道德意识，"良知者，心之本体"），从自己内心寻找"理"，建立自己的心学体系，认为天理就在人心（"心之体，性也；性即理也"[3]，"心外无物，心外无事，心外无理，心外无义，心外无善"[4]），提出"知行合一"（"知中有行""行中有知""以知为行""知决定行"）的思想，即所谓"知是行的主意，行是知的工夫；知是行之始，行是知之成"[5]。

　　总体上看，如何理解"理"及其与"道"之关系，取决于思想者持何种哲学本体论和认识论：如果我们持王阳明心学观，讲所谓"心外无物，心外无事，心外无理"，那么，在本体论上，"理""道"和"心"其实没有什么分别，在认识论上，"知"和"行"也是一体的。张载提出"循天下之理之谓道，得天下之理之谓德"，看起来像是简略地阐释了"理""道"和"德"三者的

1　黎靖德：《朱子语类》卷第十八（二），王星贤点校，中华书局1986年版，第398页，第406页。

2　黎靖德：《朱子语类》卷第十八，第415页。

3　王守仁：《王阳明全集》（上），吴光、钱明、董平、姚延福编校，上海古籍出版社1992年版，第42页。

4　王守仁：《王阳明全集》（上），第156页。

5　王守仁：《王阳明全集》（上），第4页。

本体论和认识论关系，但我们就此如何"知"理，却不是一眼就可以看明白的。对于古希腊"逻各斯"一词的理解亦大同小异，其初始意义和衍生意义相互交织，该词语分析本身就构成一门深奥的学问，但假如我们舍弃诸多衍生用法，那么单就哲学本体论意义而言，"逻各斯"到底应翻译为"道"还是应翻译为"理"，恐怕也是一笔糊涂账，争执肯定是难免的。

笔者认为，面对自古以来已经有众多先贤思考过（甚至已经提出了系统理论解释）的概念，我们先"悬置"他们各自对"理"的实质理论理解，而从事情（问题）入手，再看一看何种理解进路是可欲的，对于破解"理"这一概念解释难题也许是有积极意义的。

必须指出，历来的思想者都是首先在本体论层面来解释"理"这一概念的：如前所述，古希腊哲学家和中世纪神学家大体都采取这样思考问题的方式，即承认"道"/"理"（"逻各斯"）是宇宙万事万物以及人类社会内在客观本有的来源（基始）根据（因由）。老子道学、韩非解老之学以及宋明理学所讲之"理"/"道"也基本采取相同的认识理路和认识方式。也就是说，人类早期的思想家似乎都认为，"道"/"理"是外在世界的一种客观存在，即"独立于心灵的实在"，其构成人类认识的对象。但什么是那个作为"道"/"理"的"外在世界的客观存在"（如果不加分析，这个词组本身所指也是模糊的）？但对于这一点，思想者们的认识维度和角度好像是有分歧的。我们尝试根据亚里士多德的"四因说"（Doctrine of four causes，希腊文 αἴτιον）[1] 来观察他们的认识分歧：有的从"质料因"[2] 来解释"道"/"理"［比如，古希腊哲学家德谟克利特的"原子"论（万物的本原是原子和虚空。原子是不可再分的物质微粒，虚空是原子运动的场所）、中国古代的"五行"（金、木、水、火、土）说］；有的从"动力因"[3] 来解释"道"/"理"［比如，古希腊恩培多克勒的"爱憎"说（"爱"指促使四根结合、产生万物的力量，"憎"指促使四根分离、造成万物分离的力量。这两种力量并存于世，经历着周而复始、循序不息的过程，它们和"努斯"一样，也是存在于事物之外的原动力）、赫拉克利特的"火"论（宇宙对万物都是相同的，它既不是神也不是人所创造的，它过去、现在和将来永远是一团永恒的活火，按一定尺度燃烧、一定尺度熄灭）、中国"阴阳"（阳动阴

---

1 "四因说"是亚里士多德提出的一种学说，认为自然界的每一件事物均由"形式因"（the formal cause，αἰτία ὡς τὸ εἶδος）、"质料因"（the material cause，αἰτία ὡς ὕλη）、"动力因"（the moving cause，αἰτία ὡς κινοῦν）、"目的因"（the final cause，αἰτία ὡς οὖ ἕνεκα）组成："形式因"乃决定事物"是什么"的本质属性，或者说决定一物（实体）"所以是"的原因和本原；"质料因"是"事物所由产生的，并在事物内部始终存在着的那东西"，即构成事物的材料、元素或基质；"动力因"是"那个使被动者运动的事物，引起变化者变化的事物"，即"运动由以发生之点"；"目的因"是事物"何所为或善"，即事物所追求的（完善）目的。（参见［古希腊］亚里士多德：《形而上学》，苗力田译，中国人民大学出版社2003年版，第7页及以下页）也有译者将上述四因分别译作"本因"（形式因）、"物因"（质料因）、"动因"（动力因）、"极因"（目的因）（参见［古希腊］亚里士多德：《形而上学》，吴寿彭译，商务印书馆1959年版，第6页及以下页）。
2 ［古希腊］亚里士多德：《形而上学》，第8—9页。
3 ［古希腊］亚里士多德：《形而上学》，第10—12页。

守）学说］；有的从"形式因"[1]来解释"道"/"理"［比如，毕
达哥拉斯的"数"论（数是宇宙万物的本原，数量上的矛盾关系可
以推出有限与无限、一与多、奇数与偶数、正方与长方、善与恶、
明与暗、直与曲、左与右、阳与阴、动与静等）和柏拉图的"理
念"论（理念是永恒不变的，它们是普遍、绝对和必然的存在，可
知的理念是可感的事物的根据和原因，可感的事物是可知的理念的
派生物），老子的"道"论，以及宋明理学的"太极"说］；有的
从"目的因"[2]来解释"道"/"理"［比如，古希腊巴门尼德的"存
在"论和阿那克萨戈拉的"理性"论（以永恒不变的"存在"
为万物之本所强调的是因果的同一性，而以"理性"作为安排
万物秩序的"善"更表明了其趋向性），陆九渊和王阳明的心
学，等等］。

　　无论从"四因"的哪一"因"看，自然哲学本体论上的
"道"/"理"都是外在世界中的与事物（实体）相关的一种客观
实在，[3]但这种客观实在又不能等同于客观事物（实体）本身，而
是客观事物生成、变动、完善（优化）与消亡的一种必然呈现方

1　［古希腊］亚里士多德：《形而上学》，第13—19页。
2　［古希腊］亚里士多德：《形而上学》，第9—10页。
3　在哲学上，客观实在未必等同于纯物理存在。对于中世纪的某些哲学家（比如奥利
维）而言，非物理性的似乎并非全然是非实在性的。（参见［美］罗伯特·帕斯诺：《中
世纪晚期的认知理论》，于宏波译，吴天岳校，北京大学出版社2018年版，第86页。）

式（道）[1]或这种必然呈现方式形成的诸条件结构所内嵌的根据
［康德称之为"原因性的规定根据"（die Bestimmungsgründe der
Kausalität）[2]］。[3] 这种必然呈现方式（自然之道，或者：自然事物
的必然呈现方式）以及该方式形成的诸条件结构所内嵌的根据（自
然之理，或者自然事物的原因性的规定根据）均不依赖于我们对
它们的认识而自在地存在，即独立于我们的心灵，因而是客观的
（"自然之理"也可以定义为"自然事物之客观的原因性的规定
根据"）。[4]

　　由此，我们可以得出五点：第一，在自然哲学本体论上，既有
自然事物的客观的"道"（自然之道），也有自然事物的客观的
"理"（自然之理）。前者是自然／外部世界事物生成、变动、完

1　比如，中国古代历代君王着眼于王朝的长治久安，集中关注和探讨治理天下之道，即"治道"。牟宗三（1909—1995）在《政道与治道》中指出："言治道惟是自'在上者'言……在上者涵盖愈广，则治道亦随之而愈广大精微。故中国以往对于治道之讲论，已达极端微妙之境界。"（牟宗三：《政道与治道》，载氏著：《牟宗三先生全集》第10册，台北联经出版事业股份有限公司2003年版，第30页。）
2　参见Immanuel Kant, *Kritik der Urteilskraft*, Felix Meiner Verlag GmbH, Hamburg 1993, S. 33。（汉译参见［德］康德：《判断力批判》，邓晓芒译，杨祖陶校，人民出版社2002年版，第31页。）
3　这里需要做出说明：在日常生活中，"理"这个词的最通常用法是"理据""因由""原因""理由"等，先不论后面这些概念本身都是有语境的，最主要的在于它们基本上都是在认识论意义使用的词语，为了避免混淆，笔者以"……内在逻辑结构"或康德的"原因性的规定根据"来指代事物之本体论（客观）意义上的"理"。
4　瑞士著名儿童心理学家让·皮亚杰（Jean Piaget，1896—1980）在《发生认识论原理》中指出："客体肯定是存在的，客体又具有结构，客体结构也是独立存在于我们之外的。"（［瑞士］皮亚杰：《发生认识论原理》，王宪钿等译，胡世襄等校，商务印书馆1985年版，第103页。）

善（优化）与消亡的必然呈现方式（自然规律，"必然王国"法则），后者是自然事物的必然呈现方式形成的诸条件结构所内嵌的根据（必然的原因性的规定根据）。比如，如果说"优胜劣汰"是生物进化的必然呈现方式（"道"），那么，生物体在特定环境中的变异、遗传和自然选择而造成适者生存、不适者（劣者）淘汰（灭绝）的原因性的规定根据则是该必然呈现方式形成之"理"。[1]第二，显然，自然哲学本体论上的"道"和"理"作为用语还是有细微差别的，它们各有所指，不可完全混为一谈，说"道""理"同一，可能仅具有某种修辞学（比喻）意义。当然，我们完全可以说，"理"不离"道"，"理"是"道"的理，故合称"道理"。但不能反过来说，"道"是"理"的道，有所谓"理道"，这就完全把认识对象之间的关系搞颠倒了，反而不利于我们知"道"。第三，正确的方法是循"理"而知"道"，而不是相反，说得"道"而知"理"，有时候，我们掌握了某种自然／外部世界的必然呈现方式（所谓得"道"），但不一定就完全清楚该必然呈现方式形成的诸条件结构所内嵌的根据（原因性的规定根据），也就是说，不一定知"道"之"理"。第四，亚里士多德所讲的"四因"本

---

1 我们还可以举出其他的例子：比如，我们把"地球围绕太阳旋转"视为"道"（自然事物的必然呈现方式，自然之道，自然法则/规律），而把宏观世界中两个物体间相互作用的万有引力关系视为"理"（自然之理），即相互作用的力与两个物体的质量乘积成正比，与它们之间的距离的平方成反比，用公式表示就是：$F = G\dfrac{m_1 m_2}{r^2}$（参见史忠植编著：《认知科学》，中国科学技术大学出版社2008年版，第351页）。

身既不是具体的"道"，也不是具体的"理"，而是认识具体的
"道"/"理"的抽象维度或角度，所有自然事物的"道"/"理"
都可以从"四因"角度来观察或认识。第五，说万物一道或万物
一理，只有在下述意义上是成立的，即任何自然/外部世界事物都
有生成、变动、完善（优化）与消亡的必然呈现方式及其形成的
诸条件结构所内嵌的根据（原因性的规定根据）。而且，从抽象
的角度看，凡自然事物的必然呈现方式（规律/法则）均具有相同
（同一）的特点，比如，"必然性"（neccessity），"常规性"
（regularity），"有序性"或"节律性"（rhythmicality）等。但不
能由此得出结论，一切事物的自然的必然呈现方式及其形成的诸条
件结构所内嵌的根据（原因性的规定根据）都是相同的或同一的。
毋宁说相反，不同的具体事物的必然呈现方式及其形成的诸条件
结构所内嵌的根据（原因性的规定根据）是各不相同的。用亚里士
多德的话说，不同的具体事物生成、变动、完善（优化）与消亡的
"四因"结构其实是有差别的。比如，生物和无机物的生成、变
动、完善（优化）与消亡的必然呈现方式及其形成的诸条件结构所
内嵌的根据（原因性的规定根据）不能统一归结为"优胜劣汰"，
人和其他动物的生物进化之必然呈现方式（生物进化规律/进化之
道）有部分类似，但其生存（生活）之必然呈现方式（生存/生活
规律，或者生存/生活之道）则有实质的区别（人以其所制定的法
律调整其生活，其他动物则适用直接的弱肉强食法则）。

　　从认识论上看，自然哲学本体论上的"道"/"理"是可以被认识或发现，进而可以被言说的。被言说的"理"可以称之为"言理"，其以人的言语陈述（命题）形式存在。从本质上说，"言理"应当是自然哲学本体论上的"道"/"理"的正确言说，即所言之"理"同客观事物生成、变动、完善（优化）与消亡的自然的必然呈现方式（道）及这种呈现方式形成的诸条件结构所内嵌的根据（理）相符合，认识论意义上的"理"与本体论意义上的"理"应具有同构性（同型性），或者"言理"应当是客观之"理"的映现（反映）和复写。[1]在这个意义上，真正的"言理"也可以称为"道理"（有关客观之"道"/"理"的正确言说），就自然哲学本体论上的"道"/"理"之言说而言，由于其陈述内容涉及"道"/"理"之真实性承诺，它们可以被称为狭义的"真理"（有关这一概念的辨析，参见下文）。但另一方面，日常的言说本身可能反映、也有可能不反映自然哲学本体论上的"道"/"理"，甚至可能是后者的错误认识或有意的曲解。故此，在日常生活中，

---

[1]　此处的"同构性"并非（本体论意义上的）两物或两个系统在外在客观结构上的一一对应（相同或完全同一），而是指"理"的认知图式结构与本体论意义上的"理"是一致的或契合的，即"理"的认知逻辑图式结构反映了本体论意义上的"理"。对此，或许可以借助匈牙利科学哲学家欧文·拉兹洛（Ervin László，1932— ）的"双透视主义"（biprespectivism）理论来加以解释，按照这个理论：心灵事件和物理事件虽然性质不同，但它们相互关联，具有同型性，构成了一个自然—认知系统（心理—物理系统），它们构成的系统不是二元论的，而是双透视的，它是单一的、自洽的事件系统，即系统内的自然事件和精神事件是相互关联的，由它们组成的系统是同一的（参见史忠植编著：《认知科学》，第14页）。

"言理"之"理"又可能是认识论上的一个纯粹论证主张上运用的概念——论证、评价的"理据"（说理根据）或"理由"（通常是指在描述支持讲话者主张之事实和数据时的一种逻辑诉求），它们也会被言说者滥用而成为"歪理""曲理""借口"的代名词。显然，"歪理""曲理"意义上的所谓"理"是对该词的不正确的使用，不能以"理"称谓之。

三、"法理"的本体论和认识论

有了对这些概念的认识，我们再来研究"法理"问题。从本体论的角度看，"法理"显然不是自然哲学本体论上的客观事物生成、变动、完善（优化）与消亡之必然呈现方式（自然之道）形成的诸条件结构所内嵌的根据（自然之理，即自然因果意义上的原因性的规定根据），因为"法"不属于物理意义上的客观事物（实体）。另一方面，"法理"也不能简单地等同于"法存在之理"。这里的"法存在之理"可以理解为法作为一个整体存在之理（法存在的原因性的规定根据），或者，法之生成、变动、完善（优化）与消亡之"道"形成的诸条件结构所内嵌的根据（内在的原因性的规定根据）。比如，法为什么产生、变化和消亡？法能否永恒存在？法为何具有效力和作用？诸如此类的问题属于"法存在之理"问题（其可以构成法律史学、法社会学等学科的讨论对象），[1] 而并非我们这里专门讨论的"法理"问题。研究"法存在之理"固然重要，但这种研究可能属于"关于法律"的研究，而不属于原本的法律科学（法教义学）的研究。

为了说明上面一点，我们必须清楚，所谓"法理"其实是指法律规整或法律规范[2]规定的待处理事项，尤其是事项处理的行为构

---

1 如果我们暂时为法下一个工作定义，那么，我们可以说，法乃通过社会制度或政府制度制定和实施，用以调整人们行为的规范体系。在历史上，其表现形式可以是多种多样的：比如，"告示"（edict），"法令"（decree），"诏书"（rescript），"命令"（order），"条例"（ordinance），"制定法"（statute），"决议"（resolution），"规则"（rule），"司法决定"（judicial decision），甚或"惯例"（usage），等等。（参见*Third New International Dictionary*, Merriam-Webster, Inc., Springfield, Massachusetts 1993; Philip P. Weiner, *Dictionary of the History of Ideas*, Charles Scribner's Sons, 1973; Lord Lloyd of Hampstead, *Introduction to Jurisprudence*, 3th edition, Stevens & Sons, London 1972, p. 39; Hilaire McCoubrey and D. Nigel White, *Textbook on Jurisprudence*, 2nd edition, Blackstone Press Limited, 1996, p. 2; Glanville Williams, "International Law and the Controversy Concerning the Meaning of the Word 'Law'", in: Peter Laslett ed., *Philosophy, Politics and Society*, Basil Blackwell, Oxford 1956, p. 134）从内在方面看，法存在之理可以基于法哲学至少从四方面来加以考察：（1）安全原则（Safety Principle），即法保障所有人的一般安全，保证一切人的权利不受其他人滥用。（2）防止伤害原则，简称"伤害原则"（Harm Principle），即制定法律是为了保护人免受其他人伤害（比如，通过打击暴力犯罪和财产犯罪来制止这种侵害）。没有规定防止伤害原则的法律，一个社会最终会沦落为无政府主义，在这样的社会，强者统治弱者，暴力者霸凌非暴力者。（3）家长原则（Parental Principle），即法不仅防止人们相互伤害，有时也防止人自我伤害，比如，法律规定家长对儿童强制陪同，反对遗弃儿童和智障成年人，禁止拥有毒品等。（4）平等原则（Equality Principle），即法律保证每个人均受同样的法律管理，适用公平和平等的司法程序来和平地解决纠纷。当然，"法存在之理"还可以从其他角度（比如社会功能角度）考察，兹不一一赘述。

2 这里需要说明"法律规范""法律规则""法律原则"三个概念：在笔者看来，广义上的"法律规范"是"法律规则"和"法律原则"的上位概念，但法律原则与法律规则是两种性质上独立的规范类型：法律原则不是法律规则，法律规则是"ought to do"的规范或"行为规范"，法律原则不能直接看作是"ought to do"的规范，它在性质上首先是"ought to be"的规范。也就是说，法律原则并不是行为规范，它不直接规定人们在（转下页）

成要件（或"事实类型"诸条件）结构和法律后果之要素结构内嵌的根据（原因性的规定根据），我们可以简约地称之为"法律规范/法律规整之理"。[1]比如，刑法规定人有正当防卫的权利，人在本人或他人面临不法侵害的时候，出于保护自己或他人正当防卫的必要，采取防卫的措施，不负刑事责任。这个规定本身（不妨称之为"规范之道"）不是客观事物的必然呈现方式（自然之道）的表述，而是以"命令句"的形式表达的"正当防卫"规范（防卫之道），该规范之所以是客观正当的（有"理"），在于其本身具有如下的前提条件（这些条件必须是客观存在的）结构所内嵌的根据（原因性的规定根据），其中包括：（1）本人或他人的生命、财产正在遭受不法侵害；（2）本人或他人的生命、财产遭受不法侵害时，国家（或特定的公权力机关）保护缺位，即国家对被侵害的生命、财产不能提供有效的保护；（3）不法侵害具有紧迫性，且遭受不法侵害攻击者不可避让；（4）对不法侵害行为攻击的个人

（接上页）一定条件下"可以""应当""必须"或者"不得"如何行为，也不直接规定在什么样的构成要件成立时应给予什么样的法律后果（裁判规则）。由此可见，法律原则并不直接构成人们据以行为的理由，也不直接构成裁判者的裁判理由，它所提供的是一种（法律规则得以成立的）"证成性理由"（justifying reason）。（参见舒国滢：《法哲学沉思录》，北京大学出版社2010年版，第138—140页。）

1　1929年南京国民政府制定的《中华民国民法》第1条规定："民事，法律所未规定者，依习惯；无习惯者，依法理。"该法的立法理由书申明："法理者，乃推定社交上必应之处置例如事亲以孝及一切当然应遵守者皆是。"〔参见郭卫、周定枚编：《中华民国六法理由判解汇编》（第一册：民法），会文堂新记书局1934年版，第14页。〕这里所讲的"社会上必应之处置"实质上就是规范的必然之道理（规范之理）。

采取防卫是保全本人或他人生命、财产的唯一手段。以上这些条件结构内嵌着"正当防卫"规定的法理，或者说，"正当防卫"的法理就并存于这些条件结合而成的内在结构之中。这个结构所内嵌的"法理"（法律规范的原因性的规定根据）不依赖于我们的心灵、也不依赖于我们的认识和理解而客观存在。

　　但如上所见，"法理"显然不是"物理"，正如规范不等于（自然）规律，内嵌"法理"的客观条件及其结构也不等同于内嵌自然之理的客观条件及其结构，它们之间不能进行直接的相互还原和相互解释。说到底，法律规整或法律规范规定的（待处理）事项是人类生活或人类行为的事项，其中的"道"不是指"自然事物的必然规律"或"自然之道"，而是指人类生活或人类行为的事项及其处理之道，即"人事之道"（简称"事道"），广义上包含"为人之道""人与人相处之道""事务存在之道""事务处理之道"等，这里面最为重要的是"规范之道"（即康德所讲的普遍的实践理性法则[1]）。自然之道是因果必然的（必然呈现），人事之道是实践（行为规范）逻辑必然的［即若某些条件或客观事实因子存在，人们依据逻辑则必然做出某种行为，或者，已然做出的某种行

1　康德在《实践理性批判》中提出如下"纯粹实践理性的基本法则"（Grundgesetz der reinen praktischen Vernunft）："要这样行动，使得你的意志的准则任何时候都能同时被看作一个普遍立法的原则。"（Immanuel Kant, *Kritik der praktischen Vernunft*, Felix Meiner Verlag GmbH, Hamburg 1993, S. 36; 汉译参见［德］康德：《实践理性批判》，邓晓芒译，杨祖陶校，人民出版社2003年版，第39页。）

为必然逻辑地被认定（判断）是合理的。比如，"杀人偿命""欠债还钱"，这些"事道"在一切社会概莫能外，也必然要求发生。这样做的行为或逻辑推出合理的行为背后的原因性规定根据，就被称为"理"]。[1] 相应地，也存在着"事道"形成的诸事实条件结构内嵌的原因性的规定根据（广义的"事道"之"理"，简称"事理"[2]）。

  为了简化论述层面的复杂性，此处重点考察"法理"与"事理"之间的关系。这一关系可以进一步展开观察：根据上述分析，我们可以看到，法理必须是"源于事物的本性和客观现实的"（derived from the nature of things and objective realities）。[3] 也就是说，法理不是凭空想象出来的，其要么内嵌于法律规整或法律规范

---

1 自然规律的必然是指"因果关系"/因果律的必然，它属于"必然王国"（kingdom of the necessary）或自然/外部世界；人事之道的必然是指实践（行为规范）逻辑的必然，即在人事之道上，若前提条件是"逻辑必然的"，其后果也应当是"逻辑必然的"，它属于"自由王国"（kingdom of freedom），即人的责任行动领域。故此，"必然王国"的"因果关系"/因果律之理是"实然"之理，而"人理""世理""事理""法理"等则属于"应然之理"或"道德—实践"之理，与法律实践行为（尤其是法律决定）相关。参见Stig Jørgensen, *Fragments of Legal Cognition*, Aarhus University Press, Aarhus 1988, pp. 40-41；Stig Jørgensen, *Reason and Reality*, Aarhus University Press, Aarhus 1986, p. 5。

2 由于"人理""世理"通常是在事项中体现出来的，"事理"之中交织着"人理""世理"。参见胡玉鸿：《民国时期法律学者"法理"观管窥》，载《法制与社会发展》2018年第5期，第26页、第43—45页。

3 François Gény, "Judicial Freedom of Decision: Its necessity and Method", in: The Editorial Committee of the Association of American Law Schools (ed.), *Science of Legal Method: Select Essays by Various Authors*, trans. by Ernest Bruncken, Layton B. Register, The Boston Book Company, Boston 1917, pp. 8-9.

规定之诸条件（主要是行为构成要件和法律后果）结构之中（法律之理，制定法之理），要么内嵌于个案中待处理事项之中，更确切地说，内嵌于作为事项（及其处理）之判断基础的行为事实诸因子构成的结构之中（个案中的"法理"）。不过，这里行为事实诸因子结构本身（顺便说一句，事实不等于有待处理的事项／事情，但事实之诸因子结构乃构成有待处理的事项／事情的判断基础，譬如，杀人是一个事实，而杀人者要不要被判处死刑，则是有待处理的事情或事项）可能内嵌着法理（法律规范／法律规整之理），而首先可能内嵌着事理（事情处理之理），所谓"理在事中，事不在理外"。比如，一个人故意杀人，这个具体事实其实包含着诸多有待考察和解释的因子，这些有待考察和解释的事实因子形成一个结构，其本身蕴涵（或内嵌）着如下"事道"（比如，"杀人偿命"）之理（事理）：杀人行为是不正确的，因为该行为违反正义，背离人伦，破坏和平（"正义""人伦""和平"等均属于处理"杀人"之事的原因性的规定根据）。这个事理（"杀人偿命"的原因性的规定根据）也可以进一步类型化或抽象化，即将同类个案中的"事理"综合概括为法理。比如，把同类杀人案件中的"杀人偿命"的原因性的规定根据概括为法律规范规定（比如《中华人民共和国刑法》第 232 条规定"故意杀人的，处死刑、无期徒刑或者十年以上有期徒刑……"）之原因性的规定根据（死刑的刑法之理）。

　　就事理和法理之间的关系而论，我们可以看到，客观的"法理"或法律规范规定的原因性的规定根据具有"事实关联性"或"实然关联性"（Seinsbezogenheit）。从初显性看，"法理"内嵌于由法律规范规定的类型化的事项之中，[1]但若深度考察，则会发现，这些由法律规范规定的类型化的事项又与个案中有待处理的事项、最终与作为该事项之判断基础的个案事实相关联。即，无论任何事项（法律规范规定的类型化的事项以及个案中有待处理的事项）均以事实为基础。这表明，法理在根本上也是与事实相关的。脱离事实，离开"事物的本性"[2]和客观现实，"法理"是讲不清楚的，也是无从认识的。事项和事实决定着法理的本体论性质，不存在脱离事实关联性的（本体论意义上的）纯粹观念性的（虚构的）"法理"。

1　有时，我们可以把行为构成要件（或"事实类型"）和法律后果都统一称为法律规范（法律规则）规定的"事项"。所以，"事项"这个名称既不指"事实"，也不指"事实类型"，而泛指法律规整或法律规范（法律规则）规定的有待处理（或调整）的"事情的名目"。

2　在德国，自从1948年古斯塔夫·拉德布鲁赫发表奠基性论文《事物的本性作为法学的思考方式》（"Natur der Sache als juristische Denkform"）之后，"事物的本性"就构成法哲学、法教义学和法学方法论中的一个热门论题。（有关"事物的本性"概念的梳理，参见Ralf Dreier, *Zum Begriff der "Natur der Sache"*, Walter de Gruyter & Co., Berlin 1965, SS. 1-128）按照德国法学家海因里希·亨克尔（Heinrich Henkel, 1903—1981）在其出版的《法哲学导论》中的说法，"本性"（Natur）一词，似乎可以定义为"规定性根据"（die bestimmende Grund），或者"实在对象内嵌的本质者和意义者"（das dem Seinsgegenstand innewohnende Wesenhafte und Sinnhafte）。（参见Heinrich Henkel, *Einführung in die Rechtsphilosophie: Grundlagen des Rechts*, 2 Aufl., C. H. Beck'sche Verlagsbuchhandlung, München 1977, S. 374.）笔者认为，如此理解的话，"事物的本性"也可以翻译作"事理"，但通常情况下，本文采取前一个（直白的）译法。

　　当然，在理论上，我们也不能把法理和事理完全画等号。在通常情况下，"事理"（狭义的）一词是指具体事项处理之理（每个具体的事情都有属于该事的处理之理或事情处理的原因性的规定根据），其惯常的表达是"这一个事情处理之理"或"那一个事情处理之理"，即"一事一理"。法理则不同，虽然法理也必须从事实出发，特别是，个案中的法理的确断必须基于个案事实诸因子结构的考察和解释，但我们却不能因此单独把"法理"视为基于某个特定事实之事情（"这一个事"或"那一个事"）处理之理，不是说每个事实都完全（或完整）内嵌一条只适用于处理某个特定事项的法理，即不存在"一事一法理"（如上所述，法理乃是一个概括性用语，泛指法律规范／法律规整之理，其系抽象"事理"或同类"事理"的概括，适用于说明同类的多个有待处理的事项的根据），大多的情形是：个案事实中可能仅仅内嵌着有待处理的事项之法理（原因性的规定根据）中的某一个或某几个构成元素，也可能内嵌着一些尚未概括为法理的纯粹事理。本体论意义上的个案纯粹事理与法理之间本质上应具有一致性：真正的客观事理也就是事情／事项之法理的子类。

　　像"自然之理"（自然事物的必然呈现方式的原因性的规定根据）[1]可以被认识、发现、言说一样，本体论意义上的（客观的）

1　在日常生活中，"天理"和"自然之理"这两个词所指的对象不是特别清晰，它们有时指自然规律，有时又指"事物的本性"，或者一种由自然事物（非人为的事件）诸条件结构内嵌的"事理"。

"法理"也可以被认识、发现，或者言说。在认识论意义上，"法理"同样可以表现为人的"言理"。此时的"言理"是人们对客观的"法理"之言说，这其中包括普通人对"法理"的言说和法学家（广义上包括从事实务的法律家）对"法理"的言说：前者可以视为有关"法理"的"常人之言理"（"常人之言理"并非等同于"常理"，"常理"乃指人类共通之理，其不区分普通人和专家，乃一切理性人共同持有的有关客观"法理"之言理），后者可以称为有关客观"法理"的学理（学术之言理或学说之理）。然而，有关客观"法理"的学理也并非都属于"真理"［我们可以把反映本体论意义的"法理"结构的认识再细分为有关"法理"的"意识"（感觉）"意见""解释""信念""学说""知识""教义""原理""真理"等］，只有那些真正反映客观"法理"结构的学理，才可以视为有关"法理"的"真理"（有关这一点，下文尚有专门论述）。所谓反映客观"法理"结构的学理，绝对不是"既在主观上、也在客观上不充分的视其为真（Das Fürwahrhalten）"的法理"意见"（Meinen），也不单单是指"只是在主观上充分，同时却被看作在客观上是不充分的"的法理"信念"（Glauben），而是指"既在主观上、也在客观上都充分的视其为真"[1]的法理"知

1　参见Immanuel Kant, *Kritik der Reinen Vernunft*, Felix Meiner Verlag GmbH, Hamburg 1993, S. 741。（汉译参见［德］康德：《纯粹理性批判》，邓晓芒译，杨祖陶校，人民出版社2004年版，第622—623页。）

识""教义""原理"。[1]认识论上有关"法理"的"知识""教义""原理"本质上与本体论上客观"法理"结构具有同构性（同型性），达到学理与客观"法理"的完全相契合，以至于人们有时候把认识论上有关"法理"的学理与本体论上客观"法理"完全等同起来（或者把前者看作是后者的"摹写"或"复写"），并把认识论意义上的"法理"用作分析、论证和评价的"理据"（或"理由"），进而作为立法、司法、守法的基础，构成法律文件、司法判决书、合同书、遗嘱、公证文书等文件制作的学理支持理由（根据）。[2]

不过，严格说来，有关"法理"的"真理"并不是一个很贴切的表达，原因在于：如上所述，狭义的"真理"只适合于用来描述

---

[1] 在笔者这里，法理"知识""教义""原理""真理"这几个词几乎是相互通用的，只是它们所使用的语境稍有差别：法理"知识"相对于纯个人主观的法理"意识"，法理"教义"相对于纯个人主观的法理"解释"，法理"原理"相对于纯个人主观的法理"学说"（理论主张），法理"真理"相对于纯个人主观的法理"信念"。

[2] 在法学文献中，"法理"既可能在认识论意义上被使用（即指有关"法理"的学理，特别是那些有关"法理"的"通说""教义"或"原理"），也可能暗指尚待在认识论上证成的本体论上客观"法理"结构。其具体指代，需要分析文本（文献）的语境和言谈者对"法理"一词的用法。故此，当人们在表达"根据法理……"这一短语时，一定要分清楚他们到底是在使用本体论上的"法理"概念还是在使用认识论上的"法理"概念，这一点对于法理研究是很要紧的。根据胡玉鸿的研究，民国时期法律学者使用"法理"一词指代的对象很不统一，有的学者以之作为评价事物合法、合理的标准，或以之为研究制度的构建元素，或以"法理"分析法律价值、法律观念和法律制度，有人使用"法理问题""法理解释""法理研究""法理基础""法理根据"等多种概念。（参见胡玉鸿：《民国时期法律学者"法理"观管窥》，载《法制与社会发展》2018年第5期，第5—6页。）

承诺自然世界事物"道"/"理"的"真实性言理"或"真实性道理"。这种真理的合适称谓是"事实性真理"（factual truth），[1]就像我们在数学中所看到的"公理"，比如"如果两条直线都和第三条直线平行，这两条直线也互相平行"；或物理学中的"公设"，比如"不可能把热量从低温物体传向高温物体而不引起其他变化"；等等。由此看出，认识论意义上的"真理"首先证明的是客观事物之道的"真"（truth），更确切地说，真理实乃有关自然的必然呈现方式（自然规律）之"真"的"理"，其通常用陈述（描述）句来表达。而"法理"（比如，人有正当防卫的权利之理）的"言理"既要证明"法理"的"真"（在事实诸因子结构中内嵌的客观"法理"），而最根本的是要证成"法理"之"（实践）正确"［英语 (practical) correctness, rightness；德语 Richtigkeit］，这个被证成的"（实践）正确之理"的实质是"正义"（法的先验终极规范性原理），故此"法理"也可以称为"正义之理"（the reason of the justice），[2]其通常用规范语句或评价语句来表达。

　　综上，依笔者之见，在认识论上实际上存在两类性质有分别的"道理"：一类是以陈述句（描述性命题）、单称谓词语句和理

1　参见George Pavlakos, "Normative Knowledge and the Nature of Law", in: Sean Coyle, George Pavlakos (ed.), *Jurisprudence or Legal Science? A Debate about the Nature of Legal Theory*, Hart Publishing, Oxford/Portland/Oregon 2005, p. 103.

2　法理念的核心是正义。古代的文字（比如拉丁语）中，"法"和"正义"其实是同一个词。比如，将拉丁文ratio juris翻译成英文的the reason of the justice，也并无不妥。

论语句表达的"真理"［严格意义的，比如"事实性真理"/"经验性真理"（empirical truth，与经验相关的信息正确性）］；[1] 另一类是有关本体论意义上的、以规范语句或评价语句表达的规范之理的正确言理（规范性真理/normative truth[2]）。笔者更愿意将后者称为"正理"（实践正确性之理或正义之理）或"义理"（道义之理）。[3] 正如我们在古希腊哲学和中世纪哲学中所看到的，哲学家历来把前者称为"第一性真理"，而把后者称为"第二性真

1　（严格意义的）"真理"也是一个绝对的概念，真理的本质不是相对的；凡属"真理"的，其实包含着"不容置疑"之义。"对我而言真但对你而言不真"，或者"在我的文化中是真的而在你的文化中不是真的"，或者"彼时真，此时不真"，这些表述对于说明"真理"而言是无意义的、古怪的。（参见［美］理查德·罗蒂：《真理与进步》，杨玉成译，华夏出版社2003年版，"导言"，第2—3页。）

2　George Pavlakos, "Normative Knowledge and the Nature of Law", in: Sean Coyle, George Pavlakos (ed.), *Jurisprudence or Legal Science? A Debate about the Nature of Legal Theory*, pp. 111, 113.

3　有关"义理"这个词，也可以参见美国印第安纳大学大学（危地马拉裔）哲学教授赫克托-内里·卡斯坦尼达（Hector-Neri Castañeda, 1924—1991）使用的一个词语——"道义真理"（Deontic Truth），即"必然正当"（necessary legitimacy）意义上的"真理"："X做A是应当的"这个形式的道义判断是真的，当且仅当"施为句X应做A在语境C中是必然正当（正统）的"这个形式的相应二阶命题是真的。（参见Hector-Neri Castañeda, *Thinking and Doing: The Philosophical Foundations of Institutions*, D. Reidel Publishing Company, Dordrecht/Boston/London 1975, pp. 239, 243。）此种意义上的"义理"思想在中国古代也存在。比如，孟子曰："仁，人之安宅也；义，人之正路也。"（《孟子》，万丽华、蓝旭译注，中华书局2006年版，第156页。）高明士指出：唐律中的理，简单说就是义理，事理也是义，正如贡举明经科在试策时，"须辨明义理"；进士科在试时务策时，"义理惬当"；明法科考试律令，必须达到"识达义理"。理或义，讲求事情的正当性，但其为抽象的概括概念，所以必须借由行来考量，因而常与"情"字联称曰"情理"，又曰"理贵原情"。一般所谓的情、理、法，相互为用。理贵原情，原情入礼，纳礼入法。情、理（礼）、法乃为量刑定罪的三要素，最终目标在求其"平"。（参见高明士：《律令法与天下法》，第183—186页。）

理"。如果一定要把"正理"或"义理"理解为"真理"（广义的，或者泛称的，其实用"道理"一词表达更好），那么它只应在"似真的"或"适真的"（being truth-apt）[1]意义上使用，即所谓"正理"/"义理"乃是一定的人类共同体"视其为真（Das Fürwahrhalten）"的道理。[2]

1　参见George Pavlakos, "Normative Knowledge and the Nature of Law", in: Sean Coyle, George Pavlakos (ed.), *Jurisprudence or Legal Science? A Debate about the Nature of Legal Theory*, pp. 110-111。

2　在当代逻辑背景下的法律论证理论（尤尔根·哈贝马斯、罗伯特·阿列克西、亚历山大·佩策尼克、奥利斯·阿尔尼奥等人的法律论证理论）中，我们可以看到，法学家们思考的核心问题其实就是有关法学中的"正理"/"义理"问题。有关"视其为真"，美国当代著名语言分析哲学家唐纳德·赫伯特·戴维森曾经讲过这样一段话："对一个人的言语、信念、愿望、意向和其他命题态度的正确理解导致人的大部分信念必定是真实的这个结论，因而，存在一个合法的假设：任何一个信念，如果它与大多数其他信念相一致，那它就是真的。"（Donald Davidson, "A Coherence Theory of Truth and Knowledge", in: Ernest LePore [ed.], *Truth and Interpretation: Perspectives on the Philosophy of Donald Davidson*, Blackwell, Cambridge 1986, p. 314.）他把这个看法概括为一个原则，即"信念就其本质而言是真实的"。

从方法论看抽象法学理论的发展 *

一、抽象法学理论发展的知识图景与利益—兴趣定向

每一个时代都有自己的法学。这可以从三个方面来看：第一，每一个时代都有自己独特的法律现象或法律问题，各个时代的法学必须针对这些现象或问题提出新的解释或解决方案；第二，每一个时代有各时代的法学思考者和法律解释者，这些思考者和解释者的经验与知识的前提、其所依赖的语言与思想情境各有不同，这就可能使他们回答法律问题的方式及运用的话语体系存在差异；第三，每个时代都有不同的法律制度及其变种，受时代之制度推动的法学也会随制度的变化而变化，呈现出时代之精神气质和制度气候的特殊印痕。

从历史上看，法学沿着两条线索发展：一个是法律家或专业法学家的法学，这种法学"以某个特定的，在历史中逐渐形成的法秩序为基础及界限，借以探求法律问题之答案"[1]。该法学运用法律

---

* 原文载《浙江社会科学》2004年第5期。收于本书时，笔者对此做了部分修改，并将所发表的《并非有一种值得期待的宣言——我们时代的法学为什么需要重视方法》（载《现代法学》2006年第5期）与本文合并作为第三部分和第四部分。

1 参见［德］卡尔·拉伦茨：《法学方法论》，陈爱娥译，商务印书馆2003年版，第19页。

家创制的一套法律语言，沿用来自法律家经验的解释方法，完成法律实务之问题解答，以追求实践—技术的知识之旨趣。我们权且称之为"应用的法学"或"法学内的法学"，德文名曰 Jurisprudenz（"狭义的法学"）或 Rechtsdogmatik（"法教义学"）。另一个是哲学家、伦理学家或政治学家的法学，也可以说是专业法学以外的思想者的法学（简称"法学外的法学"）。这种法学所关注的问题、运用的语言及知识追求与法学内的法学有所不同，其采取"外观的立场"而又企图深入法律之内在的根本问题（如"法律存在和效力的终极根据"）。故此，该法学与法学内的法学之间时常处于扞格不入的关系状态：法律家满足于体制内的法律解释、评述和法的续造，极力在实在法的平台上开展工作（但这样一种受限的工作场域，也可能使法律家养成了多少有些僵化、呆板、偏狭、封闭的观察和工作的风格）。法律家们在追求法之安定性与一致性的理念推动下，守护着经年相沿的行事方式和语言体系，不大情愿在法律之外寻求问题求解的视角，抵御来自正统法学之外的思想方式、概念和知识。后者在长期的历史风尘中堆积起来的法律实践—技术的知识沉岩，构成了法学外的法律思考者和研究者们掘进的障碍，后者在法律实践—技术的知识浮层甚或在这个浮层之上捕捉法律精神的游移空气和"本体论之根"。自然，法学外的法学至多间接地影响了专业法律家们的工作，或者充其量构成了法律家的"知识之晕"的外沿，成为法律家视境筛选之后的知识剩余。其所造成的结果是：一方面，法学外的法律思想者用一般知识的范式度量法律家的智识工作，轻视甚或否定他们在知识论上的贡献；另一方面，专业法律家在实在法的平台上常年营造的知识壁垒无形中阻隔了法学外的知识侵入，也使未经法律知识训练者难以入得法律的堂奥。应该承认，在历史上，法律知识与其他知识体系的阻隔既限制了法律家的视野，也导致法学外的知识人思考的偏狭。一般的知识人若不懂得法律的专业知识，那他们对法律的学问就只能止步于隔窗窥室，而法学外的法学要经由此一知识厅堂建造法律体系的大厦，并且实际地影响政治—法律制度的建构则无异于痴人说梦。

抽象的法学理论（法哲学或法理学）的发展亦大体如此，但与具体的应用法学（民法教义学或刑法教义学）所走的历史过程又有不同，主要反映在法学外的思想之影响方面。简括地说，抽象的法学理论在 19 世纪之前是由法学外的思考者们来推进发展的，依靠此种动力所推进的抽象法学以"自然法（哲）学"为其共有的专名，一开始就嵌在法学外学者们的哲学、伦理学、神学或政治学的思想母体之中。无疑，法学外的思考者们一直垄断着对自然法（哲）学解释的权力，因而自然法学同时也成为哲学家、伦理学家、神学家或政治学家在学科的围墙之外"干预"法学知识领地的通道。专业法律家直到 19 世纪之后，才获得作为科学主义之余绪的近代实证主义思潮的支持，在抽象理论的层面进击"自然法学说"，创立"法律家的法哲学"，以取代有浓厚的本体论哲学底色的"自然法（哲）学"。以萨维尼为代表的德国历史法学派和以奥斯丁为代表的英国分析法学派属此种努力的两股有影响的力量。19世纪的法律家们有充分的智识胆略、冲动和能力，依托实在法的领地，在抽象的理论层面抗衡法学外的法学理论的话语霸权，按照物理学的知识范式，把法律当作一个物质的实体——实际的法（actual law），用可以度量、权衡轻重和精确计算的方式来加以分析与研究，从而成就了法理学或法哲学之实证性格。专业法律家的法哲学一定程度上弥缝了法学的实践—技术知识与抽象理论知识之间的裂隙，缓解了法教义学家（如以现行的实在法为其"工作前提"、试图建构现行法之概念体系和法制度之基本理论的民法学家、刑法学家）对抽象法学理论（主要是那些具有形而上学意味的法哲学或法理学）的敌视态度，同时它也使哲学家、伦理学家、神学家或政治学家的法哲学逐渐削弱了其在一般知识领域对法律问题的解释力和对专业法学的评判力。抽象法学理论从此变成了专业法律家和哲学家、伦理学家、神学家、政治学家、社会学家等共享的知识领域，法学内的抽象法学理论同法学外的抽象法学理论之间存在着竞争与合作、自治与依赖、封闭与开放的紧张关系。这构成了19世纪以后的法哲学或法理学发展的知识图景。

其实，专业法律家的抽象法学理论也并非铁板一块。由于不能脱离每个时代现实的政治法律制度，抽象法学理论必须回应时代之制度实践所提出的问题，以抽象的思想方式去为这些问题寻求解答的方案。故此，抽象法学理论对制度实践的"注解"在不同的历史阶段又有不同的形态，反映出不同的利益—兴趣定向。大体上可以分为三种：

（1）政策定向的法学理论。毫无疑问，在前法治化的时期，在依靠意识形态维护集权统治的时期，统治者的现行政策作为注释的权威文本受到那些寻求政治确信的学者们的青睐是很自然的事情。于是，有些人以官方法律家自居，收敛起理论批判的锋芒，将全部的注意力和学术兴趣置于对官方现行政策及意图的说明和诠释，力图将政治与政策学术化、知识化。当然，这种政策定向的法学理论由于统治者政策的改变而随时可能丧失其解释力，其所遗留下来的只是一些没有解释的问题或带有特定时代官方话语印记的空洞术语，人们很难在其中寻求真正有价值的学术贡献，反而可能发现其对抽象的法学理论所带来的"词的暴力"现象或造成法学之学术品格的损害。

（2）立法定向的法学理论。专业法律家（法学家）对立法（特别是法典的编纂）有一种基于本性的"乌托邦寄托"，他们将法律生活规制的全部愿望放在对完美无缺、包罗万象的法典之精心设计上。法律家们认为，法律是一个内含多样性而又具有意义整体的有机体系，该体系是按照形式逻辑的规则建构的"概念金字塔"（Begriffspyramide）。人类根据国家的"理性建筑学"（Architektonik der Vernuenftigkeit）标准来进行建构，就可以通过一定的质料将这个体系表达出来（成文法典体系）。有了这个通过成文法典之质料表达的体系，法官们只要运用形式逻辑的三段论推理来操作适用规则、概念，就可以得出解决一切法律问题的答案。因为在某些学者看来："判决就是将法律概念作为（数学）因数进行计算的结果；自然，因数值愈确定，计算所得出的结论则必定愈可靠。……只有通过全面把握法律概念，真正的法律体系，即法律规定的内在相互依存性才可能产生。"[1] 这就是 19 世纪德国潘德克顿学派之"概念法学"的理想。著名法学家鲁道夫·冯·耶林则讥之为"琢磨着把法学上升为一门法律数学的逻辑崇拜"。[2]

（3）司法定向的法学理论。20 世纪开始以来，尤其是利益法学和自由法学产生以后，抽象的法学理论把更多的注意力投向司法，人们开始研究法官的工作、行为和裁判，试图通过更为细致的讨论，为法官适用法律寻找到保证统一性、安定性和公正性的方法论技术与哲学解释的根据。这样，抽象的法学理论就由立法定向转向司法定向。有人甚至提出要创建一门与立法学并列的"司法学"（Rechtssprechungswissenschaft），作为抽象法学理论的分支。[3]

1　Bernhard Windscheid, *Lehrbuch des Pandektenrechts*, Bd. 1, 9 Aufl., bearb. v. Theodor Kipp, Literarische Anstalt Rütten & Loening, Frankfurt a. M. 1906, SS. 110-111.

2　Rudolf von Jhering, *Geist des römischen Rechts*, Bd. 3, 3 Aufl., Druck und Verlag von Breitkopf & Härtel, Leipzig 1877, SS. 311-312.

3　Achterberg, *Theorie und Dogmatik des Oeffentlichen Rechts*, 1980, S. 178ff.

二、返观实在法：抽象法学理论面临的选择

上已述及，职业法律家在处理法律问题上的方式是独特的。法律家不能完全像哲学家、文学家、伦理学家或社会学家那样来对待实在法，其意思是说：法律家无论喜欢或不喜欢，无论是否抵牾自己的天性，都必须对实在法有一种认可的态度，即他们必须基于"内在的观点"接受实在法的规定和效力。法律家与专业外的法律思考者之区别在于他们始终不能完全游离于各个时代发生效力的实在法。法律家不能像哲学家或伦理学家一样首先站在超实在法或实在法之外的立场来批判法律，不能完全用道德的评价代替法律的评价，不能简单地预先假设一切实在法都是"非正义的法"，是非法之法。法律家对法律的批评首先应当是"体系内的"批评，实在法为法律家提供了思考的起点和工作的平台，但同时也限制了法律家提问的立场和问题思考的范围。法律家完全可以表达自己在法律上的个人之价值判断，甚至像抒情诗人那样呈展自己渴望无限接近天空的浪漫想象，但法律家不能像诗人那样利用过度修辞的语言张扬自己的情感。他们如果不想让自己的判断和想象完全流于无效，那么他们就必须用所谓理性、冷静、刚性的"法言法语"包裹起这种判断和想象，按照法律知识共同体之专业技术的要求，来逻辑地表达为法律知识共同体甚或整个社会均予认可的意见和问题解决的办法。作为法律家之志业的法学应该担当起这个职能。诚如德国法学家拉伦茨（Karl Larenz, 1903—1993）所指出的："假使法学不想转变成一种或者以自然法，或者以历史哲学，或

者以社会哲学为根据的社会理论，而想维持其法学的角色，它就必须假定现行法秩序大体看来是合理的。……它所关心的不仅是明确性及法的安定性，同时也致意于：在具体的细节上，以逐步进行的工作来实现'更多的正义'。谁如果认为可以忽略这部分的工作，事实上他就不该与法学打交道。"[1]

应该承认，实在法并非是完美无缺的，同样也不是完全人类理性的体现（尽管古典自然法学派的思想者们主张实在法应当如此）。主要原因在于：

（1）实在法作为人定法是由人类创制的，人类理性本身的有限性决定了人类不可能创制完全符合逻辑标准或数学计算公理体系的法典。法律的逻辑化或数学化只可以想象和期望，实际上根本难以实现。正因如此，德国法学家基尔希曼（Julius Hermann von Kirchmann，1802—1884）早在150多年前就看到：即使像罗马法这种形式化程度很高的法律体系也"始终贯穿着矛盾和冲突，贯穿着僵化的形式与变动的现实之间、严苛的文字与不受之约束的公正理念之间的不可调和的对立"[2]。他甚至断言：任何实在法的立法，哪怕准备一千年，也难逃导致漏洞、矛盾、晦涩、歧义的厄运。[3]

1　卡尔·拉伦茨：《法学方法论》，第77页。
2　参见［德］J. H. 冯·基尔希曼：《作为科学的法学的无价值性——在柏林法学会的演讲》，赵阳译，载《比较法研究》2004年第1期，第143页。
3　［德］J. H. 冯·基尔希曼：《作为科学的法学的无价值性——在柏林法学会的演讲》，第146页。

（2）实在法规则要求按照形式逻辑的规则来建构，然而其所要规制的社会生活或社会关系则不具有逻辑性。法律倾向非此即彼的分离式思维，企望所有的法律事件和法律现象均应进行理性的计算与理性的把握，并在一个封闭的体系中可以阐释；我们人类生活的现实世界中的事件和现象若从不同的角度来判断却并不是非此即彼的，而是亦此亦彼的，不是条分缕析的，而是充满矛盾、充满紧张关系、充满悖论的，其中存在着用理性的计算除不尽的余数。实在法就像个执拗的裁缝，只用三种尺码来应付所有的顾客[1]，这种简化的武断方式可能具有降低社会复杂性之功效，但它更多的可能使生动丰富的社会生活被裁剪得支离破碎。生活事实与法律规则之间的不一致，使实在法企图跨越实然和应然的鸿沟以实现两者的相互吻合成为难题。

（3）实在法都是在一定的时间与空间内存在和发生效力的，没有任何一种实在法是无时间（适用一切时代）和无空间（适用一切国家或地区）规定性的。反过来说，实在法均具有"暂时性"和文化多元的特质。短暂性意味着实在法的变动性、非确定性[2]，这种属性与法律追求的安定性、可预期性、一致性理念是自相矛盾的。

1　参见［德］J. H. 冯·基尔希曼：《作为科学的法学的无价值性——在柏林法学会的演讲》，第150页。

2　基尔希曼以讽刺的口吻说：立法者只要修正三个字眼，整个（法学的）藏书就变成废纸一堆。（该名句经后人修改过，与其原话有一点出入。完整的意思，参见［德］基尔希曼：前揭书，第147页）这说明实在法之立法的反复无常。

文化多元表明实在法的民众信仰基础的分化和在价值追求上的多目标化，即使对待同一时代的实在法，民众对其确信和内心接受的差异也将导致实在法之合法性的危机及实在法实效的丧失或式微。

（4）实在法之立法技术尚不能满足法律体系之"计划圆满性"要求，因此在实在法秩序中可能还存在如下的问题：①法律规则（规范）及法律语言多少有其意义的"波段宽度"（Bandbreite），具有一定的模糊性，或者如英国法学家哈特（H. L. A. Hart，1907—1992）所说，法律概念有其核心意义（core meaning）和开放结构（open texture）；②法律规则（规范）有可能发生冲突；③法律规则（规范）存在规定上的漏洞，即现实中发生的案件没有任何事先有效的法律规则（规范）加以调整；④在特定的案件中，所做出的裁判可能背离法律规则（规范）条文的原义。[1] 在这些情境中，法官解释和参与法律的续造就不可避免，而法官解释和续造法律既可能弥补实在法的缺陷，也可能动摇实在法之统一性、安定性的理念根基和制度支架。

（5）实在法不可能避免价值评判，不可能做到价值无涉。恰恰相反，无论是立法还是司法都渗透着人们（统治者、立法者、法官和一般的民众）的价值考量。甚至可以说，没有价值评价，法律将寸步难行。任何人都不可能逃避那些潜伏在法律解释中的评价性的、规

---

[1]　参见〔德〕罗伯特·阿列克西：《法律论证理论》，舒国滢译，中国法制出版社2002年版，第17—18页。

范——目的论的和法律政策性的因素：一个没有裁判和评价的法律既不是实践的，也不是现实的[1]。然而，法律一旦涉入价值评判，那么有关法律问题的争辩则必然会陷入哲学家汉斯·阿尔伯特（Hans Albert, 1921— ）所称的"明希豪森——三重困境"（Muenchhausen-Trilemma）：无穷地递归（无限倒退）；循环论证；武断地终止论证[2]。最终走出这三重困境，在实在法秩序的框架内是不可能的。

（6）实在法是现实政治和国家权力的反映，具有意志性和命令性。这一方面可能使实在法确保其有效性在形式上的解释力，但另一方面也可能使之误入"权力的拜物教"的泥淖：实在法有时会完全成为统治者玩弄专横意志的工具。在特定的时期，尤其是在那些专制统治时期，法律由于违背正义达到不能容忍的程度，则完全丧失了"法性"（Rechtscharacter），不仅不能视为"非正确法"，它本身甚至堕落成了"恶法"，成了"非法之法"。[3]

面对实在法，抽象法学理论的姿态有时是极为尴尬的。理论的超越性格使它难以在有缺陷的实在法领域找到飞升的动力和羽化的质料，而实在法的武断性和拘束性又框限了理论家的视野与论述的

1　参见［德］罗伯特·阿列克西：《法律论证理论》，第8—9页。

2　参见［德］罗伯特·阿列克西：《法律论证理论》，"代译序"，第1—2页。

3　法律由于违背正义达到不能容忍的程度，则应被视为"非正确法""恶法""非法之法"。这一观点是德国法学家古斯塔夫·拉德布鲁赫提出的，其被后世称为"拉德布鲁赫公式"（Radbruchsche Formel）。参见［德］古斯塔夫·拉德布鲁赫：《法律的不法与超法律的法》，载氏著：《法律智慧警句集》，舒国滢译，中国法制出版社2001年版，第170—171页。

自由。这就是为什么无论是法学外的法律思考者，还是法学内的抽象理论思考者都有一种厌恶实在法并试图逃避实在法的内在情结。

"返观实在法！"——这对抽象法学理论而言决不简单是一个姿态的选择，毋宁说是理论生命力再造的必然要求。然而，返观实在法绝不是重走注释法学的老路，将抽象法学理论的全部注意力转向法教义学体系的构建。所谓返观，只不过是要求抽象法学理论放弃逃避实在法、逃避问题的心态，放弃以制造"贫血的概念体系"为旨趣的理论努力。直面实在法及其存在的实践问题，同样可以通达抽象法学理论"心仪高远"的目标。贴近实在法、贴近法律实践问题，就是贴近人类生活本身。只有贴近生活的法学理论才具有绵延不绝的生命力。应当说，在法哲学和法学方法论领域，战后法学家们对有关"疑难案件"（如"告密者案件""柏林墙射手案件"等）所引发的理论论争为抽象法学理论续造生命活力做出了贡献。

三、法律论证理论：视角的转向和方法的回归

在第二次世界大战之后抽象法学理论的发展中，建立在现代逻辑、语言哲学、语用学及对话理论基础上的道德论证理论和法律论证理论在哲学与法哲学领域悄然兴起。

总体上看，当代所兴起的法律论证理论具有如下特点：

（1）法律论证理论不回避实在法的实践问题。相反，它将抽象法学理论的视角从法律形而上学的玄思转向对实在法问题，尤其是司法判决问题的研究。理论家们关注的核心问题是：一个法律决

定（包括法官的判决）何时可以被看作是合理或理性的。因为任何法律的决定或决策（无论是立法决定还是司法决定）都必然涉及当事者的利益，故此做出决定者必须为自己的决定提出足够的理由，以增强其说服力或可接受性。任何法律决定（或主张）的说服力或可接受性均取决于证成（justification）的质量。譬如，法官在其判决中赋予立足点，其判决必须充分地证成才能使涉案的当事人、其他法官乃至整个法律知识共同体接受。在这里，法官判决的证成应当满足的法律合理性（legal soundness）标准就成了一个重要问题。换言之，法官在判决中仅仅罗列案件的事实和法律规则是否就行了呢？他还要不要解释为什么一个法律规则可以适用于某个具体的案件？法律规则的解释怎样才能以令人接受的方式证成？在法律证成的语境中，如何看待法律规则、法律原则和一般道德规范及价值之间的关系？与其他法律措施的证成相比，法官判决还有没有一些特殊的规范？这些问题都涉及法律判决应当满足的普遍和特殊的法律理性（合理性）标准。[1]正如德国新生代的法学家德尔夫·布赫瓦尔德（Delf Buchwald）指出："法律理性（合理性）的三个领域是关键的：法律的获取、判决的证成、概念和体系的建构。"[2]对此，

1　Eveline T. Feteris, *Fundamentals of Legal Argumentation: A Survey of Theories on the Justification of Judicial Decisions*, Kluwer Academic Publishers, Dordrecht/Boston/London 1999, pp. 1-2.

2　Delf Buchwald, *Der Begriff der rationalen juristischen Begründung: Zur Theorie der juridischen Vernunft*, Nomos Verlagsgesellschaft, Baden-Baden 1990, S. 21.

某些学者致力探究法律渊源的有效性问题，另一些学者试图用现代符号逻辑的工具来重构形式论证的模型，还有一些学者追求对论证类型进行分类和排序。[1]

（2）法律论证理论属于司法定向的法学理论。对法律论证的兴趣不断增长，其中一个最主要的推进因素是对法官职责之看法的改变。上已述及，19世纪占主导地位的是立法定向的法学理论。这个时期的主流意识形态是孟德斯鸠的三权分立原则，根据这个原则，立法者的任务是表述清晰而不模糊的规范，而法官仅仅是机械地适用法律的机器，其职责是将这些法律规范应用于具体的案件，或者说把案件的事实"涵摄"（subsume）在一般法律规则之下。到了20世纪，有关立法者和法官的职责的看法发生改变，因为立法者不可能预见到社会中所有可能的情形和新的发展，其必然只一般地设定规则，而将解释的工作交给法官行使，这样可以使规则不断地适用于新的案件。于是，法官就具有了更广泛的权力：他们拥有了一定的解释规则的余地，甚至可能对现行的法律进行续造（fortbilden）。那么，如何保证法官解释法律和续造法律具有统一的标准，以符合法治国之基本的理念（法律的确定性、安定性和一致性）就变成一个新的问题。法律论证理论试图在此方面提出一套论证的规则和论述的形式，将法官的自由裁量限定在规则、秩序和

1　James E. Herget, *Contemporary German Legal Philosophy*, p. 14.

技术的架构之内。

（3）法律论证理论强调法律论证并不是一种"独白式的证明"，不是单个人对法律认识的自言自语。因为所谓法律的合理性和正确性（Richtigkeit）最终都要通过法律决定（或主张）的"可接受性"体现出来，那么法律的证成过程就变成由众多的交谈者参与对话、商谈或论辩来相互说服，最终达成对法律的共识过程。对"听众"（audience）的重视，成为法律论证（尤其是佩雷尔曼理论意义上的论证）立论的出发点。法律论证追求的目标是通过正确或理性的论证手段、程序或规则来达到体现公正、正确性要求并具有说服力的结论。从另一个角度也可以看出，法律论证不简单是一个直线思维的过程，也绝非仅仅借重形式逻辑的推理。在理论范式上，法律论证理论属于"主体间的理论"，由主体对客体（法律）关系的思辨转换为"主体—主体"的理解和沟通，从法律实践的角度来达成对法律之真理问题的共识。故此，法律论证理论的渊源既有现代逻辑、语言哲学、语用学，也有对话理论、修辞学和论辩理论（话语理论，discourse theory）。

（4）法律论证理论是"论题取向"（topoi-oriented）的学问。"论题取向"是相对于"公理取向"（axiom-oriented）而言的。假如我们说，法律体系是一个如同几何学或代数式的公理体系（axiomatics system），就像潘德克顿学派之概念法学家（如 B. 温特沙伊德）那样把法律的应用简单地视为概念、命题之数学演算，那么这样的法学就是"公理取向"的。但事实上，愈来愈多的法学家们发现，法律体系本身不可能如概念法学所想象的那样是一个公理体系，毋宁说它是论题取向的。因为从形式逻辑的标准来衡量，法律秩序在微观的观察中，乃具有精确性和有意义性的不足，有所使用的法律命题和用语之重叠及逻辑上的缺陷。[1] 再加上法律不能避免价值评判或道德评价，所以法律论证的前提不可能是现有法律的命题或毋庸置疑的公理，而是有待确证的论题。德国法学家特奥多尔·菲韦格（Theodor Viehweg, 1907—1988）于 1953 年出版《论题学与法学》（*Topik und Jurisprudenz*），主张法学应当在论题学意义上来理解，最早提出法学的"论题取向"。在他看来，论题学是一种"特殊的问题讨论程序"，其特征在于应用若干确定的一般性看法、设问方式及论据，即应用"论题"。"论题"是一些"可多方应用且广被接受的看法，它们被用以支持或反对特定意见，并且指示通往真实的途径"。应用此程序的目的在于：由各种不同的方向使问题的讨论开始进行，最后能够发现问题在理解上的脉络关联。[2] 这种以问题（论题）为中心的思考方式对当代法学的影响是多方面的。尽管有的学者（如德国的罗伯特·阿列克西）不赞同论题学法学（Topische Jurisprudenz）的方法，批评该理论"轻视法

1　Julius Stone, *Legal System and Lawyers' Reasonings*, Standford University Press, Standford, California press 1968, p. 332. 也参见廖义铭：《佩雷尔曼之新修辞学》，台北唐山出版社1997年版，第327—328页。
2　引自［德］卡尔·拉伦茨：《法学方法论》，第25页。

律、教义学和判例的重要意义，不足以深入分析论述的深层结构，不足以使讨论的概念精确化"[1]，但我们仍不能否认法律论证理论的问题意识是"论题取向"的。论题学拓展了法律论证理论对法律论证之前提的认识和通过对话、商谈或论辩来达成理性共识的路径。

　　法律论证理论的形成本身也经历了一个过程，在这个过程中它曾出现过不同的理论方向和理论进路。在20世纪70年代以前，法律论证主要限于法的理论和法哲学语境下的研究，诸如法律决定和法律解释这样牵涉法律论证的问题也属于一般法律问题的一部分。故此，法律论证也被当作法律逻辑的内容，属于法学方法论或法律决定的理论，而不是当作法律论证理论本身来对待。20世纪70年代以后，随着愈来愈多的法学家开始专门研究法律论证，它就不再仅仅被看作是更加宽泛的研究领域的一部分，而且成为论证理论本身研究的对象。在这个时期，一批研究成果得以出版：例如，霍洛维茨（Horovitz）于1972年对法律形式逻辑和非形式逻辑做了概括的考察；卡里诺夫斯基（Kalinowski）在同一年发表对法律逻辑之不同进路的研究；施特鲁克（Struck）在1977年出版专著，讨论不同的论证模式。进入20世纪80年代以后，法律论证的研究包括更为广泛的话题、进路、观念和原则，涉及的领域有法学理论、立法程序、法律过程、法官裁决程序等。埃维里那·T.菲特里斯把这些

1　参见［德］罗伯特·阿列克西：《法律论证理论》，第29页。

领域的论证理论研究大体上分为三个进路：（1）逻辑的进路。这种进路强调形式的有效性作为法律论证之理性（合理性）的标准，并且运用逻辑的语言来重构法律论点。（2）修辞学进路。这种进路（例如菲韦格的论题学法学和佩雷尔曼的新修辞学法学）是作为形式逻辑进路的对立面而出现的，它强调论证的内容及论证可接受性的语境依赖方面（context-dependent aspects of acceptability）。（3）对话哲学进路。该进路认为：法律论证是按照一定规则进行理性讨论的程序，是有关法律立场之可接受性进行对话的一部分。它强调，论证的理性（合理性）取决于讨论的程序是否在一定程度上满足可接受性之形式标准和实质标准。[1]

　　尽管法律论证理论也曾遭到法学和哲学界人士的某些批评与反驳，尽管这个理论本身在解决复杂的法律问题（特别是有关法律的道德评价之类的实质哲学问题）方面还存在着应用的局限性和具体方案上的缺陷，但它代表着一种发展的方向，一种在实在法之实践问题上寻求多知识进路、多学科方法之研究论证的努力方向。在这个愈来愈"缺乏根据的时代"，法律论证理论的雄心和细密严谨的论证作风无疑为法学（尤其是抽象法学理论）的重振旗鼓带来了一线希望。

四、当代中国抽象法学理论发展存在的问题

　　当代中国的法学理论到底面临什么样的问题？对此，各位学人

1　Eveline T. Feteris, *Fundamentals of Legal Argumentation*, pp. 11-21.

会有不同的问题意识、不同的论述维度和不同的判断标准。[1] 为了避免身陷中国法学的宏大问题场域之争论，这里只突出讲两方面的问题：

（一）法学知识的生产过程无序，难以形成成熟的法学知识共同体

我个人认为，现下中国知识的生产在整体上存在着如下的问题：第一，知识生产过程的无序性。现代技术（尤其是电脑技术和网络技术）手段的发展在减轻知识生产劳动强度的同时，也增大了其生产过程的无序性。在知识生产线上的"知识复制"挤压着真正的知识创造过程。第二，伪劣知识淘汰优良知识的逆增量趋势。"知识复制"必然增加知识检验和鉴别的难度，故而伪劣知识充斥知识市场，形成增量强势。第三，知识生产的利益趋同现象。

法学知识生产的情形同样堪忧，基本呈现为"法学伪劣知识无序积累"的局面。大家将知识兴趣和生产活动的重心投放在"知识复

1　吉林大学的邓正来教授于2005年在《政法论坛》发表17万字的长文《中国法学向何处去？》指出，自1978至2004年中国法学暴露的根本问题是未能为评价、批判和引导中国法制发展提供作为理论判准和方向的"中国法律理想图景"，一时引起普遍关注，并引发一波热烈的讨论。中山大学的刘星教授注意到20世纪80年代以后西方法学理论的"中国表达"中存在着"学术推进的目标缺席""知识评介者的学术权力支配""权威导引的单面作用"以及理解西方法学理论的过程中的背景知识的差异等现象。（参见刘星：《西方法学理论的"中国表达"从1980年代以后的"西方评价"看》，载《政法论坛》2005年第1期。）

制"，满足于制造"泡沫学术"和"印刷文字崇拜"，甚至以贩制伪劣知识和垃圾知识为要务。大量的法学生产者的作品以"法学知识"的面貌出现，但实质上它们本身构不成真正的知识，而且可能是仿冒的伪劣产品。这种法学伪劣知识充斥法学之中，混淆了法学知识的标准和界线，整体上伤害了法学者的原创力和自律感，即使一些优秀的学者也丧失了自持的能力，会时不时地参与"法学伪劣知识无序积累"的竞争，同样制造一些垃圾知识。这样，法学知识生产者的知识生产能力处于委顿状态，知识创造之源陷入枯竭。

这种知识生产过程难以形成成熟的法学知识共同体。其所生成的可能是一个又一个散居各种孤岛的"知识小众"。这些知识小众有自己的私人知识、自己的知识兴趣和自己的批判标准，而且可怕的是它们可能有自己依赖的权力和力量。当真正需要学术批评的时候，这些知识小众很可能会在正当的学术批评之外形成对垒的阵营。

更令人忧心的是，由于不能形成法学知识共同体，我们所建立的法学知识体系就缺乏稳固的基础和结构，很容易招致法学之外的知识界（某些"知识黑客"）的攻击，更容易受到政治话语的冲击。这种法学知识体系更类似于"法学的积木"，哪怕一个牙牙学语的稚童，只轻轻一推，这个被搭建的积木立刻坍塌。当学者们把这种知识体系带进立法、执法和司法实践时，他们遇到"稚童推积木"的尴尬局面是可想而知的。

　　（二）法学理论没有为法律实践（尤其是司法实践）提供足够的智力支持

　　法学理论必须关注和面向社会的世俗生活，为人们社会生活中的困惑、矛盾和冲突（例如人们之间的经济纠纷，人们行为所造成的损失之承担）寻找到切实的法律解决方案，确立基本的原则，或为法律的决定做出合理而有说服力的论证。法学实践活动的所有方面（法律认识、法律判断、法律理解、法律解释等）都是围绕着这个领域而展开的。具体而言，法学者应该探讨：（1）法律制度问题。法律制度则构成了法学研究的对象。无论是应用法学（如民法学、刑法学、诉讼法学）还是理论法学、法律史学、比较法学，都必须以法律制度作为考察的出发点。离开了法律制度这个研究对象，法学将无以存在。（2）社会现实或社会生活关系问题。国家制定法律、建立法律制度，其目的在于用它们来调整人类社会的生活关系。所以，法学也必须研究社会现实或社会生活关系。更确切地说，法学要研究那些与法律制度有关联的社会现实或社会生活关系问题。如果我们能够从法律的角度对此生活关系进行判断和评价，那就可以断定这种社会现实或社会生活关系具有"法律制度的关联性"，否则就不具有"法律制度的关联性"。（3）法律制度与社会现实相互如何对应问题。法学并不单纯研究法律制度或单纯研究社会现实，也就是说，法学既不完全脱离社会现实或社会生活关系来思考、观察以及建构法律制度，也不完全离开法律制度来考察社会现实或社会生活关系。实际上，我们在有法律的社会中所遇到的大量问题是法律制度与社会现实之间相互如何对应的问题，这些问题需要由法学来加以研究并予以解决。在现实生活中，我们不难发现存在不切实际的法律制度（例如那些在社会生活中根本不起作用的"书面上的法律"）。另一方面，即使法律制度在立法层面上看是完全切合实际的，但它们在执法、司法和守法上未必完全被应用于社会现实或社会生活关系之中。例如，在执法者违法的场合，即便有良好的法律也不一定能够产生立法者所期望的社会现实或社会生活关系。这反映出"应然"与"实然"、"规范"与"事实"、"制度"与"现实"之间存在着差别性、不一致性。有时，执法者尽管极尽努力，但在客观上也难以消除它们之间的这种差别性、不一致性。

这就要求法学理论为法律实践提供持续的智力支持。理论和实践之间应当形成良性的共生系统。然而，我们在当代中国常常看到的是，当实践真正需要智力支持的时候，专家和民众似乎都在踊跃地（借助媒体）"表达意见"，于是形成一片嘈杂之声。有时，"民众的愤怒"甚至淹没了专家的声音。最后，精英的知识让位于"民众的常识"。这不能不说是法学理论的一种悲哀。

五、当代中国的抽象法学理论向何处去？

面对当代中国法学理论存在的问题，我本人也无既定的因应之策。这里结合抽象的法学理论（法哲学或法理学）的发展，谈一个观点：转向法学方法可能不失为一种值得尝试的选择。从广义上讲，法学方法，包括法学建构的方法（即从某种目的出发建构法学概念和理论体系的方法）、法学研究的方法（即正确地进行法学研究所应遵循的一套原则、手段、程序和技巧，如哲学的方法、历史考察的方法、分析的方法、比较的方法、社会学方法等）和法律适用的方法。从狭义上讲，法学方法，主要是指法律适用的方法。因为诚如上述，法学是实践知识、实践学问，它总是通过实践来获取知识，并把法学知识应用于解决法律实践问题，为此提供答案。在此意义上，无论是法学建构，还是法学研究，均具有法律实践的指向。在法律实践中，法律适用总是居于核心的地位。从法律运行的角度看，司法（尤其是法官的法律裁判）居于中心的环节。以事实的认定和法律规则的寻找为中心，法学方法论所研究的主要问题包括：（1）法条的理论；（2）案件事实的形成及其法律判断；（3）法律的解释；（4）法官从事法的续造之方法；（5）法学概念及其体系的形成[1]。这其中又包括法律解释的方法、法律推理的方法、法律论证的方法、体系建构的方法等。

　　的确，方法的转向并不是唯一的一剂振兴法学理论的灵丹妙药（法学理论的振兴取决于多种多样的因素和机缘）。而且，过分注

1　［德］卡尔·拉伦茨：《法学方法论》，第3—7章。

重方法论的法学，还会产生德国法学家古斯塔夫·拉德布鲁赫所讥之的"病态"。这位具有深刻法学洞见的法学家曾警告世人："有关法律方法的研究愈来愈多。就像人，如果终日为自省折磨，大多数情况下成为病人，而科学，如果总是抓住机会忙于研究自己的方法论，也常常是有病的科学；健康的人和健康的科学并不总是要太多地了解自身。"[1] 而且，沉湎于"方法上的盲目飞行"[2]，还可能使我们的法学家仅仅专注于法律技术和法律适用操作的规程，而不抬头遥望灿烂的星空，洞察内心的道德律。久而久之，法学家会逐渐丧失反思的能力，其难免成为附丽权贵的工具，甚至沦为权势者玩弄的奴仆。历史上，一些优秀的法学家（如卡尔·施米特、卡尔·拉伦茨）尽管可以称为法学方法论上的大家，但在某些特定的历史关头终究堕落为政治上的投机分子[3]，这既令人扼腕叹息，又让人忧思自戕。

即便如此，我们仍然不应对法学方法论抱有同样盲目的敌意。我认为，总是人在犯错误，不能迁责于法学方法论本身。事实上，

1　［德］古斯塔夫·拉德布鲁赫：《法律智慧警句集》，第139页。

2　"方法论上的盲目飞行"一语是德国法学家伯恩德·魏德士（Bernd Rüthers，正确的译名应为"吕特斯"）在其一篇文章中所提出来的。参见Bernd Rüthers, "Anleitung zum fortgesetzten methodischen Blindflug?" in: *Neue Juristische Wochenschrift (NJW)*, 1996, S. 1249。后来，其在《法理学》一书中再次提到这个问题，参见［德］魏德士：《法理学》，丁晓春、吴越译，法律出版社2005年版，第409页。

3　有关卡尔·拉伦茨在纳粹时期的表现以及引发的思考，参见黄瑞明：《纳粹时期的拉伦兹：德国法学界的一页黑暗史》，载《台大法学论丛》2003年第5期，第1—53页。

每每处于精神困顿之时，法学家总会投身于"方法的转向"，从中寻求推进思想的动力和进路。比如在德国，从 20 世纪 60 年代开始，法律制度的规范基础的讨论被法律科学的方法之探讨所取代。由于当时不能重构自然法理论，法学家们开始反躬自问："法律的讨论应当怎样进行？""什么是最有成效的方法？"在法学家的反思方面，较早时期出版的法学方法论作品，如卡尔·恩吉施（Karl Engisch, 1899—1990）1943 年出版的《法律适用的逻辑研究》（*Logische Studien zur Gesetzesanwendung*），乌尔里希·克卢格（Ulrich Klug, 1913—1993）于 1951 年出版的《法律逻辑》（*Juristische Logik*），特奥多尔·菲韦格 1953 年出版的《论题学与法学》，以及哲学家伽达默尔（Hans-Georg Gadamer, 1900—2002）于 1960 年出版的哲学著作《真理与方法》（*Wahrheit und Methode*）均起到了激励的作用 [1]。这种方法的转向，到了 20 世纪 60 年代末期在法学领域产生了较为系统的研究成果。尤其是近年来，一批运用当代最新方法论（如法律论题学、法律修辞学、法律语言学等）研究法学问题的论著不断问世，充分显示了德国法学的强劲实力。

　　德国第二次世界大战以后法学的复兴过程验证了孔子的名言的正确性："工欲善其事，必先利其器。" [2] 欧洲法社会学家欧根·埃

1　参见James E. Herget, *Contemporary German Legal Philosophy*, p. 7。
2　《论语·卫灵公第十五》。参见刘宝楠：《论语正义》，载《诸子集成》（转下页）

利希（Eugen Ehrlich，1862—1922）在谈到法学之发展时讲过同样的道理："一切研究之要务在于寻找到与其对象相适应的某种研究方法。故此，一些伟大学者的一生都花在寻求方法上；方法一旦找到，工作就可以完全由下面的人力来进行。"[1]

　　回到问题上："我们时代的法学为什么需要重视方法"？更确切地说，"我们当代中国的法学为什么需要重视方法"？回答这个问题，我们可以省略一些细节的考量，但有一点必须指出，那就是：我们的法学过去未曾受到过严格的方法论的"规训"。以至于，我们的学者难以保持理性、严谨和科学的问学态度，难以保持思想谦抑的心情，难以抵御形形色色的思想的诱惑和恣意表达思想的冲动；在我们的法学思考中常常可以发现学术传统的断裂、思想链条的中断、思想理路的混乱和思想鸿沟的无理跳跃，缺乏细致入微的分析、论证和说理。而法学方法论的研究，从一个侧面为我们的法学建构提供一种观照的镜鉴、一种特殊的精神气质和建立法学知识标准的某种进路。我们可以对一切缺乏方法论支持的所谓学术创造提出最低限度的质疑。相反，尽管我们可以对德国潘德克顿学派的概念法学之基本立场和观点提出批评，但我们绝不应否定普赫塔、温特沙伊德、（前期的）耶林等人为

（接上页）（第1册），中华书局1993年版，第337页。

1　Eugen Ehrlich, *Grundlegung der Soziologie des Rechts*, 3 Aufl., Duncker & Humblot, Berlin 1967, S. 5.

建立形式化、科学化的法学而在方法论上所做出的巨大努力，否定他们对法学方法论在规训学人的思想恣意、抵御来自旧政治势力的复辟和"革命"力量侵袭等方面的远见卓识。[1] 此外，还应当强调：对于建立法治国家而言，重要的不是提出制度的框架和方案，而是制度设计的方法论根据。诚如德国的魏德士（吕特斯）教授所言，法律的方法问题本身就是宪法问题，加强在历史上不断丰富的法律方法意识具有法律实践与宪法政治的意义。方法论可以将国家权力的分立精确化，有利于平等对待和法的安定性，可以为裁决提供依据、为展开批判性论辩提供可能，有利于法律工作者自我认知、自我监督，确保法的内在道德。[2] 我们应当坚持魏德士教授之相同的信念："科学认知的可靠性及其成果对社会的有用性在很大程度上取决于科学自身是否有能力并准备着认识并纠正自身的弱点和缺点。这也是法律方法论的主要任务之一。"[3] 正是基于上述认识，我们说：我们的时代需要方法，法学方法论将在我们的时代成为显学。

　　大家一定看得出来，尽管我一直在强调方法的价值，但当下所

1　例如，普赫塔认定：（当时德国历史法学的）法学方法上的形式化一方面可以对抗反动的复辟，一方面可以防御"即将来临的革命"，是用以捍卫正义主张的保证。参见［德］弗朗茨·维亚克尔：《近代私法史》（下），陈爱娥、黄建辉译，上海三联书店2006年版，第389页。

2　参见［德］魏德士：《法理学》，第294、346、409页。

3　［德］魏德士：《法理学》，第409页。

写的仍是一篇没有多少方法论含量而较为散漫（抑或凌乱）的文字，没有值得期待的宣言，没有强式的命题，没有限定逻辑条件和严格推论的主张，这也许是一种自觉的无奈罢。行文至此，该当结束。值此之际，我不由得想起诗人艾青的著名诗句：

"为什么我的眼里常含泪水？
因为我对这土地爱得深沉……"[1]

带着同样的追问，我们的法学家身上多了一份沉重的责任。法学之于我辈，乃安身立命之地，经年谨心守望这一片土地，或许能够看到一线曙光从远方的地平线缓缓映射而来。

---

1 艾青：《我爱这土地》，载牛汉、郭宝臣主编：《艾青名作欣赏》，中国和平出版社1993年版，第180页。

寻访法学的问题立场 *

——兼谈"论题学法学"的思考方式

一、法律公理体系之梦

体系思维对职业法学家有一种诱惑的力量。近代以来，由于受到欧洲理性主义哲学传统的影响，法学家们对公理体系思维抱持某种近乎拜物教式的信念，认为：法律内部应当有某种前后和谐贯通的体系，所有的法律问题均可通过体系解释予以解决[1]。建构概念清晰、位序适当、逻辑一致的法律公理体系，对于所有的法学家都有难以抵御的魅力。道理很简单：假如法学家能够将法律体系的各个原则、规则和概念厘定清晰，像"门捷列夫化学元素表"一样精确、直观，那么他就从根本上解决了千百年来一直困扰专业法律家的诸多法律难题。有了这张"化学元素表"，法官按图索骥，就能够确定每个法律原则、规则、概念的位序、构成元素、分量以及它们计量的方法，只要

* 原文载《法学研究》2005年第3期。

1 参见颜厥安：《规范、论证与行动——法认识论论文集》，台北元照出版公司2004年版，第13页及以下页。

运用形式逻辑的三段论推理来操作适用规则、概念，就可以得出解决一切法律问题的答案。法律的适用变得像数学计算一样精确和简单。我把这样一种体系化工作的理想称为"法律公理体系之梦"。

在19世纪的德国法学中，"法律公理体系之梦"风行一时，众多一流的法学家曾经为之倾心。当时，弗里德里希·卡尔·冯·萨维尼就指出：法学是"彻底的历史及彻底的哲学性"之学。他将法学的"哲学性"因素同"体系性"因素等量齐观，认为：在历史中逐渐形成的"实在"法有一种"内在的理性"，这种理性促成实在法的统一及关联性，只有体系化的法学才能发现之。[1] 其门徒普赫塔进一步将这个体系理解为形式逻辑的、抽象概念体系，从而走向"概念法学"之途 [2]。其后的潘德克顿学派（学说汇纂学派）法学理论（即概念法学）大体上具有相同的信条：法律是一个内含多样性而又具有意义整体的有机体系，该体系是按照形式逻辑的规则建构的"概念金字塔"（Begriffspyramide）。人类根据国家的"理性建筑学"（Architektonik der Vernuenftigkeit）标准来进行建构，就可以通过一定的质料将这个体系表达出来（成文法典体系）。有了这个通过成文法典之质料表达的体系，所有的案件均能够由此加以涵摄。因为："判决就是将法律概念作为（数学）因数进行计算的结果；自然，因数值愈确定，计算所得出的结论则必定愈可靠。……只有

1　参见［德］卡尔·拉伦茨：《法学方法论》，第49页。

2　同上注。

通过全面把握法律概念，真正的法律体系，即法律规定的内在相互依存性才可能产生。"[1] 当时，著名法学家鲁道夫·冯·耶林将这个"概念法学"的理想讥之为"琢磨着把法学上升为一门法律数学的逻辑崇拜"[2]。

　　然而，现代的法律家们发现，法律体系本身不可能如概念法学所想象那样是一个公理体系（例如"法律数学"），即使建立起一个法律概念的逻辑演绎体系也是十分困难的。从理论上说，法律公理体系和法律概念演绎体系的建构本身尚有细微的差别："从一些公理出发，根据演绎法，推导出一系列定理，这样形成的演绎体系叫作公理系统。"[3] 而如果从某个初始的范畴或概念（基石范畴或概念）推演出某个学科的全部概念，所形成的就是概念演绎体系。前者包含具有真值传递功能的命题（公理、定理），后者只是概念体系的排列顺序，而其未必有真值传递功能[4]。

　　依据上面的标准，如果要创建法律公理体系，那就意味着：

（1）必须首先寻找到法律逻辑推演的初始概念或符号（primitive symbols）、初始命题或公理（axioms）、初始推演规则（rule of

---

1　B. Windscheid, *Lehrbuch des Pandektenrechts*, 9 Aufl., Bd. 1, Frankfurt a. M. 1906, SS. 110-111.

2　Rudolf von Jhering, *Geist des römischen Rechts*, Bd. 3., 3 Aufl., Druck und Verlag von Breitkopf & Härtel, Leipzig 1877, S. 311-312.

3　参见王宪钧：《数理逻辑引论》，北京大学出版社1982年版，第33页。

4　参见王海明：《伦理学方法》，商务印书馆2003年版，第152—153页。

primitive inference）；（2）要保证法律逻辑推演的初始命题或公理是"自明的""直觉的""公认的""不言而喻的"，并且具有真值传递功能；（3）要保证法律逻辑推演具有"完全性"，即从若干"法律公理"推演出整个法律体系或法学体系的全部命题。在这一点上，它必须满足或符合四个条件：第一，这个法律公理体系必须是没有矛盾的；第二，这个体系必须是独立的，不能包含任何可以从其余公理推导出来的公理；第三，这个体系必须是充足的，即能够推导出属于公理化理论的全部陈述；第四，这个体系必须是必要的，它不可包含多余的假设[1]。事实上，迄今为止尚没有任何时代的实在法能够符合上面的形式化、公理化标准，恐怕未来的法律亦不完全能够在严格性、纯粹性和精确性上达到这个标准。原因在于：法律永远也不可能游离于社会生活，法律的语言尽管可以经过专门的建构，但也不能完全脱离日常语言。

也可以说，法律这样一种"质料"在本质上具有糅杂不纯的性质，体现在：（1）法律的概念并非纯粹形式逻辑的概念，其具有一定的模糊性或多义性；（2）法律之质料载体（判例法、成文法典等）的有限性，使实在法律规范（规则和原则）可能含有漏洞、矛盾、晦涩、歧义；（3）由于前两个缺点的存在，实在法律规范作为推论前提本身不具有不证自明的确然性，而是具有可争议性的或辩

---

[1] 公理体系的四个满足条件，是卡尔·波普尔在1959年出版的《科学发现的逻辑》中提出的。参见王海明：《伦理学方法》，第155页。

难性的；（4）法律具有时间和空间的有限性，它们都是在一定的时间与空间内存在和发生效力的，没有任何一种实在法是无时间（适用一切时代）和无空间（适用一切国家或地区）规定性的。反过来说，实在法均具有"暂时性"和文化多元的特质。短暂性意味着法律的变动性、非确定性，这种属性与法律追求的安定性、可预期性、一致性理念是自相矛盾的。文化多元表明实在法的民众信仰基础的分化和在价值追求上的多目标化。所以，由于实在法律规则具有糅杂不纯的实在特性，下列问题在所难免：（1）法律规则及法律语言大量存在着各自的意义"波段宽度"（Bandbreite），需要解释才能确定其相对明确的意义；（2）法律规则之间发生冲突；（3）法律规则存在规定上的漏洞，即现实中发生的案件没有任何事先有效的法律规则（规范）加以调整；（4）在特定的案件中，所做出的裁判可能背离法律规则之条文的原义[1]。由此可见，法律的上述特性难以完全满足形式逻辑之证明推理的形式化条件。

最关键的一点还在于：作为法律公理体系演绎之初始命题或公理极难确立。我们当然可以想象从最普遍化的、最抽象的"属"（genus）之意义上来寻求所有法律之有效性推理的前提条件。比如说，"法律来自上帝的意志""法律是理性的体现""法律是公正与善良的技艺"等。但做这样的设定有什么意义呢？人们能否从

1　参见［德］罗伯特·阿列克西：《法律论证理论》，第2—3页。

这些本身尚需要做初始界定的命题做进一步的推理，以至于建立一个逻辑自洽的公理体系呢？恐怕没还有人有足够的确信来实现这个雄心，因为上述命题很难说就是"自明的""直觉的""公认的""不言而喻的"，所谓"上帝的意志""理性""公正""善良"这些大词并非是"必然性的知识"，也不是一切法律文化都普遍接受或承认的逻辑前提，以此推论法律公理体系几无可能。换一个思路，我们先确定法律概念的"最小公分母"（如同美国法学家 W. N. 霍菲尔德所做的那样），将此最小概念设定作为公理体系推演的初始前提，比如，"无权利则无法律""无救济则无权利"，诸如此类，那又会怎么样呢？不可否认，如果条件适当，法学家在有限范围内能够根据设定的前提进行逻辑推演。但这种推演能否依照公理化标准建构起跨越不同法律制度、不同法律部门的宏大体系呢？至少我们目前还没有发现有哪位法学家已经做到这一点。汉斯·凯尔森曾经在实在法律规范体系之外假设一种"基础规范"（Grundnorm），但这只是逻辑推论的一个基石范畴或概念，而并非一个公理。那么，我们能不能将"所有法律规范的效力来源于基础规范"当作公理？这个问题本身实际上可能就存在"理论争议"，至少上述命题不会像"从任一点到任一点均可作直线"或"所有直角均彼此相等"之类的几何学公理一样不证自明。正因如此，把法学等同于形式逻辑学、甚至将此建构成为所谓的"法律数学"或"法律几何学"是不现实的。寻求这样一种"法律公理体系之梦"无异于试图寻求法律之逻辑纯粹性的"乌托邦幻想"[1]。

退求法律概念的演绎体系又如何？应当承认，并不是所有的法学家都天真地认为法律体系或法学体系就是法律公理体系，但他们也从未放弃过"体系思维"，而提出过各种各样体系性法律建构的思想。比如，按照德国法学家埃塞尔（Josef Esser, 1910—1999）的说法，法律体系可能是"封闭的体系"，也可能是"开放的体系"[2]；卡纳里斯（Claus-Wilhelm Canaris, 1937—2021）把法律体系理解为某个法秩序之普遍原则体系（"价值论—目的论的"体系）[3]；还有些人则将之说成是"争端决定的体系""生活关系体系""单方面的体系"与"双方面的体系""可变性"体系或法律规范与法律原则体系等[4]。当然，也不乏有人愿意循着概念法学的思路寻找法律概念的演绎体系，以实现诸法律概念有某种形式逻辑的（不一定属于公理化的）排列顺序的目标。卡尔·拉伦茨将它称为"外部体系"（或"抽象概念式的体系"）[5]。他相信：由（作为规整客体的）构成事实中分离出若干要素，将此等要素一般化，在此基础上形成类别概念（Klassenbegriff），进而借助增减若干

1　德国法学家卡尔·恩吉施对建立"公理式体系"持类似的批判态度，其结论是："公理式演绎的方法在法学中绝不可行。"参见［德］卡尔·拉伦茨：《法学方法论》，第43页。

2　J. Esser, *Grundsatz und Norm in der richterlichen Fortbildung des Privatrechts*, Tübingen 1956, S. 7.

3　G. -W. Canaris, *Systemdenken und Systembegriff in der Jurisprudenz*, Berlin 1969, S. 46ff.

4　［德］卡尔·拉伦茨：《法学方法论》，第46—47页。

5　［德］卡尔·拉伦茨：《法学方法论》，第316页及以下页。

（规定类别的）要素，形成不同程度的概念，并由此构成体系[1]。这个建构路径确实十分诱人，也不乏可操作性。但有学者从中看出了"抽象概念"作为思考形式（Denform）的局限性，指出：我们常常在（作为规整客体的）构成事实或具体的生活关系中分离出来的，与其说是抽象概念，不如说是各种"类型"（Typus）。依据阿图尔·考夫曼的说法，类型思维是有别于抽象概念的思维形式：抽象概念是封闭的，类型则是开放的，概念式的思维是一种"分离式""非此即彼"的思维，类型思维则是流动的思维[2]。进而言之，与抽象概念相比，类型具有下列三个特性：（1）"层级性"（Abstufbarkeit），一个类型之内可能会有无数的层级之依序排列；（2）"边界的不明确性"，由一个类型到另一个类型之间是由"流动的过渡"（fliessende Uebergaenge）所相接的；（3）"组成分子的不固定性"，类型是可以允许许多各式各样的元素组合的，从而形成"有弹性的标志结构"（elastische Merkmalsgefuege）[3]。有关类型思维在立法、司法和法学研究中的价值这里暂且不表，但有

1　［德］卡尔·拉伦茨：《法学方法论》，第316—317页。

2　参见［德］阿图尔·考夫曼：《类推与"事物本质"——兼论类型理论》，吴从周译，台北学林文化事业有限公司1999年版，"译序"，第12—13页。据认为，马克斯·韦伯（Max Weber, 1864—1920）最早将类型概念引入社会学研究，格奥尔格·耶利内克（Georg Jellinek, 1851—1911）最早将之引入一般国家学。（参见［德］卡尔·拉伦茨：《法学方法论》，第337页）不过，也有学者考证，鲁道夫·冯·耶林是韦伯行动类型学说的主要理论先驱。（参见郑戈：《韦伯论西方法律的独特性》，载《韦伯：法律与价值》，上海人民出版社2001年版，第33页。）

3　林立：《法学方法论与德沃金》，中国政法大学出版社2002年版，第126—128页。

一点我们必须指出：面对无以计数、无以穷尽的生活关系事实，仅仅依靠建构法律概念的演绎体系是远远不够的，法律的"过度概念化"反而不能适任其职。

二、被科学话语遮蔽的"法学范式"

从另一个角度看，"法律公理体系之梦"其实就是法学的"科学性之梦"。追求法律客观性、确定性和一致性之实用目的与自然科学（尤其是物理学、数学）在近代发展中所确立的实证性之"科学范式"相遭际，造就了法学的"科学性之梦"。

由上文的分析，我们知道：法律概念之意义的"不确定性"（indeterminacy）几乎无所不在，而如何保证法官在解释法律和续造法律时具有统一的标准，以符合法治国之基本的理念（法律的确定性、安定性和一致性），是所有的法学家都必须首先予以关注并试图解决的关键问题。因为从本性上说，法学作为一门学问，应当"以某个特定的，在历史中逐渐形成的法秩序为基础及界限，借以探求法律问题之答案"[1]。建构法律公理体系，按照自然科学的科学标准来完成法学的"科学性""实证性"范式转化，不失为近现代以来法学家力图解决"不确定性"难题的一种尝试，也是试图实现"合理化法律分析"（rationalizing legal analysis，罗伯托·昂格尔语）的众多努力之一。

1　［德］卡尔·拉伦茨：《法学方法论》，第19页。

　　但这也是被近代以来渐成强势的"科学—技术理性"话语所宰制的一种"理性化"努力，一种"科学殖民"的过程，是"科学"的方法论将"实践知识"的古老方法论驱逐出法学论辩与写作的过程，也是法学对自然科学之话语权力的主动归依。这样一种话语归依，在某种程度上与法学家们经年形成的"内部观点"之惯习主义传统相抵牾。它采取了"法学外的法学"之"外观的立场"，模仿自然科学探求数学化的、经验主义的、可验证的实证客体，并且通过观察、比较、实验、分析和归类过程对法律进行"科学研究"。或者说，这种标榜"科学性的法学"以后验的（a posteriori）方法取代先验的（a priori）方法，像物理学那样把法律当作一个物质的实体——实际的法（actual law）或实在法（positive law），用可以度量、权衡轻重和精确计算的方式来研究与分析。如此建构的法学（可以名曰"法律科学"）在一定程度上反映了所有的科学之"控制的动机"，正如自然科学研究的动机是通过认识自然来控制自然，社会科学发展的动机是根据科学规律来控制社会一样，法律科学兴起的动力则是为了控制人们的行为（尤其是立法行为、司法行为，当然对违法行为的控制也是其研究的任务），在社会生活中确立与自然科学相类似的恒常规则，而这些规则本身不受它所制约的生活和关系的影响（德国法哲学家鲁道夫·施塔姆勒即持此种观点）。很显然，这种"法律科学"的理论旨趣及其对法律的理论想象与所谓的"法则科学"（Gesetzeswissenschaft, nomological science）之旨趣和想象并无二致。

我们在此处实际上身陷于法学性质的宏大问题场域之中，对我们而言，被"科学话语"遮蔽的"法学"的学科形象似乎变得愈来愈模糊不清：

（1）什么是法学之"学"？应当说，法学之"学"并不是一目了然的概念。我们可以在不同意义层次上使用法学之"学"一词：首先，它可能是指（哲学）"学问"（Philosophie, philosophy），即对法律之根本原理的哲学追问；其次，它是指（理论）"学术"（Theorie, theory），即对法律本身的实存结构（原则、规则等）所做的理论分析（规范研究）；再次，它可能是指（实证）"科学"（Wissenschaft, science），即按照自然科学标准对法律的结构、功能等所进行的实证研究；最后，它也可能是指"技术之学"，即将法律作为一门实用的技艺（技术，Technik, craft）来加以研究。[1] 那么，法学到底是其中哪一种意义层次上研究活动的名称？这里恐怕难以简单作答。在当今的知识分类体系中，我们同样不容易为法学学科找到确切的位置：在自然科学、社会科学和人文科学（精神科学）这三种基本的知识形态中，法学应属哪一种知识形态？这似乎也是不可以一言以蔽之的。也许，我们过分纠缠于词语的辨析，而忽略了我们所要探究的真正问题。这里

1　比较颜厥安：《规范、论证与行动——法认识论论文集》，第5页。

的真正问题是：法学能不能当作自然科学来加以研究？法学是一门（自然或社会）"科学"吗？依照德国哲学家亨利希·李凯尔特（Henrich Rickert, 1863—1936）的观点，自然和文化是俨然有别的："自然是那些从自身中成长起来的、'诞生出来的'和任其自生自长的东西的总和。与自然相对立，文化或者是人们按照预计目的直接生产出来的，或者是虽然已经是现成的，但至少是由于它所固有的价值而为人们特意地保存着的。"[1]因此，文化现象只能根据它们固有的目的，而不是从（自然）原因出发来加以确定，它包括了宗教、法学、史学、哲学、政治经济学等科学的一切对象。[2]正如科学规范、道德规范和艺术规范一样，法律规范也是文化法则（Kulturgesetze，文化规律），而不是自然法则（规律），前者包含应然，后者包含必然（Müssen）。还可以进一步说，自然科学提供普遍的（自然）"法则"，文化科学通过描述在历史中铸造的具体的"形态"（Gestalte）而具有"个别记述的"（idiograpisch）性质：前者为（自然）法则科学，后者为（历史）事象科学（Ereigniswissenschaften）；前者是"说明的"科学，后者是"理解的"科学或诠释（解释）科学（Die hermeneutischen

---

1　［德］H. 李凯尔特：《文化科学和自然科学》，涂纪亮译，商务印书馆2000年版，第20页。
2　同上注，第22页。

Wissenschaften）。[1]从这些对立的范畴之对比可以看出，从自然科学的角度来研究作为文化现象之一的法律现象不是不可能，而是如何界定其研究的性质。反过来说，我们不能笼统地将法律的自然科学研究称为"法学研究"。正因为如此，H.李凯尔特指出："我们不能满足于仅仅用自然科学的或普遍化的方法去处理文化事件。虽然，这样的处理是可能的，甚至也许是必需的，因为任何一种现实都是可以用普遍化的方法去理解的，但是，在这种情况下，这种处理的结果将是这样：再一次用歌德的话来说，它把那种'只有分离开来才具有生命'的东西'生搬硬套地凑成一种僵死的普遍性'。因此，用自然科学概念来表现文化生活，这种做法虽然可能有其正当理由，但仅仅用这种方法是不够的。"[2]

（2）法学研究的目的为何？卡尔·波普尔（Karl Popper，1902—1994）认为，科学是追求真理的活动，科学的目的就是真理。虽然我们现在还不拥有真理，但是，科学研究使我们逐步接近真理。作为科学的目的，真理是理论真理，是最深刻、最精彩、最普遍的说明。[3]它建立在三个基本的预设基础上，即：①心灵的同一性。所有的个人心灵都是同一的，至少其理性部分是同一的。

1　参见［德］阿图尔·考夫曼：《古斯塔夫·拉德布鲁赫传——法律思想家、哲学家和社会民主主义者》，舒国滢译，法律出版社2004年版，第123页，125页。

2　［德］H.李凯尔特：《文化科学和自然科学》，第72页。

3　引自周超、朱志方：《逻辑、历史与社会：科学合理性研究》，中国社会科学出版社2003年版，第61页。

②意义的同一性。每一个词语对于所有的人具有相同的、不变的意义；③实在之为真理的标准。所有的个人面对同一个实在，真理就是认识与实在相符合。[1] 这一目的之说明对于自然科学和社会科学而言也许是真实的，但对于法学则不一定适用。首先，法学不是"说明的"科学，其首要目的并不在于"说明"实在；其次，（上已述及）法律词语"对于所有的人具有相同的、不变的意义"这个假设难以成立；再次，有时候我们并不知道法律之中有没有"真理"，因为我们不清楚法学陈述与之相符合的"实在"所指，这可能是一个见仁见智、有待讨论澄清的问题。我们同意这样的见解：法学作为"理解的"科学或诠释（解释）科学，其"以处理规范性角度下的法规范为主要任务"，质言之，其主要想探讨规范的"意义"。它关切的是实在法的规范效力、规范的意义内容，以及法院判决中包含的裁判准则。[2] 职是之故，现任美国范德堡大学（Vanderbilt University，一译"范德比尔特大学"）法学和政治学教授爱德华·L.鲁宾在1996年为《法哲学与法理论指南》（A Companion to Philosophy of Law and Legal Theory）所写的词条"法学者"（Legal scholarship）中指出："法学者把法律作为一套被人们设计为一种意义体系的规范性述说（normative statements）来加以

1　引自周超、朱志方：《逻辑、历史与社会：科学合理性研究》，中国社会科学出版社2003年版，第227页及以下页。

2　[德] 卡尔·拉伦茨：《法学方法论》，第77页。

研究。……他们考察法律的内在结构和意义。"[1]在这里，法学作为科学活动与其说是认识和揭示真理，不如说是追求"理解"，即通过解释、论证、论辩（对话）等方式合理地解决人们在法律认识上的意见分歧和观点冲突，达成具有主体间性的、可普遍接受的"共识"，直至建构一套公认的、系统化的法律知识体系，并由此而形成法学的"知识共同体"。这种认识和传授知识的活动，当然不同于自然科学和以自然科学理论旨趣建构的社会科学。

（3）有没有"法学范式"？　美国科学哲学家托马斯·库恩（Thomas S. Kuhn, 1922—1996）在 1962 年发表的《科学革命的结构》中提出科学研究的"范式"（paradigms）概念。他认为：多数科学家在多数时候都是在一定的理论框架内从事解决具体疑难问题的活动。这样的理论框架叫作"范式"，它是一个时期科学共同体的科学实践的前提，是该共同体一致信从的基本理论、信念、方法、标准等构成的集合。范式指导下的科学实践叫作常规科学。[2]既然法学不等于自然科学，也难以在现有的基本知识形态中找到自己适当的位置，那么法学似乎就是游离于其他学术或科学之外的。人们很容易提出下面的疑问：法学研究作为一种独特的知识建构活动，它有没有自己的范式？这些范式是什么？对上面的问题应当这

1　Edward L. Rubin, "Legal scholarship", in, Dennis Patterson (ed.), *A Companion to Philosophy of Law and Legal Theory* (Blackwell Companions to Philosophy, Vol. 8) , Blackwell Publishers, Oxford 1996, p. 562.

2　周超、朱志方：《逻辑、历史与社会：科学合理性研究》，第74页。

样来看：假如不是绝对限定"范式"使用的语境，那么我们当然可以认为法学同样有自己的范式，这些范式就是法律知识共同体（法学研究者、律师、法官等）经过多年的法律实践积淀而成并通过职业教育传授的基本法律理论、法律信念、法律方法以及规范标准等。法学范式是伴随着职业法律家阶层的形成而逐渐形成的，它并非完全由所谓法学理论家所创造，也并非仅由法学理论家予以信奉和遵守，而是由整个法律人（lawyer，法学教授也属于法律人的一种，称为"academic lawyer"）共同体共同创造并加以遵从的。此外，法学范式总是与法律范式（paradigms of law, Paradigmen des Rechts）相互交织在一起的：有时候法律范式就是法学范式，而法学范式也会影响法律范式的形成和变化。按照德国当代哲学家尤尔根·哈贝马斯（Jürgen Habermas, 1929— ）的说法，像"社会理想""社会模式""社会图像""理论"这样的表述是表示一个社会时代的范式性法律观的公认说法。它们的含义都是人们对自己社会形成的一些默认图景，它们为立法和司法的实践提供视角，为实现自由和平等的公民联合体这个规划提供导向。法律范式可以作为"一种未成议题的背景知识的方式起作用"，支配着所有行动者（公民、当事人、立法者、法官和行政者）的意识。它首先是在法院的典型性判决中发现的，并且通常等同于法官默认的社会图景。[1]

1　参见［德］哈贝马斯：《在事实与规范之间：关于法律和民主法治国的商谈理论》，童世骏译，生活·读书·新知三联书店2003年版，第488—492页。

所以，离开法律知识共同体，离开法律范式，我们就无从理解所谓"法学范式"。无论法律范式还是法学范式都不是固定不变的，在历史上也经常会发生从某个法律范式或法学范式向另一个法律范式或法学范式的转变，我们也可以将这种转变笼统地称为"法律革命"或"法学革命"。

（4）法学能否脱离评价？法学不同于自然科学，可能还在于它研究的是一种价值性事实（werthafte Tatsache），即具有其"价值相关性"（Wertbezogenheit）的文化事实[1]。在李凯尔特看来，价值是区分自然和文化的决定性标准，自然本身是肯定不包含价值的，不需要从价值的观点加以考察，而文化产物必定是具有价值的，必须从价值的观点加以考察。否则，"撇开文化现象所固有的价值，每个文化现象都可以被看作是与自然有联系的，而且甚至必然被看作是自然"[2]。他认为，价值绝不是现实，既不是物理的现实，也不是心理的现实。价值的实质在于它的有效性（Geltung），而不在于它的实际的事实性（Tatsaechlichkeit）。但是，价值是与现实联系着的："首先，价值能够附着于对象之上，并由此使对象变为财富；其次，价值能够与主体的活动相联系，并由此使主体的

1　［德］阿图尔·考夫曼：《古斯塔夫·拉德布鲁赫传——法律思想家、哲学家和社会民主主义者》，第123页。
2　［德］H. 李凯尔特：《文化科学和自然科学》，第21页。

活动变成评价。"[1] 所以，"没有价值，也就没有任何历史科学"[2]。作为研究文化事实和现象的法学，自然也离不开价值的观点及评价行为。正如施蒂希·约根森（Stig Jørgensen, 1927—2015）指出的，法学及司法裁判的特色正在于：它们"几乎完全是在处理评价的事"[3]。拉伦茨也认为，要"理解"法规范就必须发掘其中所包含的评价及该评价的作用范围。法学主要关切的不是"逻辑上必然"的推论，毋宁是一些可以理解而且有信服力的思想步骤。不管是在实践（法律适用）的领域，还是在理论（"教义学"）的范围，法学涉及的主要是"价值导向的"（wertorientiert）思考方式[4]。诚如有学者断言，"评价法学"（Wertungsjurisprudenz, evaluative jurisprudence）才是法学之正统，它是"内在观点之法学"[5]。"评价法学"所主张的理论、信奉的信念、使用的方法、思考的方式和解释的规准，至今仍属于通行的"法学范式"。尽管通过价值导向的思考方式所获得的结论之可靠性、精确性，绝不可能达到像数学上的证明及精确的测量那样的程度，但我们仍然可以认定法学是一门学问，"一种为获得知识而进行的，有计划的活动"[6]。

1　［德］H. 李凯尔特：《文化科学和自然科学》，第78页。

2　同上注，第76页。

3　［德］卡尔·拉伦茨：《法学方法论》，第94页。

4　同上注，第94—95页。

5　参见颜厥安：《规范、论证与行动——法认识论论文集》，第12—13页。

6　［德］卡尔·拉伦茨：《法学方法论》，第20页。

三、作为实践知识的法学：视角的回归

　　通过上文的分析，我们试图寻求一种"视角的回归"，即回归到"内在观点之法学"或"法学之内的法学"，而不是专业法学以外的思想者的法学（"法学外的法学"）[1]。这种"内在观点之法学"的重要之点，在于它始终不能完全游离于各个时代发生效力的实在法。持内在观点之法学立场的法学家不能像哲学家或伦理学家一样首先站在超实在法或实在法之外的立场来批判法律，不能完全用道德的评价代替法律的评价，不能简单地预先假设一切实在法都是"非正义的法"，是非法之法。法学家对法律的批评首先应当是"体系内的"批评，实在法为法学家提供了思考的起点和工作的平台，但同时也限制了法学家提问的立场和问题思考的范围。法学家完全可以表达自己在法律上的个人之价值判断，甚至像抒情诗人那样呈展自己渴望无限接近天空的浪漫想象，但法学家不能像诗人那样利用过度修辞的语言张扬自己的情感。他们如果不想让自己的判断和想象完全流于无效，那么他们就必须用所谓理性、冷静、刚性的"法言法语"包裹起这种判断和想象，按照法律知识共同体之专业技术的要求，来逻辑地表达为法律知识共同体甚或整个社会均予认可的意见和问题解决的办法，也就是说，法学家必须依托实在法按照"法学范式"来进行作业。故

1　有关"法学之内的法学"和"法学外的法学"的提法，参见舒国滢：《从方法论看抽象法学理论的发展》，载《浙江社会科学》2004年第5期。

此，"假使法学不想转变成一种或者以自然法，或者以历史哲学，或者以社会哲学为根据的社会理论，而想维持其法学的角色，它就必须假定现行法秩序大体看来是合理的。……它所关心的不仅是明确性及法的安定性，同时也致意于：在具体的细节上，以逐步进行的工作来实现'更多的正义'。谁如果认为可以忽略这部分的工作，事实上他就不该与法学打交道。"[1]

这一"内在观点之法学"运用一套法律家创制的法律语言，沿用来自法律家经验的解释方法，完成法律实务之问题解答，以追求实践—技术的知识之旨趣。它确立了法学家的职业精神和一种息息相守的内在秩序与传统，并且借助法学家的努力不断驯服自身的随意性，使法律职业共同体的成员产生一种"限度感"（sense of limits）[2]。说到底，所谓法学，就是法律的实践知识或法律实践之学。我们权且称之为"应用的法学"，在古罗马，人们使用 jurisprudentia 一词（其本义即"法律实践知识"，将 prudentia 释为"实践之知"或"实践知识"对于辨明法学的性质是十分必要的），德文名曰 Jurisprudenz（"狭义的法学"）[3]。

1 ［德］卡尔·拉伦茨：《法学方法论》，第77页。
2 参见郑戈：《法学是一门社会科学吗？——试论"法律科学"的属性及其研究方法》，载《北大法律评论》（第1卷第1辑），法律出版社1998年版，第18页。
3 德语的Jurisprudenz一词是指以法律实务为指向的法律学问，它与Rechtswissenschaft（偏向理论知识的法学）有一定的差别。所以，英语国家的学者建议将Jurisprudenz按照其古老惯用语翻译成"legal prudence"（法律实践知识）。参见W. Cole Durham, "Translator's Foreword to Theodor Viehweg", in: *Topics and Law*, trans. by W. Cole Durham, 1993 pp. xxxii-xxxv。

　　为了进一步澄清作为实践知识的法学之性质，我们似应追溯至古希腊哲学家亚里士多德有关思考方式和知识的分类。亚里士多德把人类的思考方式（也是获取知识的方式）分为三种，即思辨（哲学）之思（sophia），理论（科学）之思（episteme）和实践之思（phronesis）[1]。不过，在他看来，思考本身不能使任何事物运动，而只有"有所为的思考"才是实践性的。它是创制活动的开始，"一切创制活动都是为了某种目的的活动。而被创制的事物的目的不是笼统的，而是与某物相关，属于何人，它是行动的对象"[2]。简单地说，实践之思是针对行为选择或欲望的思考，"这样的思考是一种实践的真理，而思辨的、理论的思考则不是实践的，它只是真与假而不造成善与恶。……实践思考的真理要和正确的欲望相一致"[3]。通过实践之思获取的知识就是"实践知识"（prudentia, practical knowledge），它包括宗教知识、伦理知识、政治知识、法律知识等[4]。

　　实践性构成了法学的学问性格，我们可以从以下几点来看：

　　首先，法学的研究是具有主体间性的科学活动。法学的思考是

1　Ottmar Ballweg, "Phronetik, Semiotik und Rhetorik", in: Ottmar Ballweg, et al. (Hrsg.): *Rhetorische Rechtstheorie*, Verlag Karl Alber, Freiburg/München 1982, SS. 37-38.

2　［古希腊］亚里士多德：《尼各马科伦理学》，苗力田译，中国人民大学出版社2003年版，第120页。

3　［古希腊］亚里士多德：《尼各马科伦理学》，第120页。

4　Ottmar Ballweg, "Phronetik, Semiotik und Rhetorik", S. 38.

一种"对象化指向的思考"。这里的所谓对象化指向，抽象地讲就是法学研究的主体之间受法律实践目的的推动而将法学的概念、范畴运用于考察对象世界，以期对之发生作用的过程。在此意义上，法学的思考总是表现为"及物的思考"。此处的"物"或"对象世界"，不是指物理学意义上的"物体"或"物体世界"，而是指"事物""事情"[1]"关系的世界"，具体而言就是"法律实践的社会生活关系"。法学实践活动的所有方面（法律认识、法律判断、法律理解、法律解释等）都是围绕着这个对象化指向领域而展开的。所以，法学并非"纯思"，它的理论兴趣不在于寻求"纯粹的知识""理论的知识"（theoretical knowledge）或"纯粹的真理"。同时，法学的思考也非纯粹"技术的思考"（尽管我们有时也把法学解决具体法律问题的方法称为"法律技术"，但它绝非自然科学意义上的技术，而更应看作是法律问题的解决"技艺"、技巧或具体方案），法学的"对象化指向的思考"并不仅仅局限于"主—客"关系。一如哈贝马斯所言，法学实践活动追求"实践的认识兴趣"，它的目的不是把握"客观化的现实"，而是维护"理解的主体间性"，以"确保个人和集团的……自我理解以及其他个人和集团的相互理解"[2]。

1　关于"事""物""事情""事实"等概念的哲学分析，参见陈嘉映：《事物，事实，论证》，载赵汀阳主编：《论证》，辽海出版社1999年版，第1页及以下页。

2　Jürgen. Habermas, *Erkenntnis und Interesse*, Suhrkamp, Frankfurt a. M. 1991, S. 221.

　　其次，与上面一点相适应，法学的判断（如亚里士多德对实践之思所强调的那样）也不是真与假的判断（至少首先并非真与假的判断），而是合理与不合理、有效与无效、正确与不正确、公正与不公正的判断。法学所讨论的实践问题，总是"应然的问题"，即什么应做、什么不应做或什么允许去做、什么不允许去做的问题；这些问题的讨论与"正确性宣称"（claim to correctness）相关联[1]。从实践角度看，法学的陈述主要不是"描述性陈述"（descriptive statements），而是"规定性陈述"（prescriptive statements）或"规范性陈述"（normative statements）。这是有关应然命题的陈述，即有关事实与规范之意义（当事人对于该当情事所赋予的意义、适用于此等情事之规范的意义以及被判断的该当情事是否符合规范的要求）问题的陈述。而与意义有关的问题，既不能透过实验过程的观察、也不能借助测量或计算来答复。法学所要处理的恰好不是一些可以量化或计算的问题，它要"理解"那些对它而言"既存的事物"（现行的法律规范），以及隐含在其中的意义关联。"质言之，法学要认识隐含在立即可解的字义背后的意涵，并将之表达出来。"[2] 由此，我们也可以接着上文的思路，进一步说，法学是一门有关法律实践的社会生活关系，通过规定性陈述来进行合理与不

1　Robert Alexy, "My Philosophy of Law: The Institutionalisation of Reason", in: Luc J. Wintgens (ed.), *The Law in Philosophical Perspectives: My Philosophy of Law*, Kluwer Academic Publishers, Dordrecht/Boston/London 1999, p. 23.

2　［德］卡尔·拉伦茨：《法学方法论》，第84页。

合理、有效与无效、正确与不正确、公正与不公正判断以理解事实
与规范之意义的学问。

　　再次，作为实践知识的法学尽管并不排斥"对普遍者的知
识"，但它更应该"通晓个别事物"[1]，是反映人的经验理性的学
问，是人的法律经验、知识、智慧和理性的总和体现，其中经验占
有重要的地位。法学家所从事的主要工作是根据经验从特定的案
件、情事和问题中推出有现实效果的结论。在这个过程中，法学家
并不是首先去把握"对普遍者出于必然的事物"，因为这是自然科
学家的使命，在自然领域才有出于必然的事物，才能找到"一般的
规律"。相反，在法律实践领域，法学家们所面对的是大量千差万
别的有待处理的案件、情事和问题等"个别的东西""个别的事
物"（或"一次性的、特殊的和个别的事件与现象"），这些"个
别的东西""个别的事物"没有所谓"一般的规律"可寻。从总体
上说，对待这些事物，法学同其他"历史的文化科学"一样，只能
采取"个别化的方法"或"表意化"的方法，其中占主导地位的是
"个别记述思维"的形式，因为"这些科学不想缝制一套对保罗和
彼得都同样适合的标准服装，也就是说，它们想从现实的个别性方
面去说明现实，这种现实决不是普遍的，而始终是个别的"[2]。在
这里，法学家对"一次性的、特殊的和个别的"案件、情事和问题

1　参见［古希腊］亚里士多德：《尼各马科伦理学》，第126页。
2　［德］H. 李凯尔特：《文化科学和自然科学》，第50页。

所采取的"个别化的方法"就是"与价值联系的方法",利用这一方法对它们进行理解、解释、判断和权衡,揭示它们的"意义"或"意义关联",发现哪些案件事实、情事和问题是"本质的""重要的"和"有意义的",哪些是"非本质的""不重要的"和"无意义的",从而做出"明智的""审慎的"裁决,以实现"个案裁判"的正当性与合理性。"明智"和"审慎"正是实践之思与实践理性的品质。

　　从方法论的角度看,我们也可以说,法学的"个别化的方法",就是"情境思维"(situational thinking, situative Denkweise)的方法。所谓"情境思维"的方法,简单地说就是依据具体言谈情境(redesituation)的思维方法,它是相对"非情境思维"(nichtsituative Denkweise)的方法而言的。自古以来,作为实践知识的法学一直强调由不同的言谈者参与的语用学活动(例如,按照亚里士多德的观点,诉讼演说属于三大演说之一,其他两种分别为政治演说和典礼演说。诉讼演说的目的在于指出行动是正当的或是不正当的,其用于控告或答辩[1]),这个语用学过程不是"独白式的证明"过程,不是单个人对法律认识的自言自语。相反,由于法律的合理性和正确性(Richtigkeit)最终都要通过法律决定(或主张)的"可接受性"体现出来,那么法学的论证就变成了对话中的

1　参见〔古希腊〕亚里士多德:《修辞学》,罗念生译,生活·读书·新知三联书店1991年版,第30页。

观点攻防论证，即由众多的交谈者参与对话、商谈或论辩来相互说服、解决意见纷争、最终达成的共识过程。这是一种典型的主体间的实践活动。在这里，所有对话由此发生的语用学情境是法学思考的出发点，参与法学论辩的谈话者如果想要为自己的观点确立论证的根基，就必须把自己所有的思想成果追溯至它的情境源头或初始情境（Ausgangssituation），由此出发重新对它们加以阐释。这种在语用学情境之内运行的思考方式就被称为"情境思维"的方法，与此相对应，那种根本不考虑言谈情境的思考方式就被称为"非情境思维"的方法（比如公理化体系的思考方式）[1]。

　　法学的"个别化的方法"，也常常表现为"类推思维"（analogical thinking, analogische Denkweise）的方法。在法律实践活动中，一项主要的工作就是将法律规范（法律规则或法律原则）适用于实际发生的案件事实上。为了能够与法定构成要素比较，法律家（法官）必须对事实上发生的法律事件（案件）依照法律的用语表达出来。这个过程并非简单机械地将法律规范应用于具体的案件，或者说按照演绎法径直地把案件的事实"涵摄"在一般法律规范之下。从诠释学的立场看，对事实的解释和对法律规范的选择（法律发现）是一个对流（相向流动，gegenlaufig）的过程，或者如卡尔·恩吉施所言，这是"在大前提与生活事实间之目光的往返

1　Theodor Viehweg, *Topik und Jurisprudenz*, 5 Aufl., Verlag C. H. Beck, München 1974, S. 112ff.

流转"[1]。阿图尔·考夫曼则把这个过程描述为把事件与正确的法条（rechtssatz）"带入一致"（In–die–Entsprechung–bringen），或者说是事实与规范、实然与应然之间的相互对应或相互接近。这个相互对应或相互接近不是纯粹的涵摄、演绎推论，也不是纯粹的归纳推论，而是比较、等置（gleichsetzung）或类推[2]，即混合着演绎与归纳的类推过程。只有经过这个过程，事实和规范及其之间的意义才可能"相互澄清"，并由此判断两者之间是否具有对应性或一致性，以及在多大程度上具有对应性或一致性[3]。正是在这个意义上，考夫曼认为，"法是应然与实然的对应"，而且"法原本即带有类推的性质"。[4]

　　最后，我们强调法学是实践知识，其运用的"个别化的方法"即为"情境思维"和"类推思维"的方法，无非是要引出下面这样一个结论：法学是"提问辩难"（Quaestio）[5]之学、对话论辩之学，或者"辩证推理的学问"。在法学之"提问辩难"或对话论辩的过程中，参与对话的人们所讨论的问题与其说是法律推论过程本

1　Karl Engisch, *Logische Studien zur Gesetzesanwendung*, Heidelberg 1943, S. 15.

2　参见［德］阿图尔·考夫曼：《法律哲学》，刘幸义等译，台北五南图书出版公司2000年版，第93页及以下页。

3　对此，逻辑学的分析也是有意义的，参见谷振诣：《论证与分析——逻辑的应用》，人民出版社2000年版，第152页。

4　参见［德］阿图尔·考夫曼：《类推与"事物本质"——兼论类型理论》，"中文版序"，第7页。

5　"提问辩难"被认为是中世纪经院哲学的基本要素。参见［英］吉尔比：《经院辩证法》，王路译，上海三联书店2000年版，"中译本导言"，第21页。

身，不如说是在争论、寻找、确定推论的前提（尤其是大前提），罗伯特·阿列克西把这样的正当化证明称为"外部证成"（externe Rechtfertigung）[1]。所谓"在大前提与生活事实间之目光的往返流转"，说到底，就是在针对个案事实寻找适切的逻辑大前提，绝大多数的法律理解、法律解释工作的重心也在于发现这个推论的逻辑大前提。通过上文的分析我们看到，因为从形式逻辑的标准来衡量，法律秩序在微观的观察中，乃具有精确性和有意义性的不足，有所使用的法律命题和用语之重叠与逻辑上的缺陷[2]。再加上法律不能避免价值评判或道德评价，所以法学论证的前提不可能是现有毋庸置疑的法律公理或命题，而是有待确证的"论题"。换言之，法学论证的前提并非"公理体系推论的初始命题"，它们不具有"自明的""直觉的""公认的""不言而喻的"性质，即：它们不具有"逻辑上之必然"的特性，而仅具有"或然性"，属于"可争辩的"问题领域。在阿列克西看来，这些有待争辩且须证成的前提分为三类：（1）实在法规则；（2）经验命题；（3）既非经验命题、亦非实在法规则的前提[3]。从其前提属于"可争辩的"论题这一点看，法学与古老的"论题学"之间在结构上有一种内在的亲缘关系。在此意义上，法学乃是论题取向的（topoi-oriented），而

1　参见［德］罗伯特·阿列克西：《法律论证理论》，第285页及以下页。
2　Juliu Stone, *Legal System and Lawyers' Reasoning*, Standford, California, Standford University 1968, p. 332. 也参见廖义铭：《佩雷尔曼之新修辞学》，第327—328页。
3　［德］罗伯特·阿列克西：《法律论证理论》，第285页。

不是公理取向的（axiom-oriented）[1]。

四、论题学在法学中的应用

"论题学"（希腊文为 topiks，拉丁语为 Topika 或 Topica），从字面上讲，就是研究论题或论题目录之学问。"论题"一词，来自希腊文 topos（拉丁语为 topos，其复数为 topoi），原义指"所在地""处所""位置"，引申为"同类事物之所"。topos 在论题学中就是指"论题"，它是言谈者论辩起始之所，或者如古罗马思想家西塞罗所言，论题乃为"论点的位子"（"论址"，seats of argument），即论点所由生之处[2]。人们在进行论辩时必须针对可能遇到的问题搜集大量的论证材料，然后按照不同的论证格式将它们归类，由此而建立起论点位子的纲目——论题目录（Topoikataloge，catalog of topics，简称"论目"）[3]。论题目录分得越细，可供选用

---

1 参见廖义铭：《佩雷尔曼之新修辞学》，第327页。

2 参见廖义铭：《佩雷尔曼之新修辞学》，第328—329页。

3 有关 Topika（或 Topica）、τοπος（topos）和德文 Topoikataloge 之汉译五花八门，见徐国栋：《共和晚期希腊哲学对罗马法之技术和内容的影响》，载《中国社会科学》2003年第5期，第75页。这里仅就主要的翻译分别做些辨析：（1）有关 Topika，其译分别有"语序学""正位篇""切题""论辩篇""论题方法""辩谬篇""理路"等。学者陈爱娥将其译作"类观点学"（参见［德］卡尔·拉伦茨：《法学方法论》，第25页），有意译成分，值得商榷。本文采用"论题学"之译名。（2）有关τοπος（topos，topoi），其直译为"所在地""处所""位置"，但上述译名并未揭示 topos 作为核心概念在"论题学"中的特定涵义，显然并不合适。我国古希腊文学翻译家罗念生将其译作"部目"，影响颇广，笔者过去也从其译。（参见［德］罗伯特·阿列克西：前揭书，第26页及以下页，第208页。）经过近期的研究，笔者将 topos 译为"论题"，将德文的 Topoikataloge 译为"论题目录"（它们是对论题或"论点的位子"的思想建构），显示两者（转下页）

的论证材料就越多，列举的事例就越接近论题，论证就越显得自然
而有说服力。论题学作为一门学问的目的就是试图寻求论题或"论
点的位子"，建立"论题目录"。在此意义上，论题学或许可以称
为"论题目录学"。现代学者从三个方面对其内容加以概括，即：
（1）前提寻求之技术；（2）有关前提属性的理论；（3）将这种
前提用于法律证立的理论[1]。

　　亚里士多德最早在其方法论著作《工具论》第五篇（即《论题
篇》）中对这门学问的目的予以阐述[2]：它"在于寻求一种探索的
方法，通过它，我们就能从普遍接受所提出的任何问题来进行推
理；并且，当我们自己提出论证时，不至于说出自相矛盾的话"[3]。
要进一步认识这一点，我们需要了解亚里士多德有关推理的理论。
他区分了三种推理的形式：（1）证明的推理：以普遍真实的原理
为依据（或者说，以可具共识、无可置疑的原理为起点推理），由
此获得必然性的知识；（2）辩证的推理：以或然性的（endoxa）[4]

（接上页）之间的些微差别以及它们与Topika的关联关系。

1　引自［德］罗伯特·阿列克西：前揭书，第25页。

2　正是基于这个理由，一般认为，亚里士多德赋予这门学问以"论题学"的名称。参见
Theodor Viehweg, *Topik und Jurisprudenz*, S. 19。

3　［古希腊］亚里士多德：《工具论》（下），余纪元等译，中国人民大学出版社2003
年版，第351页。

4　ενδοξα这个希腊文有不同的译法，德国学者中有的译为"可推论的"，有的译作"普
遍接受的观点"，有的译成"有可能根据的"。（参见［德］罗伯特·阿列克西：《法律
论证理论》，第26页。）总体上说译为"或然性的"较为适宜。笔者过去将此译成"盖
然性的"，可能有误（［德］罗伯特·阿列克西：同上书，第26页），因为"或然性"和
"盖然性"在逻辑上的意义并不相同。从可信性程度或说服程度讲，"必然"（转下页）

原理、或然性的知识或"普遍接受的意见"（即"被全体或多数或其中最负盛名的贤哲们所公认的意见"[1]）及其所能接受的道理为依据，采纳与此相反的论题为推理程序，形成对答式的辩难（辩证）推理；（3）诡辩的推理：以"似是而非的"前提为自己的推理依据，或者以前提可信、但推理程序不对而形成的推理[2]。亚里士多德的论题学首先不在于探讨第一种推理形式，因为那是形式逻辑讨论的主题（它更多地考虑思想的纯形式，属于一种"不及物的思考"），当然也不是最后一种推理形式（那是某些诡辩家的论证技术，其构成《工具论》之《辩谬篇》讨论的对象）。毋宁说，论题学属于"辩证的推理"。其特点在于：这种推理与世界的多样性与可感性交织在一起，是一种特殊类型的"质料逻辑"的推理[3]，是在讨论中通过对问题（论题）的辩驳、区分、归纳，引出有某种确然知识的推理，简括地说，它是"一种从或然性之中去寻求命题和结论的工具"[4]。由于或然性的原理、知识或"普遍接受的意见"本身即具有"可争辩"的性质，几乎所有辩证的问题都被称为

（接上页）"或然""盖然""偶然"等是按照降幂排列的。（参见［美］奥斯丁·J.弗里莱：《辩论与论辩》，李建强等译，河北大学出版社1996年版，第203页及以下页。）

1　［古希腊］亚里士多德：《工具论》（下），第351—352页。

2　参见［古希腊］亚里士多德：《工具论》（下），第353页及以下页。

3　有关"质料逻辑"概念，参见［英］吉尔比：《经院辩证法》，"中译本导言"，第2页及以下页。

4　［德］黑格尔：《哲学史讲演录》（第2卷），贺麟、王太庆译，商务印书馆1983年版，第374页。

"论题"，它"或者引人选择和避免，或者引人得到真理和知识，或者它自身就能解决问题，或者有助于解决其他某个问题"[1]。在《论题篇》中，亚里士多德讨论了五个"一般性的论题"（即"差别""相似""对立""关系""比较"）和"用来证明某物更佳或更可欲的"论题[2]。在其后所著的《修辞学》一书中，他把"修辞式三段论"［原文为 enthymema（恩梯墨玛），从公元1世纪起被称为"省略式三段论"[3]］说成是"由论题中的事例构成的三段论"。在这里，每一论题（部目）均包括一系列同类的事例，例如，凡有程度之差的事例都归入"比较论题"（"更多、更少论题"），这一论题可以用于法律、自然科学、政治以及各种不同的科学；由每一种类的事例所特有的命题组成"专用论题"，它是每一种科学（自然科学、伦理学等）所特有的论题；凡通行于各种科学的事例就归入"通用论题"；等等[4]。此外，他还专门讨论了28个"证明式修辞式推论的论题"（如"可能、不可能论题""对立面论题""变格论题""相互关系论题""时间论题""反攻论题""定义论题""一字多义论题""分类论题""归纳论题""判断论题"等）和9个"假冒的修辞式推论的论题"（如

1 ［古希腊］亚里士多德：《工具论》（下），第362页，364页。
2 参见［德］黑格尔：《哲学史讲演录》（第2卷），第374页。
3 罗念生先生认为，将enthymema作为"省略式三段论"是一种误说。参见［古希腊］亚里士多德：《修辞学》，第22页，注释6。
4 ［古希腊］亚里士多德：《修辞学》，第29页。

"措词论题""分合论题""愤慨论题""或然的证据论题""偶
然事件论题""后果论题""非因作因论题""省略论题""绝对
与特殊混用论题")[1]。总体上看,在亚里士多德的理论中,论题
学属于从或然性原理推导出结论的"哲学之初始阶段"(Vorstufe
der Philosophie)[2]。

　　根据亚里士多德的论题学,西塞罗于公元前 44 年(即在西塞
罗被安东尼谋杀前一年)应罗马法学家特雷巴求斯(Gaius Trebatius
Testa)的请求写了一本与亚氏著作同名的《论题篇》一书。但由
于此书是西塞罗在逃避政治迫害的行程中写成的(当时手头上没有
携带亚里士多德的《论题篇》,完全凭记忆利用资料),加之针对
特雷巴求斯之法律实务需求,它在结构和内容上与亚氏的《论题
篇》有较大的不同:它并非一本哲学论著,而是一部将论题学应用
于法律实践的"菜谱"(Rezeptbuch)[3]。西塞罗把论题学理解为操
作被其图式化的论题目录之论证实践,也可以说这是一门"寻找的
技艺"(ars inveniendi)。他认为:"任何论述的基本理论有两个
部分:第一部分涉及寻找,另一部分涉及判断。"[4]斯多葛学派重
视后者,对此倾力研究并称之为"辩证法"(即现在的逻辑学);
西塞罗对后者做了重新表述,且将此应用于第一部分的分析。他指

1　[古希腊]亚里士多德:《修辞学》,第23—24章。

2　Theodor Viehweg, *Topik und Jurisprudenz*, S. 22.

3　Viehweg, a.a.O., S. 25f.

4　Cicero, *Topica*, 2. 1.

出："假如指出并标明那些隐而不现的客体的地点，那么就很容易找到这些客体。所以，如果我们想追踪任何一个材料，就必须知道它的论题；因为（我想说）它们被亚里士多德称为将材料当作证明的位子。"[1]但他并未按照亚氏的模式对论题做理论化的有序整理，而径直提出一套完整的论题目录。从《论题篇》第2章第8节至第4章，西塞罗对这些论题目录进行了简要的表述，并在第18章就其实质论点做了总结。在这些章节，他区分了两类论题：一类与有待各别处理的事情本身紧密相关；另一类是从外部附加的。第一类论题涉及待考察的整体（A）或特定的关系（B）。当它们（A）作为整体考察时，那就要么涉及全体（定义），要么思考其部分（分析），要么考虑其名称（词源）。当它们（B）作为特定的关系考察时，则要么涉及的是语言联系（词语亲缘关系），要么涉及的是如下关系：（1）属；（2）种；（3）相似；（4）差别；（5）对立；（6）附带情形（前项、后项、矛盾项）；（7）原因；（8）效果；（9）比较。在《论题学》5—20章，西塞罗对每个具体的论题再度进行详细论证，指出它们各自应用的可能性。第21章讨论在无争议的场合能否通过寻问有哪些合适的证明来源来创设可能的考察方式，这也是接下来两章论述的主题。特别是在24—26章，他得出了一些结论，再度深入地讨论了各种案件事务，即

1　Cicero, a.a.O., 2. 6.

庭审案件事务、咨询案件事务以及所谓的赞颂（Belobungen）。此处还简短地提到在罗马法刑事诉讼证明程序中十分重要的"争点理论"（Statuslehre，希腊文为 stasis）以及法律解释问题。从今天的眼光看，西塞罗论述的许多观点也许不十分精确，其在《论题篇》第12—14章对逻辑的阐述也特别不充分。尽管如此，这本小册子在后世法学的建构中仍然具有举足轻重的作用，法学家们从中获得的教益匪浅。[1]从历史上看，此书的思想和方法被特雷巴求斯运用于罗马法实践，为罗马法之论辩技术和方法的形成提供了法律逻辑论辩的推论形式，因而（至少在法学领域）比亚里士多德的《论题篇》有更大的影响。[2]我们虽然不能完全断定西塞罗的论题学铸造了罗马法学之"良好的理性精神"，但至少可以说法学（jurisprudentia）作为实践知识之性格的形成实际上得益于论题学的论证方法和技术。

尽管如此，我们可能发现：在西塞罗之后若干世纪里几乎再没有人专门研究论题学，法学领域中涉足论题学之学问者更为罕见。实际上，这门古老的学问已经逐渐融入后世的所谓"七艺"（语法学、修辞学、辩证法、算术、几何学、天文学、音乐）之前"三艺"（语法学、修辞学、辩证法）的知识体系之中，构成了前"三

1　参见 Viehweg, a.a.O., S. 27ff.。

2　Viehweg, a.a.O., S. 26. 也见徐国栋：《共和晚期希腊哲学对罗马法之技术和内容的影响》。

艺"的主要内容。在欧洲中世纪，学者们继受了这一人文教育的传统，将"七艺"作为必修课程。1128 年，意大利威尼斯神父雅考比用拉丁文翻译并注解亚里士多德的《论题篇》，使亚氏的论题学得以在西欧流传。[1] 故此，我们从中世纪经院辩证法之提问辩难传统中，从 11 世纪末开始的罗马法复兴运动所出现的法律注释方法（所谓"意大利方法"，即 mos italicus）中，仍然可以依稀寻觅到某种"论题学的思考图式"（topisches Denkschema）[2]。

然而自 17 世纪以来，法学之论题学兴趣在很大程度上受到了笛卡尔主义和科学主义思想的冲击。诚如英国哲学家贝特兰·亚瑟·威廉·罗素（Bertrand Arthur William Russell，1872—1970）所言："近代世界与先前各世纪的区别，几乎每一点都能归源于科学，科学在十七世纪收到了极奇伟壮丽的成功。"[3] 秉承自然科学的实证精神、倡导"几何学证明方法"的笛卡尔就成了近代哲学的始祖。在这个"方法论问题觉醒的世纪"，连同笛卡尔哲学在内的学术思想均"尽力寻求一种方法来医治知性，并且尽可能于开始时纯化知性，以便知性可以成功地、无误地、并尽可能完善地认识事物"[4]。于是，这个时期的学者们发现："在研究和传授学问时，数学方法，即从界说、公设和公理推出结论的方法，乃是发现

1 参见马玉珂主编：《西方逻辑史》，中国人民大学出版社1985年版，第162页。
2 有关论题学与"意大利方法"之间的关系，见Viehweg, a.a.O., S. 62ff.。
3 ［英］罗素：《西方哲学史》（下卷），马元德译，商务印书馆1982年版，第43页。
4 ［荷兰］斯宾诺莎：《知性改进论》，贺麟译，商务印书馆1960年版，第22页。

和传授真理最好的和最可靠的方法……他们由于同情哲学的不幸的命运,放弃了叙述科学的这种通常的、大家习用的方法,踏上了新的然而困难重重的道路,期望运用数学那样的可靠性来论证哲学的其他部门,使这些部门同数学一样的繁荣昌盛。"[1]自然,以或然性的原理、或然性的知识或"普遍接受的意见"为推论前提的论题学不再符合这种公理化知识和方法的标准与理论旨趣,其被学人们轻视和淡忘乃是不言而喻的结果(稍晚于笛卡尔出生的意大利人文学者扬姆巴蒂斯塔·维柯(Giambattista Vico, 1668—1744)曾提出"凭事实认识真理"(Verum-ipsum-factum)和"诗性智慧"的"新科学"方法与笛卡尔主义对抗,但同样被科学主义的历史湮灭了[2])。到了19世纪实证主义大行其道之时,像论题学、修辞学这些"古老知识的残余"甚至被人们视为一种枷锁、一种负担,被抛进了"历史的垃圾堆"。[3]由此开始,法学也无反思地追随"时代的精神",抛却了作为实践知识的古老传统,转向强调"科学"(公

---

1 [荷兰]斯宾诺莎:《笛卡尔哲学原理》,王荫庭、洪汉鼎译,商务印书馆1997年版,第35—36页。

2 据考证,维柯曾于1708年在意大利那不勒斯大学写过一篇博士论文《我们这个时代的研究方式》("De nostri temporis studiorum ratione"),对古老的研究(修辞学、论题学等)和新的研究(主要是当时的科学方法)之优劣进行比较,强调古老学问的思想价值。参见Viehweg, a.a.O., S. 15-18。

3 自19世纪80年代以后,修辞学在欧洲各国高中课程中逐渐被取消,这标志着修辞学作为"七艺"时代的结束。参见Bernard E. Jacob, "Ancient Rhetoric, Modern Legal Thoughts, and Politics: A Review Essay on the Translation of Viehweg's 'Topics and Law'", *Northwestern University Law Review*, Summer 1995. 也见廖义铭:《佩雷尔曼之新修辞学》,第19—20页。

理）推理、强调知识确定性、精确性及普遍性之严格规准的实证主义。按照自然科学标准构想法律公理体系，就形成了一种新的风尚，影响及今。这样的法学也许真正有了些许的"科学的味道"，但它却可能丧失了某些"人类的情趣"，使人的"想象力"和"记忆力"逐渐萎缩，当然也使人类对法律的审美能力以及"诗性智慧"销蚀殆尽，人类在法学上的创造力和真正的"智慧的洞见"则日渐稀少。[1]

直到 20 世纪 50 年代，两位来自欧洲大陆的法学者和学问家倡导"新修辞学"（New Rhetoric）与"论题学法学"（Topische Jurisprudenz），才唤醒我们对修辞学、论题学这些古老学问及其在法学中应用的记忆。他们中的一位是就是比利时布鲁塞尔大学逻辑、伦理学和形而上学教授沙伊姆·佩雷尔曼（Chaim Perelman，1912—1984），其自 20 世纪 30 年代开始先后出版《戈特洛布·弗雷格研究》（1938 年）、《论正义》（1945 年法文版）、《新修辞学：论辩论文集》（与 L. 奥尔布里希茨－泰特卡合著，1958 年法文版）等著作，其所提出的正义论思想和"新修辞学"理论与论证方法在哲学界、修辞学界及法学界均产生广泛的影响。另一位人物知名度相对较小，一生仅以一本书立足学林。他就是德国美茵兹大学法学院教授特奥多尔·菲韦格。其于 1953 年出版《论题学

1　对科学实证主义可能造成的负面结果之评论，主要来自维柯在《我们这个时代的研究方式》及《新科学》等著作中的观点。参见 Viehweg, a.a.O., S. 17. 另见舒国滢：《从美学的观点看法律》，载《在法律的边缘》，中国法制出版社2000年版，第49—65页。

与法学》，主张应当在论题学意义上来理解法学，最早提出法学的"论题取向"，建立"法律论题学"（Die Juristische Topik）或"论题学法学"[1]。《论题学与法学》一书凡 10 万言（德文版 119 页），不算厚重，但影响力日增。该书至 1973 年已出 5 版，1993 年由美国杨百翰大学法学教授 W. 科尔·杜尔汉（W. Cole Durham，1948— ）译成英文出版，在英语世界亦愈来愈受到重视。[2]

五、特奥多尔·菲韦格的论题学思考方式

相对于佩雷尔曼的"新修辞学"，菲韦格及其所代表的所谓"美茵兹学派"[3]的理论与本文此处所要讨论的问题立场息息相关，故不可不察。我们把视角重点放在菲韦格的《论题学与法学》一书对论题学思考方式的分析。

菲韦格写作此书，受维柯博士论文及《新科学》中所透现的古代思想价值的激励，追寻亚里士多德、西塞罗等人的学问足迹，试图恢复"现今几乎无人知晓的"论题学之本真面貌及其与法学之间的关系。他深感"公理—推演体系"不能提供足够的证成，而必须

1　"法律论题学"的提法，参见 Viehweg, a.a.O., S. 80。另见［德］罗伯特·阿列克西：《法律论证理论》，第 25 页；"论题学法学"的名称，参见 Gerhard Struck, *Topische Jurisprudenz*, Athenäum, Frankfurt a. M. 1971。

2　其英译本参见 Theodor Viehweg, *Topics and Law*, trans. by W. Cole Durham, Jr., Peter Lang, Frankfurt a. M./Berlin/Bern/New York/Paris/Wien 1993.

3　美茵兹学派除了菲韦格，还有奥特马尔·巴尔韦格（Otmar Ballweg，1928— ）、彼得·施奈德（Peter Schneider）和沃尔夫冈·加斯特（Wofgang Gast，1940— ）等人。参见 James E. Herget, *Contemporary German Legal Philosophy*, p. 62.

由"形式论题学"（formale Topik）意义上的理性讨论程序来加以
补充[1]。菲韦格所理解的论题学基本以西塞罗的同名著作为依据[2]，
他指出："论题学是由修辞学发展而来的问题思考技术。它展现某
种直至在细节之处与演绎—公理体系显然有别的思想结构。"[3]论
题学考察的最重要之点在于确立这样一种立场：它所涉及的是以问
题为取向的思考技术。这门思考技术运用的思维就是情境思维，它
提示人们在面临"进退维谷的"困局（aporia[4]）或难以消解的问题
情境（Problem situation）时，应当如何应对而不至于陷入无以拯救
的地步。这要求人们把问题看作是既定的，而且常常是前导性的存
在。那么，何为"问题"？菲韦格采取亚里士多德的定义，认为：
当对某个提问提供多于一个答案时，就存在着某个"问题"。这样
一个有待认真对待的问题之存在就蕴含着德国哲学家尼克莱·哈
特曼（Nicolai Hartmann，1882—1950）所称的"困局工作方式"
（aporetische Arbeitsweise）[5]之结构的第一部分内容：问题总是在
情境理解（contextual understanding）之内发生的，这种理解预设一

1 Viehweg, a.a.O., Vorwort zur 4 Aufl., S. 9.

2 参见Bernard E. Jacob, "Ancient Rhetoric, Modern Legal Thoughts, and Politics: A Review Essay on the Translation of Viehweg's 'Topics and Law'", *Northwestern University Law Review*, Summer 1995。

3 Viehweg, a.a.O., S. 14.

4 Aporia这个希腊词语被菲韦格翻译成Weglosigkeit（英语为pathlessness），直译为"无路可走"。

5 Nicolai Hartmann, "Diesseits von Idealismus und Realismus" in: *Kant-Studien*, Bd. XXIX, 1924, S. 160ff.

种提供答案或解决办法的需求。一旦问题是根据某种默认的尝试性
理解之背景来加以理解的，那么问题的解答就能够按照下面的方式
来重构：它被"带进了多少有些清楚、多少有些广泛的推演关联结
构（Ableitungszusammenhang）之中，由此揭示问题的答案"[1]。假
如把这个推导关联结构称作"一个体系"，那么也可以简单地说：
旨在寻求解答的问题是归结为体系之内的。故此，菲韦格指出，
困局（问题）思维是以某种可以适用的体系或者"融贯性语境"
（coherent context）为前提条件的；寻求体系（尽管受到限制）也
是问题解答的构成因素。或者如哈特曼所言，困局（问题）思维
"并不怀疑有体系的存在，也许确定的存在体就潜藏在其本身的思
维之中"[2]。

　　诚如菲韦格所分析的，我们不能否认问题和体系之间存在着需
要进一步澄清的实质交错关系（wesentliche Verflechtungen）。假如
我们把重心放在体系考察上，那么就会产生如下的图景：举一个极
端的例子说，根本上只有一个体系 A，通过这个体系将所有的问题
分成"可解的"和"不可解的"两组，那么这后一组肯定会被当作
纯粹的假问题而弃置一旁，因为仅从另一个体系 B 所做的反证也是
可能的。存在 A、B、C 等多个体系的场合所做的相应推论亦同样成
立。它们将挑选出附属于各自体系的相应问题 A'、B'、C' 等，而舍

1　Viehweg, a.a.O., S. 33f.

2　Hartmann, a.a.O., S. 163f.

弃其余问题。换言之，体系的引入影响问题的选择。反过来，我们把重心放在问题上：这似乎在寻找某个有助于问题解答的体系。假如有一个唯一的体系 A 把我们的问题解释成"不可解的"（当然可能是一个纯粹的假问题），那么它并不能否定另一些体系会有助于该问题的解答。存在 A、B、C 等多个体系的场合所做的相应推论也同样有效。假如这些体系对于问题的解答无所作为，那么总会有更多的其他体系会对此有所助益，在这种场合，问题的性质终归是存在着的。换句话说，问题的引入影响体系的选择，通常导致体系的多元化，却又不能从某个包罗万象的体系来证明它们之间的协调性。对此，（推导意义上的）体系之作用极其有限。

那么在后一种情况下，人们就会追问：问题的恒定性到底来自何处？菲韦格指出，问题显然来源于先在的理解之关联结构（语境），由此人们首先并不知道这个关联结构（语境）到底是一个逻辑体系（或推导关联结构）呢，还是别的什么东西，也不知道它能不能在根本上作整体的观察。这里，应当注意体系思考方式（systematische denkweise）与困局（问题）思考方式的区别：体系思考方式从整体（大局）出发，构建是第一位的、占主导地位的；而困局思考方式进行的程序则完全相反，它有时可能只考虑"片段性的省察"（fragmentarische einsichten）。柏拉图在其《对话录》中就使用过这种思考方法，亚里士多德在其著作中也予以采纳。论题学所利用的也是这种思考方法。

这种思考究竟如何具体地进行？自然，当我们在某个地方遇到问题时，可能会简单地预先采取下面的办法：尝试性地以随便一种选择方式来把握那些多少有些偶然出现的观点。以这种方式寻求客观上合适而有用的前提条件，旨在能够进行使我们得到某些明确启示的推论。但即使在这样的场合，也会形成某种精确的考察：一定的指导性观点主宰着任意的（问题）定向。但这些指导性观点并没有得到确定。为了整体观察的需要，菲韦格把这个思考程序称为"一阶论题学"（Topik erster Stufe）。接着，我们需要继续寻找某种支持，这种支持极为简明地提供一个已然备齐的观点目录，由此而将上述指导性观点的不确定性纳入考察的视野并得到理解。这样，论题目录就出现了，此种使用论题目录的程序就被称为"二阶论题学"（Topik zweiter Stufe）[1]。相对于亚里士多德的论题学（其仅勾勒出所有"可思的问题"之论题目录）和西塞罗及其后继者的论题学（他们把论题目录用作问题定位的极尽实用的手段），菲韦格把自己的论题学称作是"三合一式的"。

论题学所讲的论题目录到底有哪些？实际上，对这个问题，人们的认识多少显示出某种差异。上文我们业已考察亚里士多德和西塞罗的论题目录，应该说他们对论题归类之着眼点、目的和对象存在着区别。1662 年由笛卡尔学派的阿纳德（A. Arnauld, 1612—

1　Viehweg, a.a.O., S. 35.

1694）和尼柯尔（P. Nicole, 1625—1695）合著的《波尔－罗亚尔逻辑》（*Port Royal Logic*）[1]，根据其对论题（法语 loci = topoi）的定义而将它们分为"语法学论题"（loci grammatici）、"逻辑学论题"（loci logici）和"形而上学论题"（loci metaphysici）。1816年，德国牧师克斯特纳（Christian August Lebrecht Kästner）写过一本书，名为《论题学抑或发现之学》，紧紧依靠早期的编纂者的工作和观点，试图"找回那些被遗漏的论题"。他总共列举出 26 个论题，包括"通用论题"、"语法学论题"（如词源、同义语、同音异义词等）、"逻辑学论题"（定义、属、种、特征、属性）、"形而上学论题"（整体、部分、原因、目的等）和"历史学论题"（证据、事例）。中世纪法学家马修斯·格里巴尔多斯·穆法（Matthäus Gribaldus Mopha）在其著作《学习三艺的方法及策略》（*De methodo ac ratione studiendi libri tres*，1541 年版）第 3 章中，还提出了一个法学通用论题的目录，这些论题从罗马法《国法大全》中提取，按照字母先后顺序加以排列[2]。寻求论题目录，主要是为了适切地把握当下有待讨论的思想。因为问题总是摆在我们面前的，即使在特定领域（比如法学领域）有了反复出现的可靠观

---

1 该书是阿纳德和尼柯尔在巴黎近郊的"波尔-罗亚尔"修道院写成的，所以作者将著作以修道院的名字命名。该书分四部分，分别讨论概念、命题、推理和方法等问题，是欧洲影响较大的一部逻辑学著作。参见马玉珂主编：《西方逻辑史》，第259页及以下页；另见《逻辑学辞典》，吉林人民出版社1983年版，第518页。

2 Viehweg, a.a.O., S. 75f.

点，仍然存在一些论题被用于问题的定位，认识这些论题负有一种使命，即提供"有利于找到（论题）目录的方法"。论题以目录的形式出现，这个从问题出发的关联结构（语境）具有了其特定的意义。它不是一个推演的关联结构。

论题无论是通用的还是特定专业准用的，其功能均在于帮助问题定位。由此看出：在涉及特定问题域的地方，它们必然具有完全特殊的含义，而在本质上没有失去其问题性（Problemcharakter）。在情境变更时，必须反复地为问题解答尝试寻找新的指引路径。这样，帮助介入"寻找"的论题就随时获得其从问题出发的意义。对它们来说，以这种方式进行的归类总是重要的。因为针对每个问题，论题在并非绝对不变的理解之后也就出现了。其在功能上必须看作是"思考的定位之可能性"和入门的途径。至于这些论题是作为概念还是作为命题语句出现，则是一个纯粹的表述问题。只是不要忘记：它们在公理推演意义上的体系价值一定是微不足道的。

从这个视角出发，菲韦格指出，漫长的演绎推理与论题的功能不相兼容，因而由此出发建构的概念结构或命题语句结构之逻辑分量总是显得很轻微[1]。换言之，论题目录很难满足我们对体系的理解，以至于我们似乎有一种感觉，即敦促自己要立即从事那些迫切出现的演绎体系工作。我们指望一方面为了进行"链条定义"而确

---

[1] Viehweg, a.a.O., S. 38.

定一些基本概念，另一方面为了进行"链条推演"而确立核心的命题语句，或做诸如此类的工作。然而，这样做，我们就将改变论题本身的根本意图。论题对问题的定位功能就会被逐步消解，所以，菲韦格提请注意：绝对正确地进行的推演总是疏离情境的（situationsfremd），而且尽管正确却未必适当。在我们勾画的体系与问题世界之间有明显的裂口。它们两者之间复杂的关系不可以简化为逻辑（推导）的关系。这个结论表明：恒久的问题关联阻止人们按照还原与演绎的方式进行平心静气的逻辑推导。人们经常受到问题的困扰。假如我们不把问题说成是假问题，那问题就不会自动跑掉，因此我们总是不断地受命去寻找论证的前提以形成"寻找的技术"（即论题学）。

论题学作为"寻找前提的程序"，绝对是有意义的，它好像是一个"序幕式的媒介"。作为论证的使命来看，寻找前提是第一位的，得出结论是第二位的。论题学必须首先指明：人们应如何寻找前提。而逻辑只是接受并操作前提。由此可见，前提寻找的方式影响结论形成的性质，反过来，结论形成的性质为前提寻找提供某种指引。在这个过程中，我们可以基于任何一种思考来着手进行工作，然而，最实用的办法是要确定有待考察的思考方式如何形成其前提条件以及用什么方式坚守这种前提条件。因为由此它们才能获得其原本的面貌，后续的论证也才从中产生。应当看到：利用最终前提的思考方式（演绎法），可能会展开漫长的链条推理，而不断寻找前提的思考方式（论题学）则可能只满足于短暂的推理。比如，类比推理的经常出现，表明缺乏完善的逻辑体系，所以借助于论题学。同样，那些被视为法律逻辑之特种论证的反面推理、比较（或多或少）推理也来源于论题学。此外，寻找前提的思考方式也为现代科学很少顾及的迫切问题提供了一般的观点和观点目录。它经常能够遇到比我们最初预见的要多得多的问题，其与我们人类的本性和处境并非完全扞格不入，所以当我们试图对人类思维进行解释时至少不能完全忽略它们。

可行的论题目录一旦形成，就为进一步的思考活动生成一种逻辑的联系。但它们还远远不够。当下的问题关联只承认范围极为有限的推演关联结构（语境）。它们必然由于问题的存在而可能随时中断。所有的问题思考对逻辑关联的态度都是谨小慎微的。但我们同样不可能完全放弃（逻辑）关联性。恰恰相反，思考只有基于某些固定的判断才会有自身的益处。因为假如某人不能做到使自己的论证为自己及谈话伙伴至少以共同理解的方式视为一个确定的领域，那他就不可能提供任何实质的证明。而论题和论题目录在很大程度上对于确定和构成一定的理解具有重要意义。它们使问题和答案得到有序整理，并且指明到底什么样的进一步考量是有价值的。由此人们相互间的一致才得以产生，当下的论题（无论是特定的还是通用的）才能顺利地指出人们的思考活动每次都在什么维度上进行。假如人们不想失掉证明的理解（Beweisverstaendnis），就不允许放弃论题和论题目录。从这个意义看，论题和论题目录提供了一种值得期待的立足点。

然而，另一方面，问题的把握又需要一定的游移性（Beweglichkeit）和扩充能力（Erweiterungsfaehigkeit）。诚如我们所见，任何一个特定领域的非体系化的论题目录本身为共同理解提供了某种“把手”。然而，这种把手又是有一定活动性（弹性）的，它能够被放大和缩小。因此，在这种情况下，现下被允许的观点必定或显或隐地不再被视为可接受的观点。这表明：在某些领域对问题的把握比我们想象的要困难得多，而且极为少见。即使一度确定的东西也可能会被他人（论敌）无情地摧毁。对此，论题学思考本身及其解释形式仍然有所助益。论题学解释所要做的是开启新的理解的可能性，却又不破坏以往的确断。实现了这一点，我们就能抓住某种固定化的东西，但这种固定化已游移至新的视点之下，它经常在完全另一种关联结构（语境）中被加以理解，同时也为旧的确断提供一种转向的可能。并非任何阐释（解释、注释和诠释）都实际做到了这一点，但任何阐释均有可能做到这一点。基于此，菲韦格认为，解释是一种“片段论题学”（ein Stueck Topik），它非常适宜于上面所提及的更变[1]。

显而易见，论题学意义上的基本前提通过谈话者的接受而得以

1 Viehweg, a.a.O., S. 42.

正当化。人们总是以谈话对手（论敌）的事实反击或假想反击为取向。因此，凡是各方所接受，并反复接受的东西，就视为确定的、无争议的，在这个圈子内甚至视为不证自明的。按照这种方式，根据每个问题的不同，可以将（论题学意义上的）前提认定为"相关的"/"不相关的"、"准许的"/"不准许的"、"可接受的"/"不可接受的"、"有道理的"/"无道理的"等，在它们之间还可以区分为"几乎无道理的""尚有道理的"[1]。凡在争辩中通过接受而被证明的东西，就必须准认为前提条件。只有如此，引证亚里士多德所讲的"最负盛名的贤哲们"的知识才富有意义。换言之，即使在或然性的框架内也力争得到"实际的洞见""公认的意见"，而不是纯粹的任意。在此意义上，论辩和问题定位属于"辩证推理"的领域。

菲韦格在《论题学与法学》一书中并没有为"论题学法学"提出自己的一套完整的论题目录，其大量篇幅是根据上述思考方式考察论题学与古罗马市民法的论证技术（第4章），论题学与中世纪晚期意大利注释法学派的评注方法（第5章），论题学与17世纪德国哲学家莱布尼茨的"组合技术"（第6章），论题学与公理学（Axiomatik, 第7章），论题学与现代民法学者的理论（第8章）。我们感兴趣的，是他在著作第8章就其论题学法学的基本立场所得

1　Viehweg, a.a.O., S. 42f.

出的结论。菲韦格指出："法学是利用困局思维、且在主要点上与论题学相一致的技术。"[1] 为了进一步说明这种法学相应的结构，他提出了三点要求："（1）法学的总体结构只能由问题来确定。（2）法学的构成部分，它的概念和命题必须以特定的方式与问题保持关联，因此只能从问题出发来加以理解。（3）法学的概念和命题故而也只能被赋予与问题保持关联的含义。应当避免其他的种类。"[2]

尽管有的学者（如罗伯特·阿列克西）不赞同论题学法学的方法，批评该理论"轻视法律、教义学和判例的重要意义，不足以深入分析论述的深层结构，不足以使讨论的概念精确化"[3]，有的学者甚至认为它具有"反理性""反科学""反智"的性质[4]，但我们仍然应当看到：菲韦格之"论题学法学"的思考方式，在根本点上抓住了法学作为实践知识的核心特征，它为法学基于事实与规范之观察维度的问题立场做了细致的学理化的描述。论题学这门古老的学问经过菲韦格的重新表述已经具有了当代思想的形态，它融进了哈特曼的哲学思想和当代语用学的成果。在此意义上，我们也可以把它看作是（与亚里士多德和西塞罗的论题学相区别的）"新论

1　Viehweg, a.a.O., S. 97.

2　Viehweg, a.a.O., S. 97.

3　参见［德］罗伯特·阿列克西：《法律论证理论》，第29页。

4　James E. Herget, a.a.O., p. 69.

题学"[1]。诚如卡尔·拉伦茨所言，菲韦格的著作出版后在实务界和法学界均受到人们的重视。法律家们经常以论题学作为论证的模式；在法律论辩中，观点的提出、检验或扬弃保留均采取"论题学"的讨论方式[2]。即使对论题学持批评态度的阿列克西也同样坚守论题学的下列立场："在不可能存在有说服力的证立的地方，并不必然要把地盘留给非理性的决断……"[3] 从这个角度讲，论题学绝不是"反理性""反智"的，毋宁说它将法学的论辩活动带入更复杂、更可靠、更贴近人类社会生活现实的思考结构之中，它是我们在法学领域中通过对话、商谈或论辩来达成理性共识的必经的门扉。

六、尾论：一个兼容论题学与公理学思考之法学是否可能？

　　本文从分析法律公理体系之梦开始，经过漫长的游历回归法学的问题立场，着重讨论论题学及其思考方式在法学中的应用。应当说这个过程既充满法学思考之智慧挑战，又撩开了其中扑朔迷离的

1　菲韦格的理论对佩雷尔曼的新修辞学所产生的影响是明显的。佩雷尔曼在著作中对于"论题"的分析，除根据亚里士多德的理论，便直接引用菲韦格的观点（参见廖义铭：《佩雷尔曼之新修辞学》，第330页）。巴尔韦格和索伯塔（Sobota）等人追寻菲韦格的基本观点，同时融入当代语言学的知识，力图建立一门"分析修辞学"（analytical rhetoric）。参见Bernard E. Jacob, "Ancient Rhetoric, Modern Legal Thoughts, and Politics: A Review Essay on the Translation of Viehweg's 'Topics and Law'", *Northwestern University Law Review,* Summer 1995。

2　［德］卡尔·拉伦茨：《法学方法论》，第26—27页。

3　［德］罗伯特·阿列克西：《法律论证理论》，第29页。

述说图景。行文至此，也许仍有这样一些问题在人们的脑海里盘桓萦绕：法学真的不强调"科学性"吗？法学难道与公理推演体系完全绝缘？我们能不能找到一种结合的方式建立兼容论题学思考与公理学思考的法学？因为在当前这个"分析的时代"，如果法学不能很好地做到向"清晰""精确"述说的方法转换，那么其终究逃脱不了当代分析哲学、语言学和逻辑学对其所使用的语言与方法进行"病理的诊断"。谁也不希望法学被其他的学科确认为"有病的学问"。

其实针对上述问题，前人早已尝试着寻求解答。1666 年，当时年仅 20 岁的莱布尼茨（其生于 1646 年）写过一篇法学博士论文《论组合技术》（"De Arte Combinatoria"），试图将 17 世纪的数学思想与中世纪传统的思考风格（其中包括论题学思考）协调起来。他的想法很简单：假如传统的"寻找技术"（论题学）本身没有被完全废除其基本结构，那么它就能够接受数学的检验。按照他的看法，有必要将论题学理解为组合技术。由此他尝试将论题学以及法律论题学数学化。但他的计划由于自然语言的多义性而最终落空[1]。因为在自然语言运用中的（数学式）逻辑推演根本不能看作是可严格加以检验的东西，它的推论经常会导致沉默的、变动不定的解释[2]。而且，公理推演还容易阻隔对事实结构的观察，一旦用

---

1 Viehweg, a.a.O., SS. 78, 80.

2 Viehweg, a.a.O., S. 84.

它来分析法律现象，就显得很不适当。

这里的关键问题是：我们怎样在法学的思考中同时将两种似乎截然不同、甚至对立的思考方式结合起来？或者说，一个从情境（推论之关联结构、问题、困局）出发的实践思考和一个非情境（公理推演）的形式化科学思考（纯思）之圆融如何可能？不可否认，在法律领域寻求体系的统一性是人们所期待的，（如上所述）法律家们从来都没有放弃过体系思考的努力。然而，法学家运用体系思维所要建构的法律体系未必就是法律公理体系。从另一方面看，运用论题学思考方式来建构体系，却可能形成多元的体系，这当然也不是法学家们所愿意看到的结果，否则法律的体系解释就不再能够作为适合的弥补法律漏洞的技术之一了。

故此，如果法学家放弃建立纯而又纯的法律公理体系之梦，而将法律体系看作是一个"开放的体系"、一个有待充实意义内容的"框架结构"，那么将论题学的"片段性的省察"与公理学的演绎推理方法结合起来完成法律的体系建构和体系解释，也不是完全不能考虑的。只是这里的公理学推理旨在帮助展开"第一级论题学"和"第二级论题学"的逻辑步骤，将论题学纳入逻辑分析的论证框架之内。只有在这个基础上，我们方有可能构建"形式的法律论题学"，并且逐步完善预设的法律体系。当然，这只是一种设想，真正要实现这个设想，还需要论题学与（公理）逻辑学各自发展自己的理论，使两者的分析技术均达到结合所要求的必要和充分的成熟条件。我们寄希望于未来，也许一切正在发生改变，只是我们还没有充分感受到事情本身改变的消息。

战后德国法哲学的发展路向 *

　　在法学发展史上，德国法哲学的成就是有目共睹的。西方现代法学思潮的流变，都或多或少与德国上个世纪以来法哲学的发展，有着不易剪断的联系。至少在1939年第二次世界大战爆发以前，德国一直是整个世界法哲学研究传播的中心，受世人所瞩目。然而，第二次世界大战的发生，不仅改变了世界政治经济的格局，而且也从主要方面对世界文化、精神资源做了一次重新分配。德国由此而丧失了其"强势文化"的地位，揖手让位于英美"文化世界"。战后，除了南美（巴西、阿根廷）、东亚（日本、南朝鲜、中国台湾）、北欧（丹麦、芬兰、瑞典），其他地区的法学家们对德国法哲学已失去了往日的热情。由于历史的原因，中国大陆的法学家对德国法哲学的系统研究，中断了近40年。近年有数种评述现（当）代西方法哲学（或法理学）的著作问世，但大都回避德国、法国、意大利、北欧诸国法哲学的进展，不可不谓一桩憾事。法理学界提出我国法理学要走向21世纪，立意高远。但要落到实

*　原文载《比较法研究》1995年第4期。

处，除着力研究我国本土现实的重大理论与实践问题外，尚须追踪世界各主要国家法哲（理）学的最新发展动态。正是基于此一信念，笔者不揣学浅，梳理自己搜罗的有限的德语文献，对战后德国法哲学发展路向，予以概述。

一、德国法哲学 50 年历史的阶段划分

战后德国法哲学的发展，从 1945 年开始，至今（1995 年）已有整整 50 年的历史。对这 50 年发展的历程，到底如何作具体的阶段划分，即使是德国的法学家们也没有一个总体的归结。笔者根据法律学说的兴衰、重要法学家的相互传承关系，结合德国政治、经济及人文科学整体发展诸因素，将上述历史大体上划分为三个阶段：

（一）自然法学的复兴与法哲学的重建（1945 年至 20 世纪 60 年代中期）

像其他领域的建设一样，德国的法哲学也是在第二次世界大战的废墟上恢复建立的。从 1945 年到 20 世纪 60 年代中期这一阶段，德国法哲学发展的主要特点，表现在法哲学的重建和自然法学的复兴。

纳粹德国发动的侵略战争，不仅给欧洲和世界经济和文化造成极大破坏，而且给德国自身带来深重的灾难。战后的德国满目疮痍，许多城市化为一片废墟，经济陷入全面崩溃，德国人民的文化生活、科学事业以及精神世界也完全陷入支离破碎的境地。德国人迫切需要经济、政治的重建，也需要从心理深层对整个民族在战争

中的责任进行反思，重新定位正义标准在个人、群体和社会共同生活中的作用。基于此一现状，德国哲学家卡尔·雅斯贝尔斯出于正直与良心，甘冒被同胞误解的危险，于1946年发表《罪责问题》一文，指出：德国人无法推卸对纳粹政府的所作所为应担负的责任，因为大部分人都没有反抗，不少人甚至还在许多方面支持这一政府。他说："指责他人的过失并不能免除掉德国人民自己的罪愆——这罪愆需要完全的忠诚和长久、艰辛而彻底的内在更新方能革除。"[1] 雅斯贝尔斯的言论代表了多数有良心的德国人对几个世纪以来的民族优越价值的深刻反省和对人类普遍价值（如自然法观念）的回顾与关怀。

也正是带着同样的情怀，资深法学家古斯塔夫·拉德布鲁赫在战后不久即开始重新思考他在《法哲学》（1914年）一书中所坚持的法律相对主义立场，而转向对人类终极价值（正义、人的尊严）的重视。他在去世前的短短5年里，先后写作发表《法哲学沉思》（1945年）、《五分钟法哲学》（1945年）、《法的更新》（1946年）、《法律的不法与超法律的法》（1946年）、《精神的国际性》（1946年）、《正义与宽容》（1949年）诸文，承认法的基本原则——自然法或理性法的绝对效力，并就"超法律的法"与法律的可靠性、法律的不法等一系列重大问题做了新的诠释。他所提

1　[德]卡尔·雅斯贝尔斯：《悲剧的超越》，亦春译，工人出版社1988年版，第4页。

出的理论范式（拉德布鲁赫公式），为纳粹战犯的案件及"告密者案件"引发的法律实践问题做了令人信服的理论说明。此后，在长达 20 年的时间里，德国法学界就自然法理论进行了全面的检讨。法学家们争论的主要问题包括："正确法"、法与道德的关系、法的效力与约束性、自然法的纠正功能、自然法的建构、自然法与存在主义、清教领域的自然法思想、自然法的内容确定性、内容可变的动态自然法、重要自然法与次要自然法效力要求的绝对性、历史条件与社会文化因素对自然法的影响、传统自然法学说的认识论问题等。[1] 在此方面，萨尔大学教授 W. 麦霍费尔 [2] 的存在主义自然法学说，在国际学界影响较大，反映了这个时期德国法哲学的成就。[3]麦霍费尔在 20 世纪 50 年代至 60 年代先后发表了大量论著。其中，《法与存在》（1954 年）、《论人类秩序的意义》（1956 年）、《自然法的问题》（1960 年）、《法与生存》（1963 年）、《作为生存法的自然法》（1963 年）等，对于法与存在的本体论建构、个人与社会、物的"周围世界"（Umwelt）与人的"共同世界"

1 Hans Dieter Schelauske, *Naturrechtsdiskussion in Deutschland—ein Überblick über zwei Jahrzehnte (1945—1965)*, Köln 1968.

2 W. 麦霍费尔（Werner Maihofer, 1918—2009），德国当代法学家、法哲学家。曾经担任过联邦德国政府内政部长（1974—1978），1978年因卷入非法窃听反核人士特劳勃（Klaus Traube）丑闻而辞职，2009年10月6日去世。

3 美国德裔法学家埃德加·博登海默在其代表作《法理学——法哲学及其方法》中注意到 W. 麦霍费尔等人的存在主义法学的影响，与"其他价值定向法学"相并论。参见该书中译本，华夏出版社1987年版，第195页。

（Mitwelt）、"自在"（Selbstsein）与同源似在（Alssein）等哲理问题做了深刻的思考，从存在哲学层面为自然法与人类的基本价值寻求理论支持。自然法学说的复兴，作为对第二次世界大战及其法律理论的批判运动，是战后德国法哲学的主要理论方向。

在此一阶段，德国法哲学界在组织上所做的一项重建工作是恢复国际法哲学与社会哲学协会的活动。国际法哲学与社会哲学协会，其前身为"国际法哲学—经济哲学协会"，1909 年在德国柏林成立。战前，协会曾在德国先后召开过四次规模不等的世界会议。此后由于政治、经济和战争诸方面的原因，协会的国际会议中断。[1]1945 年后，协会的会刊——《法哲学与社会哲学档案》

1　这里简要介绍一下国际法哲学与社会哲学协会：其前身为"国际法哲学与经济哲学协会"，成立于1909年10月1日。当时的总部设在德国的柏林。其名誉主席为德国著名法学家、新黑格尔主义法学派主要代表、柏林大学法学教授约瑟夫·柯勒。最早参加该协会的有16个国家，有德国、美国、阿根廷、比利时、俄国、瑞典和瑞士等。在这些国家的个人成员中，著名的人物有法国社会学家迪尔凯姆（Emile Durkheim，一译"涂尔干"）、意大利法哲学家德尔·韦基奥（Giorgio Del Vecchio）等。按照成立时制定的国际协会《章程》规定，该协会的宗旨是"维护和促进一切文化国家的法哲学与经济哲学"，对所有的哲学（科学）方向开放，特别维护发表新的理念哲学（neuidealistische Philiosophie）的观点和看法，利用一切学术手段和传播科学认识及其公开讨论的方式；协会不追求任何经济目的，任何人不允许从中获取不正当的报酬或收入。第二次世界大战以后，法哲学与社会哲学协会将总部由柏林迁至德国黑森州首府威斯巴登（Wiesbaden），并分别于1959年、1979年、1987年修改通过新的协会章程。新的章程对协会的会员、组织机构、会员大会、执行委员会、主席、选举安排等事项均做了细目规定。按照这些规定，任何有志于法哲学或社会哲学研究的个人，都可以成为该协会会员。协会在各国成立分会，各国分会可以保留不同的名称。协会的管理机构是会员大会和执行委员会。会员大会（general assembly）是协会的最高权力机构，每4年召开一次会议，主席也可以临时召集特别会议。执行委员会（executive committee）是协会的最高管理机构，设主席1人、副主席4人，委员会成员15人，任期4年。国际法哲（转下页）

（ARSP）也被迫停刊。1948年8月德国法哲学界在美因兹大学召开会议，重申《国际法哲学与社会哲学协会章程》，并决定由汉堡大学法学教授鲁道夫·劳恩与慕尼黑大学法学博士特奥多尔·菲韦格主编《档案》杂志。1949年《档案》第38卷出版，标志着德国法哲学从此揭开新的一页。1957年10月5日，战后第一任主席鲁道夫·劳恩在德国萨尔州首府萨尔布吕肯主持召开第一届正式的协会世界大会，邀请意大利、芬兰、奥地利、波兰、南斯拉夫、日本等国法学家参与会议，讨论"事物性质""情境概念""理性的本质与形式""事物内容与规范确立"等法哲学问题。与此同时，德

———————

（接上页）学与社会哲学协会的理论刊物，就是协会的会刊——《法哲学与社会哲学档案》（ARSP），1907年（早于协会两年）在柏林创刊。早期刊名为《法哲学与经济哲学档案》（Archivs für Rechts- und Wirtschaftsphilosophie，缩写为ARWP），由约瑟夫·柯勒和弗里兹·伯罗茨海默担任主编，1936年以后刊名改用现称。每年出版1卷及若干副刊（专辑），每卷约600页。1945年由于战争缘故停刊，1949年又经鲁道夫·劳恩和特奥多尔·菲韦格复刊。至1994年已出版至第80卷。《档案》是一份法哲学的国际权威杂志，从创刊至今详细记载着德国—世界法哲学发展的历程，具有较高的史料和理论价值。1907年创刊号《卷首语》公开标榜此杂志是"半理论科学、半实践科学性的"刊物，它是一个"国际性舞台"，是对整个文化世界"展开法哲学经济哲学研究的中枢"。同时，它尽可能立足于整个"文化国家"，拓展立法问题，避免空泛的议论，尽可能与杰出的实践法律家合作，不断适应法律—经济生活的要求。根据此宗旨，刊物的内容编排主要分为六个部分：法哲学、法学方法论、一般法理论；国家哲学、一般国家理论；经济哲学；社会哲学；立法问题；文献（书评）；等等。约瑟夫·柯勒在创刊号以《法哲学的本质与目的》《尼采与法哲学》《法律学中的自然法》等5篇重头文章揭开了《档案》杂志近一个世纪发展历史的序幕。目前的《档案》新杂志，在内容上与创刊初期已有所不同，绝大多数文章偏重法哲学研究，协会消息（会讯）、书评、当代重要法哲学家的生平简介等均占有一定的分量。杂志由德国法哲学与社会哲学分会编辑出版，当然德国法哲学界在该刊上发表的论文数量居多，但其他国家（如英国、美国、法国、意大利、日本、韩国等）法学家用英文、法文、意大利文、西班牙文发表的文章也占有相当的篇幅。

国成立了国际法哲学与社会哲学协会的国内分会。该分会一直在国际协会的学术组织、交流、会刊的编辑等方面发挥着重要作用。

尽管如此，与英美法哲学的成就相比较，德国这一时期法哲学的总体发展显得沉闷和冷清，缺乏像朗·L. 富勒（Lon L. Fuller，1902—1978）和 H. L. A. 哈特这样有影响的法哲学家及富有创造性的法学思想。也许正是由于这样的原因，德国也没有像战前那样在法学研究方向或旨趣上形成有特色的法学家群体——法学派别。即使是颇有影响的"复兴自然法"运动，也只能被看作是一次不同角色的法学家参与的法学讨论活动，而不能视为一种具有结构功能的法学派的称谓。应当说，战后德国法学家的理论贡献更多地体现了个体特点。在法哲学界发挥作用的，主要还是那些第二次世界大战期间即已成名的老一代法学家，如卡尔·恩吉施、约瑟夫·埃塞尔、卡尔·拉伦茨等人。他们在 20 世纪 50 年代末 60 年代初分别出版了系列的法学方法论专著，使这一法学方向的研究达到一个全新的高度。关于此点，下文将做介绍，兹不赘述。

（二）科技渗透与法哲学的发展（20 世纪 60 年代中期至 70 年代末）

法哲学与相邻学科的发展是密切相关联的。哲学及其他学科的每一次学术思想运动，都必然在法哲学中得到回应。众所周知，自从德国数学家兼哲学家戈特洛布·弗雷格（Gottlob Frege，1848—1925）出版《概念演算—— 一种按算术语言构成的纯思维的符号语言》（1879 年）以来，现代西方哲学发生了所谓的"语言学转向"，即哲学经历了一个从形而上学到认识论、再到语言哲学的自然进程。至 20 世纪 60 年代，符号学、语言哲学、逻辑哲学的发展，渗透于社会科学的各个领域。1960 年，海德堡大学哲学教授伽达默尔《真理与方法》的问世，又使"诠释学"（Hermeneutik，又译解释学、释义学）理论在德国学界引起反响。另一方面，战后重组的"法兰克福学派"及其批判理论，美国贝塔朗菲（Ludwig von Bertalamffy，1901—1972）的"一般系统论"，也在德国各学界产生了广泛的影响。德国 20 世纪 60 年代中期以来的法哲学就是在这样的学术背景下蕴生和发展的。

　　在这一时期，法学家们不再囿于传统法哲学讨论的范围，而是在多学科相互渗透、交叉的层面上拓展法学研究的领域。法学家们运用符号学、语义学、修辞学、论题学、诠释学等理论和方法研究交往行为过程中的立法与司法、法律语言、法律规范的效力，建构法律诠释论，进行法律的逻辑分析，等等。其中，慕尼黑大学教授阿图尔·考夫曼的法律诠释理论和比勒费尔德大学教授尼克拉斯·卢曼（Niklas Luhmann，1927—1998）的功能结构的社会系统学说，代表了当时德国法学研究的深度和水平。

　　阿图尔·考夫曼是古斯塔夫·拉德布鲁赫的学生。他在海德堡求学期间（1946 年）曾兼听诸名家（如卡尔·雅斯贝尔斯、阿尔弗雷德·韦伯）的课程，涉猎领域广泛。考夫曼在思想上受希腊以来的经典学说，尤其是晚近的南德意志新康德主义价值论（拉德布鲁赫）、存在哲学（雅斯贝尔斯）、诠释学（伽达默尔）和人类学（勒维特 [Löwith]）的影响较大。1957 年考夫曼发表其法哲学奠基之作《自然法与历史性》（*Naturrecht und Geschichtlichkeit*），确定了他的法律诠释学发展的基本方向。20 世纪 60 年代以后，他又先后发表《关于克服相对主义法哲学的思考》（1960 年）、《过错原则》（1961 年）、《法律与法》（1962 年）、《法的本体论结构》（1962 年）、《论当代法哲学的处境》（1963 年）、《法与善》（1964 年）、《法律国—法官国—法治国》（1964 年）、《自由法运动》（1965 年）、《类推与"事物性质"》（1965 年）、《语言作为诠释学视境》（1969 年）、《认同与分歧》（1972 年）、《由自然法与法律实证主义到法律诠释学》（1975 年）等文章和有关著作，逐步建立起法律诠释本体论体系。[1]

相对考夫曼而言，尼克拉斯·卢曼的学术贡献影响范围更为广泛。自 20 世纪 60 年代以来，卢曼相继发表论文和著作，数量达数百种之多。其内容涉及哲学、宗教、经济、心理学等多个人文学科。他这一时期的主要法学著作有《通过程序的正当化》（1969 年）、《社会学启蒙：社会系统论集》（1970 年）、《法律系统与法教义学》（1974 年）和若干篇论述法的理论、法学方

1　参见Winfried Hassemer, *Dimensionen der Hermeneutik—Arthur Kaufmann zum 60. Geburtstag*, Heidelberg 1984。

法论的论文。以 T. 帕森斯（Talcott Parsons，1902—1979）学说为基础建立的结构功能主义系统理论，是卢曼大量著作中最具创造性的部分，被称为"新实证主义"的一种，[1] 多年来在欧美学界激起不同的反应。

值得一提的是，为了顺应时代多学科相互整合的发展趋向，德国法学界于 1970 年创办《法的理论》（*Rechtstheorie*）杂志，对于推动德国法学与多学科渗透并走向国际舞台，起到了很好的沟通作用。该杂志由当时国际上德高望重的法学家和学者卡尔·恩吉施、H. L. A. 哈特、汉斯·凯尔森、U. 克鲁格（Ulrich Klug，1913—1993）与卡尔·R. 波普尔担任主编，K. 阿多麦特（Klaus Adomeit，1935—2019）、W. 克拉维茨（Werner Krawietz，1933—2019）与 A. 波德莱希（Adalbert Podlech，1929—2017）负责编辑出版。《法的理论》是一份面向国际的关于"法的逻辑、方法论、控制论和社会学"的杂志，每年出版 1 卷及 1—4 期副刊，登载当年德国及国外法学家们的论文、报告、书评，或以"专辑"形式出版德国当年优秀的法学博士论著、国际法哲学与社会哲学协会和德国、奥地利及其他国内分会的学术讨论会论文，及时反映国际上法学研究的最新成就。通过该杂志，我们也可以大致了解 20 世纪 70 年代以来德国法哲学发展的模样。

1　Theodor Schramm, *Einf ü hrung in die Rechtsphilosophie*, München 1978, S. 73.

（三）新一代法哲学家的成长与德国法哲学的繁荣（20 世纪 70 年代末至今）

战后德国法哲学，经过 30 多年的恢复重建和发展，至 20 世纪 70 年代末才真正摆脱了冷清的局面，而逐渐走向繁荣活跃，重现了它在国际法哲学界的重要地位。总体上看，这一时期的法哲学发展有以下三个方面的特点：

（1）法哲学家群体结构合理，年轻一代法学家迅速成长并在国际舞台上崭露头角。这一时期，老一辈法学家，如卡尔·施米特（Carl Schmitt, 1888—1985）、卡尔·拉伦茨、卡尔·恩吉施、U. 克鲁格、W. 麦霍费尔等人虽年近古稀，但笔耕不辍；五六十年代成名的中年一代法学家，如阿图尔·考夫曼、尼克拉斯·卢曼、W. 克拉维茨、R. 德莱尔（Ralf Dreier, 1931—2018）等人，经过几十年辛勤耕耘，在学术上均有所建树，成为德国法哲学界的中坚力量。尤其重要的是，罗伯特·阿列克西、乌尔弗里德·诺伊曼（Ulfrid Neumann, 1947— ）等一批年轻法学家脱颖而出，给德国法哲学界带来了一股勃勃生气。新的一代法学家从 20 世纪 70 年代后期以来，不断开拓法哲学研究的新领域，相继在国际前沿的法学课题上做出了独创性贡献，不仅受到国际法学界同行的肯定，而且也为哲学界的学者们所关注。

（2）法学新学科日渐成熟，法哲学论题范围广泛，法学研究处于理性论证阶段。20 世纪 60 年代以来的多学科渗透融合的潮流，到20世纪70年代末期已在法学领域产生较为系统的研究成果。尤其是近年来，一批运用当代最新方法论研究法学问题的论著不断问世，显示出德国法学的强劲实力。这些著作主要有格尔哈德·施特鲁克（Gerhard Struck，1944—2015）的《论题学法学》、J.哈伦堡（Jan Harenburg）的《科学与实践之间的法教义学》（1986年）、H.柯赫（Hans Joachim Koch）与赫尔穆特·吕斯曼教授（Helmut Rüßmann，1943— ）的《法律证成理论》（1982年）、沃尔夫冈·加斯特的《法律修辞学》（1992年）等。而最能体现科际整合优势，以法与实践理性为讨论范围（论域）的法律论证理论，成为近20年来德国年轻一代法学家们谈论的主题话语（Rede），有关的法学专著也相继问世。这其中有乌尔弗里德·诺伊曼的《法律论证学》（1986年）、罗尔夫·格罗施纳（Rolf Gröschner，1947— ）的《对谈与法学》（1982年）、E.希尔根多夫（Eric Hilgendorf，1960— ）的《法学中的论证》（1991年）、E.本德（Elmar Bund）的《法律逻辑与法律论证》（1983年）等。在此方向上，当时最有成就的年轻法学家是哥廷根大学法哲学博士、后任基尔大学公法和法哲学教授的罗伯特·阿列克西。他于1978年出版博士论文《法律论证理论——作为法律证立理论的理性论辩理论》。该著作确立了他在整个国际学界的学术地位。在以后的数十年中，阿列克西又先后出版《基本权利论》（1985年）、《法的概念与效力》（1992年）、《柏林墙射手案：论法、道德与惩罚性之关系》（1993 年）等著作，在国际著名法学和哲学杂志上发表论文 40 余篇，从多方面就实践论辩论、法律原则、法律论证的规则、法律决定的逻辑分析、法律论证与实践理性之关系等一系列问题做了深层的诠释。阿列克西的论著被译为多种文字出版，远播至北欧、英美、西班牙、意大利、南美诸国。

（3）哲学家转向法哲学研究，展开一般法学理论的哲学向度。德国哲学家探讨法哲学问题，其传统由来已久。德国 18 世纪末 19 世纪初的三位著名哲学家康德、费希特、黑格尔都曾在完成其哲学体系的同时对法哲学方向予以关注，并撰写过法（国家）哲学著作。[1]当代哲学，尤其是第二次世界大战以来的人本主义思潮，将人和人类的生存与发展作为关怀的主要对象。面对 21 世纪的政治、经济和文化的危机，哲学家不得不思考与人类生存式样息息相关的制度、法律、道德及社会问题，并试图为人类现实的精神处境寻求新的诠释话语，建构基于"沟通"和"共识"的一套理性规则。在此方面，德国当代的哲学家站在思想的最前沿对法哲学、社会哲学、道德哲学和国家哲学问题展开讨论，就各种人文主义思潮做出回应。其中，尤尔根·哈贝马斯作为法兰克福学派第二代主要思想家，其以著作之丰、理论论证之深邃、言谈范围之广泛，成为当今世界范围内最受学界瞩目的人物之一。他在六七十年代出版关于理

1　这主要是指康德1797年出版的《法的形而上学原理》（《道德形而上学》上册）、费希特的《自然法基础》（1796 年）和黑格尔的《法哲学原理》（1821年）。

论与实践、文化与批判、晚期资本主义的合法化、历史唯物主义的
重建等著作之后，又于近十几年相继出版《政治短论集》（四册，
1981 年）、《交往行为理论》（1981 年）、《道德意识与交往行
为》（1983 年）、《交往行为理论的前研究与补充》（1984 年）、
《现代性的哲学商谈》（1985 年）、《新的不透明性》（1985
年）、《后形而上学思考》（1988 年）、《续补的革命》（1990
年）、《商谈伦理学解说》（1992 年）等专著，开辟了道德、政
治哲学领域的一系列新的理论方向。他的法哲学新著《在事实与规
范之间：关于法律和民主法治国的商谈理论》（1992 年）的问世，
代表着德国当代法哲学发展的最新高度。在这部被誉为"自康德、
黑格尔以来第三部德国哲学家所写的法哲学著作"的论集中，哈贝
马斯从哲学、社会学、语言学、诠释学角度，讨论了法的范畴、法
律效力、正义概念、理性法、法律体系，道德—法律规范、法治
国、法律决定的正当性、审慎政治、市民社会与政治公开性、法的
判例等一系列法—社会—国家哲学的前沿问题。[1]可以预料，在不
久的将来，哈贝马斯的法哲学思想，像他的其他哲学思想一样，将
会在国际学界再度引起轰动，成为学人谈论的热门话题。

---

1 有关哈贝马斯的法哲学理论，参见Jürgen Habermas, *Faktizität und Geltung: Beiträge zur Diskurstheorie des Rechts und des demokratischen Rechtsstaats*, 2 Aufl, Suhrkamp, Frankfurt a. M. 1992。

二、战后德国法哲学论题概述

前文重在对第二次世界大战以来德国法哲学界人物、著作和不同时期学术背景的介绍。本篇第二部分拟对各种法哲学理论、学说和观点做一个扼要的梳理，从法学家们 50 年来所讨论的问题中抽取八个有代表性的论题，分别综述。

（一）法与存在

"存在"是存在哲学（Existenzphilosophie）的基本概念。据哲学家卡尔·雅斯贝尔斯的解释，存在（生存）涉及三个方面的关系，即世界、另一个可能的世界和超验。[1]在现世的意义上，存在与社会、国家及法律之间发生不同层面的联系。社会与国家是生存意义上的此在现实，对每个具体的人而言是他的此在（Dasein）及其生成的物质条件。作为历史生成的秩序，法律并不是任意的和偶然的，而根植于此在及其保护意志的公共性。因此，法律是个人的此在的保护。进而言之，法律意味着通过公共意志的决定克服纯粹的暴力，实现个人的自由。[2]沿着雅斯贝尔斯的思路，E. 费希纳（Erich Fechner，1903—1991）在《法哲学：法社会学与法的形而上学》（1956 年）一书中具体考察了法在存在哲学上的"直接意义"与"间接意义"，并从存在哲学视角论证法哲学的若干基

1　Marc Blessing, *Aspekte Existentiellen Rechtsdenkens*, Zürich, S. 67.

2　Karl Jaspers, *Vom Ursprung und Ziel der Geschichte*, S. 201.

本问题（自由、存在上的决定、主观与客观、存在主义律观等）。[1]
W. 麦霍费尔对法与存在的思考是一种法的存在本体论考察，即"后设的存在论的形而上思索"（meta-existentielles Über-Denken）。从这一视境出发，他特别关注相互流通的两个邻接的世界（主观世界与客观世界）的边界，并试图就主观（个人）与客观（社会）这两个领域的交换关系予以等量齐观。麦霍费尔之法的存在论基于一个二重的观点：一方面是物质的和人的内在（Innerlichkeit）；另一方面是物质的和人的外在（Äußerlichkeit）。作为一个在"似在"（Alssein）中存在的"自在"（Selbstsein），[2] 人在"物质世界"或"共同世界"中的个性展开，必然是与法的空间相遭际的。麦霍费尔根据对这样一种联系的分析，为其法律学说建构了一个本体论基础。

　　"法与存在"讨论，是德国当代自然法理论的一个新的发展。它反映出存在主义法学家们试图从具体的生存意义上的存在诠释角度来阐述当代的自然法思想。这种自然法可以称之为"存在主义本体论的自然法"（das existenzial-ontologische Naturrecht），它既不同于早期的各种自然法理论，甚至也不同于流行于 21 世纪初期的

1　Erich Fechner, *Rechtsphilosophie: Soziologie und Metaphysik des Rechts*, Tübingen 1956, S. 231ff.

2　Werner Maihofer, *Recht und Sein: Prolegomena zu einer Rechtsontologie*, Frankfurt a. M. 1954, Vorwort.

诸种"复兴自然法"学说。[1]

（二）法与"事物的性质"

"事物的性质"（德文 Natur des Sache，简称 NdS，英文 nature of thing）是一个古老的概念，来源于希腊文 physei dikaion 和拉丁文 rerum natura，兼"先天规定性""物性""不言自明性"与"物之内在秩序"诸义。[2] 在中世纪，"事物的性质"被看作是神性，即神造自然这一事业的适度性。在近现代，"事物的性质"一词衍生出许多新的用法，如事物的理性（Vernunft der Sache）、物之理性（Vernunft der Dinge）、自然理性（naturalis ratio）、目的思想（Zweckgedanke）、交往需求（Verkehrsbedürfnis）、正义感（Rechtsgefühl）等。其实，这些名词都是同一概念的不同符号。[3]

在历史上，"事物的性质"这一观念是各个历史时期自然法学说的理论渊源之一。然而，自然法，并不等同于事物的性质，甚至也不完全等同于"来自事物性质的法"。[4] 法国的孟德斯鸠（Charles Montesquieu，1689—1755）最早将事物的性质归结为"法律的精

1　有关的评论，参见Arthur Kaufmann, *Die ontologische Begründung des Rechts*, Darmstadt 1965, Einleitung。

2　Hiroshi Noguchi, Die "Natur der Sache" in der juristischen Argumentation, *ARSP*, Beiheft—30/1987, S. 139. 也见Hebert Schambeck, *Der Begriff der "Natur der Sache"*, Wien 1964, S. 7; Dernburg, *Pandekten*, 3. Aufl. I, 1892, S. 87。

3　F. Regelsberger, *Pandekten*, 1893, I, S. 68.

4　Gerhard Sprenger, *Naturrecht und Natur der Sache, Schriften zur Rechtstheorie Heft 50*, Berlin, Einleitung.

神"，认为：在最广泛的意义上，法是"由事物的性质产生出来的必然关系"。[1]他在探讨法与政体的性质、民族精神、风俗、习惯之关系的同时，也详细考察了法与"气候的性质""土壤的性质"以及它所规定的"事物秩序"之间的诸种关系。[2]在德国，21 世纪初风行一时的"自由法运动"（Freirechtsbewegung）在法学领域推动了关于"事物的性质"的讨论。法学家们运用此概念论证法的解释及法的解释框架内的法律渊源问题，为法院判决理由寻求制定法以外的标准，将事物的性质视为法的解释的内容或法律渊源之一。

第二次世界大战后的"复兴自然法"运动再度将"法与事物的性质"的讨论推向高潮。1948 年，古斯塔夫·拉德布鲁赫发表《事物的性质作为法学的思考方式》一文，高度评价了"事物的性质"的法哲学意义，引起法学界对此一问题的重新思考。W. 麦霍费尔、H. 萨姆贝克（Herbert Schambeck，1934— ）、O. 巴尔韦格、E. 费希纳、G. 施普伦格（Gerhard Sprenger）等人著专论探讨 NdS 概念及其与自然法、实在法的关系。意大利法学家 N. 博比奥（Norberto Bobbio，1909—2004）在 1957 年萨尔布吕肯召开的国际法哲学与社会哲学协会第一届世界大会所做的学术报告中，将德国战后有关此问题的讨论归结为三个方向：第一个方向的"事物的性质"学说是自然法理论讨论的继续；第二个方向的"事物的性质"的讨论强化

1　［法］孟德斯鸠：《论法的精神》（上册），商务印书馆1987年版，第1页。
2　参见孟德斯鸠前揭书第2、14、18、19、26诸章。

了法社会学理论对规范理论的对抗；第三个论战方向上的"事物的性质"学说是对法律拜物教（Gesetzesfetischismus），即法学上拘泥于现存规范体系的传统教义学态度所做出的一种反应。[1]

"法与事物的性质"的讨论，反映了第二次世界大战后法学家们对法律实证主义理论的反思，要求从意志客体（事物的性质）角度来考察法的正当性，以避免再度出现纳粹统治时期那样的"法律的不法"现象。时至今日，尽管"事物的性质"这一概念尚无明晰统一的含义，[2]但它对于一些法哲学基本问题（如自然法、正确法的标准、法的本体论、法律论证等）的探讨，仍具有其不可忽视的理论价值。

（三）法的"实在"与"应在"

"实在"（Sein）与"应在"（Sollen）是法哲学考察的出发点。[3]自汉斯·凯尔森创立纯粹法学以来，法的"应在"与"实在"就成为现代法哲学的一个重要理论课题，在各国法学界被广泛讨论。

从谱系学上看，"应在"与"实在"这一传统对立的范畴，源自康德关于自然与自由、认知理性与实践理性、因果性与道德性的

1　Norberto Bobbio, *Über den Begriff der "Natur der Sache"*, Saarbrücken 1957.

2　哥廷根大学法哲学教授R. 德莱尔将传统的NdS概念分为两大部分：一是"理论的NdS概念"，包括"经验主义理论的NdS概念"和"形而上学理论的NdS概念"；二是"实践的NdS概念"，包括"技术实践的NdS概念"和"客观实践的NdS概念"。参见Ralf Dreier, *Zum Begriff der "Natur der Sache"*, Berlin 1965, Kap. 3.

3　Heinrich Henkel, *Einführung in die Rechtsphilosophie*, 2 Aufl., München 1977, S. 20.

二元论。基于康德的认识，凯尔森将"应在"与"实在"看作是两种先验的逻辑思维模式："实在"属于自然法则（规律）的范畴，其思维形式为"当 A……是 B"；"应在"属于规范的范畴，思维形式为"当 A……应 B"。[1]这种将认识领域分为"实在"（自然王国）与"应在"（人类王国）的二元论，引发了对法的性质的长期争论，产生了法学上的两大理论分野：一种是法律实证主义，强调规范和"应在"（sein sollen）；另一种是社会学法学，强调事实和"实在"。

　　第二次世界大战后，德国的法学家们在更为广泛的层面上探讨法的"应在"（义务、规范性、法律效力）与"实在"（法律行为、事实性、法律实效）以及与此相关联的法与实力、正义、法律价值诸方面的问题。在此方面，阿图尔·考夫曼的法律诠释本体论强调"法的历史性"（Geschichtlichkeit des Rechts），将历史性的时间结构作为一种认识方法，来探讨法的实在与应在，开拓出超越二元论认识空间的研究进路。[2]尤尔根·哈贝马斯通过交往行为理论，为"事实"（实在）与"效力"（应在、规范）之间关系的论证，设计出一种新的理论策略（Theoriestrategie）。[3]这表明，法的"实在"与"应在"问题已超越单一学科的范围，而在多学科整合

1　H. J. Hommes, "Sein und Sollen im Erfahrungsbereich des Rechts", *ARSP*, Beiheft-6, 1970, S. 155.

2　Arthur kaufmann, *Naturrecht und Geschichtlichkeit*, Tübingen 1957.

3　Jürgen Habermas, *Faktizität und Geltung*, Suhrkamp, Frankfurt a. M. 1992.

的水平上被讨论。

（四）法与道德

法与道德的关系问题一直是自然法学派与分析实证法学派争论的焦点。第二次世界大战以后，在英美法学界，以 H. L. A. 哈特为中心，就此一问题展开数次学术论战，推动了当代西方法哲学的发展和繁荣局面的形成。在德国，"法与道德"同样是法学界讨论的热门话题之一。法学家们就"法与道德是否有联系以及在何种意义上两者存在着必然联系"这一重大问题展开辩论，其基本立场有三：（1）坚持实证主义法学立场，认为法与道德之间没有必然联系；（2）反对法律实证主义，承认法与道德的相互关系及其意义；（3）徘徊于前两种观点之间，没有明确的赞成或反对态度。据统计，在 1970 年至 1989 年近 20 年间，在德文法学杂志上发表的各类文章中有 99 篇论及法与道德问题，其中 34 篇属于第一种观点，53 篇坚持非实证主义立场，有 12 篇文章的观点无法明确地归类。[1]

1988 年 10 月和 1989 年 3 月，国际法哲学与社会哲学协会德国分会分别在哥廷根和萨尔州的基尔克（Kirkel）召开专题学术研讨会，主题为"法律实证主义与法的价值关涉"（哥廷根）、"法与道德"（基尔克）。在研讨会上，罗伯特·阿列克西做了题为"关

1　参见Ralf Dreier, Zur gegenwärtigen Diskussion des Verhältnisses von Recht und Moral in der Bundesrepublik Deutschland, *ARSP*, Beiheft-44, 1991, S. 55。

于法律实证主义批判"的报告，从法律论证角度对法与道德的分离命题（Trennungsthese）和联系命题（Verbindungsthese）进行了语言的、逻辑的分析，并就此二命题提出了四种区别模式：（1）区别包含效力的法律概念和不包含效力的法律概念；（2）区别作为规范制度的法律制度与作为程序制度（即有关规范的制定、推理、解释、应用与执行的制度）的法律制度；（3）区别作为旁观者与作为参与者（法官）在此问题上的观点；（4）区别法与道德之间的两种概念上的联系——定义关系与评价关系。根据上述区别，阿列克西推导出 32 种分离命题和联系命题。[1]尽管这一分析在实践上并不都是至关重要的，但它至少说明，在德国，法与道德关系问题的探讨已不再是空泛笼统的议论，而属于严格的理性论证。

（五）正当性与合法律性[2]

理论上，正当性（Legitimität, Legitimacy）与合法律性（Legalität, Legality）是两个含义不同而又相互联系的概念。正当性，立足于对社会特定的、规范标准的、社会整体性的维护，它要说明现存的制度和政权怎样以根本的价值来维护社会的认同。因

1　Ralf Dreier (Hrsg.), Rechtspositivismus und Wertbezug des Rechts, *ARSP*, Beiheft 37, 1990, SS. 9-26.

2　在德语中，Legitimität与Legalität二词，很难准确地找到合适的汉语对等词。在现今汉译文献中，人们笼统地将两者均译为"合法性"，似有不妥。为区别起见，本文将前者姑且对译"正当性"，将后者译成"合法律性"。与此相关的两个动名词Legitimierung与Legalierung分别译为"正当化"与"合法律化"。

此，"正当性意味着对一种政治制度的公认"。[1] 或者说，它是政
治制度存在的内在基础。另一方面，合法律性，在最广义上则是指
法律的存在及行为者对法律的服从和遵守。法只有在合法律性体系
（制度）中才得以实现。在此意义上，"合法律性是一种形式，通
过这种形式法得以显现，并向法律人指呈"。[2] 合法律性，就其本
质而言，是与正当性问题紧密相关的：正当性通过合法律性表现，
合法律性应以正当性作为实质内容。

　　在德国，社会学家马克斯·韦伯最早论及政治的三种纯粹的
正当性统治（Legitime Herrschaft），即依赖于法律规定的"法律统
治"（法治，Legale Herrschaft）、依赖于信仰现存秩序和统治权的
"传统统治"（traditionalle Herrschaft）以及依赖于统治者人格与
魅力的"卡理斯玛统治"（Charismatische Herrschaft）。[3] 法学家卡
尔·施米特于1932年出版《合法律性与正当性》一书，从法治、
民主、多党制国家、宪法保护等方面讨论合法律性与正当性之关
系，指出：合法律性是一种纯粹后天的法律思考形式（Formen des
Rechtsdenkens），而"一旦合法律性仅局限于形式主义范围，那么
国家也就丧失了其正当性"。[4]

　　第二次世界大战以后，正当性问题，尤其是合法律性（法制）

1　Jürgen Habermas, *Zur Rekonstruktion des Historischen Materialismus*, 3 Aufl., 1982, S. 9.
2　Luis Legaz y Lacambra, *Rechtsphicosophie (1961)*, dt. Ausg. 1965, S. 563-564.
3　Max Weber, *Die drei reinen Typen der Legitimen Herrschaft*, 1922.
4　Carl Schmitt, *Legalität und Legitimität*, Berlin/München 1932, S. 14.

的正当性（Legitimität der Legalität）、事实的正当性关系（faktische Legitimitätsverhältnisse），不仅在法学上，而且在哲学、社会学、政治学、心理学诸领域被展开讨论。1969 年，尼克拉斯·卢曼著《通过程序的正当化》，沿着韦伯、施米特等人的思路，强调通过程序实现正当化的意义。他的"通过程序的正当化"意指：正当化不是以法律规范之道德实践证明的形式条件为依据，而是遵守法律裁决、法律应用与法律执行中的程序规定。[1]尤尔根·哈贝马斯承袭法兰克福学派一贯奉行的批判哲学精神，考察西方文明发展所遇到的各种问题，他指出：晚期资本主义存在着四种可能的危机，即经济危机、理性危机（Rationalitätskrise）、动机危机（Motivationskrise）和正当性危机（Legitimationskrise）。[2]哈贝马斯依据整体性原则构筑起"交往行为理论"，以期打通人与人、人与社会的隔膜而达到交流的认同和普遍的共识，为现代民主政治、法治国家指出新的正当化图景。

近年，愈来愈多的法学家开始从法学的角度研究合法律性与正当性的问题。在法哲学方面，"法的正当性"（Legale Legitimität）、"依据合法律性的正当性"（Legitimität kraft Legalität）、"正当性的法"（Legitimes Recht）、"法律决定过程中的正当性"（Legitimität bei juristischer Entscheidung）等，成为德国法学家们论

1 Weyma Lübbe, *Legitimität kraft Legalität*, Tübingen 1991, S. 118.
2 Jürgen Habermas, *Legitimationsprobleme im Spätkapitalismus*, Frankfurt a. M. 1973.

证的主要问题。[1]这一理论方向已形成相当强的气势。

（六）法与人类形象

"人类形象"是整个人类、人类的群体或个体在社会生活中所呈现出来的总体映像。自从 20 世纪初发生所谓"泛人类学倾向"以来，人类形象一直是人类学、哲学、社会学、民族学、政治学、心理学和法学诸学科探讨的课题。学者们面对 19 世纪以来科学主义思潮的入侵和实证主义分割世界图景的形势，面对 20 世纪各种政治、经济、文化思想的危机，强烈感受到需要站在"第三者"的角度反观我们人类自身的存在、人类在整个宇宙中的位置、人与自然的关系、人类的困境与未来的命运。于是，人类形象的再审视，成为一切学问的中心问题[2]，当然也是法哲学所要探索的主题之一。这是因为，法律是调整人类的群体或个体之间相互关系的规范。所以，如何看待人、人性及人在社会生活中呈现的映像，对于立法者如何正当地制定法律、执法者如何正确地应用法律具有重要的意义。人类形象的表现是多层面的：好与坏、善与恶、贫与富、强与弱、自利

1　国际法哲学与社会哲学协会德国分会1981年召开的学术会议主题为"关于现代国家的建构、论证与正当化"。会上，德国一些知名法学家，如尼克拉斯·卢曼、W. 麦霍费尔、莱因荷德·齐佩利乌斯（Reinhold Zippelius, 1928— ）等就国家正当性问题做了报告。Dieter Wyduckel, Zur Begründung, Rechtfertigung und Legitimation des modernen Staates, *ARSP*, Heft 15, 1981, S. 95 ff.

2　20世纪德国著名哲学家、现象学价值伦理学的创立者马克斯·舍勒（Max Scheler, 1874—1928）在《论人的观点》一文中指出："在某种意义上，所有哲学的中心问题应追溯到人是什么这个问题。"引自［德］蓝德曼：《哲学人类学》，彭富春译，工人出版社1988年版，第55页。

与利他、仁爱与残暴、文明与野蛮、和平与好战，如此等等。而所有这些两极属性矛盾地交织、组合，就构成了一个人、一个团体、一个民族和国家的现实形象。法律的作用表现在：它通过制定人的行为模式，规定人们可以做什么，应当或不应当做什么，以此树立理想类型的人类形象，导引人类生活秩序趋于和谐与稳定。

　　20 世纪初以来，德国的法学家们一直关注从法学层面探讨人类形象及其与法律之间的相互关系。古斯塔夫·拉德布鲁赫最早在此领域做了开创性研究。他于 1927 年发表《法律上的人》（der Mensch im Recht）一文，对"在法律上映现的、法律据以建立其制度的人类形象"做了多角度考察，指出：抽象现实的人的类型或经验的人类平均类型（Durchschnittstypus），是不存在的。各种形形色色的人性被不同法律时代看作是法律规范化的本质的、具有决定意义的出发点。法律不能将所有的人都假定为精明的、自私自利的商人，并以此为根据来赋予权利、设定义务。人在法律上的形象也不是"鲁滨逊"或"亚当"，不是孤立的个体，而是社会中的人或集体人（Der Kollektivmensch）。[1]

　　第二次世界大战以后，法与人类形象这一主题再度进入法学家们的视野。学者们就"刑法中的人类形象""犯罪与社会""人类的过错、命运与责任""法学家眼中的世界形象""当代的人类形象与

---

[1]　Gustav Radbruch, *Der Mensch im Recht*, Tübingen 1927, S. 16.

刑法改革""法治国与人类尊严""判决中的人""法学与哲学人类学"诸方面的问题展开讨论,相继出版一系列相关的学术著作。著名法学家、汉堡大学法学教授 H. 亨克尔在其《法哲学导论》(1964年初版,1977年再版)中,将"人类形象与法"作为法的本体论—人类学前提予以专章评述。[1]1984年10月在比勒费尔德召开的德国"法人类学"学术研讨会上,"法律中的人类形象""人类与法""人类的尊严"等被列入大会报告的主题。在德国,法人类学或人类学法学作为一种新的理论形态已经形成。[2]

(七)法与语言

语言,不仅是人类生活现实的本质部分和确定因素,而且是考察法、伦理等社会现象的重要手段。英国哲学家大卫·休谟(David Hume, 1711—1776)曾言,法与法律制度(如所有制)是一种纯粹的"语言形式"。[3]法的世界肇始于语言:法律是通过语词订立和公布的,法律行为与法律决定也都涉及言辞思考和公开的表述或辩论。法律语言与概念的运用,法律文本(Gesetzestext)与事实(Sachverhalt)关系的描述及诠释,立法者与司法者基于法律文本的相互沟通,法律语境的判断等,都离不开语言的分析。在此意义上,正如阿图尔·考夫曼和 N. 麦考密克(Neil MacCormick,

---

1　Heinrich Henkel, *Einführung in die Rechtsphilosophie*, S. 234-268.

2　有关德国法人类研究的进展,可参见 Ernst-Joachim Lampe, "Rechtsanthropologie heute", in: *ARSP*, Beiheft 44, 1991, S. 222。

3　David Hume, *Treatise of Human Nature*, Bd 2, 1739, p. 263.

1941—2009）所指出的，法学其实不过是一门法律语言学。[1]

第二次世界大战以后，法与语言关系的探讨和研究，日益受到法学家们的重视。因而，在法学中也完成了一次所谓的"语言哲学转向"（Die "sprachphilosophische Wende"）。从世界范围看，法学的语言哲学转向表现出两种不同的运动方向，而这两次运动都间接地与维特根斯坦（Ludwig Wittgenstein，1889—1951）的哲学相联系。这就是：（1）以 H. L. A. 哈特为代表，由麦考密克、拉兹（Joseph Raz，1939—2022）等人继承和发展的"新分析法学"。它是后期维特根斯坦哲学（语言游戏说与日常语言理论）、奥斯丁的"言语行为"理论在法学上的引进与应用。（2）以沟通理论（Kommunikationstheorie）、符号学（Semiotik）、修辞学（Rhetorik）、论证理论（Argumentationstheorie）等语言哲学为理论背景的法学理论（如 C. 佩雷尔曼的新修辞法学）。尽管这一理论方向几乎与新分析法学同时出现，但却一直在国际学法学舞台上扮演着"边缘人"的角色，受到学人的冷落。

在德国，早在 1940 年，E. 福斯特霍夫（Ernst Forsthoff，1902—1974）在其著名论文《法与语言》中就注意到法与语言"本质上相遇的联系"。[2]1953 年，特奥多尔·菲韦格出版《论题学与

1　参见Dietrich Busse, *Juristische Semantik*, Berlin 1993, S. 14；Neil MacCormick, *H. L. A. Hart*, 1981, p. 12。

2　E. Forsthoff, *Recht und Sprache*, 1940, S. 1.

法学》（*Topik und Jurisprudenz*），对古希腊、罗马以来的论题学（主要是亚里士多德、西塞罗的理论）在法学中的应用，做了新的诠释，打开了法与语言研究的新的路向。然而在20世纪50年代至60年代初这一段时间，在法学方法论方面占统治地位的，仍然是卡尔·冯·萨维尼倡导的法律解释的"古典学说"。[1]尽管在这一时期卡尔·恩吉施和H.柯因（Helmut Coing, 1912—2000）根据意大利法学家贝蒂（Emilio Betti, 1890—1968）的法律诠释理论对传统学说做了补充和发展，但其基本方面没有根本的变化。直到20世纪60年代中后期，通过卡尔·拉伦茨、阿图尔·考夫曼和约瑟夫·埃塞尔等人的努力，法学家们接受伽达默尔的哲学诠释说，同时又不断吸收各种不同的语言学成果，才完成了古典法律解释学向"新诠释学"的转向。另一方面，一些法学方法论学家（如哈茨、霍恩、兰珀、H. J.柯赫等人）大力推动，使沟通理论，英国语言分析哲学、逻辑语义学等学科被引进法学，在法学与语言学之间找到衔接点。

　　法学与语言学科际间合作第一次最重要的尝试，是20世纪70年代初开展的一项研究计划——"达姆施塔特纲领"（des Darmstädter Programm）。1970年，语言学家彼得·哈特曼

1　卡尔·冯·萨维尼曾著《法学方法论》（1802/1803年）和《当代罗马法制度》（1840年）等，将法律解释分为语法解释、逻辑解释、历史解释和系统解释。此一学说一直是后世法律解释论的经典分类。有关萨维尼的方法论，也可参见Karl Larenz, *Methodenlehre der Rechtswissenschaft*, 5 Aufl., Berlin 1983, Kap.1。

（Peter Hartmann）被法学界邀请做了一次深化法学的纲领性报告，并由他牵头在达姆施塔特组成由德国研究联合会（Deutsche Forschungsgemeinschaft）发起的"法律语言分析科际工作组"。在为期 5 年（1970—1974 年）的时间里，工作组完成了对法律文本的法学、逻辑学、信息学和语言学的系统研究。1974 年 10 月，国际法哲学与社会哲学协会德国分会在美因兹召开例会，讨论"法与语言"，再度将这一问题的研究推向高潮。

20 世纪 80 年代以后，随着符号学、语用学、文本语言学（Textlinguistik）、哈贝马斯理性论证理论以及维特根斯坦后期哲学的引进，法学的语言研究又发生了一次转折，即由过去的法律文本语义学分析转向对法律行为中的语言、法律发现程序、法律应用与法律遵从的关系、法律决定等的语用学分析和证明。而一大批法与语言理论研究专著的问世，为这一方向的理论发展开辟了更为广阔的前景。

（八）实践理性与法律论证理论

自 20 世纪 70 年代以来，国际法哲学的发展呈现出另一个动向，即所谓"实践哲学的复归"（Rehabilitierung der praktischen Philosophie）。[1]法哲学家们通过对康德"实践理性"的再审思，为法与道德哲学寻找到新的理论生长点。在英国，实践理性的再发现，推动了法律规范、法律制度、法律推理、法与道德等问题的

1　Sammelbände M. Riedel (Hrsg.), *Rehabilitierung der praktischen Philosophie*, Bd. 2, 1972/74.

理论探讨，使之成为一种新的法学研究思潮。J. 拉兹的《实践理性与规范》（1975 年）、《实践推理》（1978 年）和 N. 麦考密克的《法律推理与法律理论》（1978 年）、《制度法论》（1986 年，与魏因伯格合著）等著作，是这一研究的最具代表性的成果。

与此相适应，在德国、奥地利、北欧诸国，一种新的理论方向——法律论证理论（Theorie der juristischen Argumentation）也悄然兴起。以逻辑、语言分析为基础的论证理论较早在道德分析哲学中作为实践论辩论[1]被广泛讨论。1971 年，国际法哲学与社会哲学协会在比利时的布鲁塞尔召开第五届世界大会，以"法律论证"作为会议的主题。国际知名法学家 C. 佩雷尔曼、L. 富勒，T. 菲韦格以及 G. 卡里诺夫斯基（Georges Kalinowski，1916—2000）、米歇尔·维利等人在会议上做了有关该论题的报告。[2]

直到 20 世纪 70 年代末，由于一批中青年法学家的努力，"法律论证理论"终于作为一个独立的学说得以确立。在此方面做出独创性贡献的，主要是德国的罗伯特·阿列克西。他于 1976 年完成博士论著《法律论证理论》（1978 年由苏尔坎普出版社出版）。在该书中，阿列克西详细考察了实践论辩理论（其中包括自然主义与直觉主义、C. L. 史蒂文森的情感论、L. 维特根斯坦的语言游戏

1　德文Diskurs（英文discourse），有多种含义，如讲演、论述、论辩等。我国哲学界通译为"话语"，似过于笼统，不够妥帖，忽略了其中的论证、说理内涵。采用"商谈"译名，更贴近该词的现代用法。
2　有关报道和论集，参见*ARSP*, Beiheft 8, Wiesbaden 1974。

论、J. A. 奥斯丁的语言行为理论、R. M. 黑尔的道德语言论、E. 图尔敏的道德论证分析、K. 拜耶尔的道德观点、尤尔根·哈贝马斯的真理共识论和 C. 佩雷尔曼的论证理论等），从哲学层面勾勒出一般理性实践论辩论大纲（如论辩规则的建构、一般实践论辩的形式），着重讨论了法律论证理论的基本问题（法律商谈与一般实践论辩的关系，法律论证理论的基本原则，如内部证成与外部证成、解释规则、教义学论证等）。随后，阿列克西又在国际上有影响力的杂志上发表了一系列有关"实践论辩论"与"法律论证理论"的文章。尤其是，1981 年他与芬兰赫尔辛基大学的 A. 阿尔尼奥（Aulis Aarnio，1937— ）、瑞典隆德大学的 A. 佩策尼克（Aleksander Peczenik，1937—2005）合作发表《法律论证的基础》一文，推动了法律论证理论向国际领域的发展。

　　近十几年来，法律论证理论也成为国际和国内各种法哲学学术会议谈论的主题。其中，比较重要的会议及其主题是：1978 年国际法哲学与社会哲学协会德国分会学术讨论会（慕尼黑）——"法律论证"、1979 年奥地利分会会议（格拉茨）——"哲学与科学作为法学的基础"、1979 年赫尔辛基国际学术研讨会——"法律科学中的论证"。1991 年 8 月在德国哥廷根召开的国际法哲学与社会哲学协会第十五届世界大会也曾将"实践理性与法律论证"作为大会工作组的 12 个论题之一。[1] 因此，正如 U. 诺伊曼在《法律论证

1　有关此次IVR会议的报道，参见*ARSP*, 77, Stuttgart 1991, S. 407-408。

学》（1986 年）一书导言中所指出的那样："在最近 20 年内，法律论证理论在法学研究领域已取得了统治地位。……目前法律论证的各种问题继续居于国际法学理论讨论的前沿。"[1]

三、法哲学课程设置：德国当代法哲学面临的问题

（一）法哲学课程设置的历史沿革

"法哲学"作为一个名称由来已久。据意大利法学家 G. 德尔·韦基奥（Giorgio Del Vecchio, 1878—1970）考证，在古代和古典时期，除了"自然法学"（iuris naturalis scientia）概念以外，"法哲学"（philosophia iuris）这一名称也常见诸学者们的著作之中。古罗马著名思想家西塞罗在其《法律篇》J, 5 中曾提到"法律学科来自深奥的哲学"（Ex intima philosophia haurienda juris disciplina）一语。1650 年，意大利学者肖比尤斯（Franciscus Julius Chopius）写过一本小册子，所用题目为《论法的实在哲学》（De vera philosophia juris）。德国哲学家莱布尼茨（G. Leibniz, 1646—1716）在 1667 年所著的《法学论辩教学新方法》（Nova methodus discendae docendaeque Jurisprudentiae）一书第 100 节和 43 节分别使用了"法哲学"（Rechtsphilosophie）和"法律哲学"（Gesetzphilosophie）两个概念。[2] 然而，直到 18 世纪末 19 世纪初，"法哲学"作为一门大

1　Ulfrid Neumann, *Juristische Argumentationslehre*, Darmstadt 1986, S. 1.

2　Giorgio Del Vecchio, *Lehrbuch der Rechtsphilosophie*, dt. Ausg. 2 Aufl., Basel 1957, S. 45-46.

学课程的名称，才渐次得以流行。在德国，历史法学派奠基人古斯塔夫·胡果（Gustav Hugo，1764—1844）在哥廷根大学较早设"实在法哲学"课程。1798年，他将自己的讲稿加以整理，以《作为实在法，特别是私法哲学的自然法教程》为名出版。在该《教程》中，胡果对"实在法哲学"与相关学科的关系（1—6节）、实在法哲学发展的历史（7—28节）、实在法哲学的性质（29—37节）、法律人类学（38—151节）、法的哲学基础（152—375节）、公法（376—402节）等问题做了系统的阐述。[1] 其后，比胡果年少六岁的哲学家G.黑格尔在柏林大学设"自然法与国家学或法哲学"讲座，并于1821年将该讲演稿出版。这就是著名的《法哲学原理》。黑格尔的"法哲学"，是其包罗万象的哲学体系的一部分，是精神哲学之"客观精神"篇章的发展、发挥和补充。[2] 在这一点上，他与胡果的法哲学分别代表了两个不同的进路。但由于黑格尔本人的影响，他所倡导的法哲学，长期以来，成为后世法哲学课程设置的正统方向。法哲学因而也仅属于哲学的一个分支学科。

　　19世纪末20世纪初，德国法哲学发展呈现空前繁荣的局面。一大批法学家从事法哲学课程的讲授和著述，随之也就有了法学家们出版的法哲学教科书。其中，比较著名的有：卡尔·伯格博姆的

1　Gustav Hugo, *Lehrbuch des Naturrechts, als einer Philosophie des positiven Rechts, besonders des Privatrechts*, 4 Aufl., Berlin 1819.

2　有关的评介，参见贺麟：《黑格尔著〈法哲学原理〉一书评述》，载［德］黑格尔：《法哲学原理》，商务印书馆1982年版，第1—35页。

《法学与法哲学》（莱比锡，1892 年）、J. 柯勒的《法哲学教程》（柏林，1908 年）、F. 伯罗茨海默的《法哲学经济哲学体系》（慕尼黑，1904 年—1907 年）、古斯塔夫·拉德布鲁赫的《法哲学》（海德堡，1914 年）、R. 施塔姆勒的《法哲学教科书》（柏林，1921 年）、M. E. 迈耶尔（M. E. Mayer, 1875—1923）的《法哲学》（柏林，1922 年）和 J. 宾德尔（Julius Binder, 1870—1939）的《法哲学》（柏林，1925 年）等。

第二次世界大战以后，法哲学的研究与教学主要是法学家从事的工作。但由于对法哲学的学科归属一直存有不同的看法，德国各大学关于法哲学的课程设置情况不尽相同。大多数大学的法哲学课程讲授由法学院的法哲学教授承担（如哥廷根大学、萨尔大学、慕尼黑大学、波鸿大学）。在没有法学院建制的大学则由哲学院或其他学院的哲学系（Philosophische Seminar）来安排法哲学、道德哲学、国家哲学之类的课程。在少数大学（如海德堡大学），法哲学的课程设置一直采取传统习惯，分别由法学院和哲学院的教授来组织进行。[1] 各大学之间没有统一的法哲学教材，一般由任课教授指定阅读的书目或自编讲义。20 世纪 50 年代以来，德国出版的权威性法哲学教科书主要有以下数种：H. 柯因的《法哲学的基本特征》（1950 年初版，1969 年第 2 版）、E. 费希纳的《法哲学》（1956

1　资料来源：*"VADE MECUM—deutscher Lehr—und Forschungsstätten: Stätten der Forschung"*, Stuttgart 1989。

年初版，1962 年第 2 版）、C. A. 埃姆格（C. A. Emge，1886—1970）的《法哲学绪论》（1961 年版）、H. 亨克尔的《法哲学导论》（1964 年初版，1977 年第 2 版）、阿图尔·考夫曼和 W. 哈斯默尔（W. Hassemer，1940—2014）合编的《当代法哲学与法的理论导论》（1977 年）、莱因霍尔德·齐佩利乌斯的《法哲学》（1982 年）等。这些教科书的共同特点是：有完整的结构、自成体系、论述的问题较为全面。就以上方面而论，它们与专题性法学著作有所区别。法哲学课程所指定的必读书目，除标准法哲学教科书以外，当然也包括那些有创见的法哲学专著。至于具体选用何种参考书籍，一般视教授的研究方向或讲座所涉范围而定。

（二）法哲学与相关法学课程

与英美传统不同，德国法哲学课程不以意义较为含混的"法理学"（Jurisprudence）名称标识。在德文法学文献中，法学家也经常使用与英语"法理学"词形相同的概念 Jurisprudenz，但并不指称法理学，而取其拉丁文 jurisprudentia 一词原意，指狭义的法学，即"法律的（实践）知识"（法教义学），与 Rechtswissenschaft（法律科学）相对。法哲学不同于 Jurisprudenz 或 Rechtswissenschaft，当然也并不涵盖法律科学的一切分支学科。

在历史上，法哲学的研究对象并不十分确定，其范围宽狭不一。R. 施塔姆勒将这一对象归结为两个方面：一是法律思想的纯粹形式；二是理想法的不容性（Unzulässigkeit）。根据此一规定，他在《法哲学教科书》中具体讨论了有关法的概念、法的形成、法的理念、法的操作（应用）、法的执行等涉及哲学、社会学、语言逻辑、国家学、伦理学、政治学诸学科的问题。[1]古斯塔夫·拉德布鲁赫的《法哲学》分总论与分论：总论讨论法的概念、法与道德、法与善、法的目的、法理念的矛盾、法的效力、现实与价值、法的美学、法学的逻辑；分论则较宽泛，涉及的问题包括公法与私法、人、所有权、契约、婚姻和继承法、刑法、死刑、宽容、程序、法治国、教会法、国际法、战争等。[2]J. 柯勒把法哲学的对象限定于研究人类、人的定在（menschliches Dasein）及人类文化。他的法哲学体系基本分为两大部分：（1）文化的发展；（2）法律的发展。[3]第二次世界大战以后的法哲学教科书则更偏重法的本体论（特别是自然法）问题和对各种法律学说的评述，也兼及法学方法论和法律思维方式的讨论。这说明，法哲学是一个开放的体系，它随着时代的发展不断拓展自己的向度。但也许正是这样一种开放性，就给法哲学作为一门学科与其他相邻近学科之间的界限划分，带来一定的困难。

在德国，与法哲学最不易划界的学科是"法的理论"（Rechtstheorie）。法的理论是一种晚近的"法学家的法哲学"。

1　Rudolf Stammler, *Lehrbuch der Rechtsphilosophie*, 3 Aufl., Berlin/Leipzig 1928.

2　Gustav Radbruch, *Rechtsphilosophie*, 4 Aufl., Leipzig 1950.

3　Josef Kohler, *Lehrbuch der Rechtsphilosophie*, 2 Aufl., Berlin/Leipzig 1917.

在德国，它与"一般法学"（allgemeine Rechtslehre）具有某种渊源关系。"一般法学"产生于19世纪。这一时期，随着概念法学的兴起，尤其是后来的分析法学的产生，至少在法学界出现了要求建立一门不同于传统法哲学（主要是自然法理论）的独立的法哲学的愿望。这一新的法哲学，在英国就是分析法学创始人约翰·奥斯丁所主张的"实在法哲学"或"法理学"；在奥地利被汉斯·凯尔森规定为"纯粹法学"；而在德国，大多数法学家则称之为"法的理论"或"一般法学"。就其内容而言，法的理论不包括法哲学作为法律伦理学（Rechtsethik）所考察的范围，它是关于法和法学基本概念的分析理论，侧重描述现存法（实在法）的概念和逻辑结构。20世纪70年代，德国的法学家们曾对"法的理论"的学问性质进行了广泛的讨论，但未能达成一致看法。[1]尽管如此，"法的理论"作为一门法学选修课程被一些大学法学院列入教学计划。其内容大致包括法的概念和效力、正义理论、法律规范、法律体系（法系）、法律科学的若干理论问题等。[2]其中，许多讲授内容与传统的法哲学、法社会学课程有所重叠。

法社会学（Rechtssoziologie）是19世纪中期以来逐渐形成、发展起来的另一门相对独立的学科。它以法律制度与社会总体的关系

---

1 有关的文献，主要有：A. Kaufmann, *Rechtstheorie* (1971); W. Maihofer, *Rechtstheorie—Vorstudien zu einer Grundlagendiskussion* (1971); R. Dreier, *Was ist und wozu Allgemeine Rechtstheorie? Recht u. Staat*, H.444/45 (1976).

2 参见R. Dreier, *Rechtstheorie* (油印讲义), SS/Göttingen 1994。

为考察对象，研究与社会事实相联系的法和法律生活。在德国和奥地利，鲁道夫·冯·耶林、马克斯·韦伯、欧根·埃利希、H. 康托洛维奇（Hermann Kantorwicz, 1877—1940）、P. 赫克（Philipp Heck, 1858—1943）、T. 盖格尔（Theodor Geiger）等人分别从法学和社会学两条不同的进路发展了法社会学理论。第二次世界大战后，尼克拉斯·卢曼从系统论方向推进，发展法社会学一般理论，使法社会学研究领域突破了传统的框架，而成为包括人文科学和社会科学在内的多学科共同涉猎的范围。由此，法社会学与法哲学之间的边界变得有些模糊。尤其是，所谓"理论法社会学"（theoretische Rechtssoziologie）的形成，不仅与法哲学难以划界，而且与法的理论之间也没有明确的界限标准。尽管学者间对这三门学科的基本方向的认识也还是比较清楚的（即法哲学——规范的、实践的学问；法的理论——逻辑的、概念分析的学问；法社会学——描述的、经验的学问 [1]），但许多细节问题似乎仍悬而未决。

　　与上述学问分类相联系的另外一些学问的归属，也有待进一步明确。这主要是指法教义学和法学方法论。

　　法教义学（Rechtsdogmatik），也称"教义学法学"（dogmatische Rechtswissenschaft），实际上是狭义的法学（Jurisprudenz）或传统的应用法学（刑法学、民法学、宪法学等）。但有关法教义学的性

1　Hubert Rottleuthner, *Rechtstheorie und Rechtssoziologie*, München 1981, S. 14.

质，学者的意见各不相同。比如，尼克拉斯·卢曼认为，法教义学
是研究某一特定法律体系或子体系（法律语句命题系统）的实在法
理论。[1]拉伦茨则说，法教义学是一门"法律概念和法律制度的自
成体系的基础学问"。[2]按照罗伯特·阿列克西的理解，法教义学
作为一门法律科学，其实是至少三种研究的混合体：（1）描述有
效的法；（2）串联概念体系；（3）获取解决有问题的法律案件的
办法（建议）。[3]法教义学的三项研究涉及至少三个不同的向度（领
域），即描述—经验向度、逻辑—分析向度和规范—实践向度，[4]
而这三个向度与法社会学、法的理论和法哲学的三个研究方向有交
叉。然而，总体来说，法教义学以现行法律制度作为其工作的平台
和评注的对象，在这一点上，它与法哲学、法的理论和法社会学
有别。

法 学 方 法 论（juristische Methodenlehre 或 Methodenlehre der
Rechtswissenschaft），其实可以理解为法教义学的方法论，即法学
家注释、解释现行法条，论证司法裁判等的一套特有的方法论，它
离不开法教义学，但又与法哲学、法的理论相关联。德国法学家一
向注重法学方法论的研究。历史法学派的萨维尼、普赫塔、温特沙

1　Niklas Luhmann, *Rechtssystem und Rechtsdogmatik*, 1974.

2　Karl Larenz, *Methodenlehre der Rechtswissenschaft*, 5 Aufl., S. 215.

3　Robert Alexy, *Theorie der juristischen Argumentation*, 2 Aufl., Suhrkamp, Frankfurt a. M. 1991, S. 308.

4　R. Dreier, *Was ist und wozu Allgemeine Rechtstheorie?*, Tübingen 1975, S. 15.

伊德，以及吉尔克（Otto von Gierke，1841—1921）、耶林，自由法学运动的代表人物 H. 康托洛维奇和利益法学的倡导者 P. 赫克等人，都曾对德国的法学方法论的发展做出过重要贡献。战后，一批法学家（卡尔·恩吉施、约瑟夫·埃塞尔、卡尔·拉伦茨）致力于法学方法论的专门研究，逐渐使之形成一门有完整结构的法学知识体系。20 世纪 60 年代以后，随着其他社会科学方法和自然科学方法的引进，一些类方法论（如法律修辞学、法律论题学、法律逻辑学、法律诠释学）专著相继问世，突破了传统的方法论框架。一些跨学科的理论问题（如法律语言的分析、立法解释、法律的应用、法律的获取与发现、法律决定、法学中的概念与体系构成等）需要运用多层面的方法予以研究。由此，法学方法论逐渐发展成为相对独立而又领域广泛的法学学问。在一些方法论研究重镇（如慕尼黑大学、比勒费尔德大学），法学方法论早已成为大学的正式课程之一，与法哲学、法社会学、法的理论、比较法学诸课程相并列。

近几十年来，德国的法律政策研究呈升温趋向，法律政策学被一些大学（如科隆大学）列入法学课程。由此，法哲学与法律政策学的学科划界，也成为德国大学课程设置的问题之一。

"法律政策"（德文 Rechtspolitik，英文 legal policy）一词在19 世纪末开始被法学家们广泛使用。对其含义和研究范围，学者间大体上有广义和狭义两种解释。广义的法律政策是指为达到一定的社会目的而在法律上采取的各种手段和方法。在此意义上，法律政策不仅包括立法政策和司法政策，而且包括社会政策的一切领域（如住房政策、农业政策、药品政策、卫生健康政策、劳动政策、人口政策、环境政策等）。[1]狭义的法律政策仅指立法政策（Gesetzgebungspolitik），即在立法上为解决各种社会问题、达到一定社会目的而采取的对策。

法律政策学的兴起，反映出法律总体精神的转向，即在多种社会价值的平衡过程中为法律的正当化寻求根据。波兰俄裔著名心理学法学家莱翁·彼得拉日茨基（Leon Petrazycki，1867—1931）最早在两卷本的《收入学》（1893—1895 年）中批判法典编纂者的立法方式，提出自己的法律政策计划。其后，他又在《法律政策学导论》（1896—1897 年）一书中系统论述了法律政策与法的理论之间的关系、法律政策的社会理念、道德的进步、法的教育功能、法的心理学、法律政策的方法等问题。在彼得拉日茨基看来，立法上应当采取一种社会法律发展的一般路线，以使人们的心理更好地适应社会生活的变化。法律政策的目的就是要达到最高的善，促进道德的进步，发挥法律的教育矫正功能，培养个人和社会的正义感以及尊重法律、热爱祖国和家庭、畏惧刑罚等心理素质，以达到人与人之间生活的协调以及社会关系的亲和。[2]显然，法律政策

1　Eike von Hippel, *Rechtspolitik*, Duncker & Humblot, Berlin 1992.

2　G. L. Seidler, *Rechtssystem und Gesellschaft*, SS. 47-51; S. Gepita, *Theory of Law and Legal policy in the Works of Leon Petrazycki*, ARSP, Beiheft 54, 1992, S. 117.

学不仅应当在法律技术层面考察立法程序、步骤、目标设定的合理性，而且应当作为一门特定的法学学问在法哲学框架内予以研究。法律政策学涉及对特定社会既存法律的评价、某一民族传统法律文化的分析，也包含对一些法律价值（如自由、安全、公正、效率、民主）及其冲突、法律原则（如最优化原则、最大多数人的最大幸福等）的法哲学考察。法律政策学拓展了法哲学关于"法与政治"（政策）的一般研究范围，但作为一门学问，它又以法哲学作为其理论基础之一。

在德国，马克斯·韦伯的"法的理性化"（Rationalisierung des Rechts）理论，为法律政策学奠定了根基。此后，古斯塔夫·拉德布鲁赫在理论与实践两方面为法律政策学的发展做出了贡献。1968年10月，科隆大学教授 M. 克里勒（Martin Kriele, 1931—　）等人创办《法律政策杂志》（Zeitschrift für Rechtspolitik，简称 ZRP），进一步推动法律政策研究向学术化与实证化方向发展。在国际上，由"法律政策"所引发的一些重大理论问题（法律政策与其价值论背景、立法政策学的理论基础、法的渊源与法律政策、政治与法律政策等）也成为法学家们共同感兴趣的话题，在法哲学学术会议上被广泛讨论。[1]

综上所述，面临当今科际整合的总趋势，德国法哲学无论在研

---

[1] 有关文献，参见 Pert Koller, Csaba Varga, Ota Weinberger, *Theoretische Grundlagen der Rechtspolitik*, *ARSP*, Beiheft 54, 1992。

究领域还是课程设置方面都受到了相邻近学科的入侵，学科之间的边际界限变得有些模糊。于是，法哲学家们自 20 世纪 70 年代以来一直在寻找当今法哲学发展的新的进路，他们提出这样的疑问："当今法哲学目的何在？""法哲学面临无路可走的处境了吗？"[1]法哲学家们的危机感，一方面昭示出多学科整合给传统法哲学造成学科难以定界的窘境；另一方面也预示着未来法哲学作为领衔学科所面临的重要机遇、挑战和选择。充分利用多学科整合的优势，及时引进相近学科的最新学术成果、理论和方法，把握当今自然科学和人文科学精神的脉搏，站在整个科学发展的前沿来审视法学自身的发展，是摆在法哲学家面前的迫切任务。错过了这样一个良机，法哲学就会丧失它在整个法学中的学问优势，甚至陷入真正的"无路可走"的困境。这当然并不是法哲学家们所希望看到的结果。

1　Arthur Kaufmann, *Wozu Rechtsphilosophie heute?* S. 171；也见Wolfgang Naucke, *Rechtsphilosophische Grundbegriffe*, Frankfurt a. M. 1986。

评价法学的理论面貌 *

日耳曼法和民法教义学者菲利普·赫克（Philipp Heck，一译"海克"或"黑克"，1858—1943）在 1929 年附录于其《债法概论》的专论《概念法学与利益法学》中就曾提及过"评价法学"（wertende Jurisprudenz）一词，指出："利益法学"有可能被人称为"目的论的、现实主义的法学或社会学法学"（teleologische, realistische oder soziologische Jurisprudenz），也有可能被说成是"评价法学"，因为利益毕竟是"权益欲望"（Güterbegehrungen），它本身指向"价值"（Werte）。利益保护是"价值的认可"（Zubilligung von Werten）。尽管如此，赫克依然认为，其所创立的新方法最适合的称谓是"利益法学"，其核心内容是通过利益法学复述的。[1] 就此而言，他对使用"评价法学"一语持有强烈的保留态度。[2]

---

* 原文载《比较法研究》2018年第4期。本书收录时对标题做了适当的修改。

1 Philipp Heck, "Begriffsjurisprudenz und Interessenjurisprudenz" (1929), in: ders., *Grundriß des Schuldrechts*, S. 473, Anm. 1; Ders., "Begriffsjurisprudenz und Interessenjurisprudenz" (1929), in: Günter Ellscheid und Winfried Hassemer (Hrsg.), *Interessenjurisprudenz*, Wissenschaftliche Buchgesellschaft, Darmstadt 1974, S. 91, Anm. 5.
2 Ernst Meyer, *Grundzüge einer systemorientierten Wertungsjurisprudenz*, J.C.B. Mohr (Paul Siebeck), Tübingen 1984, S. 21.

　　然而，赫克的保留态度或者担心并未阻止由他的利益法学所生发的法学问题的继续讨论，也无法阻止因为这种继续探讨而发生"方法论上的范式转变"（Ein Paradigmenwechsel in der Methoden-lehre），无法阻止可能比利益法学更有解释力、更有效的法学"阐释模式"（Erklärungsmodell）的出现，这就是我们在此处将要重点论述的"评价法学"（Wertungsjurisprudenz）——也有学者［比如慕尼黑大学法学教授沃尔夫冈·菲肯切尔（Wolfgang Fikentscher, 1928—2015）］称之为"价值法学"（Wertjurisprudenz），并将它视为利益法学的"当代之女"（heutige Tochter von der Interessen-jurisprudenz）、从罗马法学派和学说汇纂学派直到千年来最后一个世纪的法律实务"均未曾中断的方法论链条"。[1]当然，这里的所谓"评价法学"（或"价值法学"）与赫克当年不愿意采纳的"评价法学"不仅用语有别，而且就其理论面貌、志趣和理论雄心而言，两者也有比较明显的区别。[2]

　　卡尔·拉伦茨在《法学方法论》有关方法论的历史部分（第5

1　Jens Petersen, *Von der Interessenjurisprudenz zur Wertungsjurisprudenz*, J.C.B. Mohr (Paul Siebeck), Tübingen 2001, S. 3; Wolfgang Fikentscher, *Methoden des Rechts in vergleichender Darstellung*, Bd. 3, J.C.B. Mohr (Paul Siebeck), Tübingen 1976, SS. 361 ff., 374.

2　应当指出，在德国，也有学者（比如，明斯特大学教授维尔纳·克拉维茨）不区分利益法学和评价法学，而将两者统一称作"利益—评价法学"（Interessen-und Wertungsjurisprudenz）。（参见Werner Krawietz, *Juristische Entscheidung und wissenschaftliche Erkenntnis: Eine Untersuchung zum Verhältnis von dogmatischer Rechtswissenschaft und rechtswissenschaftlicher Grundlagenforschung*, Springer-Verlag, Wien/ New York 1978, SS. 180, 227ff.。）

章，该书学生版第 1 章）的论述中将 20 世纪 50 年代以降的德国法学方法论的发展过程概括为"从'利益法学'到'评价法学'"（Von der "Interessenjurisprudenz"zur "Wertungsjurisprudenz"）。[1] 拉伦茨的学生、慕尼黑大学民法学教授格哈德·哈索尔德（Gerhard Hassold，1939— ）于 1983 年写作的庆贺拉伦茨八十寿辰的文章《法律解释的结构》（"Strukturen der Gesetzesauslegung"）中同样认为：在德国法学方法论思潮的转变中，评价法学在当今法学中取得了支配性的地位，这个时代甚至可以说就是"评价法学的时代"（Zeitalter der Wertungsjurisprudenz）。[2]

一、哈利·韦斯特曼在利益法学向评价法学转变过程中的作用

一般认为，在利益法学向评价法学转变的过程中，明斯特大学（Universität Münster）民法与经济法教授哈利·韦斯特曼（Harry Westermann，1909—1986）[3] 做出了非常重要的贡献，乃这一法学

1　Karl Larenz, *Methodenlehre der Rechtswissenschaft*, 6 Aufl., Springer-Verlag, Berlin/Heidelberg 1991, S. 119.（汉译参见［德］卡尔·拉伦茨：《法学方法论》，第1页。）

2　参见Gerhard Hassold, "Strukturen der Gesetzesauslegung", in: Claus-Wilhelm Canaris, Uwe Diederichsen (Hrsg.), *Festschrift für Karl Larenz zum 80. Geburtstag*, C. H. Beck'scheVerlagsbuchhandlung, München 1983, SS. 211, 235。相关的评论，参见Ernst Meyer, *Grundzüge einer systemorientierten Wertungsjurisprudenz*, S. 5。

3　哈利·韦斯特曼于1909年出生在德国下萨克森东弗里斯兰地区的格里默苏姆（Grimersum），1928年中学毕业后先后在弗莱堡大学、维也纳大学和哥廷根大学学习法律，1932年获得博士学位，1945年在布拉格大学担任副教授，第二次世界大战结束后受聘（转下页）

模式转变的"引路人"（Wegführer）。[1]

　　韦斯特曼最初信奉概念法学，从 1945 年起（即受聘担任明斯特大学民法与经济法教授起），开始转向利益法学的路线，批判自由法学派有关法官裁决的"唯意志论"，而像菲利普·赫克一样关心法院（法官）实务的方法论（特别是有关有争议的个案裁决的方法），其理论目标与赫克是一致的，即试图揭示每一法律规范决定着何种利益，以及制定法根据何种原则评价这些利益（受制于制定法规定的利益衡量），并且把这种思考展示在其于 1951 年出版的民法教义学著作《物权法教科书》［*Lehrbuch des Sachenrechts*，该教科书于 1966 年印行 5 版，1988/1990 年由其子、图宾根大学民

（接上页）明斯特大学，担任民法和经济法教授，1952—1953 年任法学院院长，1953—1954 年担任大学校长，学业专攻物权法、合作社法与公司法、矿山—能源法。1986 年 5 月 31 日，韦斯特曼在加拿大温哥华公务旅行途中因心脏病发作去世，终年 77 岁。1987 年，他的学生和友人为感念其教育事业与学术研究上的贡献，在明斯特大学大学法学院专设"哈利·韦斯特曼奖学金"（Harry-Westermann-Preis，每年 18000 马克），以奖掖明斯特法学院青年才俊的优秀（博士）论文。（参见 Hans Schult, "Harry Westermann", in: Stefan Grundmann, Karl Riesenhuber [Hrsg.], *Deutschsprachige Zivilrechtslehrer des 20. Jahrhunderts in Berichten ihrer Schüler: Eine Ideengeschichte in Einzeldarstellungen*, Bd. 1, Walter de Gruyter & Co., Berlin 2007, SS. 305-338; Helmut Kollhosser, "Harry Westermann 1909-1986", in: *60. Deutscher Juristentag Münster*, Redaktionsbeilzu den Zeitschriften des Verlages C. H. Beck, München 1994, SS. 78-79。)

1　沃尔夫冈·菲肯切尔则认为，厄里希·考夫曼（Erich Kaufmann, 1880—1972）和鲁道夫·西门（Rudolf Smend, 1882—1975）曾经撰写过一些有关价值法学的论著，比如，厄里希·考夫曼于 1921 年出版的《新康德主义法哲学批判》（*Kritik der neukantischen Rechtsphilosophie*），鲁道夫·西门于 1928 年出版的《宪制与宪法》（*Verfassung und Verfassungsrecht*）等，故此，他们即使不能被称作现代价值法学的"奠基人"，但仍可以被视为其"铺路人"。（Wolfgang Fikentscher, *Methoden des Rechts in vergleichender Darstellung*, Bd. 3, S. 405.）

法与经济法教授哈姆·彼得·韦斯特曼（Harm Peter Westermann，1938— ）整理出殁后版] 之中。[1]

　　然而，韦斯特曼在此后的研究中发现，赫克的"统一的""广泛的"利益概念中存在着某些令人误解的多义性（或者模糊性），它混淆了"评价客体"（Bewertungsobjekt）和"评价标准"（Bewertungsmaßstäben）之间的区别。[2] 在他看来，当事人的利益评价尽管很重要，但单纯的利益评价只可以决定个别争议，孤立地看，它仍不过是纯粹的"强权裁决"（Machtspruch），无法内在地解决问题和约束人们："对此，毋宁需要一个更深层的基础，把规范从赤裸裸的强权裁决中提升出来；这就是与正义理念的关联——尽管正义理念经常避开某种仅仅形式上的概念规定，但它很久以来就被视为人类存在的最高价值之一。"[3] 故此，韦斯特曼强调，必须将利益这一

1　Harry Westermann, *Person und Persönlichkeit als Wert im Zivilrecht*, Westdeutscher Verlag, Köln/Opladen 1957, SS. 5-6; Ders., *Lehrbuch des Sachenrechts*, Verlag C. F. Müller, Karlsruhe 1951, S. VII.

2　当然，在当时的德国法学界，不只是韦斯特曼一人对赫克的利益概念有上述看法，其他人也看到"利益"一语包含着不同的因素。（参见Ernst Meyer, *Grundzüge einer systemorientierten Wertungsjurisprudenz*, S. 22; Karlheinz Knauthe, *Kausales Rechtsdenken und Rechtssoziologie: Eine Würdigung der Lehre von Müller-Erzbach*, S. 91ff.）还有的学者指责利益法学欠缺对目的评价的来源（"目的之评价来自何处？"）以及对"价值变迁"难题的回答，没有一套评价的有限顺序，这样，利益法学无法回答，冲突的利益在需要做冲突判断时，何种利益应优先，何种利益较为重要，何种利益应让步，即，处于冲突状态的不同利益之间的优先顺序何在。（Wolfgang Fikentscher, *Methoden des Rechts in vergleichender Darstellung*, Bd. 3, S. 382.）

3　Harry Westermann, *Wesen und Grenzen der richterlichen Streitentscheidung im Zivilrecht*, Aschendorff Verlag, Münster Westfalen 1955, S. 16.

概念"限定于参与某个争讼的当事人在追求对自己有利的法律后果时所具有的或必然具有的欲望的观念"（Begehrungsvorstellungen，它是"评价客体"），这种意义的利益概念与"制定法上的评价标准"（die gesetzliche Bewertungsmaßstäben）截然有别。[1]后者不再是利益，而是立法者"根据正义理念所进行的推论"之终点。相应地，立法者的评价（规范）就是"正义理念之情境规定的具体化"，[2]司法裁判依其本质应当是"制定法上的评价的适用"，与（法官的）"自主评判"相对，法官不能够将他个人的评价等同于"正义理念之（依其意图）不正确的具体化"。[3]或者说，判决并不受制于法官的（主观）估量，而受"制定法的一般评价"（die generelle Wertung des Gesetzes）之拘束，法官的（意志）活动在于"通过判决的整理的价值和评价的整理"。[4]按照韦斯特曼的这种观点，至少在私法领域中，制定法的目的在于，把某个利益置于另一利益之后，将另一利益置前，以这种方式调整个人或社会团体之间可能的、典型的利益冲突。这样一种（利益）"置前"

1　Harry Westermann, *Wesen und Grenzen der richterlichen Streitentscheidung im Zivilrecht*, SS. 14-15.

2　Harry *Westermann, Wesen und Grenzen der richterlichen Streitentscheidung im Zivilrecht*, S. 17.

3　Harry *Westermann, Wesen und Grenzen der richterlichen Streitentscheidung im Zivilrecht*, SS. 21, 25.

4　Harry *Westermann, Wesen und Grenzen der richterlichen Streitentscheidung im Zivilrecht*, S. 12.

（Vorziehen）本身就是一种评价，立法者这样做可能有不同的动机：除了其评价的个人利益或团体利益，立法者无疑还要考虑（比如在要式规定和期限确定上的）一般的秩序观点、交易的要求以及对安定性的需要等。在具体的规范脉络中，立法者如何评价不同的利益、需求，他给予何种利益、需求具有优先（置前）地位，这些都落脚在其所做出的相关规定之中，也可以从立法者的言论以及立法程序参与者的言论中加以辨识。如此辨识出来的立法者的评价就可以对制定法解释以及对那些其未直接规定、但应作相同评价的案件之裁决做出推论。[1]

　　基于上述分析，韦斯特曼提出了个案裁决的"规范三层级构建"学说，即在他看来，个案裁决中，规范是以三个层级加以构建的（Die Norm dreistufig aufgebaut ist），每一个层级表明法律事项的不同层级（eine unterschiedliche Stufe des Rechtlichen）：首先，最清晰可见的是"法律后果的规定"（Die Rechtsfolgeanordnung），它应用于个案，并产生判决的内容；其次，在"法律后果的规定"背后存在着"对争议个案中对立利益的制定法评价"（die gesetzliche Bewertung der im Streitfall gegensätzlichen Interessen），从中可以寻找到"制定法上的评价标准"；最后，通过基于规范的解释，对抽象的"法律后果的规定"背后的利益评价加以辨识，进而

1　参见Karl Larenz, *Methodenlehre der Rechtswissenschaft*, 6 Aufl., SS. 119-120。（汉译参见［德］卡尔·拉伦茨：《法学方法论》，第1页。）

使规范从赤裸裸的强权裁决中提升出来，做到"正义理念之情境规定的具体化"。这样，法官受制于制定法，意味着最终受制于规范中具体化了的正义理念。[1]

总之，韦斯特曼认为：制定法上的（利益）评价，而非利益本身，是法律适用的中心。这种评价并未完全否定赫克特别强调的"利益冲突论"，相反，在判决时，评价先从利益状态和利益冲突的分析开始，接着探寻立法者（制定法的）的评价及评价标准。制定法（包括宪法）是主要的评价来源（Wertungsquellen），用韦斯特曼的话说，即法的总体结构，法的总体形象，（由此明显地成为总体的法之）总体的社会意愿。就此而言，韦斯特曼所发展出来的评价法学是一种"制定法内的评价法学"（eine gesetzesimmanente Wertungsjurisprudenz）。[2]当然，韦斯特曼也注意到，在不确定的法概念（unbestimmte Rechtsbegriffe，比如，"诚实信用""善良风俗"[3]）上也可能涉及"法外的价值标准"（außerrechtliche

---

1 Harry Westermann, *Wesen und Grenzen der richterlichen Streitentscheidung im Zivilrecht*, SS. 13-17, 21.

2 Wolfgang Fikentscher, *Methoden des Rechts in vergleichender Darstellung*, Bd. 3, SS. 407, 411.

3 "诚实信用"（《德国民法典》第157条和第242条）和"善良风俗"（《德国民法典》第138条和第826条）是《德国民法典》（BGB）专门创设的一种抽象的（可由法官在个案中自由裁量的原则性规定的）所谓"一般条款"（Generalklauseln），后来德国民法学者以此发展出"缔约过失"和"情势变更"等条款，而"诚实信用"更是被称为超出债法范围而约束整个民事法律关系的"帝王条款"（Die "königlichen Paragraphen"）。有关"帝王条款"之说，参见Josef Esser, "Zur Methodenlehre des Zivilrechts" (1959), in: ders., *Wege der Rechtsgewinnung: Ausgewählte Aufsätze*, in: Peter Häberle, Hans G. Leser (Hrsg.) J.C.B. Mohr (Paul Siebeck), Tübingen 1990, S. 311。

Wertmaßstäbe），法官必须予以查明。不过，这些"法外的价值标准"的法律拘束性和可利用性是成问题的，值得怀疑。[1]另一方面，"原则的评价"（die grundsätzliche Wertung）并不是法官的事情，而是立法者的使命。[2]法学的任务在于突现制定法上的评价，并且表述和发展（制定法上的评价）原则。[3]

以上所述乃哈利·韦斯特曼思想的核心内容，他成功地从赫克利益法学的"利益"概念中发现并且析离出制定法上的评价标准，并试图寻找一套相应的评价方法（比如，"规范三层级构建"学说）。尽管从本质上看，韦斯特曼仍然不过是赫克利益法学的拥护者和继承人，然而正是他对评价问题的强调以及从制定法上处理评价问题，并且据此而在法律解释和漏洞理论上均有新的（不同于赫克的）阐释，促使"利益法学"更名为"评价法学"。[4]因为与"利益法学"之间存在着上述的渊源关系，所以，更确切地说，最初的所谓"评价法学"其实不过是"一种利益评价理论"（eine Theorie der Interessenbewertung），但也不能把"评价法学"简单地说成是

1　Harry Westermann, *Wesen und Grenzen der richterlichen Streitentscheidung im Zivilrecht*, SS. 22ff., 27.

2　Harry Westermann, *Wesen und Grenzen der richterlichen Streitentscheidung im Zivilrecht*, S. 40.

3　Jens Petersen, *Von der Interessenjurisprudenz zur Wertungsjurisprudenz*, S. 8; Heinrich Schoppmeyer, *Juristische Methode als Lebensaufgabe: Leben, Werk und Wirkungsgeschichte Philipp Hecks*, J.C.B. Mohr (Paul Siebeck), Tübingen 2001, S. 233f.

4　Heinrich Schoppmeyer, *Juristische Methode als Lebensaufgabe: Leben, Werk und Wirkungsgeschichte Philipp Hecks,* SS. 234, 237.

"较新的利益法学"（neuere Interessenjurisprudenz）或"年轻的利益法学"（jüngere Interessenjurisprudenz），两者在方法论上区别明显。[1] 在韦斯特曼的影响下，汉斯·布洛克斯（Hans Brox, 1920—2009）[2] 也于 1962 年到明斯特大学担任教授，他们共同形成评价法

1　Ernst Meyer, *Grundzüge einer systemorientierten Wertungsjurisprudenz*, S. 20, besonders, Anm. 64. 但在德国法学界，确实有人（比如卡尔·拉伦茨的学生、哥廷根大学民法学教授乌韦·迪德里希森［Uwe Diederichsen, 1933—　］）将"评价法学"视为"利益法学"的"最为成熟的形式"（die reifste Form）。［Uwe Diederichsen, "Topisches und systematisches Denken in der Jurisprudenz", in: *Neue Juristische Wochenschrift (NJW)*, Band 19, 1966, SS. 697-698.］

2　汉斯·布洛克斯于1920年8月9日出生于德国的多特蒙德（Dortmund），1939—1940年在当地中学学习哲学和神学，1940年中断学业入伍，直到"二战"结束。1945年，进入波恩大学学习法律，1949年获得刑法学博士学位，1950年入选北莱茵—威斯特法伦（Nordrhein-Westfalen）州法官，1957年成为哈姆高等法院法官（Oberlandesgerichtsrat am Oberlandesgericht Hamm），1959年在明斯特大学通过教授资格论文，1961年担任美因茨大学民法和民事诉讼法副教授，1962年担任明斯特大学民法、商法、劳动法和民事诉讼法教授，直到1986年荣退，2009年6月8日去世，享年89岁。其著作（教科书）主要有：《德国民法总论》（*Allgemeiner Teil des BGB*. 38. Auflage. 2014），《继承法》（*Erbrecht*. 26. Auflage. 2014），《强制执行法》（*Zwangsvollstreckungsrecht*. 10. Auflage. 2014），《商法》（*Handelsrecht*. 21. Auflage. 2011），《债法总论》（*Allgemeines Schuldrecht*. 38. Auflage. 2014），《债法分论》（*Besonderes Schuldrecht*. 38. Auflage. 2014），《劳动法》（*Arbeitsrecht*. 18. Auflage. 2010）。他的这些教科书在实务界影响较大，被誉为"民法中的教皇"。布洛克斯的学生众多，比较有名的有康斯坦茨大学（Universität Konstanz）民法与法理论教授伯恩德·吕特斯（丁晓春、吴越译为"魏德士"，Bernd Rüthers, 1930—　），奥格斯堡大学（Universität Augsburg）劳动法教授威廉·迪茨（Wilhelm Dütz, 1933—　），明斯特大学劳动法、社会法、经济法教授维尔弗里德·施吕特尔（Wilfried Schlüter, 1935—　），劳动法专家弗里德里希·尤里谢尔（Friedrich Jülicher），吉森大学民法教授沃尔夫-迪特里希·沃克（Wolf-Dietrich Walker, 1955—　）等。（参见Wilfried Schlüter, "Hans Brox", in: Stefan Grundmann, Karl Riesenhuber [Hrsg.], *Deutschsprachige Zivilrechtslehrer des 20. Jahrhunderts in Berichten ihrer Schüler: Eine Ideengeschichte in Einzeldarstellungen*, Bd. 1, SS. 341-354; 朱晓喆：《布洛克斯的〈德国民法总论〉及其法学方法论》，载《东方法学》2014年第1期，第112页及以下页。）

学的"明斯特学派"，¹逐渐取代利益法学的"图宾根学派"的影响力，其成果（尤其是"规范三层级构建"学说）不仅为法学界所关注，而且也得到德国实务界的认可。²

　　尽管哈利·韦斯特曼从"利益法学"中发展出"评价法学"，但平心而论，他（当然也包括汉斯·布洛克斯）并未将"评价法学"带向更高的法学领地，原因可能在于其不能继续在法学领域细致地解答"利益法学"以及"评价法学"所开放出来的复杂难题（比如，"正义理念之情境规定的具体化""法外的价值标准""原则的评价"，以及"价值"和"价值标准"的概念理解，等等），进而发展出一套精致地解答法律冲突和法律价值问题的法学方法论。这需要更为丰富的理论资源及对问题和理论资源之高屋建瓴的处理，需要付出更为艰苦的理论努力。

　　奥地利维也纳大学民法与法学方法论教授弗朗茨·比德林斯基

1　自1957年以来，明斯特大学法学院培养了大量法学人才，仅在此院获得教授资格的法学者（habilitierte Rechtsgelehrten）就超过70位，其中不乏著名的学者，比如，汉斯·布洛克斯（1959年），当代著名社会学家、比勒菲尔德大学（Universität Bielefeld）社会学教授尼克拉斯·卢曼（1966年），科隆大学法哲学和公法学教授马丁·克里勒（1966年），康斯坦茨大学民法与法理论教授伯恩德·吕特斯（1967年），奥格斯堡大学劳动法教授威廉·迪茨（1969年），哥廷根大学法哲学教授拉尔夫·德莱尔（1970年），明斯特大学劳动法、社会法、经济法教授维尔弗里德·施吕特尔（1971年），明斯特大学公法与法理论教授维尔纳·克拉维茨（1974年），吉森大学法学院民法与法哲学教授扬·沙普（1977年），劳动法专家弗里德里希·尤里谢尔（1977年），吉森大学民法教授沃尔夫-迪特里希·沃克（1992年）等。

2　Karl Larenz, *Methodenlehre der Rechtswissenschaft,* 6 Aufl., S. 120.（汉译参见［德］卡尔·拉伦茨：《法学方法论》，第2页）; Bernd Rüthers, "Hans Brox als Methodenlehrer: Von der Interessen-zur Wertungsjurisprudenz", in: *Rechtstheorie*, Bd. 41, 2010, S. 146.

（Franz Bydlinski, 1931—2011）在 1982 年出版的《法学方法论与法概念》（*Juristische Methodenlehre und Rechtsbegriff*）一书中指出：利益法学作为法的发现方法的事实弱点以及评价法学试图将它们消除的方式并不总是可以根据所提供的清晰性来加以比较（研究）。[1]在笔者看来，此种现象恰好促使许多学者（包括比德林斯基自己）去尝试这种比较（研究），以便从中找到各自的理论努力的方向。其结果促成法学方法论在德国得到迅速成长，逐渐发展为一门独立的学问领域。

二、海因里希·胡布曼的"目的论—规范的利益衡量"学说

1956 年，时任慕尼黑大学法学院讲师的海因里希·胡布曼（Heinrich Hubmann, 1915—1989）[2]于《民法实务档案》（AcP）

1　Franz Bydlinski, *Juristische Methodenlehre und Rechtsbegriff*, Springer-Verlag Wien GmbH, Wien/New York 1982, S. 123ff.

2　海因里希·胡布曼1915年生于德国巴伐利亚上法尔茨的威登（Weiden in der Oberpfalz）的一个农场主家庭，1935年开始在慕尼黑大学学习法学和国民经济学，1948年获得博士学位，1952年撰写论述"人格权"的著作而获得教授资格，1956年开始在慕尼黑大学和法兰克福大学担任讲师，同年应聘埃尔朗根大学担任民法、商法、国际私法、著作权法以及法哲学教授，1983年荣退，1989年在埃尔朗根去世。其学问在民法（尤其是著作权法）方面有一定的影响，被人称为"民法上的突出研究者和教师"，其教授资格论文《人格权法》被认为"本质上有助于开辟人格保护的道路"。胡布曼的著作主要有：《票据法中的信托思想》（*Der Treuegedanke im Aktienrecht*, 1948, Dissertation），《人格权法》（*Das Persönlichkeitsrecht*, 1953, Habilitationsschrift, 2 Aufl., 1967），《创造精神权》（*Das Recht des schöpferischen Geistes*, 1954），《著作权与出版社法》（*Urheber- und Verlagsrecht*, 1 Aufl., 1959-6 Aufl., 1987），《经营的法律保护》（*Gewerblicher Rechtsschutz*, 1 Aufl., 1962-5. Aufl., 1988），《法上的评价与衡量》（*Wertung und Abwägung im Recht*, 1977）。（见 Hans Forkel, "Heinrich Hubmann", in: *Juristen im Portrait. Verlag und Autoren*（转下页）

第 155 卷第 2 期发表长文《利益衡量的原则》（"Grundsätze der Interessenabwägung"），尝试在利益法学的基础上，连接德国著名哲学家尼克莱·哈特曼和马克斯·舍勒等人倡导的"质料的价值论"（materiale Wertlehre），[1] 提出一种"目的论—规范的利益衡量"（Die teleologisch-normative Interessenabwägung）学说。[2]

（接上页）*in 4 Jahrzehnten. Festschrift zum 225jährigen Jubiläum des Verlages C. H. Beck*, C. H. Beck'sche Verlagsbuchhandlung, München 1988, SS. 413–421）

1　尼古莱·哈特曼和马克斯·舍勒的"质料的价值论"的思想（绝对价值的精神性之在学说），归结起来，有四点：（1）价值属于理念王国，作为理念（美、权益、正义、真等）存在，它具有一种来自自身的"在"，一种"本在"（Ansichsein），一种绝对的"在"，但它对于人类的生活现实又并不是漠不关心的，而是通过附加于或附着于实际的对象（物、行为方式等）作为理想的实体进入现实，在这种现实中获得其实在性（Aktualität）；（2）人利用其价值机能（价值感觉）通过"价值观照"（Wertschau）——一种直觉观照的行为来占有价值，在此过程中，人的行为是纯粹接受的，他决定不了价值，反而受其观照的客体——自在的价值所决定，更确切地说，价值的观照绝不等于价值的把握，而是一种"通过价值的被把握"（ein Ergriffenwerden durch den Wert）；（3）价值存在（das Sein der Werte）及其顺位（其价值高度的相互关系）是绝对的，它是恒久不变的，可以独立于人而存在；（4）价值存在及其关系中的价值秩序对于人而言是可以理解的，它伴随其先验的内容对于有发达的价值观照能力的人而言，就拥有一种自身直觉的证据，凭借这种证据，人不仅意识到价值存在，而且也意识到价值与其他价值之间关系中的位置高度，在此方面，按照优先原则，运用"直觉的优先证据"就可以做到（价值）位置高度的把握。（参见 Heinrich Henkel, *Einführung in die Rechtsphilosophie : Grundlagen des Rechts*, 2 Aufl., C. H. Beck'sche Verlagsbuchhandlung, München 1977, S. 322; Wolfgang Fikentscher, *Methoden des Rechts in vergleichender Darstellung*, Bd. 3, SS. 307-308。）

2　Heinrich Hubmann, "Grundsätze der Interessenabwägung", in: *Archiv für die civilistische Praxis* (AcP), Bd. 155, Heft 2, 1956, SS. 93-97; Heinrich Schoppmeyer, *Juristische Methode als Lebensaufgabe: Leben, Werk und Wirkungsgeschichte Philipp Hecks*, S. 240; Ernst Meyer, *Grundzüge einer systemorientierten Wertungsjurisprudenz*, S. 22. 此外，海因里希·胡布曼于1954年在《民法实务档案》第153卷第4期上还发表了另一篇有分量的文章《自然法与法感》，有比较详细的法价值论探讨，为期两年后提出的"目的论—规范论的利益衡量"学说做了有关法的价值的理论铺垫。此处，简要地复述一下该论文的结构，它包括一个导言、两（转下页）

　　海因里希·胡布曼以图宾根学派的分析利益法学，尤其是菲利普·赫克的"利益冲突"学说以及米勒－埃尔茨巴赫的"因果法思想"作为思考的基础，认为两种方法对于建立"利益衡量"原则均有一定的参考价值，而且，"因果法思想"的分析与综合方法甚至开辟了"通向从制定法的规定引导出一般原则的道路"。[1]不过，他又指出：利益法学只是看到了在冲突中存在的利益以及它们所具有的总体评价，只是发现了个别的理由，而对于同类利益的不同处理，却没有找到可以转用于其他情形的原则；同样，米勒－埃尔茨巴赫的方法出发点也还过于狭窄，过于强调法的形成的"因果性"。人作为"价值感知的实体"（wertfühlendes Wesen）在行动中是有目标与目的指向的，其在决定过程中并非不可违抗地受依照

（接上页）个正文部分和一个简要的结语：导言，"法感作为法的实践与自然法之间的中介"。第一部分，"自然法，绝对价值秩序的一个片段"。1.价值世界与法的世界之间的联结：（1）现实与价值——自然法的两个组成部分；（2）相对主义与现象学价值论；（3）法的价值。2.价值位序：（1）价值高度；（2）价值强度；（3）价值法则；（4）价值的互补关系；（5）价值的普遍有效性。3.价值原则应用于现实：（1）现实的价值关联性；（2）现实中存在的优先法则（价值强度性，价值切近性，价值堆积性）；（3）现实的优先法则与价值位序的关系（价值衡量原则，价值冲突中的行动方针）。第二部分，"法感作为自然法的认识来源"。1.在价值感与法感中的价值经历：（1）感情的价值关联性；（2）感情反应作为价值位序的索引；（3）感情的情境关联性；（4）法感作为良心的法价值应用方面。2.法感错误与法认识的障碍：（1）个人价值感与法感的差异性；（2）感情与理性协同运作中的错误来源；（3）低级价值的心理更强作用；（4）法的情境规定性。3.自然法的认识，一个历史和文化的使命：（1）充分的自然法知识的不可能性；（2）西方文化中价值发现与法的认识的进步。结语，"个人在文化意识上的法感校准之必要性"。（参见Heinrich Hubmann, "Naturrecht und Rechtsgefühl", in: *Archiv für die civilistische Praxis* AcP, 153 Bd., Heft 4, 1954, SS. 298-331。）

1　Heinrich Hubmann, "Grundsätze der Interessenabwägung", SS. 89ff., 92.

因果法则（因果律）之力的强迫，而是经由权益与价值自由地促成某项决定。恰好不是某种因果性观察方式，而是一种目的论—规范论的观察方式可以发觉促使人将这个或那个目标置前或置后的原因。而且，只有目的论—规范论的观察方式可以揭示利益之正当化与值得保护的评价因素。[1]

故此，胡布曼试图提出"目的论—规范的利益衡量"，这种衡量不仅在立法上做出规定，而且对任何一个案件均普遍有效。[2] 按照这种观点，当事人之间的利益（欲望或需求）在具体的情形（案件）中具有不同的"强度"（Stärck）和"分量"（Gewicht），背后体现着不同的价值关系（Wertverhältnis）：在生活中，人们对这些不同的权益与价值进行比较，在其中进行选择，对它们持有不同的"尊重要求"（Achtunganspruch），而肯定的和否定的优先原则会强化或阻碍权益与价值的尊重要求。所有这些原则均可从制定法中推断出来。[3]

胡布曼指出，在现实的生活中，既然人们因为其含义和意义的内容而追求权益与价值，那么对他们而言，价值内容上的差别必然成为他们区分此对象或彼对象的一个理由。最重要的优先倾向来自权益与价值的抽象秩序。但是，特殊的事实状况（情况）本身也会

1 Heinrich Hubmann, "Grundsätze der Interessenabwägung", SS. 91, 92ff., 96.

2 Heinrich Hubmann, "Grundsätze der Interessenabwägung", SS. 93, 96.

3 Heinrich Hubmann, "Grundsätze der Interessenabwägung", SS. 94-97.

具有肯定的和否定的优先原则，它们会强化或阻碍权益与价值的尊重要求。这取决于每个人如何对待价值的要求，由此产生进一步的评价因素，法官必须考虑到这些因素有利于或不利于这一方当事人或那一方当事人。最终，对于某个现存的利益冲突的解决可能表明有不同的可能性，法官的决定必须考虑现存的不同评价因素本身的分量，并选择与这些因素相适应的冲突解决方案：在这个过程中，制定法上表达的法益（Rechtsgüter）之间的抽象顺位关系对于法官的利益衡量是至关重要的。而要澄清法益之间的抽象顺位关系，就必须首先对制定法上的冲突决定进行比较，确定哪些利益是需要优先保护的，从具体的制定法的规定中推断出权益的价值关系及其位序。[1]

胡布曼认为，有的时候，附着在权益和价值上的规范力（normative Kraft）在具体的事实情形中并非总是以相同的方式发生作用，同样，也并非所有的权益和价值在任何情境中均拥有其现实性（Aktualität）。因而，从这一权益和价值的事实关系（Sachbeziehung），也会产生进一步的优先倾向和优先法则。[2] 在此方面，法官应注意各种事实关系或"客观既存的利益关联"（Die Sachgegebene Interessenverknüpfung）情形，这其中包括"利益同一性"（Interessenidentität）、"利益堆积性"（Interessenhäufung）、"利益切

1　Heinrich Hubmann, "Grundsätze der Interessenabwägung", SS. 97, 101-103.

2　Heinrich Hubmann, "Grundsätze der Interessenabwägung", SS. 103-104.

近性”（Interesseninnähe）和“利益强度性”（Interessenintensität）
等：

（1）“利益同一性”也可以称为“利益统一性”（Interessenein-heit），是指那些紧密的利益关联情形，它本身体现出法律上的统一性，比如，在夫妻共同占有的场合，债权人把夫妻看作是利益统一体。也就是说，只要与制定法的目的相一致，在利益衡量的框架内，必须将不同的人由于事实关联情形而密切联结起来的利益视为统一的利益。[1]

（2）客观既存的利益关联也表现在意义的利益堆积的情形之中，侵犯某种权益同时也是对其他权益的损害，所以在进行利益衡量时必须考虑所有受到侵害的权益和价值。在此意义上，一系列法律规范所保护的，不是单个孤立的价值，而是价值的堆积体（Werthäufung），比如，刑法有关抢劫犯罪的规定不仅保护人们的财产权，而且也保护人们的自由。在司法中，大多数利益衡量可以采取“（利益）积累原则”（Das Kumulationsprinzip），即法官需要探究双方当事人的利益，并对其做积累性比较，评估和尊重那些更高的权益与价值（人的生命、人的尊严、人格价值，等等）。[2]

（3）以权益和价值的事实关系为根据的优先原则同样存在于“利益切近性”的情形之中。通常而言，切近的权益比那种相对遥

1　Heinrich Hubmann, "Grundsätze der Interessenabwägung", SS. 106-107.

2　Heinrich Hubmann, "Grundsätze der Interessenabwägung", SS. 107-110.

远的等价权益更应置于优先地位。某个价值愈遥远，它愈容易从人的视野中消失，愈少能够展现其尊重要求。这个思想主要见诸民法上通行的"适当因果关系"说：一个法益的侵犯过于遥远，以至于它在既存的事实状态上完全不可能出现，那么，这个法益就不需要得到重视。该思想可以被称为"利益切近性原则"（或"利益切近性优先原则"），其呈现出不同的形式，最为重要的适用形式是"优先权原则"（Prioritätsprinzip）或"先行原则"（Präventionsprinzip）：现今德国的法律多依照这个原则来裁决大量的利益冲突和义务碰撞（比如，公司的雇员监事会成员在一次合法罢工中对公司忠实的义务与对雇员忠实的义务之间的碰撞）之情形。[1]

（4）"利益强度性"对来自事实状态的优先倾向的形成亦具有重要的意义。在胡布曼看来，权益和价值的尊重要求通常朝向不同的方面产生效应，具有不同的扩散作用。如同太阳光线的综合透过聚焦镜增强它的力量，一个利益的规范力愈综合发挥其扩散作用，则愈加有效：比如，根据《德国刑法典》（StGB）第223条和224条的规定，严重的身体伤害比轻微的身体伤害处以更高的刑罚，虽然两者的行为构成要件涉及相同的法益，但是，它们侵犯法益的强度有别。因此，法官的许多判决或多或少有意地以利益侵犯的强度为根据。在民法的信赖关系上，忠实义务愈重大，所产生的

1　Heinrich Hubmann, "Grundsätze der Interessenabwägung", SS. 110-114.

信赖利益就愈强。[1]

　　以上内容是海因里希·胡布曼基于客观利益状态，从权益与价值的抽象顺位秩序和事实关系两方面就利益冲突之价值判断上的优先原则（倾向）所做的论述。

　　另一方面，胡布曼在文章中还谈到，利益冲突之价值判断上的优先原则还可能针对人的行为（menschliches Verhalten）的评价从制定法上推导出来。他指出，人应该重视权益和价值的尊重要求。这取决于人将这一要求（诫命）与一定的行为相符合的程度，根据这一符合的程度，人的行为本身具有一种价值性（Wertcharacter），或者无价值性（Unwertcharacter，反价值性）。只要人遵守其诫命，那么他的行为价值（Handlungswert）与客观事实价值（Sachverhaltswert）就是相符（一致）的，这样，面对客观利益状态的优先倾向就不会产生任何新的评价因素。反之，由于人无视（他人）法益的尊重要求，就会出现否定的评价因素，据此，其利益必须受到差的评价（Minderbewertung），并由此而在双方利益的总体评价中处于不利地位。[2] 胡布曼进一步强调，人的行为的评价原则既取决于实力状态（Machtlage），也取决于价值无视（不尊重）的程度。我们根据价值无视的程度，可以把否定的评价因素分成不同的层级：价值的恶意无视（arglistige Mißachtung）、

1　Heinrich Hubmann, "Grundsätze der Interessenabwägung", SS. 114-115.

2　Heinrich Hubmann, "Grundsätze der Interessenabwägung", S. 115.

价值的蓄意无视（absichtliche Mißachtung）、价值的过错无视
（schuldhafte Mißachtung）、权益 / 法益致险（dle Gefährdung von
Güter/Rechtsgüter，直译"权益 / 法益的危险招致"）、价值冲突
的诱因（die Veranlassung von Wertkonflikten），等等。[1]

　　因为胡布曼针对人的行为所论述的价值判断上的优先原则颇具
有理论和实践技术上的价值，此处有必要对其这方面的论述稍加
展开。其核心思想可以概括为五点：（1）在价值的恶意无视情形
中，制定法通常把对他人利益的恶意无视与"法益损害"（Recht-
nachteil）联系在一起，一个通过恶意获取的权利不得行使。[2]（2）
蓄意无视他人法益的情形与恶意无视的情形类似，不过，在裁判中
需要分辨两者的"恶意"程度的差别。[3]（3）除了恶意无视和蓄意
无视这两种情形，过错（das Verschulden）无视（他人利益）也是
一种归责原则，有过错的法益侵犯通常是负有损害赔偿义务的，
不仅如此，法益碰撞的有过错引起也必然负面（否定）地影响行为
人利益的评价。在此意义上，过错同样是一种否定的评价因素。
在制定法上，过错还可以分为不同的层级：故意（Vorsatz）、严重
过失（grober Fahrlässigkeit）和轻微过失（leichter Fahrlässigkeit）
等。在利益衡量中，应当细致地区分过错的层级，以便达到合适

1　Heinrich Hubmann, "Grundsätze der Interessenabwägung", SS. 115-116.

2　Heinrich Hubmann, "Grundsätze der Interessenabwägung", S. 116.

3　Heinrich Hubmann, "Grundsätze der Interessenabwägung", S. 117.

的判决之目的。[1]（4）价值的恶意无视、价值的蓄意无视、价值的
过错无视均属于"法益的苛责性无视"（die vorverfbare Mißachtung
von Rechtsgütern）。在胡布曼看来，不仅法益的苛责性无视，而且
（行为人的行为）本身虽不具有苛责性、但仍具有可归责性的法益
致险（die zurechbare Gefährdung von Rechtsgütern）也决定着行为人
利益的差的评价。因为根据行为本身带有所有价值的尊重要求，可
以推断出：人应当如此来安排自己的行为，即自己的行为不得对他
人的权益造成危险（危害）。不过，在利益冲突中，经常并不容易
判断出，某个所致的危险应归责于何人。根据制定法上有关致险责
任和危险承担的规定，或许可以抽离出一个原则，即若一个人能够
影响和把控某个危险，且该危险来自其权力（力量）支配范围，则
行为人应当对此一危险负责。这一原则（"危险支配"思想）尤
其是在劳动法院有关经营风险（Betriebsrisiko）的审判中具有重要
作用。[2]除该项原则之外，其余的优先倾向也值得注意：根据刑法
学家汉斯·韦尔策尔（Hans Welzel，1904—1977）出版的《德国刑
法》（Das Deutsche Strafrecht）中的观点，权益绝不是图书馆的陈
列品，不见得能够且必须免受危险。一个追寻的目的愈充满价值，
愈要能够不断地允许通过行为达至该目的所必要的法益致险。[3]也

1　Heinrich Hubmann, "Grundsätze der Interessenabwägung", SS. 117-119.

2　Heinrich Hubmann, "Grundsätze der Interessenabwägung", SS. 119-120.

3　Hans Welzel, *Das Deutsche Strafrecht*, Walter de Gruyter & Co., Berlin 1954, S. 99.

就是说，并非在任何情况下都存在避免致险的义务，在有风险的经营中尤其如此。[1]（5）与致险原则相近的是（价值冲突的）诱因原则（Veranlassungsprinzip），两者的过渡是流动性的，以至于在法学上经常被相提并论。其实，有必要在体系上对它们加以区分，应当这样看：致险原则只对法益侵犯的危险（危害）情形才予以介入，而诱因原则可以延伸至其他利益冲突的情形，在这些情形中仅仅存在着某种利益不可能得到满足的危险（风险）。此外，它先是假定某个危险为某人支配，然后只是要求利益冲突以正好可以归责的方式造成（Verursachung）。不过，胡布曼指出，诱因原则并不等同于因果性（法则）。诱因（Veranlassung）并不纯粹是"必要条件意义上的造成"（Verursachung im Sinne einer condicio sine qua non），而是"可以归责的造成"（zurechenbare Verursachung）。所以，诱因行为是一种考量价值及其尊重要求的行为。在这个意义上，以可归责的方式造成某种价值冲突的行为（诱因行为）必须接受其利益的一定程度的后置（eine gewisse Zurücksetzung seiner Belange）。这一原则特别是在信任（善意）以及儿童和精神病人的情形中具有重要的意义（即使在善意的保护中也会涉及归责问题）。但无论如何，相对于上述其他否定评价原则，诱因原则是对人的行为的最弱的否定评价原则（或最弱证成责任的归责原则），

1　Heinrich Hubmann, "Grundsätze der Interessenabwägung", S. 120.

因此，尽管它在等值的利益冲突中具有决定作用，但还不能够排除掉肇事行为人（肇事者）的特别值得保护的利益。对于这一点，需要裁判者谨慎地加以审查。[1]

基于上列"目的论—规范的利益衡量"的分析方法，海因里希·胡布曼提出了一系列利益冲突解决原则，其中包括：

（1）"避让原则"（Das Ausweichprinzip）。当多个利益者之间发生争议时，他们当中的一个选择另一条达到其目标的道路。在这个过程中，其利益状态最早被许可的人必须避让。具体而言，只有当某个当事人拥有避让的可能性时，他才负有选择另一条道路的责任。假如某个避让的可能性本身为任何一个当事人所有，那么其中利益状态应做较低评价的当事人必须选择另一条道路。当现存的避让可能性中没有明说这一个或那一个当事人负有避让义务的理由时，法官就必须为每个当事人分配相同的范围（Bereich），比如，多个租户对公共空间（浴室）的使用发生争执，就可以考虑给他们相同地分配各自使用公共空间（浴室）的时段。[2]

（2）"平衡原则"（Das Ausgleichsprinzip）。[3]在一些人类共同生活中无法避让的利益（或价值）冲突中，尝试通过平衡的方式去解决，即相冲突的价值必须接受一定比例的后置或限制，直到它

1　Heinrich Hubmann, "Grundsätze der Interessenabwägung", SS. 120-123.

2　Heinrich Hubmann, "Grundsätze der Interessenabwägung", SS. 123-125.

3　Heinrich Hubmann, "Grundsätze der Interessenabwägung", SS. 125-126.

们能够并行不悖或者按比例（份额）分配的方式加以满足。比如，《德国民法典》第 659 条第 2 款规定："行为被一人以上同时实施的，每人有权获得报酬的相等部分。"[1]这个规定实际上就体现了平衡原则。此外，《德国民法典》第 905 条有关土地所有人之所有权界限的规定、第 1603 条第 2 款有关父母对未成年的未婚子女的扶养义务的规定，以及第 1609 条有关多个受扶养权人顺位的规定，也反映出平衡原则的价值导向。[2]

（3）"最佳顾及手段原则"（Das Prinzip des schonendsten Mittels）。当根据事实状态既不存在避让，也不存在平衡之可能性时，占优势地位的利益就可以按照较少牺牲的方式来实行。若对优势地位的利益的意思进行限制会发生矛盾，或者依照其本性，该利益是不可化约的或不可分割的，那么，这种冲突就应被看作是无法平衡的。按照胡布曼的理解，在无法避让和无法平衡的冲突中，为了较高的利益而应做较低评价的利益甚至就可以被阻碍、被侵犯或被消除（比如，在正当防卫中，被攻击者就可以通过消灭攻击者的生命来拯救自己的生命；根据事物的本性，在这种情形下，平衡是不可能的）。不过，面对此种情形，权益干涉者必须谨慎地审查，

1　"Bürgerliches Gesetzbuch" vom 18. August 1896, § 659(2), in: *Reichs-Gesetzblatt*, Vol. 21, 1896, S. 307.（汉译参见《德国民法典》，陈卫佐译注，法律出版社2010年版，第255页。笔者对引文的汉译个别之处略有调整，特此说明）

2　"Bürgerliches Gesetzbuch", §§ 905, 1603(2), 1609, in: *Reichs-Gesetzblatt*, Vol. 21, 1896, SS. 351, 470-471.（汉译参见《德国民法典》，第327页，第479—480页）

他所追寻的利益是否占优势，干涉（他人利益）是否不可避免，冲突是否只应按照其所选择的方式来解决。而且，阻碍价值更小的利益必须限于最小可能的程度，必须选择最佳顾及手段，最小之恶，尤其是，在这个过程中，不得侵犯超出必要限度的更多的利益。最后，通过干涉价值更小的权益而拯救价值更高的权益，无论如何，所造成的损害不得超出收益的比例。也就是说，必须根据有关利益切近的原则在收益前景与不利（损害）之间进行衡量。若无法避让和无法平衡的冲突中面对等值的利益，那么在这种无法解决的冲突中，法秩序应当是中立的。[1]

（4）"补偿原则"（Das Entschädigungsprinzip）。[2]在表面看起来无路可走的裁决情境（无法避让和无法平衡的冲突）中，利益的天平不好偏向这一方当事人或那一方当事人，那么就可以根据补偿原则来协助做出公正的判决。补偿义务不同于损害赔偿的义务，后者通常以违法的可归责的行为以及"（行为构成要件）枚举原则"（Das Enumerationsprinzip）作为前提，但在德国法律上也有一系列规定涉及补偿义务。譬如，《德国民法典》第 823 条第 2 款规定："违反旨在保护他人之法律的，负担同样的责任。若依法律的内容，即使没有过错也可能违反法律的，那么仅在有过错的情形

1　Heinrich Hubmann, "Grundsätze der Interessenabwägung", SS. 127-129.

2　Heinrich Hubmann, "Grundsätze der Interessenabwägung", S. 129ff.

下，才负担赔偿义务。"[1] 这个规定的意思是说，以牺牲他人追求自己利益的人至少应当补偿他人遭受的不利，作为自己由此而获益的平衡。[2] 显然，此项内容体现了补偿原则。在这里，侵权者并不是毫无限制地赔偿全部利益，而只是补偿由于其超越从平衡原则产生的一般限制而使他人遭受的不利［比如，根据《德国民法典》第253 条的规定，（有关侵害身体、健康、自由或性的自主决定的）非财产损害可以请求合理的金钱补偿］。补偿义务所涉及的并非对可以归责的损害行为之追责，而是获益与不利之间的平衡。总之，当且仅当合法地阻碍他人利益上的补偿义务必须是来修复被干涉行为所妨害的利益状态之价值关系时，它才得以存在。[3]

最后，海因里希·胡布曼在文章中论及"法官人格与利益衡量"问题。他指出，上面所论述的利益衡量和冲突解决原则当然得不出图式化的或纯粹符合理性的判决的可预期性。这些原则应当形成一个观点目录（Katalog von Gesichtspunkten），法官在其裁决中必须予以考虑，它们也使当事人能够清晰地了解什么样的情形对他们有利或者不利。而且，这些原则还应当表明，利益衡量不得片面地以某一个别的原则（比如整体利益优先）为根据，而是必须通盘地、按照它们各自的分量来考量所有在个案情形中重新被认识的制

1　"Bürgerliches Gesetzbuch", § 823(2), in: *Reichs-Gesetzblatt*, Vol. 21, 1896, S. 336.（汉译参见《德国民法典》，第304页）

2　Heinrich Hubmann, "Grundsätze der Interessenabwägung", SS. 129-130.

3　Heinrich Hubmann, "Grundsätze der Interessenabwägung", SS. 130-133.

定法上的优先原则。它们不仅仅为典型案件提供指导，而且也应使所有情形的考量以及个别安置的事实之裁决成为可能。尽管如此，上述原则的适用并不是简单的事情，它要符合任何人的裁决的本质，在此方面必然涉及在多种可能性之间根据多个起作用的观点进行选择。在这种情况下，成功地做出一个裁决是如此困难，以至于经常需要（法官）整个人格的投入。同样，利益衡量至少在复杂情境中也以法官的所有精神力量的合作与综合为前提。理性的做法首先是通过分析事实将各个支持和反对任何当事人所讲述的理由进行比较；然后，法官必须让理由的分量自行发挥作用，并运用法感的支撑进行总体评价。在这里，不要把法感理解为一种模糊的快乐或不快乐的冲动，而应理解为良心之面向法的方面，它能够感受到价值的尊重要求。有责任意识的法官不会感觉不到一种事实的精神体验。因为只有在体验中，优先倾向才表现出其真正的作用强度。但在利益衡量中考虑法感，绝不意味着判决是无法控制的。胡布曼认为，良心，如同理性一样，以几乎相同的方式赋予了所有的人，故此，法官的总体评价能够被他人所理解，并能够对其正确性进行事后检验。[1]

　　1977年，海因里希·胡布曼将上述文章连同其他有关法律评价与利益权衡的文章结集出版，取名《法上的评价与衡量》，仍然

1　Heinrich Hubmann, "Grundsätze der Interessenabwägung", SS. 133-134.

坚持法上的客观评价的思想，[1] 由此而在评价法学的发展中占有其一席之地，其早期所提出的一系列利益衡量与冲突解决的原则得到包括卡尔·拉伦茨在内的法学名家的引证和评述。[2]

三、鲁道夫·莱因哈特的"正确的法的发现方法"

1956 年 11 月 3 日，马尔堡大学法学院民法教授鲁道夫·莱因哈特（Rudolf Reinhardt, 1902—1976）[3] 在德国劳动法院联合会（Das Deutsche Arbeitsgerichtsverband）于法兰克福召开的委员会会议上发表了一篇主旨演讲，题目为《法的发现方法》（"Methoden der Rechtsfindung"），试图寻找到一套"正确的法的发现方法"（Die richtige Methoden der Rechtsfindung）。[4]

1　海因里希·胡布曼的《法上的评价与衡量》一书共收录4篇文章：（1）"法上的理性评价"；（2）"利益衡量的原则"；（3）"自然法与法感"；（4）"衡量的方法"。（见 Heinrich Hubmann, *Wertung und Abwägung im Recht*, Carl Heymanns Verlag, Köln 1977, SS. 1-169）

2　Karl Larenz, *Methodenlehre der Rechtswissenschaft*, 6 Aufl., SS. 127-128（汉译参见［德］卡尔·拉伦茨：《法学方法论》，第8页）；Heinrich Schoppmeyer, *Juristische Methode als Lebensaufgabe: Leben, Werk und Wirkungsgeschichte Philipp Hecks*, S. 240。

3　鲁道夫·莱因哈特1902年出生于莱茵邦的牟罗兹（Mühlhausen），1924年在科隆大学获得法学博士学位，1930年在此校获得教授资格，1933年加入纳粹党（"民族社会主义德国工人党"），1935年在哈勒大学任劳动法教授，1938年转任柯尼斯堡大学民法、商法、经济学和劳动法教授，1940年任马尔堡大学法学院教授，1942年起担任马尔堡大学法学院院长，1945年任马尔堡大学校长。当年，纳粹政权垮台，西方占领军在德国实行"清纳粹运动"（Entnazifizierung），莱因哈特被解除公职。1947年，他组建马尔堡大学合作社制研究所（Institut für Genossenschaftswesen der Universität Marburg），1954年起重新担任马尔堡大学民法、商法、经济学和劳动法教授，1959—1960年重新当选马尔堡大学校长。1976年，莱因哈特在马尔堡去世。

4　Rudolf Reinhardt, "Methoden der Rechtsfindung", in: Rudolf Reinhardt, Wilhelm（转下页）

在这篇演讲中，鲁道夫·莱因哈特——分析历史上的"概念法学""自由法学""利益法学"之法的发现方法，指出它们各自的特点以及遭遇的理论难题，[1]认为：在解决各个利益冲突时既有必要从事一种精确的利益研究（因为没有利益就会缺乏保存有正义标准的质料），也有必要特别注意提问，什么样的秩序观点（Ordnungsgesichtspunkte）正好对利益冲突在制定法上涉及的决定是至关重要的，以及对于这个观点到底可以说些什么。这些问题或许可以为进一步的结论提供基础。就像法不可分割一样，应当证成利益冲突之各个决定的观点也是不可分割的。故此，仅仅在个案中研究利益和利益冲突还是不够的，超出这个范围去分析利益冲突的决定是合理的，也就是说，要去揭示隐藏在这些利益冲突背后的真正的法的难题。莱因哈特把这种思维方式称为"问题思维"（Problemdenken，难题思维），以区别于纯粹的"教条思维"（Leitsatzdenken）。在他看来，教条具有同运行的公式一样的特性，人们习惯径直将它转用于其他情形。反之，谁要是溯源于教条之前在的问题，必须通盘考虑这些问题，以便理解为什么决定必须这样做，而不是那样做，那么他就会因此每次重新检验该教条的公式是否切合旨在做出决定而存在的事实。已经得出最初决定的观

（接上页）König, *Richter und Rechtsfindung*, C. H. Beck'sche Verlagsbuchhandlung, München/Berlin 1957, SS. 7-30.

1 Rudolf Reinhardt, "Methoden der Rechtsfindung", SS. 9-16 .

206 法哲学：立场与方法

点，或许在另一种情形下会导致一种甚至背离教条的结论。[1]

在这个过程中，若想要对现实现象与法之间的关联进行正确的分析，那么就必须首先搞清楚：法是一个"应然"（Sollen）范畴，做决定者必须认识到利益、利益冲突和法规范等关联体背后所存在的有关该应然秩序的秩序观点。这个秩序观点不属于根据（鲁道夫·米勒—埃尔茨巴赫）因果性概念所理解的世界，而涉及评价，后者为理解特定的秩序原则开辟了道路。[2]

那么，评价标准最终来自何处呢？鲁道夫·莱因哈特并未对此做明确回答，而是把思考的中心点放在对有效的法秩序中存在的关联体之追问上，试图揭示这个关联体。他根据海德堡大学刑法教授埃伯哈德·施密特（Eberhard Schmidt, 1891—1977）于1952年出版的小册子《法律与法官，实证主义的价值与无价值》（*Gesetz und Richter, Wert und Unwert des Positivismus*）中将有效法之最终秩序价值看作是人格的承认和保护的观点，相应地提出：人类的社会秩序是通过承认和保护"私人主动创设权"（private Initiative）来加以确定的，即个人形成其在社会中的生活关系的自由属于人格自由，而在法秩序中承认私人主动创设权是大量秩序问题的来源。因为任何主动创设权都与风险相关联，那么在法律上既保护主动创设权又防范风险就是至关重要的，由此，信赖保护成为在法的关联

---

1 Rudolf Reinhardt, "Methoden der Rechtsfindung", SS. 17-18 .

2 Rudolf Reinhardt, "Methoden der Rechtsfindung", S. 20.

体中与主动创设权不可分割的要素。这样，至少在私法上，契约就是公正的利益平衡的典型手段。法秩序的任务在于保证公正的利益平衡。[1]

　　根据上述分析，莱因哈特认为，法之发现的实质由两项使命构成：一是探究秩序观点和秩序关联体，它们对有效法及其规范形成是至关重要的；二是在个案的裁决中充分利用该秩序观点。这个程序并不仅仅在于适用已然存在的规范，而且也涉及规范的发展。就此而言，个案裁决同时意味着一种不间断的"规范检验"（Normkontrolle）和"规范形成"（Normenbildung）过程。在他看来，有待适用的规范所具有的内容一方面来自一般的秩序观点，另一方面来自具体的事实。而且，事实也还不断地显露出新的特征，这些特征才共同协力赋予法律规则以具体的内容。在这个意义上，各种事实（Fakten），也包括社会学的既存事实（soziologische Gegebenheiten）起着共同形塑的作用。[2]

　　莱因哈特指出，他要发展的方法的特殊重点在于为具体行为构成要件（事实）推导出来的裁判规范（Entscheidungsnorm）之形成获取秩序观点。这个过程首先旨在分析成文法和习惯法的具体法条，然后延伸探究生活事实和相关法条之间的关联性，据此而能够辨别难题，并且应当通过具体的法条来解决这些难题。由此，推理

1　Rudolf Reinhardt, "Methoden der Rechtsfindung", SS. 20-23 .

2　Rudolf Reinhardt, "Methoden der Rechtsfindung", S. 25.

过程能够回过头再与存在于具体法条之上，并从中发现其凝聚态
（Niederschlag）的秩序观点发生联结。不过，此种观察并不限于
研究个别法条，更重要的是要考察法效果（Rechtswirklichkeit）的
整个宽度。宪法确定下来的原则作为当今最重要的渊源也属于这一
点，在我们这个时代，真正的法的发现的首要任务在于根据宪法原
则把私法的规范体系中可能有效的观点揭示出来，在这里，（1949
年颁布的）《德国基本法》第 1 条和第 2 条所表述的有关人的尊
严和人格的保护原则，[1] 以及平等原则和社会法治国原则等都起着
奠基性的作用。然而，上述任务的困难也不容低估，原因在于原
则或"一般条款"（Generalklauseln）有可能包含着相互矛盾的秩
序观点［比如，在涉及所有权的社会约束（die Sozialbindung des
Eigentums）问题上，应优先考虑公共的福祉，还是应优先考虑所有
人的处分权？］，这个时候，需要重新通盘思考私法的制度。[2]

　　莱因哈特说，19 世纪概念法学依照涵摄方法进行的法典编纂
被证明只是一种薄弱的尝试，不过，对这种方法的克服也容易导
致另一种危险，即轻视制定法，一切从公平出发做出裁决；这样
做就会把法的发现交给非理性的力量，将"理由"排除于法的发
现过程，事实上也就放弃了任何方法。而在法的发现中（通过法

1　"Grundgesetz für die Bundesrepublik Deutschland" vom 23. Mai 1949, § 1 und § 2, in:
Bundessgesetzblatt, Vol. 1, 1949, S. 1.

2　Rudolf Reinhardt, "Methoden der Rechtsfindung", SS. 25-28 .

典编纂[1]）强制推行一种理性衡量的过程则是对已发现之法的正确性与稳定性的最好保证。由此，他强调自己所阐释的方法恰好也应（像菲利普·赫克那样）通过"法律忠实"来加以标榜。[2]依靠制定法以及其中包含的评价，就可以给予司法判决稳定性之进一步的保证。在这种情形下，（德国的）最高法院的司法即使没有真正的判例效力，但仍是法律观之统一性的关键因素，法的安定性上的必要标准没有丧失。而且，任何在某种程度上成功的法典编纂将会减轻法官在日常案件中法的适用的负担，给予法官之理性、批判审察的精神更多的可能性，使之能够开展令人信服的司法。在此方面，法学也必须经常意识到自己的责任，来加工司法依之能够利用的素材，共同促进正义性与法的安定性。[3]

四、约瑟夫·埃塞尔"寻求正当的个案裁决"方法

在评价法学以及德国战后法学方法论的发展中，约瑟夫·埃塞尔是一个绕不开的人物。他于 1910 年 3 月 12 日出生在美茵河畔的施万海姆（Schwanheim，今属法兰克福地区），1928 年中学

1　任何法典编纂在客观和时间方面划定了固有的界线，那么，就会有双重必要，一方面在法的发现中避免走上情感之路，另一方面给予理性因素尽可能多的余地。（Rudolf Reinhardt, "Methoden der Rechtsfindung", S. 28）

2　故此，莱因哈特的"正确的法的发现方法"也属于"制定法内的评价法学"。（Wolfgang Fikentscher, *Methoden des Rechts in vergleichender Darstellung*, Bd. 3, S. 411）

3　Rudolf Reinhardt, "Methoden der Rechtsfindung", SS. 28-30.

毕业后至法兰克福大学学习法学，1936 年大学毕业，1939 年获得教授资格，先后在格雷夫斯瓦尔德大学（1941—1943 年）、因斯布鲁克大学（1943—1949 年）、美因茨大学（1949—1961 年）、图宾根大学（1961—1977 年）担任法学教授，1973 年当选海德堡大学科学院院士，1999 年 7 月 21 日在图宾根去世。[1]

约瑟夫·埃塞尔一生研究重点在于一般债法（das Allgemeine Schuldrecht）、法学方法论以及比较法学，著述颇丰。其从 20 世纪 50 年代开始发表一系列重要的法学方法论作品，引起德国法学界关注：

（1）1954 年，埃塞尔在《大学》杂志（Studium Generale）第 7 期发表《法上的解释》（"Die Interpretation im Recht"）一文，讨论历史法学派以来的法律解释方法和要素，主观解释和客观解释的各自理据，法律解释与漏洞填补（Lückenfüllung）之间的区别，法律文本解释的准则［技艺规则，Kunstregeln，比如，"尊重文本原则"（Der Grundsatz des respect du texte），"还原可查明的当事人意思原则"，"有利于书写工具在文本和实质关联上明显目的之解释原则"，"推导出体系解释之可能性及界限的整序工具统一与封闭原则"，"文本通过（诚实信用或交易习惯等）客观秩序原理之支撑与补充原则"，"尊重正当获得权利原则"（要求对所承担义

---

1 Johannes Köndgen, "Josef Esser: Methodologe zwischen Theorie und Praxis", in: *Juristen Zeitung,* 2001, SS. 807–813.

务作限制解释的自由原则），等等］，由此试图为实在法体系之
"个案式统合"（die fallweise Integrierung）提出一套技艺规则和稳
定性保证。[1]

（2）1959 年，埃塞尔在《大学》杂志第 12 期发表《论民法
方法论》（"Zur Methodenlehre des Zivilrechts"），重点讨论法律适
用和法律解释中的实践方法论问题，分析"体系思维"（概念—逻
辑论证）、三段论技术（涵摄方法或公理学）的理论、历史（17—
18 世纪的自然法思想、萨维尼的体系观点，以及耶林早期的建
构法学）、法典化及其挑战（利益法学、目的论思维或"问题思
维"），当代私法方法面临的危机（概念法学判决论证的说服力减
弱，"判决发现乃纯粹认知行为"之幻想的苍白无力，法官之法的
续造不可避免），指出民法学引进新的方法论（修辞—论题思维、
新的逻辑、现代法哲学的解释、英美法之归纳—经验思考）之趋势
和局限（比如，不能简单地把经验看作是法官的评价方法，法官的
评价本身绝不是法技术论证的无意识反射），强调新的方法论不仅
要指出法的概念世界的合法则性，而且要指出针对现实的秩序问题
的合适性和效用能力，通过相关概念的正确的法逻辑统合，以寻求
正当的个案裁决。[2]

1　Josef Esser, "Die Interpretation im Recht"(1954), in: ders., *Wege der Rechtsgewinnung: Ausgewählte Aufsätze*, SS. 278-293.
2　Josef Esser, "Zur Methodenlehre des Zivilrechts"(1959), in: ders., *Wege der Rechtsgewinnung: Ausgewählte Aufsätze*, SS. 307-327.

（3）1972年，埃塞尔为《精神科学工作方法百科》（*Encyk-lopädie der geisteswissenschaftlichen Arbeitsmethoden*）一书撰写"法学方法"中的"私法方法"（Methoden des Privatrechts）一节，比较详细地讨论"方法"（实验、统计、分析、数学、历史、描述、建构等）和"法学方法论"的含义、用法及学派争论，指出私法方法之正确理解的难点，它作为一种体系—制度思考（System- und Institutionsdenken）方法（体系建构和体系解释）在民法教义学中的意义以及由此而形成的"体系违反"（Systemwidrigkeit）或"体系裂隙"（Systembruch）的情形，阐释法教义学的对象（法教义学并非使用真正的教义，而使用整体在法律上"得到保障的"实在法和实在法素材，涉及人权、制定法规则、法准则、交易习惯或学说；法学上的"教义"通常不是答案本身，而只是答案的"草图"或"框架"）、问题和科学性，民法学上的概念形成和建构，提出"法律诠释学"（Die Juritische Hermeneutik）在法概念理解、法的发现（法的适用）以及实践科学上的方法论价值。[1]

在法学方法论上，约瑟夫·埃塞尔的重要贡献是他出版了这个领域的两部大部头著作：一部是1956年的《法官私法续造中的原则与规范》（*Grundsatz und Norm in der richterlichen Fortbildung des Privatrechts*）；另一部是1970年的《法的发现中的前理解和方法选

1　Josef Esser, "Methoden des Privatrechts" (1972), in: ders., *Wege der Rechtsgewinnung: Ausgewählte Aufsätze*, SS. 328-362.

择》（*Vorverständnis und Methodenwahl in der Rechtsfindung*）。

《法官私法续造中的原则与规范》是 1956 年由德国比较法协会（Die Gesellschaft für Rechtsgleichung）资助埃塞尔出版的一部"对法源与解释理论进行比较研究"的法学方法著作，其写作深受美国法学家本杰明·卡多佐（Benjamin Cardozo，1870—1938）于 1921 年出版的《司法过程的性质》（*The Nature of the Judicial Process*）之观点的影响（故此，有学者强调，要理解埃塞尔的思想，有必要先去阅读卡多佐的著作）。[1]埃塞尔的这本书共有 5 编 18 章：第 1 编"私法上的一般法原则和思想的表现形式"（第 1 章"题目的界定与意义"；第 2 章"法官续造作为法原则的作用力场"；第 3 章"论我们提问之比较法意义"；第 4 章"一般法原则之概念与性质初探"；第 5 章"实在宪法原则对于法官造法的意义"）；第 2 编"法原则分类和类型确定的尝试"（第 6 章"法原则的类型"；第 7 章"造法的原则"；第 8 章"法原则、法规范与法渊源关系的一般性"）；第 3 编"法原则在法典化私法之构建和法官造法上的作用"（第 9 章"法典化私法上的原则与法规范"；第 10 章"判例法上的原则与规则"；第 11 章"公理取向与问题取向法思考中的原则之作用的比较观察"）；第 4 编"欧陆法官对于

1　参见Konrad Zweigert, "Vorwort", in: Josef Esser, *Grundsatz und Norm in der richterlichen Fortbildung des Privatrechts: Rechtsvergleichende Beiträge zur Rechtsquellen- und Interpretationslehre*, J.C.B. Mohr (Paul Siebeck), Tübingen 1956, S. VII; Wolfgang Fikentscher, *Methoden des Rechts in vergleichender Darstellung*, Bd. 3, S. 411。

形塑一般法原则之职责"（第12章"一般法原则作为创造性解释
和法的续造之基础"；第13章"欧陆法官法的续造中的原则与判
例之关系"；第14章"法学发展出来的原则对于法的稳定性与连
续性的意义"；第15章"法学参与制定法之外的原则的展开"）；
第5编"普遍法原则对于超越民族之法共同体的未来意义"（第
16章"民族法转折中的原则的命运"；第17章"多个法秩序之间
领域的原则之地位"；第18章"普遍原则作为私法制度之功能比
较的基础"）。[1]

　　总体上看，《法官私法续造中的原则与规范》全书讨论的中心
在于"通过理论与实务，借助'不成文的原则'澄清我们有关任何
私法秩序统合的观念"。[2] 在埃塞尔看来，这一研究不能仅仅停留
在法典化的法体系之中，它必须也考虑（英国）普通法系法官法
（Richterrecht）上的法原则之产生与有效方式，由此克服法律实证
主义（制定法的教义学和体系论）的偏狭，根除制定法之"时间缺
陷"和"编辑缺陷"（Redaktionsmängel），由纯粹的制定法教义学
过渡到一个"统合的制定法—判例法的教义学"。[3] 在这个过程中，

1　Josef Esser, *Grundsatz und Norm in der richterlichen Fortbildung des Privatrechts: Rechtsvergleichende Beiträge zur Rechtsquellen- und Interpretationslehre*,"Inhalt", SS. IX-XVII.
2　Josef Esser, *Grundsatz und Norm in der richterlichen Fortbildung des Privatrechts: Rechtsvergleichende Beiträge zur Rechtsquellen- und Interpretationslehre*, S. 2.
3　有学者认为，埃塞尔对法官法（Richterrecht）的重视，在战后德国政治变迁的时代，第一次将法官创制规范（richterliche Normsetzung）提升到德国法学的公共意识之中，并使法学方法问题成为所有法学分支学科中主要的讨论对象。（参见Bernd Rüthers，（转下页）

开放的"问题"（尤其是法官司法中的问题，即法官根据教义和体系在方法上做什么，他们在经验上把握什么）探讨而非概念—演绎的"体系"建构成为法学思考的核心。[1]由此，他试图发展出一种"适合于其时代的、在方法上得到保障的法适用学说"。[2]

　　埃塞尔指出，法官的司法裁判之创造活动参与自我实现的法（即行动中的法，law in action）之不断发展与续造过程之中。当司法裁判逾越制定法文本划定的框架时，它经常求助于表面上似乎由制定法推断出的"一般法思想"或"原则"，法原则在其中具有重要的地位。[3]不过，在他看来，事实上，"一般法思想"作为"原

<hr>

（接上页）*Die Wende-Experten: Zur Ideologieanfälligkeit geistiger Berufe am Beispiel der Juristen*, C. H. Beck'sche Verlagsbuchhandlung, München 1995, S. 192f.）

1　在埃塞尔看来，"问题发现"（Problementdeckung）、"原则形成"（Prinzipienbildung）和"体系巩固"（Systemverfestigung）三者间处于一个"循环过程"，不过，在这个过程中，"问题思考"（Problemdenken）具有"生产性之新开端"（produktiver Neuanfang）的意义。（参见Karl Larenz, *Methodenlehre der Rechtswissenschaft*, 6 Aufl., S. 167。）

2　Josef Esser, *Grundsatz und Norm in der richterlichen Fortbildung des Privatrechts: Rechtsvergleichende Beiträge zur Rechtsquellen- und Interpretationslehre*, SS. 2, 6; Wolfgang Fikentscher, *Methoden des Rechts in vergleichender Darstellung*, Bd. 3, SS. 347, 358.

3　顺便说一句，德国法上的法原则学说最初根源于一般条款之功能的讨论［1933年，时任柏林大学民法、经济法和私法史教授的尤斯图斯·威廉·赫德曼（Justus Wilhelm Hedemann, 1878—1963）出版《向一般条款逃逸：对法和国家的一种危险》（*Die Flucht in die Generalklauseln: Eine Gefahr für Recht und Staat*, Mohr, Tübingen 1933），在德国法学界引起争议，随后其他学者发表一系列的论著，试图将一般条款与具体的规范或规范集分开，以防止错误评价的危险。在司法适用上，"禁止向一般条款逃逸"基本成为一种共识，埃塞尔的《法官私法续造中的原则与规范》这本书对此问题（法原则的规范与规范适用、体系和教义）的讨论（尤其是在比较法意义上）是划时代的。（Wolfgang Fikentscher, *Methoden des Rechts in vergleichender Darstellung*, Bd. 3, SS. 346-347, 358）

则"不依赖制定法（在他看来，制定法或法典法只是其背后存在的法原则之有漏洞的表述[1]）而调节法的发展，其正当性根据"来自事物的本性或者相关制度的性质"，它构成"（属于共同问题域之）每一具体解答的功能必要的部分"。[2] 这些原则既不是从依其固有的内涵被"正确"理解的制定法"归纳"所得，也不是从自然法体系或"自在的"价值之固定位序中"演绎"所得。它们的实质评价标准来自人际关系中内含的存在的意义（Sinn des Seins），即事物的本性或者相关制度的性质，或者，来自"法伦理原则和一般确信的前实证领域"——"共同的意见"（ἔνδοξα）、"公共政策"（public policy），或者"常识"（common sense）。根据现代的"共同的意见"，这些原则在常规的个案处理（无论是三段论程序，还是从个案到个案的法律推理）中以规范选择（Normauswahl）和行为构成要件挑选（Tatbestandsauslese）为基础。它们监控（检验）着表面上机械—逻辑的法律适用与概念工作。[3] 最初，这些原则是无意识的，在一个"长期消弭于潜意识的过程中形成……直至恍然大悟，即一种迄今尚未成型的思想之发现（inventio），突然找到具有说服力的、并且放弃实证规定之纯粹解释和建构的表述

1　Wolfgang Fikentscher, *Methoden des Rechts in vergleichender Darstellung*, Bd. 3, S. 412.

2　Josef Esser, *Grundsatz und Norm in der richterlichen Fortbildung des Privatrechts: Rechtsvergleichende Beiträge zur Rechtsquellen- und Interpretationslehre*, S. 5.

3　Josef Esser, *Grundsatz und Norm in der richterlichen Fortbildung des Privatrechts: Rechtsvergleichende Beiträge zur Rechtsquellen- und Interpretationslehre*, S. 53.

形式"。此时，法官判决，特别是大量经常性（法律）的实务就成为"将前实证的原则转变为实证的法条和制度"的"转化器"（transformator）。[1]

可以看出，埃塞尔所理解的法原则既非"法条"（规范），也非逻辑意义上的"语句"（由之能够通过合理推论推导出具体应然语句的公理性语句）。他所讲的法原则是在具体的案件中"被发觉的"（entdeckt），随后，它变成"一系列典型适当观点的简明表达形式"。[2]不过，在非典型的情形（案件）中，或者在文化评价标准有些微改变的场合，即使法原则已经被发现，它在司法判决中的进一步发展也不是纯粹的"适用"，而是持续不断的"定型"（Gestaltgebung）过程。[3]因为单纯"被发现的"原则不能简单地推导出个案的裁决，它本身不包含司法或立法上清楚表达出来的、具有拘束力的"指示"（Weisung），欠缺"法条"所包含的"适用情形的可确定性"，所以法条、规范还是必需的。[4]当然，此时，

1　Josef Esser, *Grundsatz und Norm in der richterlichen Fortbildung des Privatrechts: Rechtsvergleichende Beiträge zur Rechtsquellen- und Interpretationslehre*, SS. 52-53.

2　Josef Esser, *Grundsatz und Norm in der richterlichen Fortbildung des Privatrechts: Rechtsvergleichende Beiträge zur Rechtsquellen- und Interpretationslehre*, S. 267.

3　Josef Esser, *Grundsatz und Norm in der richterlichen Fortbildung des Privatrechts: Rechtsvergleichende Beiträge zur Rechtsquellen- und Interpretationslehre*, SS. 267-268.

4　Josef Esser, *Grundsatz und Norm in der richterlichen Fortbildung des Privatrechts: Rechtsvergleichende Beiträge zur Rechtsquellen- und Interpretationslehre*, S. 50f. 在《法的发现中的前理解和方法选择》中，埃塞尔再次强调：没有相应的"指示"，就不可能发现法，没有判断判决真假的正确性标准，一个判决就不是真的。（Josef Esser, *Vorverständnis und Methodenwahl in der Rechtsfindung: Rationalitätsgarantien der richterlichen* （转下页）

原则可以用作具体的法官之规范形成的"出发点"或者"题材"
（Aufhänger）。它本身的解释不能直接找到规范，毋宁说，规范
是通过司法上的统合（综合）过程被创造（或发现）出来的（英美
法的发展从一开始就显现出这方面的智慧），在这里，只有决疑术
（Kasuistik）才能让我们知道什么才是真正的法。在缺乏法律上明
文规定的行为构成要件时，决疑术事实上就是法源：比如，"正
派商人""诚实竞争"和"交易安全"，等等，这些"超越制定法
的，但客观的、传统的标准"包含价值原则，此类原则以法官决疑
术的方式被转化为法。[1]

　　基于对法原则之性质和发现过程的分析，埃塞尔认为，制定法
每次的"适用"是一种解释，一种法的发现，或回溯评价，而绝非
纯粹的"涵摄工作"（Subsumtionsarbeit），它在制定法文本框架内
适用时也需要高一级的实在法原则，它们为"符合目的"或"符合

（接上页）*Entscheidunspraxis*, Athenräum Verlag GmbH, Frankfurt a. M. 1970, S. 14）。

1　Josef Esser, *Grundsatz und Norm in der richterlichen Fortbildung des Privatrechts: Rechtsvergleichende Beiträge zur Rechtsquellen- und Interpretationslehre*, SS. 151, 268.有关"决疑术"在法的形成中的作用，时任马尔堡大学民法教授的弗里茨·冯·希佩尔（Fritz von Hippel, 1897—1991）在1940年出版的《决疑术与一般条款》（*Kasuistik und Generalklauseln*）和1942年出版的《法秩序构建中的方针与决疑术》（*Richtlinie und Kasuistik im Aufbau von Rechtsordnungen: Ein Kapitel moderner Gesetzgebungskunst*, Elwert'sche Universitäts-Buchhandlung, Marburg 1942）中有详细的论述，他认为：除了有制定法的规范结构，还有一种由决疑术引导的法秩序构建的"方针"层级存在。（见 Wolfgang Fikentscher, *Methoden des Rechts in vergleichender Darstellung*, Bd. 3, S. 346f）从埃塞尔有关决疑术的论述看，他似乎受到希佩尔观点的影响。

体系"的文本理解提供标准。[1] 不过，与传统法学（比如利益法学）的理解不同，埃塞尔指出，不存在传统意义上的"法的适用"，法官在适用法律时，他其实是在法原则的精神上进行的。[2] 因此，在埃塞尔看来，扩张解释与通过类推的漏洞填补之间不存在原则的差异，解释通常已经是一种法的续造，漏洞填补和"补充性"的解释绝不是法官额外的造法任务。[3] 从中可以看出，埃塞尔聚焦于法学方法论之批判性研究，且逐渐远离"旧的利益法学"，也不同于哈利·韦斯特曼开放出来的制定法内的"评价法学"和同时代的其他学者（比如海因里希·胡布曼）的关注点，他不局限于制定法框架，而基于社会（或事物的本性）本身对规范、原则与案件事实之关系的难题进行深入精微的探究，其方法论上的评价针对性强调法原则和标准的强价值关联。[4] 或者说，他在法学方法论层面所展现的法学是一种"社会（或者事物的本性）内的评价法学"。[5]

1　Josef Esser, *Grundsatz und Norm in der richterlichen Fortbildung des Privatrechts: Rechtsvergleichende Beiträge zur Rechtsquellen- und Interpretationslehre*, SS. 253-254.

2　Wolfgang Fikentscher, *Methoden des Rechts in vergleichender Darstellung*, Bd. 3, S. 412.

3　Josef Esser, *Grundsatz und Norm in der richterlichen Fortbildung des Privatrechts: Rechtsvergleichende Beiträge zur Rechtsquellen- und Interpretationslehre*, SS. 255, 259.

4　Heinrich Schoppmeyer, *Juristische Methode als Lebensaufgabe: Leben, Werk und Wirkungsgeschichte Philipp Hecks*, SS. 240-241; Jens Petersen, *Von der Interessenjurisprudenz zur Wertungsjurisprudenz*, S. 9.

5　对于埃塞尔的评价法学，沃尔夫冈·菲肯切尔用"社会内的价值法学"（gesellschaft-simmanente Wertjurisprudenz）称谓之。（参见Wolfgang Fikentscher, *Methoden des Rechts in vergleichender Darstellung*, Bd. 3, S. 411。）不过，菲肯切尔本人也曾看到法（转下页）

  上述的思想特征在约瑟夫·埃塞尔的《法的发现中的前理解和方法选择》一书中再次得到体现和细化：这本著作仍然指向"法学评价的社会关联性"（die gesellschaftliche Bezogenheit juristischer Wertung）。[1] 它是埃塞尔于 1969 年在图宾根大学开设"实务的法学方法"（Juristische Methode der Praxis）研讨班基础上写成的，全书共有一个"导论"（方法论和法官实务）和 9 章：第 1 章"题目界定与出发点"；第 2 章"法的发现工作的对象"；第 3 章"法的适用与涵摄程序"；第 4 章"制定法的理解与'基于制定法的'法的发现"；第 5 章"解释"；第 6 章"正确性确信"；第 7 章"法的续造之路"；第 8 章"法官在法的发现程序中的自由与拘束"；第 9 章"系统论与共识难点"。[2]

  埃塞尔沿着前期的法学方法论探索之路，并不打算在《法的发现中的前理解和方法选择》中探讨法官的法的发现的全部问题，而是反思和批判以前对法律实务与法律裁判问题进行解释及论证的"学术方法论"（akademische Methodenlehre），帮助克服以前的方法论由于过滤而导致的错误理解，指出"一种直接的实务关联之理论"的可能性，着重描述法官在认识程序中对法律问题的理解，

（接上页）的价值问题的"宗教"本质（意蕴）和"政治"本质（意蕴）。（Wolfgang Fikentscher, *Methoden des Rechts in vergleichender Darstellung*, Bd. 4, S. 405f）

1 Wolfgang Fikentscher, *Methoden des Rechts in vergleichender Darstellung*, Bd. 3, S. 413.

2 Josef Esser, *Grundsatz und Norm in der richterlichen Fortbildung des Privatrechts: Rechtsvergleichende Beiträge zur Rechtsquellen- und Interpretationslehre*,"Inhalt", SS. IX-XVII.

关注司法中的法的适用和解释，并对"实质正确的裁决兴趣中的论证与解释手段"进行"一种纯粹实用的选择或组合"，发展出一种"批判性的方法意识"（ein kritisches Methodenbewußtsein），凭借"教义学的自我理解"来反思法官的"现实的法的发现与证成之路"。[1]其在这本书中所关心的核心问题仍然是：在冲突案件中，公正并且可以确认符合制定法的裁决究竟为何？[2]

　　基于此，埃塞尔重点探讨法律适用者（法官）在法的发现中的前理解及其相应的方法。在他看来，"法的发现""法的适用"和"法的认识"是基于"适当的"法规范所进行的可以理解的认识行为程序，即法官从可证实的相关形象（Figuren）或现行法规则中获取裁决。在此意义上，司法必须以立法或流传下来的（规范）"指示"为导向，根据正义要求将"法"转化为法官判决。[3]在他看来，法的认识的使命，简单地说，在于依照法规范对（案件）事实（Sachverhalt）进行评判，这可以分为三个要素：（1）通过可陈述的标准把一个事实称作是"法律上相关的事实"；（2）（在多个规范竞合的情形下）引出一个法规范，它对规定（提交判决以及在

1　见 Josef Esser, *Vorverständnis und Methodenwahl in der Rechtsfindung: Rationalitätsgarantien der richterlichen Entscheidunspraxis*, SS. 7-8, 11。

2　见 Josef Esser, *Vorverständnis und Methodenwahl in der Rechtsfindung: Rationalitätsgarantien der richterlichen Entscheidunspraxis*, S. 7。

3　Josef Esser, *Vorverständnis und Methodenwahl in der Rechtsfindung: Rationalitätsgarantien der richterlichen Entscheidunspraxis*, S. 14.

事实中有待指明的）秩序问题或利益冲突乃是决定性的；（3）对符合（1）和（2）之下提出的判断做出裁决。[1] 显然，在这里，针对规范方面的法认识客体并不是社会—历史本身形成的事实产物——所谓"具体的"秩序，或者"制度性的"秩序，而是事先规定的、并在判断行为中每次重新加以实现的秩序意图（Ordnungsabsicht）——"应当是"（das Seinsollen）。[2] 在此意义上，社会生活制度应理解为纯粹的社会现实（bloße soziale Realität）或社会事实（soziales Faktum），从它身上推断不出任何调整任务（Regelungsauftrag）或者任何规范，也就是说，它本身并不是规范或规范来源。规范凭借其效力要求（Geltungsanspruch）而具有拘束力。相应地，法规范是一种独立于社会现实（事实）的存在，采取其原则上的效力要求（它的这种效力要求是否得到认可是另一个问题），是评价（案件）事实的"相应的"调整模式（Regelungsmuster）或行为模式（Verhaltensmuster）。[3]

但另一方面，规范也是一种保持拘束力的历史秩序诫命的体

---

1 Josef Esser, *Vorverständnis und Methodenwahl in der Rechtsfindung: Rationalitätsgarantien der richterlichen Entscheidunspraxis*, S. 27.

2 "应当是"（das Seinsollen）是埃德蒙德·胡塞尔所著《逻辑研究》中所使用的一个规范科学概念，表达某种"愿望"或"意愿"、"要求"和"命令"。胡塞尔指出，应当是（什么），尽管它现在也许还不是，或者在现有的状况下还不能是；而理论科学则不同，后者的规律始终意味着：是什么。［德］埃德蒙德·胡塞尔：《逻辑研究》（第一卷），倪梁康译，商务印书馆2015年版，第47—48页）

3 Josef Esser, *Vorverständnis und Methodenwahl in der Rechtsfindung: Rationalitätsgarantien der richterlichen Entscheidunspraxis*, SS. 32ff., 38.

现，它又必须在整个"实质的"法秩序中加以考察。故此，法官在做出裁决时，不能仅仅把实在法的"内容"看作是基于实用的调整目标而被实证地给予的，也并非简单地根据逻辑解释、历史解释和体系解释之学术方法（Schulmethoden）就可以得到确定，它要求回溯公正秩序的前实证标准：即，人们还必须将前理解程序纳入解释过程之中，把规范的下层结构（规范通过语言与概念要素，伴随事先形成的评价内容之意义规定）与上层结构（规范在制定法秩序整体中的结构安置）作为客观的、论证的思维之主要对象。[1]这种研究打算的合适的出发点可能是［以尼克拉斯·卢曼以及美国社会学家塔尔科特·帕森斯所发展的社会系统论为特征的］"法的功能社会学观察方式"。尤其是，卢曼的理论可以说明"自我封闭地以反馈信息方式作业的调整系统（即法）"的功能意义和功能方式，恰好适合用来探讨法律裁判过程的一个方面，即通过减少社会冲突之法外的"复杂性"来维护和强化自动调节的、旨在掌控（吸收）社会冲突的裁决程序。[2]埃塞尔认为，假如我们的观察以选择性地作业且自我监控的裁判系统（一个通过反馈信息至裁判程序的自动系统）的模型观念为基础，那么，调整的程序得到一定程度的法律自

1　Josef Esser, *Vorverständnis und Methodenwahl in der Rechtsfindung: Rationalitätsgarantien der richterlichen Entscheidunspraxis*, SS. 14-15, 32-38.
2　Josef Esser, *Vorverständnis und Methodenwahl in der Rechtsfindung: Rationalitätsgarantien der richterlichen Entscheidunspraxis*, S.17; Wolfgang Fikentscher, *Methoden des Rechts in vergleichender Darstellung*, Bd. 3, SS. 435-437.

治，该系统的裁判功能就会永久地得以强化。[1]

埃塞尔所讲的"法的发现中的前理解"概念与方法主要来自德国哲学家汉斯－格奥尔格·伽达默尔于 1960 年所著《真理与方法——哲学诠释学的基本特征》中的"哲学（一般）诠释学"（理解的学问），所不同的是，伽达默尔把他的哲学诠释学看作是探究"人的世界经验和生活实践的问题"——人类"此在本身的存在方式"以及"人类一切理解活动得以可能的基本条件"的本体论（在这一点上，它受马丁·海德格尔之存在主义哲学影响，并作为苏格拉底传统的延续，可以称为"诠释学的本体论转向"），而不是任何一种精神科学的方法论，[2] 埃塞尔则把诠释学理解为一种方法论或者一种认识论原则，而非本体论：他把伽达默尔有关解释学循环的理论、理解与语言的关系以及"前理解"的概念径直引入其法学方法论之中，并加以发展，走上了自己的方法论之路，成为德国 20 世纪 60 年代末、70 年代初期德国法诠释学最重要的代表人物之一。[3] 依照埃塞尔所理解的诠释学，在法律上，不仅仅理解事实（事

1　Josef Esser, *Vorverständnis und Methodenwahl in der Rechtsfindung: Rationalitätsgarantien der richterlichen Entscheidunspraxis*, SS. 16-17.

2　伽达默尔指出："我本人的真正主张过去是、现在仍然是一种哲学的主张：问题不是我们做什么，也不是我们应当做什么，而是什么东西超越我们的愿望和行动与我们一起发生。……因此，精神科学的方法论问题在此一般不予讨论。"［德］汉斯-格奥尔格·伽达默尔：《真理与方法》（上卷），洪汉鼎译，上海译文出版社1999年版，第4—5页）

3　Wolfgang Fikentscher, *Methoden des Rechts in vergleichender Darstellung*, Bd. 3., SS. 434-435; Stig Jørgensen, "Lawyers and Hermeneutics", in: *Stockholm Institutue for Scandianvian Law*(1957-2009), p. 182.

情）和它们的关系，而且也涉及"在正义要求下"的判断，即追问正义（平等对待）问题。所以，法律诠释学难题的表现是多方面的，比如，事实的理解、制定法的理解、教义学的理解，以及正义判断，等等。[1]

埃塞尔试图通过"前理解"的批判来阐释上述多方面的难题（主要是制定法的理解和教义学的理解之热点难题），把作为法律前理解的难题上升至一般的意识之中，这也是其功劳之所在。[2] 在他看来，"前理解"是法律解释和法的续造中的"解释学循环"之组成部分（或者说，"解释学循环"在法的发现与适用程序上的传播和应用），是对呆板的体系论和肤浅的社会科学方法之"正确性检验"（Richtigkeitskontrolle）。他一方面强调，对于法学家而言，在适用制定法规范以及解释和类推时，其前理解之意识形成是极其重要的；另一方面，他又承认，人们对于任何问题并非总是"从头开始"，而也必须从某个事先固定的、因而也是减少冲突的制定法—体系的理解出发。在此意义上，他认可教义学有减负功能。[3]

埃塞尔在《法的发现中的前理解和方法选择》中还重点研究了法的适用、制定法理解、解释、法学建构、法官的正确性

1　Wolfgang Fikentscher, *Methoden des Rechts in vergleichender Darstellung*, Bd. 3, S. 435.

2　Wolfgang Fikentscher, *Methoden des Rechts in vergleichender Darstellung*, Bd. 3, S. 438.

3　Josef Esser, *Vorverständnis und Methodenwahl in der Rechtsfindung: Rationalitätsgarantien der richterlichen Entscheidunspraxis*, Kap. IV, besonders, S. 87ff.; Wolfgang Fikentscher, *Methoden des Rechts in vergleichender Darstellung*, Bd. 3, SS. 435-436.

确信及其形成、法律漏洞及其填补（类推、规范获取）以及法官法、法律忠实与体系自治等问题。总体上看，埃塞尔的看法是：对于具体个案中判决的发现来说，各种法律解释方法仅具有次要的意义。法律适用者应先根据他的前理解及可靠度衡量（Plausibilitätserwägungen）决定正确的结论，然后再回过头来寻找能够证成这个结论的解释方法。在数种解释方法相互冲突的情形下，解释者应在等价解释方法间做出决定，这种决定就是所谓的"方法选择"（Methodenwahl）。[1]

埃塞尔的方法论批判对于现代法教义学批判具有重要的法学理论—方法之推进价值，无论是在价值法学，还是法学方法论领域均得到普遍的重视。埃塞尔本人也因此而成为德国"二战"以后重要的法学方法论大家之一。

五、卡尔·拉伦茨的《法学方法论》：评价法学与法学方法论在德国的重要进展

对于德国的评价法学、特别是法学方法论而言，1960年是一个带有重要标志的年份，因为这一年，卡尔·拉伦茨出版了"二战"后的名作《法学方法论》（*Methodenlehre der Rechtswissenschaft*）

1　Josef Esser, *Vorverständnis und Methodenwahl in der Rechtsfindung: Rationalitätsgarantien der richterlichen Entscheidunspraxis*, S. 122ff., 124.

第 1 版。[1]这本书的出版一定程度上改变了评价法学、法学方法论的理论面貌，使德国法学在一般法学的技术层面上整体向前推进了重要的一步。[2]

在前面的叙述中，我们已经多次谈及卡尔·拉伦茨，此处似应对他的背景再做一些简短的说明，以便对其学问、人生有一个大概的了解：

卡尔·拉伦茨于 1903 年 4 月 23 日出生于莱茵河畔的贸易港口城市韦塞尔（Wesel），其父为普鲁士高等行政法院的法官（Oberverwaltungsgerichtsrat）。1921 年中学毕业后，拉伦茨先后赴柏林大学、马尔堡大学、慕尼黑大学和哥廷根大学学习法学，1926 年 11 月在哥廷根大学教授尤里乌斯·宾德尔指导下博士毕业，论文题目为《黑格尔的归责理论与客观归责概念》（Hegels Zurechnungslehre und der Begriff der objektiven Zurechnung），1928—1929 年，他又在宾德尔指导下完成教授资格论文《法律行为的解释方法》（Die Methode der Auslegung des Rechtsgeschäfts），取

1　参见吴从周：《概念法学、利益法学与价值法学：探索一部民法方法论的演变史》，中国法制出版社2011年版。

2　无独有偶，1960年也是德国当代法哲学发展的重要年份。奥地利格拉茨大学（Karl-Franzens-Universität Graz）法哲学、法社会学与法政策学教授马蒂亚斯·克拉特（Matthias Klatt, 1973—）把1960—1975年的德国法哲学称为"转向方法"的时期：在这个时期，卡尔·恩吉施和乌尔里希·克卢格等人的法律逻辑学著作被重新发现并再版，哲学家汉斯-格奥尔格·伽达默尔的名作《真理与方法》出版，在德国产生了法诠释学学派。（见 Matthias Klatt, "Contemporary Legal Philosophy in Germany", *in: Archiv für Rechts- und Sozialphilosophie*［ARSP］, Bd. 93, 2007, S. 521）

得教授资格。1933 年 5 月，得益于纳粹当局在当年 4 月 7 日颁
布的《职业公务员制度重组法》（Gesetz zur Wiederherstellung des
Berufsbeamtentums，缩写为 BBG，该法明令禁止犹太裔人士和异
见分子担任公职），30 岁的拉伦茨接替此前根据该法被解职的基
尔大学法哲学教授格尔哈特·胡塞尔 [1] 的教席，担任该教席的副教
授，同年 10 月升任教授，遂成为少壮派法学家组成的"基尔学派"

1　格尔哈特·胡塞尔系著名哲学家、现象学创始人埃德蒙德·胡塞尔之子，1893年12月
22日生于萨克森的哈勒，1926年在波恩大学取得教授资格，同年担任基尔大学法学与
国家学学院的法学教授，讲授罗马法、民法、民事诉讼法和法哲学，1933年4月25日根
据纳粹当局颁布的《职业公务员制度重组法》因为"非雅利安血统"（犹太人身份）被
解除教职，1936年又因"纽伦堡法案"被迫移居美国（1935年9月15日，在希特勒主持
的纽伦堡纳粹党代表大会上一致通过了两部反犹法，《德意志帝国公民法》和《德意志
血统和荣誉保护法》。这些法律统称为"纽伦堡法案"〔Nürnberger Gesetze〕。《德
意志帝国公民法》中规定：只有日耳曼民族或与日耳曼同宗血缘的人才是帝国公民，犹
太人以及吉普赛人已不再是帝国公民。《德意志血统和荣誉保护法》规定犹太人的贱民
地位，使之成为"不可接触者"：禁止犹太人与日耳曼民族等所有非犹太人通婚或性
交），1941年取得美国公民资格，1940年至1948年在华盛顿大学任教，成为该校哲学和
现象学研究的创始成员。他于1952年重返德国，担任科隆大学和弗莱堡大学客座教授，
从事英美法的教学和研究，1973年9月9日在弗莱堡去世。其著作主要有：《法的客体：
财产理论的法逻辑研究》（Der Rechtsgegenstand: Rechtslogische Studien zu einer Theorie des
Eigentums, Springer, Berlin 1933）；《法与时间：法哲学五论》（Recht und Zeit: Fünf
rechtsphilosophische Essays, Vittorio Klostermann, Frankfurt 1955）；《法与世界：法哲学
文集》（Recht und Welt: Rechtsphilosophische Abhandlungen. Juristische Abhandlungen, Bd. 1,
'Vittorio Klostermann, Frankfurt 1964）；《人、物、行为：现象学研究两篇》（Person,
Sache, Verhalten: Zwei phänomenologische Studien, Vittorio Klostermann, Frankfurt 1969）。
相关的资料，参见Thomas Würtenberger (Hrsg.), Phänomenologie, Rechtsphilosophie, Juris
prudenz: Festschrift für Gerhard Husserl Zum 75. Geburtstag, V. Klostermann, Frankfurt a. M.
1969; Giuliana Stella, "From Criticism to The Phenomenology of Law", in: Enrico Pattaro,
Corrado Roversi (ed.), Legal Philosophy in the Twentieth Century: The Civil Law World, Tome 1,
Language Areas, Springer, Netherlands 2016, pp. 165-174。

（Kieler Schule，即上文提及的有"法学冲锋队学院"之称的基尔大学法学与国家学学院）的骨干分子。

1933—1945 年间，拉伦茨先后出版《国家哲学》（*Staatsphilosophie*，1933，与基尔大学国家法教授京特·霍尔施泰因〔Günther Holstein，1892—1931〕合著）、《德意志法的更新与法哲学》（*Deutsche Rechtserneuerung und Rechtsphilosophie*，1934）、《契约与侵权》第 1 卷 "契约与违约"（*Vertrag und Unrecht: Teil 1 - Vertrag und Vertragsbruch*，1936）、《契约与侵权》第 2 卷 "损害与不当得利之责任"（*Vertrag und Unrecht: Teil 2 - Die Haftung für Schaden u. Bereicherung*，1937）、《论民族的法思考的对象和方法》（*Über Gegenstand und Methode völkischen Rechtsdenkens*，1938）、《黑格尔主义与普鲁士的国家理念》（*Hegelianismus und preußische Staatsidee: Die Staatsphilosophie*，Joh. Ed. Erdmanns u. d.，1940）等作品。1934 年起，与哲学家、时任吉森大学哲学院院长的赫尔曼·格洛克纳（Hermann Glockner，1896—1979）共同主编《德国文化哲学杂志》（*Zeitschrift für Deutsche Kulturphilosophie*），1935 年在这本刊物上发表《民族精神与法》（"Volksgeist und Recht"），同年与格尔奥格·达姆等人主编《新法学的基本问题》（*Grundfragen der neuen Rechtswissenschaft*），发表《权利人与主观权利》（"Rechtsperson und subjektives Recht"）一文，从（黑格尔）法哲学和民法学角度为纳粹的法律意识形态（尤其是德意志 "民族的法的

更新"运动）背书，被后世称为"民法和法哲学上最重要的纳粹理论家之一"（einer der wichtigsten NS-Theoretiker im Zivilrecht und der Rechtsphilosophie）。[1]

　　1937 年，拉伦茨加入纳粹党（民族社会主义德国工人党），并担任纳粹法学家协会（NS-Juristenbund）成员，1940 年参与纳粹"德国人文科学战争投入"计划（Kriegseinsatz der Deutsche Geisteswissenschaften，1940—1945），[2]1942 年获得"二等战争十字勋章"（das Kriegsverdienstkreuz 2. Klasse）。1945 年德国战败后，西方占领军在德国立即实施"清纳粹运动"（Entnazifizierung），拉

[1]　Ernst Klee(Hrsg.), *Das Personenlexikon zum Dritten Reich: Wer war was vor und nach 1945*, Fischer Taschenbuch Verlag, Zweite aktualisierte Auflage, Frankfurt a. M. 2005, S. 358;黄瑞明：《纳粹时期的拉伦兹：德国法学界的一页黑暗史》，载《台大法学论丛》2003年第32卷，第5期，第5页；舒国滢：《在法律的边缘》，中国法制出版社2000年版，第216页；Wolfgang Benz u.a. (Hrsg.), *Enzyklopädie des Nationalsozialismus*, 4 Aufl., München 2001; Hans-Peter Haferkamp, "On the German History of Method in Civil Law in Five Systems", pp. 551-556。

[2]　"德国人文科学战争投入"计划（Kriegseinsatz der Deutsche Geisteswissenschaften，1940—1945）是纳粹当局的"科学、教育与国民教育部"（Reichsministerium für Wissenschaft, Erziehung und Volksbildung）等机构于1940年启动的一项"旨在与欧洲的新的思想秩序和德国的战争目标相适应"的研究行动计划，由当时纳粹法学家、基尔大学校长保罗·李特布施（Paul Ritterbusch, 1900—1945）负责组织实施，故亦被称为"李特布施行动计划"（Aktion Ritterbusch）。该计划涵盖古代文化学（考古学）、盎格鲁学（英国语言文学）、地理学、日耳曼学、历史学、艺术史、东方学、哲学、罗马学、国家法、国际法、民法学等学科领域，有超过500位学者（主要为大学教授）自愿参加该计划，其中包括卡尔·施米特、汉斯-格奥尔格·伽达默尔、卡尔·拉伦茨、弗朗茨·维亚克尔等代表人物。具有反讽意味的是，受该项计划支持的这批人开始在1960年代后产出大量人文科学研究成果，当然这些人的研究目的已然改变，不再服务于纳粹的意识形态，而限于纯人文科学的用途。

伦茨因在纳粹统治时期的表现而被强制退休，不过，他于1949年底又被恢复教职，重返基尔大学担任教授，1960年转任慕尼黑大学民法教授，直至1971年荣退。1993年1月24日，他在慕尼黑附近的奥尔欣（Olching）去世。[1]

"二战"以后，拉伦茨出版的著作主要有：《债法教科书》2卷本（*Lehrbuch des Schuldrechts*, Bd. 1, 1953, Bd. 2, 1956）、《德国民法总论》（*Allgemeiner Teil des deutschen Bürgerlichen Rechts*, 1960）、《论作为科学的法学的不可或缺性——1966年4月20日在柏林法学会的演讲》（*Über die Unentbehrlichkeit der Jurisprudenz als Wissenschaft*, 1966）、《正确法：法伦理的基本特征》（*Richtiges Recht: Grundzüge einer Rechtsethik*, 1979）。当然，带给拉伦茨在整个德国法学界盛名的，除了《债法教科书》和《德国民法总论》，就是他的这本《法学方法论》。

拉伦茨在《法学方法论》第1版[2]序言（慕尼黑1960年8月）

1　Ralf Dreier, "Julius Binder (1870–1939). Ein Rechtsphilosoph zwischen Kaiserreich und Nationalsozialismus", in: Fritz Loos (Hrsg.), *Rechtswissenschaft in Göttingen*, Vandenhoeck & Ruprecht, Göttingen 1987, SS. 435-455; 黄瑞明：《纳粹时期的拉伦兹：德国法学界的一页黑暗史》，载《台大法学论丛》2003年第32卷第5期。

2　拉伦茨的《法学方法论》在1960年8月交付出版后，先后经历了5次修订，到1991年1月，已出第6版（主要是增补了"奥塔·魏因伯格的最新学说"）。1992年春，拉伦茨去世之前在慕尼黑的奥尔欣又出版了《法学方法论》的一个"学生版"（Studienausgabe），删除了"全文版"第一部分（"历史—批判"部分）第1—4章，直接将"全文版"的第5章"当代的方法争论"作为"学生版"的第1章，加上"全文版"的第二部分（体系部分），共有7章。台北大学法学院的陈爱娥教授将这本版本译成汉语出版（参见［德］卡尔·拉伦茨：《法学方法论》，陈爱娥译，商务印书馆2003年版）。

中明确限定了其所理解的"法学方法论"：他的这本书的研究
对象是受法官个案裁判影响的"教义"法学（Die "dogmatische"
Rechtswissenschaft），它不是法律史、法社会学以及比较法学的方
法论；更进一步说，这里的"法学"是当代德国法学的一个特定的
类型，它首先以制定法或"法条"，而不是判例为导向。当然，在
当代，法官的个案判决不再只是简单的"涵摄"，而是一个多样化
的思考过程，其结果也不是不让触碰法条的内容，而是在民法领域
的方法运动目前达到极强的程度，在民法上，"实证主义"比在其
他领域保持的时间更长，并更切近地触及"判例法"（个案法）方
法。故此，在民法上亟须方法上的说明。在拉伦茨看来，任何一门
科学的方法论都是对其行为（Tun）的自我反思，它不仅是对科学
上应用的方法的描述，而且也是对它的理解，即对它的必要性、正
当性以及界限的省察。方法的必要性和正当性来自通过方法而应被
理解的对象之意义和结构特征。因此，若不同时讨论方法，就不可
能讨论法学。任何法学方法论均建立在某种法的理论之上，或者至
少包括这样一种理论。它必然显示两幅面孔：一幅是法教义学及其
方法的实际应用，另一幅是法的理论并由此而最终应用法哲学。方
法论的困难，也包括它的特殊魅力，正在于这双重的视线之中。[1]

拉伦茨认为，当代德国法学方法论的难题只有熟悉 19 世纪初
期以来法的理论和方法论才能充分地理解。故此，他的《法学方

---

[1] Karl Larenz, "Aus dem Vorwort zur ersten Auflage" in: ders., *Methodenlehre der Rechtswissenschaft*, 6 Aufl., SS. IX-X.

法论》第一部分属于"历史—批判"部分，其论述 19 世纪初（萨维尼）以来德国法的理论和方法论，共有 5 章：第 1 章"萨维尼的方法论"；第 2 章"19 世纪的'概念法学'"（第 1 节"普赫塔的'概念谱系'"；第 2 节"早期耶林的自然历史方法"；第 3 节"温德沙伊德的理性论的法律实证主义"；第 4 节"'客观的'解释论"）；第 3 章"受实证主义科学概念影响的法的理论与方法论"（第 1 节"比尔林的心理学的法理论"；第 2 节"耶林向实用主义法学的转向"；第 3 节"旧的利益法学"；第 4 节"自由法运动中的意志论转向"；第 5 节"法社会学转向"；第 6 节"凯尔森的'纯粹法学'"；第 7 节"奥塔·魏因伯格的制度论法学"）；第 4 章"20 世纪前半叶法哲学上的实证主义之拒绝"（第 1 节"施塔姆勒的法学论及其'正确法'学说"；第 2 节"'西南德意志的'新康德主义和价值论"；第 3 节"客观唯心主义与辩证法"；第 4 节"现象学法学"）；第 5 章"当代的方法争论"（第 1 节"从'利益法学'到'评价法学'"；第 2 节"追问超越法律之评价标准"；第 3 节"规范内容与事实结构"；第 4 节"寻求正当的个案判决"；第 5 节"论题学与论证程序"；第 6 节"法律拘束与涵摄模式"；第 7 节"关于体系问题"；第 8 节"关于正义的法哲学争论"）。[1]

1　Karl Larenz, *Methodenlehre der Rechtswissenschaft*, 6 Aufl., "Inhalt", SS. XI-XII.

在对德国法的理论和方法论进行"历史—批判"的基础上,拉伦茨重点讨论其所称谓的"体系部分"(《法学方法论》第二部分),这个部分共有6章:第1章"导论:法学的一般特征"[第1节"法的表现方式及属于这种方式的科学";第2节"作为规范科学的法学:规范性陈述的语言";第3节"作为'理解'科学的法学"(通过解释的理解;理解的'循环结构'与'前理解'的意义;作为辩证过程的规范解释与规范适用);第4节"法学中的价值导向的思考"(法适用领域中的价值导向思考;法教义学领域中的价值导向思考;尼克拉斯·卢曼有关法教义学的论点);第5节"法学对于法律实务的意义";第6节"法学的知识贡献";第7节"方法论作为法学在诠释学上的自我反省"];第2章"法条的理论"[第1节"法条的逻辑结构"(法条的组成部分;作为规定语句的法条:对命令说的批评);第2节"不完全法条"(说明性法条;限制性法条;参照性法条;作为参照的法律拟制);第3节"法条作为规定的部分";第4节"多个法条或规定的聚合(竞合)";第5节"制定法适用的逻辑图式"(确定法律后果的三段论;小前提的获取:涵摄的仅仅有限部分;借助结论命题推导出法律后果)];第3章"案件事实的形成和法律上的判断"[第1节"作为事件和作为陈述的案件事实";第2节"作为案件事实形成基础的法条之选择";第3节"必要的判断"(以感知为基础的判断;以对人的行为解释为基础的判断;其他通过社会经验获得的判断；价值判断；留给法官的判断余地）；第4节"法律行为表示的阐释"（作为法律后果之规定的法律行为表示；法律行为的解释；债权契约归入法定契约类型）；第5节"实际发生的案件事实"（诉讼程序中的事实确定；"事实问题"与"法律问题"的区分）］；第4章"制定法的解释"［第1节"解释的任务"（解释在制定法适用程序中的功能；解释的目标：立法者的意思抑或规范性的法律含义？）；第2节"解释的标准"（字义；法律的意义脉络；历史上的立法者之调整意图、目的和规范想法；客观—目的论标准；合宪性解释的要求；解释标准之间的关系；制定法解释与法律行为解释的比较）；第3节"共同决定解释的因素"（追求公正的个案裁决；规范情境的变化）；第4节"解释的特殊问题"（"狭义"与"广义"解释：例外规定的解释；关于习惯法与判例的解释；关于宪法的解释）］；第5章"法官的法的续造方法"［第1节"法官的法的续造作为解释的延续"；第2节"法律漏洞的填补（制定法内的法的续造）"（法律漏洞的概念与种类；"公开的"漏洞的填补，尤其是通过类推；"隐藏的"漏洞的填补，尤其是通过目的论限缩；基于目的论对制定法文本修正的其他情形；漏洞的确定与漏洞的填补；漏洞的补充作为创造性认识的成果）；第3节"通过'法益衡量'解决原则—规范冲突"；第4节"制定法计划之外的法的续造（逾越制定法的法的续造）"（鉴于法交易需要的法的续造；鉴于"事物的本性"的法的续造；鉴于法伦理原

则的法的续造；逾越制定法的法的续造之界限）；第 5 节"判例对
形成'法官法'的意义"］；第 6 章"法学上的概念形成与体系形
成"［第 1 节"'外部的'体系或抽象—概念体系（法学上的体系
形成的任务与可能性；抽象的概念及依此协助形成的"外部的"体
系；作为体系化手段的法学"建构"；法学理论及其可审查性；内
含于抽象化思考中的意义空洞化趋势；黑格尔对抽象概念与具体概
念的区分）；第 2 节"类型和类型系列"（一般意义上的"类型"
思考方式；法学上的"类型"的意义；法律上的结构类型的把握；
法律上的结构类型对于体系形成的意义）；第 3 节"'内部的'体
系"（法原则对于体系形成的意义；规定功能的法概念；"内部
的"体系之"开放"性与"碎片"性）］。[1]

　　总体上看，拉伦茨的《法学方法论》承接哈利·韦斯特曼价值
法学思想的转向工作，其核心在于倡导一种"法学中的价值导向的
思考"（Wertorientiertes Denken in der Jurisprudenz）。[2] 在拉伦茨看
来，法律是应被遵守的规定、被制定出来的裁判标准（规范）。力
图借规范来调整生活领域的立法者，通常受特定的调整意图、正义
考量或合目的性考量引导，最终以特定的评价为基础。这些评价表

1　Karl Larenz, *Methodenlehre der Rechtswissenschaft*, 6 Aufl., "Inhalt", SS. XII-XV.

2　Karl Larenz, *Methodenlehre der Rechtswissenschaft*, 6 Aufl., S. 214.（汉译参见［德］卡尔·拉伦
茨：《法学方法论》，第94页。）在这一点上，拉伦茨完全赞同丹麦法学家施蒂希·约根森的
看法。约根森说，法律处理价值问题，司法裁决与教义法学经常进行价值评价。（参见Stig
Jørgensen, *Values in Law: Ideas, Principles and Rules*, Juristforbundets Forlag, København 1978, p. 7）。

现在：法律对行为方式采取命令或禁止，对违反行为采取制裁威胁，对权利许可或者拒绝，对风险予以分配，以此赋予特定的法益一种广泛的保护，而对其他法益则不予保护或较少保护。因此，"理解"一个法规范，就要求必须发掘其中所包含的评价以及评价的作用范围。这是因为，依据规范来评价待判断的案件，并非简单地依照涵摄程序将形成概念的全部特征在有待判断的案件事实上一一找到（涵摄推论的"大前提"是概念的定义；"小前提"是通过感知予以证实的断定，即客体 X 具备定义中提及的全部特征；结论系这样的表述：X 属于此概念所描述的客体的类别，或者 X 是此概念所描绘的属类之"事例"），通常在进行逻辑涵摄之前，需要一系列中间判断或辅助判断（Zwischen-oder Hilfsurteilen），可能还需要来自判断者的社会经验，而这种以经验为基础的判断很少是"精确的"。[1] 按照拉伦茨的看法，说到底，并非所有的法定构成要件都通过概念构成，很多情况下，法律利用"类型"（Typus），而非通过不可放弃的特征最终确定的概念来描述一个案件事实（事实上，概念上的特征常常不能涵盖从法理角度看所指涉的所有案件，或者相反，把本不应包含的案件涵括进来[2]），也就是说，法律可能包含某种"需要填补的"评价标准或者"滑动的

1　Karl Larenz, *Methodenlehre der Rechtswissenschaft*, 6 Aufl., SS. 214-215, 216.（汉译参见 [德] 卡尔·拉伦茨：《法学方法论》，第94—96页）

2　Karl Larenz, *Methodenlehre der Rechtswissenschaft*, 6 Aufl., S. 222.（汉译参见 [德] 卡尔·拉伦茨：《法学方法论》，第101页。）

标准"（ein gleitender Maßstab），这些标准只有在它"适用于"
具体案件时才能够被充分"具体化"。这个过程并非单纯地"适
用"规范，而是从事一种符合规范或标准旨意的价值判断，[1]这种
"符合"（Entsprechung）与涵摄的操作不同，它可能意味着"等
置"（Gleichsetzung），需要各种"媒介"工作（Vermittlungen）。
法学主要关切的正是这些媒介工作，它们不具有"逻辑上必然"
（强制）推论的性质，但可能具有可以被理解的，并且（在一定
限度内）有说服力的思考步骤［这个过程可能需要考虑各种歧义
的、以各种不同方式组合的观点之判断，该判断不可能具有建立
在确定的感官知觉基础上的事实判断（Tatsachenurteil）之同等程
度的主体间的确实性（intersubjective Gewißheit），人们的见解尚不
十分确定，没有明确的界限，有的只是"流动的过渡"（fließende
Übergänge），留有"（意见）均可接受"的判断余地，目的论解释
（目的论扩张、目的论限缩）空间或"较有弹性"的程序，严格意
义的涵摄不复可能］。因此，无论在实践（法的适用）领域，还
是理论（教义学）领域，法学在很大程度上是一种"价值导向的

---

1 拉伦茨把价值也看作是一种"精神的在"（Das geistige Sein），这个概念是他从黑
格尔哲学中的"客观精神"（objektives Geist）概念中提取的，而不是从尼古莱·哈特曼
的价值层次学说发展而来的。在拉伦茨那里，精神的在主要有认识论意义，而不是像其
他人（阿图尔·考夫曼、莱因荷德·齐佩利乌斯等）那样把它看作是本体论学说。（参见
Wolfgang Fikentscher, *Methoden des Rechts in vergleichender Darstellung*, Bd. 3, S. 408。）

思考"。[1]

　　"价值导向的思考"程序实际上是一种类型的思考（类型归属），而非概念的思考（概念涵摄，即以尽可能清晰地勾画的、不可放弃的，以及最终思考的特征来描述所指涉的案件事实，在"理想的情形"中，达到一种"价值中立的"思考过程）。[2]这是因为，如上所述，在法律规范上描述构成要件的不一定是概念，而是一种类型。类型具有较大的变化空间和相对的开放性，在个案思考中讨论得更多的是"规范性的事实类型"（ein normativer Realtypus），其所处理的并非全部特征在案件事实上一一重现的概念定义，而毋宁是"一种以示例指涉的类型描述"（eine exemplarisch gemeinte Typenbeschreibung），[3]在类型描述中所指涉的特征不需要全部出现，特别是，它们可以或多或少不同程度地出现，通常有强弱不同的阶段，直至在一定范围内可以相互交换（在此意义上，类型描述是概念形成的前阶段）。在此，至关重要的是它们在具体现象中的结合情形（Verbindung），一个案件事实是否归属于某个类型，并非仅仅看它是否包含该类型通常所涉及的特征，而取决于被"作

1　Karl Larenz, *Methodenlehre der Rechtswissenschaft*, 6 Aufl., SS. 215-217.（汉译参见［德］卡尔·拉伦茨：《法学方法论》，第95—97页。）

2　Karl Larenz, *Methodenlehre der Rechtswissenschaft*, 6 Aufl., S. 222.（汉译参见［德］卡尔·拉伦茨：《法学方法论》，第101页。）

3　Karl Larenz, *Methodenlehre der Rechtswissenschaft*, 6 Aufl., SS. 218, 220.（汉译参见［德］卡尔·拉伦茨：《法学方法论》，第97页，第99页。）

为类型"看待的特征以如此的数量和强度存在，以至于该案件事实"整体上"符合类型的外观形象（Erscheinungsbild）。[1]显然，拉伦茨所说的类型不单单是个别特征的积累，而是由它所描述的个别特征结合而成的整体形象。那么，这种结合以什么为基础呢？或者说，促成类型统一（整体）的因素是什么？拉伦茨在这里看到："规范性的事实类型"首先是在社会现实（Die soziale Realität）中经常会遇到的案件事实，但这种事实只有在被"赋予了"某种特定的法律后果才取得其"法律上的相关性"（rechtliche Relevanz）。立法者正是考虑到与事实相关联的法律后果以及对该后果所赋予的评价，才形成类型。在类型与法律后果的联结方面，不可缺少指导性的价值观点（Der leitende Wertgesichtspunkt）以及"法理"（ratio legis，法律理由）这样的"中心联结点"（Der zentrale Bezugspunkt）。[2]类型的思考在描述案件类属时总是维持着与指导性的价值观点之间的联系，因为所有被考量的特征均对准该种价值，作为促成统一的中心，只有这样，它们才具有意义。在运用"需要填补的"评价标准或者"滑动的标准"来描绘构成要件或法律后果的情形中，每一项判决都是通过示例将这些标准中所指涉的法思想与特定的案件事实连接起来，并借此而对该种案件事实（以

1　Karl Larenz, *Methodenlehre der Rechtswissenschaft*, 6 Aufl., S. 221.（汉译参见［德］卡尔·拉伦茨：《法学方法论》，第100页。）

2　Karl Larenz, *Methodenlehre der Rechtswissenschaft*, 6 Aufl., SS. 221-222.（汉译参见［德］卡尔·拉伦茨：《法学方法论》，第100—102页。）

及所有类似的情形）填补额外的内容，即加以"具体化"；每一次成功的具体化都有助于将"需要填补的"评价标准进一步具体化，通过个案的判断，原有的标准在内容上得到充实并由此得到续造（发展），而这个过程似乎从来不会"终结"，在这个过程中，法的适用和法的续造并行而来。拉伦茨指出：我们可以在案件事实的法的判断脉络里来讨论这个过程，同样也可以在（制定法内的）法的续造脉络里（制定法的内在目的论之线索中），或者超越实在法的开放的法的续造脉络里（客观的法目的和法原则：法交易需要、"事物的本性"以及法伦理原则）来探讨之。[1]

正是在这个意义上，拉伦茨在其法学方法论中所倡导的"价值导向的思考"程序以及在此基础上所发展的评价法学学说被称为"制定法续造的价值法学"（gesetzesfortbildende Wertjurisprudenz）和"法内的"价值法学（rechtsimmanente Wertjurisprudenz）。[2] 它在法哲学（本体论、认识论、诠释学和价值论）、法教义学与方法论等多个层面回应了19世纪初期以来德国法学界的多个流派（尤其是利益法学派）和众多的法学家所开发出来的复杂法学难题（概念分析、逻辑论证、法律解释、漏洞填补、法的续造、利益衡量、价值判断、体系建构等），并努力

1　Karl Larenz, *Methodenlehre der Rechtswissenschaft*, 6 Aufl., SS. 223-224, 413ff.（汉译参见［德］卡尔·拉伦茨：《法学方法论》，第102—103页，第286页及以下页。）

2　Wolfgang Fikentscher, *Methoden des Rechts in vergleichender Darstellung*, Bd. 3, SS. 407ff., 411.

做出自己的分析和阐释，在法律实务——教义学解释——逻辑应用——哲学讨论之间架起了一座沟通的桥梁，不仅实现了法学方法论作为一门学问（学科）的三大目标（即法的安定性、正义性和实用性[1]），使之逐渐精致化为一门专门的法学专业领域，而且也提升了评价（价值）法学发展的高度和研究的层次，在理论与实践两个层面深刻影响了德国法学（律）家群体的思考方式和论证方式。诚如学者所言，拉伦茨的《法学方法论》这本书无异于为法学方法论这门专业举行了命名仪式，堪称 20 世纪德国法学方法论史和其影响史上的一座纪念碑。[2]

六、其他学者在评价法学和法学方法论上的贡献

除了上述各家的法律学说，20 世纪 50 年代之后，还有一些重

1　Heinrich Schoppmeyer, *Juristische Methode als Lebensaufgabe: Leben, Werk und Wirkungsgeschichte Philipp Hecks*, S. 253.

2　参见吴从周：《概念法学、利益法学与价值法学：探索一部民法方法论的演变史》，第422页，第424页；Heinrich Schoppmeyer, *Juristische Methode als Lebensaufgabe: Leben, Werk und Wirkungsgeschichte Philipp Hecks*, S. 251ff.。应当指出，在卡尔·拉伦茨1960年出版《法学方法论》前后，德国法学界曾有不少同名或类似的著作出版，兹列其要目：Paul Kretschmar, *Über die Methode der Privatrechtswissenschaft*, 1914; Arthur Baumgarten, *Die Wissenschaft vom Recht und ihre Methode*, 2Bd., 1920-1922; Ders., *Grundzüge der juristischen Methodenlehre*, 1939; Erich Schwinge, *Der Methodenstreit in der heutigen Rechtswissenschaft*, 1930; Wilhelm Sauer, *Juristische Methodenlehre*, 1940; O. A. Germann, *Methodische Grundfragen*, 1946; Friedrich Carl von Savigny, *Juristische Methodenlehre*, Hrsg. von G. Wesenberg, 1951; Friedrich Müller, *Juristische Methodik*, 1971; Helmut Coing, *Juristische Methodenlehre*, 1972; Reinhold Zippelius, *Einführung in die Juristische Methodenlehre*, 2 Aufl., 1974。以笔者个人的判断，上列其他作者的作品，无论在学术价值，还是在影响力上均不可与拉伦茨的《法学方法论》相提并论。

量级的德国法学家在评价法学和法学方法论上进行过孜孜不倦的探索，这里对他们的作品和观点予以简要叙述：

（1）时任哥廷根大学罗马法与民法教授的弗朗茨·维亚克尔（Franz Wieacker，1908—1994）于1956年在《法与国家》（Recht und Staat）杂志发表《〈德国民法典〉第242条之法理论阐释》（Zur rechtstheoretischen Präzisierung des §242 BGB）一文，1957年在《德国法律人报》发表评论埃塞尔著作（即1956年出版的《法官私法续造中的原则与规范》）的文章《制定法与法官的技艺规则》（"Gesetzesrecht und richterliche Kunstregel"），在评价的来源上采取多重标准，比如，"立宪者表达的评价""当时的法思想共识""法官平衡的原则""事物的本性""客观逻辑结构"（sachlogische Strukturen），以及"可靠的法学说"（Die bewährte Rechtslehre）和"公认的法院惯例"，等等。[1]

（2）当代著名法哲学家、刑法学家阿图尔·考夫曼一生著述品类繁多，自1957年以来先后出版《自然法与历史性》（*Naturrecht und Geschichtlichkeit*, 1957）、《归责原则》（*Das Schuldprinzip*, 1961）、《转型中的法哲学》（*Rechtsphilosophie im Wandel*, 1972）、《法哲

---

1 Franz Wieacker, "Zur rechtstheoretischen Präzisierung des §242 BGB" (1956), in: Franz Wieacker, *Kleine juristische Schriften: Eine Sammlung zivilrechtlicher Beiträge aus den Jahren 1932 bis 1986*, Hrsg. von Malte Dießelhorst, Verlag Otto Schwartz & Co., Göttingen 1988, SS. 43-76; Ders., "Gesetzesrecht und richterliche Kunstregel" (1957), in: Franz Wieacker, *Kleine juristische Schriften*, SS. 13-26.

学》（*Rechtsphilosophie*, 2. Auf., 1997）、《当代法哲学和法的理论导论》（*Einführung in Rechtsphilosophie und Rechtstheorie der Gegenwart*，与 Winfried Hassemer 等人合著，8. Aufl., 2011）、《类推与"事物的本性"——兼论类型理论》（*Analogie und "Natur der Sache": Zugleich ein Beitrag zur Lehre vom Typus*, 1982）、《法的获取程序——一种理性分析》（*Das Verfahren der Rechtsgewinnung: Eine rationale Analyse*, 1999）等，在"具体的自然法"、评价法学中的"价值规定性中的法的方法思考"、法诠释学、"事物的本性"与类型的思考形式，以及法的获取程序等方面均有广泛、深刻的论述，在国际法哲学界享有很高的声誉。[1]

（3）当代法哲学家、埃尔朗根大学法哲学与公法教授莱因霍尔德·齐佩利乌斯（Reinhold Zippelius, 1928— ）自 1960 年代先后著有《基本权利体系中的评价问题》（*Wertungsprobleme im System der Grundrechte*, 1962）、《法的本质——法的理论导论》（*Das Wesen des Rechts. Eine Einführung in die Rechtstheorie*, 1965）、《开放社会中的法与正义》（*Recht und Gerechtigkeit in der offenen Gesellschaft, 2. Aufl.*, 1996）、《法哲学》（*Rechtsphilosophie*, 6. Aufl., 2011）、《一般国家学——政治学》（*Allgemeine Staatslehre. Poli-*

---

1 Wolfgang Fikentscher, *Methoden des Rechts in vergleichender Darstellung*, Bd. 3, SS. 416-417, 439ff.; Karl Larenz, *Methodenlehre der Rechtswissenschaft*, 6 Aufl., SS. 135-137.（汉译参见［德］卡尔·拉伦茨：《法学方法论》，第15—17页。）

tikwissenschaft, 16. Aufl., 2010）、《法社会学与国家社会学的基本概念》（*Grundbegriffe der Rechts- und Staatssoziologie*, 3. Aufl., 2012）、《法学方法论》（*Juristische Methodenlehre*, 11. Aufl., 2012）、《法律中的实验方法》（*Die experimentierende Methode im Recht*, 1991）、《法的导论》（*Einführung in das Recht*, 7. Aufl., 2017）、《德国宪法小史——从中世纪早期到当代》（*Kleine Deutsche Verfassungsgeschichte.Vom frühen Mittelalter bis zur Gegenwart*, 7. Aufl., 2006）、《国家与教会——从古代到当代的历史》（*Staat und Kirche. Eine Geschichte von der Antike bis zur Gegenwart*, 2. Aufl., 2009）、《国家理念的历史》（*Geschichte der Staatsideen*, 10. Aufl., 2003）、《通过法与文化主导理念的行为控制》（*Verhaltenssteuerung durch Recht und kulturelle Leitideen*, 2004）等作品，在价值法哲学、国家学说、宪法学以及法学方法论诸领域均有较高的建树，被誉为"超越社会的评价（价值）法学"的代表人物。[1]

七、结语

　　通过上述内容，我们大体上可以看出评价法学之理论面貌的一些特征：第一，无论哪一种评价法学，都必须面对其前的法学（尤其是利益法学）所开放出来的法学难题（特别是利益衡量

1　Wolfgang Fikentscher, *Methoden des Rechts in vergleichender Darstellung*, Bd. 3, S. 415; Jens Petersen, *Von der Interessenjurisprudenz zur Wertungsjurisprudenz*, S. 9.

和利益冲突的解决问题），¹故此，评价法学与其前的法学（尤其是利益法学）之间有着不可分割的亲缘关系或路径依赖关系，否认这一点而将评价法学孤立起来，就不能够清晰地揭示评价法学的知识和方法谱系。²第二，严格地说，评价法学并没有形成统一的学派，各家的评价法学之理论资源、出发点、哲学基础和方法论实际上存在着较大的差别，故此，他们的理论纲领、企图和目标并不统一，所形成的理论成果也多种多样。第三，评价法学的理论家们均没有把自己的追求仅仅限定于纯粹理论的目标，他们均不同程度地致力于法律实践难题的探讨，试图在方法论上为实践难题寻找到可行的解答方案。第四，评价法学家们的注意力总体上在于寻找规范之"法理"（法上的应然之在），³他们从不同层面和不同角度为这种"法理"寻求"更佳的"论证根据与论证方法：其中，有的学者（韦斯特曼）在制定

1　Ernst Meyer, *Grundzüge einer systemorientierten Wertungsjurisprudenz*, S. 13ff.

2　菲肯切尔曾经有这样的评论：当代法学方法论有三个主要潮流（或方法论运动）在支配着"当代"方法论题，第一条主线是在法哲学上自然法与法实证主义不断来回撞击的基本立场，特别是新康德主义学派，及其对方法论的影响；第二条主线是从耶林以来的法学方法论的经验主义传统，这发展成为对康德主义反经验传统的一种对抗纲领；第三条主线（方法论运动）包括与法的评价和评价批判有关的一切学说，它们综合成为自然法讨论与法经验传统碰撞的结果。评价法学（价值法学）是代表经验主义传统的利益法学的直接延续，而（评价法学中的）价值主题则牵涉自然法与法实证主义之间通过新康德主义复活的争论，就此而言，这三个主要潮流（或方法论运动）在评价法学这里已经而为一了。（参见Wolfgang Fikentscher, *Methoden des Rechts in vergleichender Darstellung*, Bd. 3, SS. 446-447。）

3　Ernst Meyer, *Grundzüge einer systemorientierten Wertungsjurisprudenz*, SS. 29-30.

法内寻找"法理"，有的学者（拉伦茨）超越制定法（在法内）寻找"法理"，而另有学者（埃塞尔）在社会（或者事物的本性）内寻求"法理"，他们用各自的方法确立寻找"法理"的评价标准和评价规则，相互批判、砥砺，取长补短，丰富了法学的认识图式和结构，使法学的讨论更加多样化、精致化和广泛化。第五，评价法学促进了法教义学之"成分与技术的批判"，导致法学方法论在"二战"后的勃兴，[1] 在这个意义上，所有当

1　据作者经查阅相关书目所做的（不完全）统计，自1960年到2015年，在德国出版的单以"法学方法论"为书名的专著（包括博士论文和教授资格论文）有130多部，兹择要列后（上文论述过的作者之作品除外）：Wolfgang Gitter, *Die Methode der richterlichen Gesetzesauslegung* (Dissertation), 1969; Friedrich Müller, *Juristische Methodik*, 1971; Friedrich Müller, *Fallanalysen zur juristischen Methodik*, 1974; Harald Noack, *Sozialstaatsklauseln und juristische Methode* (Dissertation), 1974; Dietrich Bickel, *Die Methoden der Auslegung rechtsgeschäftlicher Erklärungen* (Habilitationsschrift), 1976; Friedrich Müller, *Juristische Methodik und politisches System*, 1976; Hans Paul Prümm, *Verfassung und Methodik* (Dissertation), 1977; Kurt Schellhammer, *Die Arbeitsmethode des Zivilrichters*, 2 Aufl., 1977; Edward E. Ott, *Die Methode der Rechtsanwendung* (Habilitationsschrift), 1979; René Rhinow, *Rechtssetzung und Methodik* (Habilitationsschrift), 1979; Peter Schwacke, *Juristische Methodik*, 1979; Dieter Schmalz, *Juristische Methode und Technik der Fallbearbeitung*, 2 Aufl., 1980; Hans-Martin Pawlowski, *Methodenlehre für Juristen*, 1981; Albert Heinrich Bleckmann, *Grundprobleme und Methoden des Völkerrechts*, 1982; Franz Bydlinski, *Juristische Methodenlehre und Rechtsbegriff*, 1982; Theo Öhlinger, *Methodik der Gesetzgebung*, 1982; Reinhold Hotz, *Methodische Rechtssetzung* (Habilitationsschrift), 1983; Jan Schapp, *Hauptprobleme der juristischen Methodenlehre*, 1983; Hans-Martin Pawlowski, *Einführung in die juristische Methodenlehre*, 1986; Hans Paul Prümm, *Juristische Methodik*, 1986; Dieter Schmalz, *Methodenlehre für das juristische Studium*, 1986; Ferdinand Kerschner, *Wissenschaftliche Arbeitstechnik und Methodik für Juristen*, 1987; Monika Schlachter, *Auslegungsmethoden im Arbeitsrecht* (Dissertation), 1987; Gerhard Schnorr, *Einführung in die Rechtswissenschaften und ihre Methoden*, 1988; Günther Winkler, *Theorie und Methode in der Rechtswissenschaft*, 1989; Erhard Blankenburg (Hrsg), *Neue* （转下页）

代的法学方法论都不过是"评价法学的装饰品"（Anhängsel der Wertungsjurisprudenz），¹ 当然，我们甚至可以用更夸张的口吻讲，无论愿意与否，当代的法学家大体上都生活在评价法学的绚烂光影之下。

（接上页）*Methoden im Zivilverfahren*, 1991; Edward E. Ott, *Kritik der juristischen Methode*, 1992; Sten Gagnér, *Zur Methodik neuerer rechtshistorischer Untersuchungen,* 1993; Walter Pauly, *Der Methodenwandel im deutschen Spätkonstitutionalismus* (Habilitationsschrift), 1993; Dirk Looschelders, *Juristische Methodik*, 1996; Friedrich Müller, *Arbeitsmethoden des Verfassungsrechts*, 1996; Wolfgang Roth, *Juristische Methodik im Prozess der Rechtsanwendung*, 1996; Eleonora Kohler-Gehrig, *Einführung in das Recht – Juristische Methodenlehre*, 1997; Friedrich Müller, *Methodik, Theorie, Linguistik des Rechts*, 1997; Ernst August Kramer, *Juristische Methodenlehre*, 1998; Lutz Treder, *Methoden und Technik der Rechtsanwendung*, 1998; Joachim Vogel, *Juristische Methodik*, 1998; Urs Peter Gruber, *Methoden des internationalen Einheitsrechts* (Habilitationsschrift), 2004; Peter Bringewat, *Methodik der juristischen Fallbearbeitung*, 2006; Günter Hager, *Rechtsmethoden in Europa*, 2008; Christoph Alexander Jacobi, *Methodenlehre der Normwirkung* (Dissertation), 2008; Jens Petersen, *Max Webers Rechtssoziologie und die juristische Methodenlehre*, 2008; Gottfried Gabriel, Rolf Gröschner(Hrsg.), *Subsumtion – Schlüsselbegriffe der juristischen Methodenlehre*, 2012; Markus Sikora, Kleine Arbeitsmethodik für Juristen, 2012; Sebastian A. E. Martens, *Methodenlehre des Unionsrechts* (Habilitationsschrift), 2013。
1　按照菲肯切尔的说法，当代法学方法论都是"价值法学的装饰品"。（Wolfgang Fikentscher, *Methoden des Rechts in vergleichender Darstellung*, Bd. 3, S. 447）

第二部分　法哲学评论

古斯塔夫·拉德布鲁赫法哲学思想述评 *

一、拉德布鲁赫生平与著作

古斯塔夫·拉德布鲁赫 1878 年 11 月 21 日生于德国北部城市吕贝克（Lübeck）的一个商人家庭。他于 1884 年进入布塞纽斯博士文科中学（das Progymnasium von Dr. Bussenius）预科班上学。1892 年从预科班四年级转入"卡塔琳娜"文科中学（Gymnasium Katherineum）高年级班（五年级）学习。1898 年春季，以"甲等全优"（primus omnium）的成绩获得文科中学毕业证。同年夏季，作为法科学生进入慕尼黑大学学习。1898—1900 年在莱比锡大学学习 3 个学期。1900—1901 年在柏林大学学习 2 个学期。5 月 20 日，在柏林高等（上诉）法院以"良好"成绩通过第一次法学国家考试，获法院候补司法官资格。1901—1902 年在吕贝克任候补司

* 本文写作的主要资料来源于阿图尔·考夫曼著《古斯塔夫·拉德布鲁赫传——法律思想家、哲学家和社会民主主义者》（慕尼黑 R. Piper GmbH & Co. KG 出版公司 1987 年版），拉德布鲁赫著《法律智慧警句集》（舒国滢译，中国法制出版社 2001 年版）以及相关的德语论文。此外，文章的完成还得益于阿图尔·考夫曼教授生前的鼓励和日本札幌学院大学法学部的铃木敬夫教授在资料上的帮助和学业上的指导。谨此向两位先生表示由衷的谢意。原文载《清华法学》（第三辑），清华大学出版社 2003 年版。

法官。其间，利用休假到柏林参加了由弗朗茨·冯·李斯特主持的刑法研讨班，并准备博士论文。1902 年 5 月 13 日，以"优秀"（magna cum laude）成绩通过博士口试，获博士学位。1903 年 12 月 16 日，经卡尔·冯·利林塔尔（Karl von Lilienthal）的推荐和招聘在海德堡获教授资格。1905 年 10 月 1 日起，他开始负责管理海德堡法律系图书馆。1906 年夏季学期，在曼海姆商事高等学院（Handelshochschule Mannheim）受聘授课。1907 年 9 月 28 日，与琳娜·格茨（Lina Götz）结婚（1908 年离婚）。同年当选海德堡市行政委员会（Heidelberge Stadtverorneten-Versammlung）的民主委员。1910 年 2 月，由巴登邦弗里德里希大公二世委任为编制外副教授。1910—1914 年担任海德堡市行政委员会委员长及孤儿事务委员会成员。1913 年 8 月，在苏黎世参加奥古斯特·倍倍尔（August Bebel，1840—1913）的葬礼和纪念会。1914 年 3 月，应聘担任柯尼斯堡大学（Universität Königsberg）编制内的副教授。1915 年应征担任红十字会志愿兵。同年 11 月 9 日，与柳迪娅·申克（Lydia Schenk）结婚。1915—1918 年服兵役，先在海德堡接受军事训练，然后出兵上阿尔萨斯（Ober-Elsass），此后出兵瓦伏尔平原（Woevre-Ebene），在里堡（Libau）接受军官培训。1918 年 7 月，担任少尉（Leutnant）。1919 年加入德国社会民主党（SPD）。同年 10 月 1 日任基尔大学（Kiel）正教授。1920 年当选为德国议会民主党议员党团（die Fraktion der Mehrheitssozialisten des Deutschen

Reichstags）成员。在海德堡参与修订新社会民主党党纲（1925 年发表）。同年 3 月 13—19 日，于卡普政变（Kapp-Putsches）期间在基尔遭拘禁。[1] 后担任德国国民议会宪法制定委员会（Mitglied der Verfassunggebenden）委员。1921 年 10 月 26 日，被任命为维尔特内阁（Kabinett Wirth）司法部部长。1922 年负责起草《保卫共和国法》《关于陪审员和陪审法官补偿法》《关于妇女任司法官与职业法官特准法》。10 月，负责起草《德意志通用刑法典草案》。11 月 23 日，在维尔特内阁倒台后，返回基尔大学担任教职。1923 年 8 月 13 日，接手斯特来斯曼（Stresemann）第一届和第二届内阁司法部。在 11 月份退出斯特来斯曼内阁后，再次回基尔大学任教授。1926 年 8 月 11 日，在议会发表纪念宪法日演讲《共和国的义务论》。秋天，受聘海德堡大学。11 月 13 日，在海德堡大学发表就职演讲《法律上的人》。1928 年回绝汉堡大学的聘请。1929 年 1 月 23 日起，担任布鲁赫扎尔男性监狱（Beirat der Bruchsaler Strafanstalten）顾问。1931 年回绝柏林大学的聘请。1933 年 5 月 9 日，被巴登邦（纳粹）当局解除公职。1934 年被迫回绝国外的聘任邀请［考纳斯大学（Kaunas）、纽约大学、苏黎世大学、里昂大学］。1935—1936 年作为牛津大学大学院客座研究员，在牛津大

1　卡普政变（Kapp-Putsch）是德国右派政治家卡普（Wolfgang Kapp, 1858—1922）于1920年3月13日发动的旨在反对当时的革命政权，恢复君主政体的政变。由于政变不久，德国社会主义各党发动了总罢工，卡普的叛乱失败。1922年，他在等待审判时死去。

学访学一年。1938 年 11 月 21 日，东京商科大学（一桥大学）出版其 60 周岁祝寿论文集。1939 年 3 月 22 日，其女儿蕾娜特·拉德布鲁赫（Renate Radbruch）在巴伐利亚阿尔卑斯山雪崩事故中遇难。1942 年 12 月 6 日，儿子安塞尔姆·拉德布鲁赫（Anselm Radbruch）担任少尉，在东部前线严重受伤后死亡。1945 年 9 月 7 日，拉德布鲁赫恢复教职并担任海德堡大学法学院院长。1948 年 7 月 13 日，告别（教坛）演讲。7 月 14 日，重新加入德国社会民主党。11 月 21 日，举行 70 寿辰纪念，同时被授予海德堡大学和哥廷根大学名誉博士学位。同年，出版祝寿论文集《文化哲学与法哲学论稿》，入选海德堡科学院。1949 年 11 月 21 日，拉德布鲁赫突发心肌梗死，11 月 23 日在海德堡逝世。

拉德布鲁赫一生著述甚丰。主要作品有：《论堕胎》（与格罗特雅恩合写，1921 年）、《法律智慧警句集》（阿图尔·考夫曼编，1963 年）、《论启蒙时代的崇高精神：人道主义和共济会主义之思想史论稿》（拉德布鲁赫编，1948 年）、《法学导论》（1910 年）、《论刑法的优雅：刑法史研究十四题》（1938 年）；《作为难题的新教团契》（1927 年）、《德意志通用刑法典草案》（1922 年，1952 年）、《保罗·约翰·安塞尔姆·冯·费尔巴哈：一个法学家的生平》（1934 年版）、《费尔巴哈纪念演说以及 3 篇学术遗稿》（1952 年）、《特奥多尔·冯塔纳，抑或怀疑与信仰》（1945 年）、《法西斯主义刑法》（1933 年）、《助产与刑法》

（1907年）、《英国法的精神》（1946年）、《法律的不法与超法律的法》（1946年）、《作为国际法主体的天主教会》（1950年）、《人物与思想》（1944年）、《犯罪史》（与亨·格文纳合著，1951年）、《法哲学纲要》（1914年）、《行为概念：其对刑法体系的意义——兼谈法学体系论》（1904年）、《心灵之路：我的生活片段》（1951年）、《你们诸位年轻的法律学生！》（1919年）、《司法漫画》（1947年）、《法律警句集要：致安塞尔姆的格言集》（1954年）、《社会主义文化论》（1922年）、《法律思维中的分类概念和秩序概念》（1938年）、《超越马克思主义？》（1926年）、《法律上的人》（1927年）、《法律上的人：有关法的基本问题的报告和文章选集》（弗里茨·冯·希佩尔整理，1957年）、《作为法律思维形式的事物的本性》（1948年）、《刑法改革和民族社会主义》（1933年）、《法理念的难题》（1924年）、《1932年版卡尔五世刑事法院规则》（拉德布鲁赫注释，1939—1940年）、《论这场战争的哲学》（1917年）、《监禁心理学》（1911年）、《论法的宗教哲学》（1919年）、《共和国的义务论》（1926年）、《法理念与法的质料》（1923—1924年）、《共和国司法部的荣誉和终结》（1948年）、《罗马法与革命》（1919年）、《司法：格尔利茨纲领释义》（1922年）、《法哲学》（1932年）、《法哲学补遗》（1973年）、《法哲学和法律实务》（1932年）、《社会民族国家中的法》（1919

年）、《作为法律创造的法学：议法律方法之争论》（1905年）、
《社会主义与文化》（1919年）、《作为学科的公民教育》（1948
年）、《19世纪的三本刑法学教科书》（1949年）、《公民课程
的任务》（1924年）、《论犯罪学体系》（1930年）、《信仰犯》
（1924年）、《1928年8月11日共和国政府庆典上的宪法演讲》
（1928年）、《法哲学入门》（1947年版）、《拉德布鲁赫全集》
（阿图尔·考夫曼编，20卷本，1987年以后）。

二、拉德布鲁赫相对主义法哲学概要

拉德布鲁赫的法哲学是一个论题广泛的开放体系。这一点可以
通过其著名的《法哲学》（1932年第3版，1983年第9版，1999
年由 Ralf Dreier 和 Stanley L. Paulson 编学生版）所讨论的内容予以
证明。在这本被誉为"最后的古典法哲学"[1]著作中，拉德布鲁赫
不仅研究了现实与价值、法的概念、法与道德、法与习俗、法的目
的、法的效力等传统法哲学课题，而且还讨论了法的历史哲学、法
的宗教哲学、法律人（Rechtsmenschen）的心理学、法美学、法学
逻辑以及公法与私法、人格、所有权、契约、婚姻、继承权、刑
法、死刑、赦免、诉讼、法治国、教会法、国际法、战争等问题。[2]

1　参见［德］阿图尔·考夫曼、［德］温弗里德·哈斯默尔主编：《当代法哲学和法律理
论导论》，郑永流译，法律出版社2002年版，第13页。
2　参见 Gustav Radbruch, *Rechtsphilosophie*, Leipzig 1932.

当然，这个法哲学之精髓（至少在拉德布鲁赫的早期思想中）表现为一个三元体系（trialistisches system）的"价值相对主义"。

拉德布鲁赫认为，任何科学至少要能够做到三个方面的事情：第一，它能够根据体系的完整性展开可能的价值评价；第二，它能够阐明实现价值评价的手段及由此而确定的推导过程；第三，它能够揭示任何价值评价立场的世界观的前提条件。[1]依此标准，他从法概念的定义出发来建构自己的法哲学体系。

他在 1932 年版的《法哲学》中将"法概念"界定为"一个文化概念"，"也就是说，一个关涉价值的现实的概念，它具有为价值服务的意思。法就是具有为法价值、法理念服务这个意思的现实。因此，法概念是指向法理念的"。[2]在 1947 年的《法哲学入门》中，拉德布鲁赫更为简括地指出："法是具有把法理念转化为现实这个意思的东西。"[3]

拉德布鲁赫的法概念从一开始就显露出两个特性。第一，它不是实证主义的。实证主义法概念的意思是说：法是只要形式上正确发布，而不管其内容善恶。与此相反，拉德布鲁赫强调：法律只有当其关涉正义时，只有当它以正义为取向时，才具有法质（Rechtsqualität）。第二，拉德布鲁赫的法概念也不是自然法意义

1　Gustav Radbruch, *Vorschule der Rechtsphilosophie*, Heidelberg 1947, S. 27.

2　Radbruch, *Rechtsphilosophie*, S. 29.

3　Radbruch, *Vorschule der Rechtsphilosophie*, S. 3.

上的，因为"正确法"与绝对的法价值——正义还不可相提并论。法尽管必须以法理念为取向，但法与法理念之间并不完全协调一致时，它仍不失为法。按照拉德布鲁赫的看法，现实中所存在的只有"近似的"（annäherungsweise）正确法。

要把握这样一个法概念，我们必须了解拉德布鲁赫法律观的哲学背景。在第一次海德堡任教期间（1903—1914 年），拉德布鲁赫通过亨利希·利维（Heinrich Levy，1873—1942）和埃米尔·拉斯克[1]熟悉并接受了当时的德国哲学思想。利维使他信奉应然和实然、现实和价值之间的方法二元论，拉斯克使他认同西南德意志新康德主义价值论和"价值关涉"的思想。这个哲学所涉及的核心问题是：价值的东西通过什么样的方式在我们的现实世界中予以实现。有没有一种客观的、自在的价值（an-sich-seiende Werte）？换言之，是否只存在主观的价值评价？假如前两种情况都不存在，那么价值的东西是否（只）在价值性的事体（Sachverhalten，事象）上存在?

拉德布鲁赫的法概念是一种"折中的"观点。在他看来，法是一种"关涉价值的"现实。一旦现实和价值之间具有某种"关系"（德文 Beziehung，英文 relation），那么它们两者就不能通过一条不可逾越的鸿沟相互隔开。然而，拉德布鲁赫毕竟还是把自

1　埃米尔·拉斯克（Emil Lask，1875—1915），德国哲学家。著有《法哲学》（1905年）等。

己看作是方法二元论的信奉者的。根据方法二元论，某个应然——因此，也包括法，可以追溯至一个更高的应然，最终追溯至最高的应然（拉德布鲁赫称之为"法理念"，汉斯·凯尔森[1]称为"基础规范"），确切地说：根据演绎法从应然可以推导出应然，但绝不可能根据归纳法从现存的东西、实际的东西和事实的东西得出应然的东西。自然和文化是俨然有别的。因此，文化现象只能根据它们固有的目的，而不是从（自然）原因出发来加以确定。正如科学规范、道德规范和艺术规范一样，法律规范也是文化法则（Kulturgesetze，文化规律），而不是自然法则（规律），前者包含应然，后者包含必然（Müssen）。这样的文化法则最终以绝对价值的实现为指向（所谓"价值关涉"），但它们并不等同于这些价值。同样，对拉德布鲁赫而言，法也不是纯粹的正义；在这个意义上，他从不是一位自然法学者。亚里士多德早就意识到，没有任何法律规范在任何情况下都保证是绝对正义的。只要它基本确定是为正义服务的，那它仍然还是法律规范。[2]

由此，拉德布鲁赫得出结论：法只有当其"关涉"法理念而确定为这种理念服务时，才实际上是法。在拉德布鲁赫看来，法理念作为法之成为法所必须定向的目的，包含三个方面或者按照三个方

1　汉斯·凯尔森，美籍奥地利法学家，纯粹法学的创始人。著有《国际法概论》（1928年）、《纯粹法学》（1934年）、《法与国家的一般理论》（1945年）等。

2　Radbruch, *Rechtsphilosophie*, S. 1ff., 29ff.

向展开: 第一个方面是作为平等原则的正义。其含义是指, 要平等地对待平等的事情, 不平等地对待不平等的事情。拉德布鲁赫认为, 这项原则本身是绝对有效的, 但也只是形式上的。因此, 它需要第二个方面, 即合目的性[1](其另一用法, 也称公共福祉之正义, Gemeinwohlgerechtigkeit)。它属于内容上的, 但又只是相对的, 因为个人主义、超个人主义和超人格法律价值之间还不能被科学地加以决定。这样, 就需要第三个要素, 即法的安定性, 也就是说, 一种力, 它对法律的内容有着权威性的决定作用。

在这个三元体中, 法的安定性具有优位。按照拉德布鲁赫的看法, 价值和法的内容不是知识(Erkenntnis), 而只能是信仰(Bekenntnis)。[2]因为, 没有任何人能够"断言, 什么是公正的; 那么, 我们就必须确定, 什么应当是正确的; 这样, 制定法应当满

---

1 Zweckmässigkeit是拉德布鲁赫相对主义法哲学中的基本概念之一, 目前尚无合适的中文译名。其基本含义有二: (1)合目的性、适当性、相宜性; (2)实用性。两位德裔美国法学家在将该德文词译成英文时也不统一: 沃尔夫冈·弗里德曼(Wolfgang Friedmann)使用"utility"(参见Wolfgang Friedmann, *Legal Theory*, 5th ed., New York 1967, p. 193), 意指"有用""效用""公益"; 而埃德加·博登海默(Edgar Bodenheimer)则译作"expediency"(参见Edgar Bodenheimer, *Jurisprudence: The Philosophy and Method of the Law*, Revised Edition, Harvard University Press, 1981, p. 140), 意指"权宜""方便""利害"。拉德布鲁赫《法哲学》之英文版则把此德文词译为purposiveness, 接近原词含义(参见Gustav Rabruch:"Legal Philosophy", in: *The Legal Philosophies of Lask, Radbruch, and Dabin*, trans. by kurt Wilk, 1950, p. 112)。此处采用德文概念之平义, 直译为"合目的性", 其中所含确切意义, 尚可按照几位美国学者的译法参酌意会。另外, 日本学者也采"合目的性"译名, 其考虑大概相同。(参见[日]铃木敬夫:《法哲学序说》, 成文堂1988年版, 第175页。)

2 Radbruch, *Rechtsphilosophie*, S. 9.

足该使命，通过权威的绝对命令来结束相互对立的法律观点之争论；同样，法的制定也必须具有某种意志，面对任何对抗的法律观点时能够得到执行。谁能够执行法律，同时就证明：他被赋予了制定法律的权限。"[1] "法在其内容上无论会怎样不公正地来形成，它都总是要通过其纯粹的定在来实现某种目的，即法的安定性的目的。"[2]

尽管如此，它还不是拉德布鲁赫法哲学的核心部分。其核心内容是目的理念（Zweckidee）。作为新康德主义价值哲学的信奉者，拉德布鲁赫摆在第一位的，就是重新进入实质的哲学（materiale Philosophie），他想要"克服施塔姆勒苍白的抽象和唯理智论的片面性，而确立一个在内容上加以满足的社会理想"（马克斯·恩斯特·迈耶尔语[3]）。不过，这里重要的是，我们不可能在科学上精确地认识到：哪一种目的、哪一种价值对法的形成是决定性的。另一方面，我们又不能把法理念这三个方面的相互关系看作是固定不变的，而总是把它们看作是运动变化着的。也就是说，不同的时期，有不同的强调重点，它们彼此间处于何种位阶关系之中，则依法律所在的那个社会的基本观念（Grundanschaung）而定。拉德布

1　Radbruch, *Rechtsphilosophie*, S. 81.

2　Radbruch, *Grundzüge der Rechtsphilosophie*, Leipzig 1914, S. 183.

3　Max-Ernst Mayer, *Rechtsphilosophie*, Berlin 1933, S. 21. 马克斯·恩斯特·迈耶尔，德国刑法学家和法哲学家。著有《德意志刑法教科书》（1915年）和《法哲学》（1922年）等。

鲁赫的弟子艾里克·沃尔夫（Erik Wolf）[1]曾就此做过这样的解释："这个三元整体（trialektischen Ganzen）[2]的某个部分获得在功能上的'优先'（prius），这种方式并没有扬弃三个组成部分在原则上的'等值性'，而只是强调，由于相对主义自身的'正义'容易遭受实际的历史'形势'排压的威胁，它总是要求比其他两个价值更要受到重视。所以，1914 年前后（当时处在官僚宪政体制统治的司法国家时期），要求均衡地分别强调所有三个矛盾的法律价值，因为它们适应'形势'的需要。1922 年前后（由于社会法治国的缘故），（社会）'形势'要求突出法律中的合目的性。1932 年，问题的关键是法的安定性，因为当时正遭受着福利国家全权主义化的威胁。但是，1933 年，因为当时形式的'合法律性'想要掩盖实质的不法，所以必须强调正义。最后，1945 年，最要紧的是预防将来无司法的强权国家的复辟。"[3]

　　人们把这种观点称为法哲学上的或价值论上的相对主义。然而，拉德布鲁赫把价值相对主义理解为在西方文化整体内可以想到的法律理想之前提要件、论证过程和实践结果的理论。因此，

1　艾里克·沃尔夫（Erik Wolf，1902—1977），德国弗莱堡大学前刑法及法哲学教授。著有《德意志精神史上的伟大法律思想家》等著作。

2　日文中将trialektischen Ganzen译为"三极的整体"。参见［日］中义胜、［日］山中敬一译：《グスタフ·ラートズルフ》，成文堂 1992 年版，第 36 页。

3　Erik Wolf, *Grosse Rechtsdenker der deutschen Geistesgeschichte*, 4 Aufl., Tübingen 1963, S. 754.

他既与那种对社会秩序采取"价值盲目"（wertblinden）的观察方式保持距离，不管它是纯粹因果关系的考察、机械主义的考察，实用主义—历史主义的考察，还是自然主义—社会学的考察；同时又与那种"价值超越"（wertueberwindenden）的、对形而上学—宗教性的秩序理念加以考察的方式保持距离，而不管这种由公理性的信念知识所支持的秩序理念到底属于内心世界的一种，还是属于超验的一种。通过将法学看作是一种"价值关涉的"（wertbeziehende）文化科学，他认为追问占主导地位的法的价值就成为问题的核心。

根据拉德布鲁赫的看法，法的最高目的或价值数目限定在三种：个人主义的价值、超个人主义的价值和超人格的价值——或者说，个人价值、集体价值和作品价值（Werkwert），还可以说，自由（Freiheit）、全体（Gesamtheit）和共同体（Gemeinschaft）。不过，作为法的可能目的，这三种价值之间是有冲突的。在个人主义观看来，作品价值和集体价值是为个人价值服务的。个人价值是无穷大的、不可再乘积的价值，它即使面对绝大多数人利益也能够自我实现。个人主义观认为，文化只是人格养成的手段，国家与法也只是保障和促进个人发展的制度安排。超个人主义观则认为，重要的不是单独的个人，也不是单个人的多数，而是全体之力（die Macht des Ganzen），是有机的国家人格体（Staatspersönlichkeit）。依照这一观点，个人价值应服务于集体价值，伦理和文化应服务于国家与法。所谓"你什么也不是，你的民族是一切"。而按照超人格观，最终起作用的是作品，它使个人和共同体得以诞生。在超人格观看来，个人价值和集体价值服务于作品价值，伦理、法和国家服务于文化。[1] 诚如上述，这三种法的最高价值之间不存在科学上可加以证成的位阶。故此，立法者（当然也包括政治家）必须在其中做出抉择。

他的法哲学是对可能的、有意义的法哲学诸问题的澄清；它不提供廉价的或专断的解答，它想包容一切而不想舍弃什么。它想提醒人们在学术上不要轻易下结论，更不要片面地下结论，据此而有助于认识真理、训练学习并拥有宽容和自我节制的精神，既老练地从事学术论战，又老练地从事政治斗争，由此它为所有的"价值决定"提供了"价值的证立"（Wertbegründungen）基础。

拉德布鲁赫的相对主义法哲学在当时受到许多学者的指责。例如，卡尔·奥古斯特·埃姆格（Carl August Emge）[2]认为：假如大家承认相对主义的结论，即善与恶仅仅是一定的社会学统一体认为所是的东西，"那么这不需要做进一步的批评。对搞哲学的人来说，相对主义得出的结论是荒谬的（ad absurdum）"[3]。威廉·绍

1　Radbruch, *Rechtsphilosophie*, S. 50ff.

2　卡尔·奥古斯特·埃姆格（Carl August Emge，1886—1970），德国法哲学家。著有《论相对主义法哲学的基本教义》（1916年）、《法哲学入门》（1925年）、《法哲学史》（1931年）等。

3　Karl August, *Über das Grunddogma des rechtsphilosophischen Relativismus*, Berlin/Leipzig 1916, S. 64.

尔（Wilhelm Sauer）[1]谈到相对主义时说"把它作为非科学的东西简直都没有必要"[2]，他的口气很是不在乎。马克斯·恩斯特·迈耶尔也做出这样的评判："拉德布鲁赫的理论不过是怀疑的相对主义，因而是站不住脚的。"[3]卡尔·拉伦茨[4]的评断是："科学和生活、知识和信仰、思想和愿望的分离，似乎乍一看来也恰好合乎生活，合乎非理性的存在；但之所以如此，是因为它将两方面分离开来并相向对立起来，而仍处在分离状态、自己已感到疑问的唯理主义之产物本身，不可能再整体地思考矛盾的东西。"[5]莱奥纳德·内尔松（Leonard Nelson）[6]更为极端，他说：拉德布鲁赫的相对主义"并没有（由于不可能断言其绝对真实）绝对听天由命地放弃价值判断，而是仍拥有相对的嘲讽和相对的狂妄，来确立这样的价值判断"[7]。

但也有一些学者为拉德布鲁赫的相对主义法哲学进行辩护或进行较为平和客观的说明。例如，拉德布鲁赫的关门弟子阿图尔·考

1　威廉·绍尔（Wilhelm Sauer，1879—1962），德国法哲学家。著有《未来哲学》（1923年）等。

2　Wilhelm Sauer, *Philosophie der Zukunft*, Stuttgart 1923, S. 68.

3　Max-Ernst Mayer, *Rechtsphilosophie*, S. 76.

4　卡尔·拉伦茨（Karl Larenz，1903—1993），德国法哲学家和民法学家。著有《当代法与国家哲学》（1935年第2版）、《法学方法论》（1960年）、《正确法：法伦理学概论》（1979年）、《德国民法总论》（1989年第7版）等。

5　Karl Larenz, *Rechts–und Staatsphilosophie der Gegenwart*, Berlin, 2 Aufl., Berlin 1935, S. 76.

6　莱奥纳德·内尔松（Leonard Nelson，1882—1927），德国哲学家。早年信奉康德主义。著有《没有法律的法学》（*Die Rechtswissenschaft ohne Recht*，1917年）等。

7　Leonard Nelson, *Die Rechtswissenschaft ohne Recht*, 2 Aufl., Göttingen/Hamburg 1949, S. 115.

夫曼[1]指出：上述的批评者"没有哪一个敢于说，相对主义价值论如何应当被克服，也就是说，可靠的价值评判如何能够被得到；他们中间甚至还没有谁提出一个能够远远胜过拉德布鲁赫理论的法哲学纲领。更为重要的是，在这里，几无例外地存在着对拉德布鲁赫的误解，把他的相对主义、他的宽容思想同伦理的冷漠主义等量齐观。……拉德布鲁赫的相对主义是斗争的相对主义，而非犹豫不决的相对主义。"[2]同样，拉德布鲁赫的相对主义也根本不是"绝对的"相对主义。亚历山德罗·巴拉塔（Alessandro Baratta）很正当地把它称为与歌德理性的人文主义相近的"积极的相对主义"（positiver Relativismus）[3]。根据爱德华·斯普朗格（Eduard Spranger）[4]的看法，拉德布鲁赫的相对主义只是一个假象

---

1 阿图尔·考夫曼，德国著名法哲学家和刑法学家。1945年入海德堡大学法学院学习法律，师从古斯塔夫·拉德布鲁赫。1952—1957年担任德国卡尔斯鲁厄州法院法官。1957年重返海德堡，学习哲学并获得讲授刑法、刑事诉讼法和法哲学的资格。1960年起任萨尔布吕肯大学正教授，1969年起担任慕尼黑大学正教授，兼任法哲学与法律信息学研究所所长。曾荣获日本东京庆应大学（1970年）和希腊雅典大学（1987年）名誉博士。同时尚兼德国巴伐利亚州科学院院士及国外一些科学院的院士。其一生著作颇丰，代表作品有：《自然法与历史性》（1957年）、《法与伦理》（1964年）、《归罪原则》（1976年第2版）、《罪责与刑罚》（1983年第2版）、《转型中的法哲学》（1984年第2版）、《正义论》（1984年）、《当代法哲学和法的理论导论》（与W. 哈斯默尔等合著，1985年第4版）、《正义——通向和平的遗忘之路》（1986年）、《法哲学》（1997年）。

2 Arthur Kaufmann, *Gustav Radbruch. Rechtsdenker, Philosoph, Sozialdemokrat*, München/Zürich 1987, S. 129f.

3 Alessandro Baratta,"Relativismus und Naturrecht im Denken Gustav Radbruch", in: *Archiv für Rechts- und Sozialphilosophie 45* (1959), S. 510, 519.

4 爱德华· 斯普朗格（Eduard Spranger，1882—1963），德国哲学家和教育家，威廉·狄尔泰（Wilhelm Dilthey, 1833—1911）的学生。曾著有《生活的形式》（1914年）、（转下页）

的相对主义，事实上，它所涉及的是"三极的辩证法"（dreipolige Dialektik）问题[1]。沃尔夫冈·弗里德曼（Wolfgang Friedmann）[2]认为：像马克斯·韦伯和古斯塔夫·拉德布鲁赫这一类与实证主义者对立的相对主义者共同具有一种根本的属性："他们不仅在法律的发展中，而且也在日常的法律应用中信奉伦理价值之炽热的和运动的意义。"[3]弗里茨·冯·希佩尔则把拉德布鲁赫的相对主义看作是"一个由于其谦逊的态度而使人产生迷惑的称谓"[4]。

三、关于拉德布鲁赫法哲学的转向

在法学界，大多数学者间流行着一种人云亦云的看法，即认为拉德布鲁赫早年和晚年的学术思想存在着某种"根本的变化"甚或"断裂"。有人将这个"根本的变化"形象地称为拉德布鲁赫的"大马色（大马士革）体验"（Damaskuserlebnis，回心体验）[5]。

（接上页）《青年心理》（1924年）等。其教育理论，对20世纪20年代的德国教育颇有影响。

1　Eduard Spranger, "Zur Frage der Erneuerung des Naturrechts". in: *Universitas* 3 (1948), S. 410.

2　沃尔夫冈·弗里德曼（Wolfgang Friedmann, 1907—1972），德裔美国法学家。著有《法的理论》（1967年英文5版）等。

3　Wolfgang Friedmann, "Übergesetzliche Rechtsgrundsätze und die Lösung von Rechtsproblemen", in: *Archiv für Rechts- und Sozialphilosophie 41* (1954/1955), S. 351.

4　Fritz von Hippel, *Gustav Radbruch als rechtsphilosophischer Denker*, Heidelberg/Tübingen 1951, S. 18.

5　参见《新约·使徒行传》第9章。《圣经》载：犹太教徒扫罗在前往大马色（今叙利亚首都大马士革）的途中突然被一束强光罩住，并受到（复活的）耶稣责备。此后他反省三天三夜，由此皈依耶稣并改名保罗。"回心体验"译名，参见［日］中义胜、（转下页）

也就是说，拉德布鲁赫在"二战"以前坚持价值相对主义（或实证主义）法哲学立场，战后则转向自然法学。

　　无疑，在经历了纳粹主义（民族社会主义）"第三帝国"12年的统治之后，面对当时的思想处境和一些棘手案件（如"告密者案件"、纳粹战犯的案件）的审判，拉德布鲁赫的思考是发生了一些变化的。这反映在他战后所写的一系列文章之中。1945年以语录体写成的不到2000字的精粹短篇《五分钟法哲学》（"Fünf Minuten Rechtsphilosophie"，这篇文章当时曾在电台上播放过而影响广泛），比较集中概括地反映了他在这个时期的重新思考。这篇文章的思想可以简括为下列五点：

　　（1）实证主义由于坚持"命令就是命令""法律就是法律"的口号，而使法律职业人连同整个民族均无自卫能力，来抵抗如此专横、如此残暴、如此罪恶的法律（按：此处指希特勒统治的"第三帝国"法律）。它最终把法与强权等同起来：哪里有强权，哪里就有法。

　　（2）纳粹政权发布的口令是：凡对人民有利的，就是法。在这一点上，也可以认为：凡对掌握国家权力者有利的，也都是法。但不是必须声称，所有对人民有利的，都是法；毋宁相反，仅仅是法的东西，才是对人民有利的。

（接上页）山中敬一译：《グスタフ・ラートズルフ》，第31页。

（3）法意图趋向正义。正义不过是指：不管是谁，一视同仁。如果谋杀政治对手的行为被推崇，谋杀异类的行为被愿求，以相同的行为对待自己志同道合之人，而处以最残忍、最羞辱的刑罚时，这既不是正义，也不是法。

（4）假如我们不会总能将公共利益、法的安定性、正义这三种法的价值和谐地统一起来，那么因此即使不完全的法也必须有效；然而，可能有些法律，其不公正性、公共危害性是如此之大，以至于它们的效力、它们的法的本性必须被否定。

（5）法的一些基本原则，它们的效力比任何法律规则更强而有力，以至于，一项法律，若与它们相矛盾，就变得无效。我们将这些基本原则称为自然法或理性法。[1]

1946 年，拉德布鲁赫在《南德意志法律家报》（*Sueddeutsche Juristen-Zeitung*）上发表《法律的不法与超法律的法》（"Gesetzliches Unrecht und übergesetzliches Recht"）一文[2]，当时也曾引起巨大的反响。这篇文章不仅仅非常清晰地确立了拉德布鲁赫新获取的立足点，而且更主要的是，该文为当时的司法审判提供了一个当下可实际操作的解决（众多疑难案件的）办法。其内容大体可做如下概括：

第一，任何一种实在法，若不考虑其内容，自身均拥有一种价

1　Gustav Radbruch, "Fünf Minuten Rechtsphilosophie", in ders., *Rechtsphilosophie*, 4 Aufl., Stuttgart 1963, S. 335ff.
2　参见［德］古斯塔夫·拉德布鲁赫：《法律智慧警句集》，第161—177页。

值：有法总是好于无法，因为它至少还产生了法的安定性。但法的
安定性不是法必须实现的唯一的价值，也不是决定性的价值。除了
法的安定性，还涉及另外两项价值：合目的性与正义。在这一价值
序列中，我们把为公共利益的法的合目的性放在最后的位置上。绝
对不是所有"对人民有利的东西"都是法，而是说凡属法的东西，
凡是产生法的安定性和追求正义的东西，最终都是对人民有利的。
法的安定性，是任何实在法由于其实在性而拥有的特性，它在合目
的性与正义之间占有颇受注目的居中地位：它一方面是为公共利益
所要求的，但另一方面也为正义所要求。或者说，法应是安定的，
它不应此时此地这样，彼时彼地又那样被解释和应用，这同时也是
一项正义的要求。

　　第二，在法的安定性与正义之间，在一个虽内容上尚可辩驳，
但属实在的法律之间，在一个虽属公正，但尚未浇铸成法律形状的
法之间，若还存有争议的话，那么事实上正义同它自身、表面的正
义与实际的正义之间还存有冲突。但正义和法的安定性之间的冲突
是可以得到解决的，只要实在的、通过命令和权力来保障的法也因
而获得优先地位，即使其在内容上是不正义的、不合目的性的；除
非实在法与正义之矛盾达到如此不能容忍的程度，以至于作为"非
正确法"的法律必须向正义屈服。

　　第三，在法律的不法与虽内容不正当但仍属有效的法律这两种
情况之间划出一条截然分明的界限，是不可能的，但最大限度明晰

地做出另外一种划界还是有可能的：凡正义根本不被追求的地方，凡构成正义之核心的平等在实在法制定过程中有意地不被承认的地方，法律不仅仅是"非正确法"，它甚至根本上就缺乏法的性质（Rechtscharakter，法的资格）。因为我们只能把法，也包括实在法，定义为不过是这样一种制度和规定，即依其本义，它注定是要为正义服务的。按照这个标准衡量，纳粹法的所有部分都从来没有达到过有效法的庄严地步。纳粹主义的"法"故意要取消同样的事情同样对待这一正义的本性规定的要求。所以，就此来说它根本就缺乏法的本性，它不仅压根儿够不上是非正确法，而根本就不是什么法。特别是，那些条款规定，即纳粹党用来打压任何其他党派的部分特性而攫取国家全权（die Totalitaet）的规定，则更是如此。更进一步说，所有将人作为劣等人（Untermenschen）对待、否认人具有人权的法，都缺乏法的本性。而且，一切以刑罚相威胁，根本不考虑犯罪的不同严重程度而只图眼前威吓需要的法，一切对严重程度极不相同的犯罪采取同一种刑罚（通常采取死刑）的法，均不具有法的本性。[1]

　　这就是拉德布鲁赫为判断"法律的不法"所提出的著名公式，人们把它简称为"拉德布鲁赫公式"（Die Radbruchsche Formel）。后来，德国联邦宪法法院和联邦最高法院曾多次利用这一公式来处

1　参见［德］古斯塔夫·拉德布鲁赫：《法律智慧警句集》，第169—172页。

理涉及对"法律的不法"和"非法"（Nicht-Recht）进行判断的疑
难案件。

正是基于拉德布鲁赫上述观点，学者们相信在他的法哲学思想
前后存在着根本的转向[1]。但也有部分学者（大多为拉德布鲁赫的
弟子）用整体的和发展的眼光来研究拉德布鲁赫思想的变化，将
拉德布鲁赫的法哲学思想看作是一个开放的、发展中的体系，认为
其学说前后并未出现根本的差异，而是首尾一致的。例如，《德
意志思想史上的伟大法律思想家》一书的作者、著名刑法学家埃
里克·沃尔夫（Erik Wolf，1902—1977）指出：拉德布鲁赫在《法
律的不法与超法律的法》中第一次明确提出形式的正义价值位阶高
于形式的法的安定性的观点；在《法哲学入门》中，他甚至使用
"自然法"一词作为引入这一新思想的"方向"。但他这里所指的
不是传统自然法论中的社会模式，而只是在每一实证法自身中存在

1　在德国持这种观点的学者，以弗莱堡的法哲学家弗里茨·冯·希佩尔（Fritz von
Hippel）为代表。参见Fritz von Hippel, *Gustav Radbruch als rechtsphilosophischer Denker*,
Heidelberg/Tübingen 1951, S. 35ff.。美国法理学家博登海默指出：通过上述公式，拉德
布鲁赫在晚年就使自己转向"温和形式的自然法"（natural law in a moderate form）。
参见Edgar Bodenheimer, *Jurisprudence: The Philosophy and Method of the Law*, Harvard 1981,
p. 142。中国的法理学家也大体坚持这种看法。例如沈宗灵教授指出：第二次世界大战
后，拉德布鲁赫的法律思想发生了急剧变化，"他批判了相对主义和实证主义法学，迅
速地转向自然法学"（参见沈宗灵：《现代西方方法理学》，北京大学出版社1992年版，
第48页）。张文显教授认为："拉德布鲁赫的上述言论标志着他转向了自然法，这一行
动彻底瓦解了德国的新康德主义。"（张文显：《二十世纪西方方法哲学思潮研究》，法
律出版社1996年版，第53页。）不过，拉德布鲁赫到底有没有批判自己的相对主义，是
否彻底瓦解了新康德主义，这些问题对于正确评价拉德布鲁赫思想的发展有重大干系。
故此沈宗灵和张文显两教授的结论还有待斟酌。

的一种正当化根据和规范标准的思想。他所分成的正义、安定性与合目的性这三个部分的最高法律价值只不过说明的是同一理念的三个不同作用方向而已。在拉德布鲁赫看来，正义与法的安定性、法的安定性与合目的性、合目的性与正义之间的冲突，只不过是正义与其本身的对话，只不过是所有法律不可消解的现实存在的紧张关系——人们也可以说，是所有法律的本质上的矛盾。即使在晚年，他仍然认为，上述二律背反现象既未在形式上消弭，也并未完全丧失其实质内容；拉德布鲁赫仍然固守这一看法，只是强调的重点稍有些不同。在这种情况下，拉德布鲁赫能够有充足的理由拒绝对其法哲学思想做根本的修改。[1]阿图尔·考夫曼认为，我们必须完整地理解拉德布鲁赫的作品和人格，否则就会错误地归结拉德布鲁赫思想的特征。"当人们把拉德布鲁赫打上新康德主义者、实证主义者、相对主义者、现代主义者、自然法学者或其他什么印鉴时，那么就决不会获得完整的拉德布鲁赫形象。这样的框框不适合套在他的品格形象上。"[2]考夫曼进一步指出，只有当掌握了拉德布鲁赫的二律背反的思维方式，掌握了"亦此亦彼"（Sowohl-als-Auch，"不仅—而且"）的思维方式，我们才能正确地评价他。一旦有人把实证主义和自然法看作是"非此即彼"（Entweder-Oder，

1　［德］埃里克·沃尔夫：《古斯塔夫·拉德布鲁赫的生平和著作》，载［德］古斯塔夫·拉德布鲁赫：《法律智慧警句集》，舒国滢译，中国法制出版社2001年版，第264—266页。

2　参见［德］古斯塔夫·拉德布鲁赫：《法律智慧警句集》，德文版序，第5页。

"要么这—要么那"）的认识模式，一旦有人在"麻木不仁"
（Indifferenz）的意义上来解释拉德布鲁赫的实证主义，那么当然
他在拉德布鲁赫的思想中就会看到某种裂变，而所谓"初期的实
证主义者"与"晚期的基督教自然法学者"确实"不再有太多的
相互共通之处"。由此考夫曼得出结论：拉德布鲁赫的思想绝没
有根本的改变，而有一个不断的发展、一个持续的新决断之必然
（Neuentscheidenmüssen）。他的思想总是一个过程，而绝不是永
恒的占有。"非此即彼"的人们，也是拉德布鲁赫经常严厉批评的
一类人，当他们认为，一个人要么只能是彻底的实证主义者，要么
只能是彻底的自然法学者，一切其他的选择则是在这两边游移的一
个首尾不一的结果时，那么他们就考虑不到问题的点子上，而且至
今也还考虑不到问题的点子上。因此，若问拉德布鲁赫有时是不是
一个实证主义者，有时是不是一个自然法学者，这一提问立场本身
就是错的。拉德布鲁赫总是同时属于二者，但随时又各有侧重，因
而归根结底是超越于自然法和实证主义的。[1]

四、拉德布鲁赫法哲学思想的评价与影响

尽管对拉德布鲁赫法哲学的变化存在着争论，但几乎所有的法
学家均承认拉德布鲁赫的理论及其所提出的问题对战后德国的司法

1　Arthur Kaufmann, *Gustav Radbruch. Rechtsdenker, Philosoph, Sozialdemokrat*, S. 28ff.

实践以及法哲学发展有重要的影响。[1]任何法学者在讨论战后"自然法复兴"问题时都无法略过拉德布鲁赫。

　　事实上，拉德布鲁赫生前与生后均获得了学界的广泛赞誉。譬如，1949 年 11 月 26 日，卡尔·恩吉施[2]在拉德布鲁赫葬礼演说中把他称为是一颗"最亮的恒星"（Stern erster Gröbe）[3]。在此之前，格奥尔格·施塔德缪勒（Georg Stadtmüller, 1909—1985）称赞他"大概是德国在世的法学家中最伟大的人物"[4]。埃里克·沃尔夫在古斯塔夫·拉德布鲁赫逝世差不多 15 年之后，通过把他编进《德意志思想史上的伟大法律思想家》这本书而为其树碑立传——与施瓦岑贝格、萨维尼、费尔巴哈、耶林等人相提并论。[5]阿图尔·考夫曼把拉德布鲁赫称为是一个"正义之人"（Vir iustus），一个伟

1　英国著名法哲学家、新分析法学派的重要代表人物赫伯特·哈特认为，战后德国法院将拉德布鲁赫含有人道主义的重大原则的法律概念适用于像"告密者案件"等司法实践中，因而"复活了自然法的论据"。（参见沈宗灵：《现代西方法理学》，第49页。）1950年，K. 韦尔克（K. Wilk）将拉德布鲁赫、达班和拉斯克等人的法哲学翻译成英文出版，客观上对英语世界有关自然法学与实证主义法学的讨论起到了推动作用。（参见*The Legal Philosophies of Lask, Radbruch, and Dabin*, trans. by K. Wilk, Cambridge, Mass. 1950。）
2　卡尔·恩吉施，德国法学家。著有《法律适用的逻辑研究》（1960年第2版）、《法律思维导论》（1971年第5版）、《寻求正义之路：法哲学的主题》（1971年）等。
3　Karl Engisch, "Gustav Radbruch zum Gedaechtnis", in: *Zeitschrift für die gesamte Strafrechtswissenschat 63* (1950), S. 147.
4　Georg Stadtmüller, *Das Naturrecht im Lichte der geschichtlichen Erfahrung*, Recklinghausen 1948, S. 31.
5　Erik Wolf, *Grosse Rechtsdenker der deutschen Geistesgeschichte*, 4 Aufl., Tübingen 1963, S. 713.

大的人物、人道主义者和像保罗·约翰内斯·安塞尔姆·冯·费尔巴哈[1]一样的天才立法家。[2]

　　拉德布鲁赫之为人与为学是完全统一的，他那优美的文风、空灵深邃的见识以及广博的学问深得人们的赞赏。对此，考夫曼曾颇有体会，他在生命的最后阶段总结道："古斯塔夫·拉德布鲁赫是一位语言大师。他懂得在高度抽象和片面具体，也就是说在表达精确而内容贫乏与内容富有弹性而表达不甚精确这两者之间保持适度的火候。我们也可以这样说：他的语言是思考的严谨与陈述的华丽的圆融。这是一种'亚里士多德式的中道'：既不过满，又不损欠。……拉德布鲁赫绝不是那种文思枯涩的掉书袋子的学究，这种人躲在理论的背后，对现实视而不见。拉德布鲁赫的思想总是关怀现存者，关怀生者，最终关怀人。在此方面，他也绝不是一个优柔寡断之人，而更像是一位说到做到、雷厉风行者。所以，当时在德国，没有第二个法学家像拉德布鲁赫那样如此决断和勇敢地面对纳粹主义。"[3]日本法学家、东京大学前法理学教授尾高朝雄（1899—1956）对拉德布鲁赫的法哲学及其语言特点也曾做过类似的评价：

　　"拉德布鲁赫的法哲学理论有非常丰富的内容。其理论不但具有多

1　保罗·约翰内斯·安塞尔姆·冯·费尔巴哈（Paul Johannes Anselm von Feuerbach，1775—1833），德国刑法学家。著名哲学家路德维希·费尔巴哈（Ludwig Feuerbach，1804—1872）之父。著有《实在刑法基本原则和基本概念修订》（2卷本，1799—1800年）等。
2　Arthur Kaufmann, *Gustav Radbruch. Rechtsdenker, Philosoph, Sozialdemokrat*, S. 189ff.
3　参见［德］古斯塔夫·拉德布鲁赫：《法律智慧警句集》，中译本序，第1—2页。

方面光彩，丰富的内容，并且还充满高度艺术的芳香。其思想系
适用精密的哲学的方法，有条不紊地展开议论，从这一点看来，无
论如何是属于德国式的。对于多方面精彩的题目，有时甚至渗入文
学的表现，从这一点看来，当然是属于法国式的。以锐敏的现实感
觉，来处理实证法现象间的各种问题，从这一点看来，可以说也是
美国式的作风。综合上述各点来看，拉德布鲁赫的确是当代第一流
的法哲学家。"[1]

　　拉德布鲁赫法哲学思想在东亚的传播所造成的影响是深远
的。在日本，1919年前后就有学者将拉德布鲁赫的作品翻译
成日文。后来东京大学还专门成立了"拉德布鲁赫研究会"。
日本法学家田中耕太郎等人甚至在阿图尔·考夫曼之前，于
1961—1967年间编辑出版了11卷本的《拉德布鲁赫著作集》
（直到1987年，考夫曼才编辑出版20卷本的德文版《拉德布
鲁赫全集》）。葛生荣二郎教授于1983年开展的"给以现代日
本法哲学特别影响的学者为谁"的调查中，拉德布鲁赫在第二
次世界大战后日本法哲学教科书中出现的次数一直名列前茅[2]。
在韩国，李恒宁教授于20世纪50年代就开始研究拉德布鲁赫
的"价值相对主义"法学思想[3]。60年代，韩国学者权宁百、

1　引自林文雄：《法实证主义》（增订三版），台北三民书局1982年版，第77页，注释1。

2　参见陈根发：《论东亚的拉德布鲁赫法哲学思想研究》，载《云南大学学报（法学版）》2002年第15卷第4期，第1—8页。

3　陈根发：上揭文，第5页。

金智洙和郑钟勗相继赴德留学，三人均以拉德布鲁赫法哲学作为博士论文的选题［参见权宁百：《古斯塔夫·拉德布鲁赫法哲学中"事物的本性"学说的发展和意义》（博士论文），萨尔布吕肯，1963 年；金智洙：《古斯塔夫·拉德布鲁赫思想中的"方法三元论"和"事物的本性"》（博士论文），弗莱堡，1966年；郑钟勗：《古斯塔夫·拉德布鲁赫相对主义法哲学之路》（博士论文），波恩，1967 年］，受到西方法学界的注目 [1]。20世纪 70 年代以后，中国台湾地区开始引介和研究拉德布鲁赫思想，90 年代以后中国大陆学者陆续介绍拉氏的学说并翻译其代表作品 [2]。

总之，拉德布鲁赫的法哲学思想像一束静开的芝兰，正缓缓

1　［德］阿图尔·考夫曼在《古斯塔夫·拉德布鲁赫传——法律思想家、哲学家和社会民主主义者》中特别提及上述三位学者的博士论文。（参见Arthur Kaufmann, *Gustav Radbruch. Rechtsdenker, Philosoph, Sozialdemokrat*, SS. 138-140, 209。）博登海默在评述拉德布鲁赫法哲学思想时，将郑钟勗教授的博士论文作为研究拉德布鲁赫的重要资料加以引证。（参见Edgar Bodenheimer, *Jurisprudence: The Philosophy and Method of the Law*, Harvard 1981, p. 142。）

2　实际上，早在20世纪30年代，中国学者徐苏中将拉德布鲁赫1914年版的《法哲学纲要》（*Grundzüge der Rechtsphilosophie*）翻译成中文，以《法律哲学概论》为名出版（华东政法大学的何勤华教授将其纳入"中国近代法学译丛"，由中国政法大学出版社2007年再版），但这个译本在当时影响甚微（译本的具体情况尚待查实），后世基本无人知晓，故此拉德布鲁赫之学一直未能在中国大陆生根。20世纪90年代以后引介拉氏学说也是众多偶然因素合力所致，当然这不完全是受日本或韩国学者的影响，因为中国学者大体上都是在各自互不沟通的情况下不经意间"发现"了拉德布鲁赫的。有意思的是，东亚各国或地区对拉德布鲁赫的接引时间先后的差异，大致上也反映出20世纪以来东亚国家或地区对西学引进及研究程度和水平的差别，呈现出"时代落差"现象。

地散发其幽幽的芬芳，给生活在当下繁忙世界的人们带来一丝丝
感觉的清新和心灵的荡涤。我们当以感谢的心情来迎接这思想的
馈赠。

沙伊姆·佩雷尔曼的新修辞学法学 *

在 20 世纪 50 年代以后法学之新的理论资源、新的考察视角、新的知识论和方法论更新过程中，我们首先应提及一位著名的法哲学家——沙伊姆·佩雷尔曼。他发展了作为修辞学之重要部分的论证理论——"新修辞学"，在战后"修辞学之名声恢复"（Die Rehabilitierung der Rhetorik）过程中做出了重要的贡献。[1]

一、佩雷尔曼的生平和作品

佩雷尔曼于 1912 年 5 月 20 日出生在波兰华沙的一个犹太珠宝（钻石）商人家庭。1925 年，13 岁时，其父举家由华沙移居比利时的安特卫普（Antwerp），他在此地进入中学学习。1928—1929 年在高中阶段学习时，他"有幸学习到最后一堂的修辞学课程"——修辞学原理（Elements of Rhetoric，据称，此课程自 1929 年后在比利时的高中和大学课程中消失），从中主要学习到两部分知识：一

---

* 原文载《国家与法治研究》（创刊号），法律出版社2018年版。

1 Josef Kopperschmidt (Hrsg.), *Die Neue Rhetorik: Studien zu Chaïm Perelman*, Wilhelm Fink Verlag, München 2003, S. 13f.

是三段论的逻辑形式，二是借喻和辞格等语言技巧。这为其日后的方法论研究确定了最初的问题意识。[1]

　　1929年中学毕业后，佩雷尔曼申请入读比利时布鲁塞尔自由大学（Université Libre de Bruxelles）法律与犯罪科学学院，但在授课的老师中，对他影响较大的是逻辑学、哲学和社会学教授欧仁·迪普雷（Eugène Dupréel，1879—1967）。迪普雷精通逻辑学、形而上学、古希腊哲学、道德哲学和社会理论，被称为哲学、社会学（"规约主义"）之"布鲁塞尔学派"（École de Bruxelles，Die Brüsseler Schule）的领袖，[2] 著有《道德论》（Traité de morale, 2 vol., Bruxelles, Éditions de la Revue de l'Université, 1932）、《价值哲学纲要》（Esquisse d'une philosophie des valeurs, Paris, Alcan, 1939）以及《普通社会学》（Sociologie générale, Paris, Presses universitaire de France, 1948）等著作，他的学说在年轻的佩雷尔曼心里埋下了学术的火种，对佩雷尔曼未来探讨价值（正义）判断的逻辑基础问题起了重要的开导、引领作用。[3] 正是受迪普雷的影响，1931年，佩雷尔曼19岁时写了平生第一篇学术文章，反映逻辑实证主义的立场和观点；1932年，他又撰写第二篇论文，讨论恩师迪普雷的

1　Alan G. Gross, Ray D. Dearin, Chaïm Perelman, State University of New York（SUNY）Press, Albany 2003, p. 1; 另见廖义铭：《佩雷尔曼之新修辞学》，第20—21页。

2　Josef Kopperschmidt (Hrsg.), Die Neue Rhetorik: Studien zu Chaïm Perelman, S. 73ff.

3　见 Chaïm Perelman, "Notice sur Eugène Dupréel", in: Annuaire, Académie royale de Belgique, Bruxelles 1980, pp. 61-86。

哲学观念；1933 年，21 岁时，佩雷尔曼撰写了两篇文章《论社会地位》（"Le Status Social"）和《论恣意》（"De l'Arbitrair"e），分析和讨论"真理—判断的社会地位"，并系统考察恣意因素在知识论上所处的位置。1934 年，佩雷尔曼在布鲁塞尔自由大学获得法学博士学位。[1]

之后，佩雷尔曼回到波兰，投身于当时在欧洲颇负盛名的逻辑学、数学和实证主义哲学的"波兰学派"（Polish school of logic, mathematics, and positivist philosophy），学习该学派在逻辑学、数学和实证哲学上的丰硕成果。[2] 这个时期， 华沙（Warsaw）、里沃夫（Lvov）和克拉科夫（Krakow）等地大学迅速成为欧洲在数学、逻辑学和实证哲学领域的一流研究中心：之前，波兰的逻辑学家、哲学家和数学家主要追随英国数学家、逻辑学家乔治·布尔（George Boole，1815—1864）的逻辑代数学观念（简称"布尔代数"［Boole's algebra］）；从 1905 年开始，德国数学家、逻辑学家和哲学家弗里德里希·路德维希·戈特洛布·弗雷格及 20 世纪英国哲学家、数理逻辑学家贝特兰·亚瑟·威廉·罗素的著作开始在波兰数理逻辑界流行。[3] 得益于波兰学派的这种学术氛围，佩雷尔曼在这个时期也把治学旨趣和方向选择放在现代数理逻辑，尤其是弗雷格的数理逻辑

1 Alan G. Gross, Ray D. Dearin, *Chaïm Perelman*, pp. 1-2.

2 廖义铭：《佩雷尔曼之新修辞学》，第2页。

3 Jan Woleński, "The Reception of Logic in Poland: 1870—1920", in: *Czasopismo Techniczne* 14, Nauki Podstawowe Zeszyt 1 NP (7), 2014, pp. 245-253.

推理系统的研究方面。1938年，当他回到比利时时担任布鲁塞尔自由大学哲学与文学学院（Faculty of Philosophy and Letters）讲师时，他同时完成了有关戈特洛布·弗雷格的专题论著，并把它作为心理学（哲学）博士论文提交给哲学与文学学院，于斯年11月14日通过论文答辩，获得心理学（哲学）博士学位。[1]

　　在以后的数年中，佩雷尔曼一直关注笛卡尔理性主义、逻辑实证主义和经验主义的研究，分析法律中的若干逻辑悖论和二律背反，他注意到到哲学推理和科学推理之间的相似性，即它们的方法具有相同的逻辑结构，从一定的原理和一定的定义出发演绎推导出一整套结论。[2]然而，他也认识到当时的欧洲逻辑实证主义对于价值问题（特别是正义问题）的哲学讨论是无能为力的，1930—1940年代的欧洲逻辑学家和认识论学家似乎也根本不关心基本价值的逻辑论证。为此，他花了数年时间研究正义问题，全身心地以经验主义的方法分析正义观念，于1944年完成相关的研究，并在1945年出版了84个页码的《论正义》（De la Justice）一书。[3]在这一年，佩雷尔曼33岁时成为布鲁塞尔自由大学（1834年建校）历史上最年轻的全职教授（the youngest full professor）。此前，他亦

1　Alan G. Gross, Ray D. Dearin, *Chaïm Perelman*, p. 2；另见廖义铭：《佩雷尔曼之新修辞学》，第21页及以下页。

2　Chaïm Perelman, "Une Conception de la Philosophie", in: *Revue de l'Institut de Sociologie* 20, 1940, p. 46.

3　Alan G. Gross, Ray D. Dearin, *Chaïm Perelman*, pp. 2, 5.

曾参加比利时抵抗（纳粹迫害犹太人）运动，乃其中的骨干成员。

1948 年，佩雷尔曼遇见时年 49 岁（年长佩雷尔曼 13 岁）的露西·奥尔布里希茨－泰特卡（Lucie Olbrechts-Tyteca, 1899—1987）女士。奥尔布里希茨－泰特卡出身名门（其祖辈乃布鲁塞尔的望族），年轻时游学于大学之间，虽未取得学位，但精通高深学问，涉猎人文社科学科的诸多领域（文学、社会学、经济学、心理学、统计学等），且成为佩雷尔曼课堂上的忠实听众。[1] 俩人志同道合，很快成为学术上的合作伙伴，相互之间称"奥尔布里希茨夫人"（Madame Olbrechts）和"佩雷尔曼先生"（Monsieur Perelman），从 1948 年到 1984 年，他们在一起合作研究长达 36 年，以修辞学作为价值判断逻辑的基础：1950 年他们在《哲学评论》上发表《逻辑与修辞》（Logique et rhétorique. Revue philosophique, 1950），1952 年共同出版《修辞学与哲学》（*Rhétorique et philosophie*, Presses Universitaires de France, Paris, 1952），1958 年合作出版《新修辞学：论证论集》（*La nouvelle rhétorique: Traité de l'argumentation*. Presses Universitaires de France, Paris, 1958），从此奠定佩雷尔曼在哲学、法学、逻辑学和修辞学等领域的学术地位。[2]

从 1963 年到 1984 年，佩雷尔曼笔耕不辍，先后出版《正义与理性》（*Justice et raison*. Bruxelles: Presses Universitaires de Bruxelles,

---

1　Alan G. Gross, Ray D. Dearin, *Chaïm Perelman*, p. 6.
2　Alan G. Gross, Ray D. Dearin, *Chaïm Perelman*, pp. 8-9, 12.

1963）、《法、道德与哲学》（*Droit, morale et philosophie*, Paris: Librairie Générale de Droit et de Jurisprudence, 1968）、《论证的场域》（*Le Champ de l'argumentation*, Presses Universitaires de Bruxelles, Bruxelles 1969）、《法律逻辑》（*Logique juridique*, Dalloz, Paris 1976）、《修辞学王国》（*L'Empire rhétorique*, Vrin, Paris 1977）、《法的合理性与不合理性》（*Le Raisonnable et le déraisonnable en droit*, Librairie Générale de Droit et de Jurisprudence, Paris 1984）等作品，这些作品先后译成十几国文字刊行。[1]

1962 年，佩雷尔曼获得"人文科学法朗基奖"（Francqui Prize for Human Sciences）。[2]同一年，他受美国宾夕法尼亚大学（Pennsylvania State University）哲学系主任亨利·W. 约翰斯通（Henry W. Johnstone Jr., 1920—2000）和语言学系主任罗伯特·塔贝尔·奥利弗（Robert Tarbell Oliver, 1909—2000）之邀，赴该校哲学系和语言学系担任客座教授，他们之间的合作使一份有国际影响力的刊物《哲学与修辞学》（*Philosophy and Rhetoric*，亨利·W. 约翰斯通担任杂志主编，佩雷尔曼任编委会成员）于 1968 年正式创刊。此外，

1　Alan G. Gross, Ray D. Dearin, *Chaïm Perelman*, pp. 10-11.
2　法朗基奖（Prix Francqui）是比利时为纪念慈善家艾米里·法朗基（Émile Francqui, 1863—1935）而设立，由法朗基基金会（Francqui Foundation）颁发的最高学术与科学奖项，始于1933年，其对象是五十岁以下、年青而杰出的比利时学者或科学家。目前奖金为150000欧元，获奖者分为三个领域，每三年内轮替一次：包括精密科学（exact sciences）、社会科学，以及生物或医学科学。

佩雷尔曼还先后在耶路撒冷的希伯来大学（Hebrew University）、加拿大麦吉尔大学（McGill University）、美国州纽约大学（State University of New York）、纽约城市大学皇后学院（Queens College of City University in New York）、费城天普大学（Temple University in Philadelphia）担任客座教授。通过其新修辞学论证理论，他逐渐确立了自己在国际哲学界和修辞学界的学术地位。[1]1973 年，佩雷尔曼成为《人道主义第二宣言》（The Humanist Manifesto II）的 120 位签署人之一。此后，他分别当选为国际哲学协会联合会副主席［vice president of the International Federation of Philosophical Societies（法语 Fédération Internationale des Sociétés de Philosophie，简称 FISP）］、比利时皇家科学院成员，获得多国大学（佛罗伦萨大学、希伯来大学、麦吉尔大学等）的名誉博士。因其在学术和社会活动中的贡献，1983 年 12 月，比利时议会通过决议，授予其贵族称号，1984 年 1 月 5 日，比利时国王博杜安五世（King Baudouin of Belgium, 1930—1993）封其为男爵（爵士）。1984 年 1 月 22 日，佩雷尔曼因心脏病发作在布鲁塞尔的寓所中去世，享年 72 岁。

二、佩雷尔曼的"新修辞学"转向

如上所述，至少 20 世纪 30 年代，佩雷尔曼在方法论上主要受波兰学派之逻辑实证主义和经验主义的影响，他把研究的重心

1　Alan G. Gross, Ray D. Dearin, *Chaïm Perelman*, pp. 9-10.

放在戈特洛布·弗雷格方面。弗雷格乃现代数理逻辑的创始人，也被公认是分析哲学和语言哲学的创始人。其著有《概念符号文字——一种模仿算术的纯粹思维的公式语言》（*Begriffsschrift, Eine der Arithmetischen Nachgebildete Formelsprache des Reinen Denkens*, 1879）、《算术的基础——对数的概念的逻辑数学研究》（*Die Grundlagen der Arithmetik: Eine logisch-mathematische Untersuchung über den Begriff der Zahl*, 1884）、《算术的基本法则》（*Grundgesetze der Arithmetik*, Band I, 1893, Band II, 1903）等著作。[1]在这些著作中，为了达到逻辑推论所需要的准确性，"防止无意中让任何直觉的东西闯入"，做到"竭尽一切努力使推论链条毫无漏洞"，[2]弗雷格创造了"量化"逻辑（与"全部""有些""无"等范畴有关），提出"概念符号文字"，建构"模仿算术的纯粹思维的公式语言"，区分"逻辑"的因素与"心理"的因素、"客观"的因素与"主观"的因素，区分"概念"与"对象"、"含义"与"指称"，使它们成为今日哲学家熟知与沿用的知识。他的思想对现代逻辑的产生和发展，对当代哲学，特别是对分析哲学和语言哲学的研究和发展，产生了极其重要的推动作用。[3]

1　Lothar Kreiser, *Gottlob Frege: Leben-Werk-Zeit*, Felix Meiner Verlag, Hamburg 2013, S. 11ff.

2　参见［美］王浩：《哥德尔》，康宏逵译，上海译文出版社2002年版，第337—338页。

3　有关戈特洛布·弗雷格的逻辑学，参见王路：《弗雷格思想研究》，商务印书馆2008年版，第2章；张家龙：《逻辑史论》，中国社会科学出版社2016年版，第242—250页。

正是基于对弗雷格的研究，佩雷尔曼在 1945 年出版的《论正义》一书中希望能像弗雷格建构公式化的概念符号文字一样，也为正义建构一套公式化的法则。[1] 在他看来，正义是人类灵魂中最原始的，在社会中最根本的，在观念之中最为神圣的，乃所有其他价值的来源，它包含道德性的整体（the whole of morality），分量盖过其他所有的价值，所谓"哪怕世界消灭，也要让正义实现"（Pereat mundus, fiat justitia）。[2] 然而，佩雷尔曼也很清楚：在所有唤起的观念中，正义观念是最混淆的观念之一，所以，正义观念的逻辑分析似乎是一件非常冒风险的工作。他指出，试图罗列历史上为人所用

1　廖义铭：《佩雷尔曼之新修辞学》，第25页。

2　参见Ch. Perelman, "Concerning Justice"（De la justice, 1945），in: ders., *Justice, Law, and Argument: Essays on Moral and Legal Reasoning*, D. Reidel Publishing Company, Dordrecht/Boston/London 1980, p. 1。据说，"哪怕世界消灭，也要让正义实现"（Pereat mundus, fiat justitia）是神圣罗马皇帝斐迪南一世（Ferdinand I, 1503—1564）的口头禅（座右铭），最早可能记载于16世纪的一位人文主义学者约翰内斯·雅克布斯·曼留斯（Johannes Jacobus Manlius, 活跃期在1562—1605年）在1563年所写的《通用论题》（*Loci Communes*）一书，表达了一种不惜任何代价也要提供和实现正义的态度。德国著名哲学家伊曼努尔·康德在1795年所写的《永久和平论》（*Zum ewigen Frieden. Ein philosophischer Entwurf*）曾引用此句来反对道德哲学中的功利主义性质。康德指出："有一条已经成为谚语的、听来有点夸大但却很真实的命题是：fiat justitia，pereat mundus（哪怕世界消灭，也要让正义实现。这句话在德文里就是：'让正义统治吧，哪怕世界上的恶棍全都倒台'。［德］康德：《永久和平论———一部哲学的规划》，1795，载［德］康德：《历史理性批判文集》，何兆武译，商务印书馆1996年版，第137页。）正是在此意义上，当代德国哲学家尤尔根·哈贝马斯说："正义绝不是诸多价值中的一个价值。价值总是与别的价值发生冲突的。……也就是说，价值要求承认的是相对的有效性，而正义则提出一个绝对的有效性主张：即道德律令主张对所有的人和每个人的有效性。"（Jürgen Habermas, *Faktizität und Geltung: Beiträge zur Diskurstheorie des Rechtes und des demokratischen Rechtsstaats*, 2 Aufl., Suhrkamp Verlag, Frankfurt a. M. 1992, S. 190. 汉译参见［德］哈贝马斯：《在事实与规范之间：关于法律和民主法治国的商谈理论》，第188页。）

的正义观念的所有可能的含义是徒劳的，故此，他重点提出以下六种最为流行的正义观念（或"正义公式"［formulas of justice］）：

1. 对待每个人一视同仁（To each the same thing）；

2. 按照品质对待每个人（To each according to his merits）；

3. 按照劳动对待每个人（To each according to his works）；

4. 按照需要对待每个人（To each according to his needs）；

5. 按照等级对待每个人（To each according to his ranks）；

6. 按照法定资格对待每个人（To each according to his legal entitlement）。[1]

显然，从理想的意义上讲，任何完美的正义（perfect justice）均在于实现所有人的完全平等，该正义的理想符合上列的第一种正义公式。然而，这种正义不可能在实践中达到。其他五种正义公式（观念）不过是实现这种平等的不完美的企图（即人们试图实现部

---

[1]　Ch. Perelman, "Concerning Justice", p. 2. 1982年，哥廷根大学法哲学教授拉尔夫·德莱尔在所写的专章"法与正义"中把"正义公式"（Gerechtigkeitsformel）或"正义规范"（Gerechtigkeitsnorm）概括为8点：（1）每个人均得生存（Jedem das Sein）；（2）对待每个人一视同仁（Jedem das Gleiche）；（3）按照本性对待每个人（Jedem nach seiner Natur）；（4）按照等级对待每个人（Jedem gemäß seinem Rang）；（5）按照成绩对待每个人（Jedem gemäß seiner Leistung）；（6）按照需要对待每个人（Jedem nach seiner Bedürfnis）；（7）按照自由的最高度对待每个人（Jedem ein Höchstmaß an Freiheit）；（8）按照法定的份额对待每个人（Jedem gemäß dem ihm vom Gesetz Zugeteilten）。（Ralf Dreier, "Recht und Gerechtigkeit", in: ders., *Recht–Staat–Vernunft: Studien zur Rechtstheorie* 2, Suhrkamp Verlag, Frankfurt a. M. 1991, SS. 11-12）

分的平等［partial justice］）。不过，既然其他五种正义公式（观念）做不到完美的平等，而只能实现部分的平等，那么，不可否认，它们的标准在理论上（逻辑上）就具有一定的争议性，它们所展现的正义方面甚至可能相互矛盾、相互对立，它们之间的含义似乎难以用任何概念链条统一起来，且各有其他可疑虑之处。[1] 尽管如此，佩雷尔曼并未就此放弃努力，而尝试在上述各种不同的正义观念（正义公式）之间找出共同的因素，做到对正义观念的逻辑分析，寻求一种对所有不同的观念共同适用的正义公式。据此，他注意到：无论哪一种正义观念，它们中间都包含一些共同的要素，比如，"每个人"（each），"按照……（条件）"（according to），（平等/同等）"对（待）"（［equal/same treatment to）］。这样，无论持哪一种正义观念（正义公式）的人，他们在态度上对上述三个因素的认识是共同的，不会发生争执。也就是说，他们都会同意，对于从某些特定的观点看拥有某个相同特征的平等之人给予相同的待遇是正义（公正）的。[2] 人因为拥有某个相同特征而是平等的，在此意义上，这个相同特征就可以界定为"本质特征"（essential characteristic），共同地拥有这个本质特征（比如，上面提及的"品质""劳动""需要""等级""法定资

1　Ch. Perelman, "Concerning Justice", pp.6-8; Karl Larenz, *Methodenlehre der Rechtswissenschaft*, 6 Aufl., Springer-Verlag, Berlin/Heidelberg 1991, S. 174.

2　Ch. Perelman, "Concerning Justice", p. 10.

格"等）的成员就会构成相同范畴（或相同的本质范畴［the same essential category］）的一部分。由此，佩雷尔曼就得出了一个为许多学者频繁引用的"形式正义"（formal justice）或"抽象正义"（abstract justice）的定义："属于一个相同的本质范畴的人必须以相同的方式对待。"（Beings of one and the same essential category must be treated in the same way.）[1] 他把这个定义称为"行动原则"（a principle of action）。[2] 与此相对的是特定的或具体的正义公式，这种正义公式将构成形式正义之无数价值中的一个。"形式正义"之

---

[1] Ch. Perelman, "Concerning Justice", p. 11.

[2] 就"行动原则"而言，正义并非简单等同于分配正义，不等同于"指派的物品的平等分配模式"，也不等同于对权利的平等分配，比如，男女平等并不能仅仅理解为男女之公正份额意义上的（社会国）福利受益。主要原因在于：权利不是人们共同分割、占有和消费的"集体物品"。权利之所以能够被人"享有"（genießen），乃在于人们对它们的"运用"（Ausübung）。把权利设想成"占有"并不正确，权利是关系，而不是"东西"，权利所指的是"做"（doing）而不是"有"（having），是使行动成为可能或给行动施加限制的社会关系。故此，正义不仅仅涉及分配，而且也涉及个人能力、集体交往与合作之发展和行使所必需的制度条件。平等权利的重点乃在于保证人们平等地参与公民自决的实践，保证人们平等地参与决定他们自己行动或这种行动的条件。（参见Jürgen Habermas, *Faktizität und Geltung: Beiträge zur Diskurstheorie des Rechtes und des demokratischen Rechtsstaats*, 2 Aufl., Suhrkamp Verlag, Frankfurt a. M. 1992, SS. 504-506。汉译参见［德］哈贝马斯：《在事实与规范之间：关于法律和民主法治国的商谈理论》，第519—520页。）不过，形式平等的正义观也容易导致在客观上的事实不平等：比如，"贫困的女性化"（Feminisierung der Armut）以及其他的所谓"现代化损失"（Modernisierungsverlusten）的后果，本应推进妇女平等的东西，结果往往只是有利于一个范畴的（已经拥有特权的）妇女而有损于另一个范畴的妇女，因为同特定性别有关的不平等是以一种复杂的、无法一目了然的方式同其他种类的地位低下群体成员身份（社会出身、年龄、种族归属、性倾向等）相互关联。（Jürgen Habermas, *Faktizität und Geltung: Beiträge zur Diskurstheorie des Rechtes und des demokratischen Rechtsstaats*, 2 Aufl., SS. 509-510. 汉译参见［德］哈贝马斯：《在事实与规范之间：关于法律和民主法治国的商谈理论》，第523页。）

所以是"形式的"，乃因为它并未确定正义执行（the administration of justice）的本质范畴，而要确定这个本质范畴，则要借助一定的价值尺度（Wertskala），后者又依赖于每个人的"个人世界观"。据此，佩雷尔曼认为，作为"行动原则"的"形式正义"或"抽象正义"，在具体实践上仍无法排除人的价值判断。

然而，什么是价值判断？我们如何从逻辑上推论价值？有关实现价值的目标如何推论？我们应追求何种目标？这些问题均没有令人满意的答案。[1]不仅如此，在他看来，任何价值（或理想）都是"恣意的"，因为它们不可能理性地演证（证明）出来，或者说，它们既不可能是经验的结果，也不可能是毫无争议的原则的逻辑（推导）后果。事实上，任何严格的演绎或基于经验的归纳都不能保证从"什么是客观所与和真实的"过渡到"我们致力实现的理想和所提倡的价值以及所证成的规则"，因为演绎和归纳仅仅是"说服性推理"（convincing reasoning）的形式。我们所能够做的，只能是通过消除规则中的恣意因素来证成规则，但这样做却不可避免地依靠"未经证成的、非不证自明的原则"，依靠我们自己选择的立场和"可被反驳的价值"。[2]问题是：难道真的不可能在

---

1 Chaïm Perelman, "Old and New Rhetoric: An Address Delivered by Chaïm Perelman at Ohio State University, November 16, 1982", in: Jame L. Golden, Joseph J. Pilotta (ed.), *Practical Reasoning in Human Affairs: Studies in Honor of Chaïm Perelman*, D. Reidel Publishing Company, Dordrecht 1986, p. 4.

2 参见Ch. Perelman, "Justice and Justification"(1964), in: ders., *Justice,* （转下页）

价值上进行推理吗？或者说，非工具性的价值决断以及规定人们权利和义务的规范之决断真的可以逃脱所有的逻辑和所有的理性？难道我们必须抛弃实践理性的所有哲学运用而仅限于行动领域的理性之技术运用？难道我们必须运用理性，旨在仅仅让我们的手段适应总体上非理性的目的？进而言之，难道我们必须放任自流，而认为整个西方哲学的古典传统不过是千禧年之梦（a millenarian dream）的表达？对于我们个人和集体的行动追寻一个理性基础以及希望进行商谈，难道是仅仅基于幻想和无逻辑而孕育出来的伦理学、法哲学和政治哲学？[1]佩雷尔曼指出，为了回应上述从 18 世纪英国经验主义哲学家大卫·休谟到 20 世纪逻辑实证主义哲学家阿尔弗雷德·朱利叶斯·艾耶尔（Alfred Jules Ayer，1910—1989）的实证主义有关价值的提问，似乎应该做出重新的努力，不是基于现代逻辑的推理技术，而是根据人们如何实际地对价值进行推理的详细考察，来阐释价值判断逻辑（The logic of value judgments/Logik der Werturteile）。[2]

　　为此，佩雷尔曼从 1949 年开始与露西·奥尔布里希茨－泰特卡女士合作开展一项长期的研究计划，领域涉及伦理学、美学、法学、政治哲学、政治学以及一般哲学的方法论，尽管俩人通力合

（接上页）*Law, and Argument: Essays on Moral and Legal Reasoning*, D. Reidel Publishing Company, Dordrecht/Boston/London 1980, pp. 55-56。

1　Ch. Perelman, "Justice and Justification", p. 57.

2　Ch. Perelman, "Justice and Justification", p. 57.

作，皓首穷经，但他们在最初十年里并未找到他们所一直追寻的价值判断逻辑。[1] 他们看到，价值判断无法从形式逻辑的推演中导出，也无法用纯粹的经验观察及事物的自证性质来分析。直到有一天，佩雷尔曼在阅读到同时代的法国著名作家、文学评论家让·波让（Jean Paulhan，1884—1968）[2] 于 1941 年出版的文学评论名作——

1　Ch. Perelman, "Justice and Justification", p. 57.

2　让·波让于1884年12月2日出生在法国南部奥克西坦地区的尼姆（Nîmes），1968年10月9日在巴黎逝世。他于1925年任《新法语杂志》（*Nouvelle Revue Française*，简写NRF）主编，1963—1968年担任法国法语科学院（Académie française）院士（法语科学院创立于1635年，1803年并入法兰西学院［Institut de France］，成为该院八大科学院之一。其他七大科学院分别是：人文科学院［Académie des Inscriptions et Belles-Lettres］、自然科学院［Académie des sciences］、美术科学院［Académie des beaux-arts］、绘画与雕塑科学院［Académie de peinture et de sculpture］、音乐科学院［Académie de musique］、建筑科学院［Académie d'architecture］、道德与政治科学院［Académie des sciences morales et politiques］）。让·波让一生著述丰富，其作品包括：*Les Hain-Tenys Merinas* (Geuthner, 1913, reissued 2007)；*Le Guerrier appliqué* (Sansot, 1917; Gallimard 1930, reissued 2006)；*Jacob Cow le Pirate, ou Si les mots sont des signes* (1921)；Le Pont traversé (1921, reissued 2006)；*Expérience du proverbe* (1925)；*La Guérison sévère* (1925, reissued 2006)；*Sur un défaut de la pensée critique* (1929)；*Les Hain-Tenys, poésie obscure* (1930)；*Entretien sur des faits-divers* (1930, 1945)；*L'Aveuglette* (1952)；*Les Fleurs de Tarbes ou La terreur dans les Lettres* (1936, 1941)；*Jacques Decour* (1943)；*Aytre qui perd l'habitude* (1920, 1943, reissued 2006)；*Clef de la poésie, qui permet de distinguer le vrai du faux en toute observation, ou Doctrine touchant la rime, le rythme, le vers, le poète et la poésie* (1945)；*F. F. ou Le Critique* (Gallimard, 1945; reissued by Éditions Claire Paulhan, 1998)；*Sept causes célèbres* (1946)；*La Métromanie, ou Les dessous de la capitale* (1946, reissued 2006)；*Braque le Patron* (1946)；*Lettre aux membres du C. N. E.* (1940)；*Sept nouvelles causes célèbres* (1947, reissued 2006)；*Guide d'un petit voyage en Suisse* (1947, reissued 2006)；*Dernière lettre* (1947)；*Le Berger d'Écosse* (1948, reissued 2006)；*Fautrier l'Enragé* (1949)；*Petit-Livre-à-déchirer* (1949)；*Trois causes célèbres* (1950)；*Les Causes célèbres* (1950, reissued 2006)；*Lettre au médecin* (1950, reissued 2006)；*Les Gardiens* (1951, reissued 2006)；*Le Marquis de Sade et sa complice ou Les revanches de la Pudeur* (1951)；*Petite préface à toute critique* (1951)；*Lettre aux directeurs de la Résistance* (1952)；（转下页）

《修辞学之花，抑或，文学中的惊悚》（*Les Fleurs de Tarbes ou La terreur dans les Lettres*）之后，他才突然发现古老的修辞学或论题学对于其所关切的学术问题的方法论价值：修辞学或论题学中的许多概念，正是人类用以形成价值、传播价值的方法。[1]

　　不过，应当看到，在此过程中，他与奥尔布里希茨－泰特卡不只是找到古老的修辞学之说服方法，实际上，他们重新发现了被当代逻辑学家们完全遗忘的古老逻辑，那就是亚里士多德在《论题篇》以及从罗马时期到中世纪辩证法（术）中所讨论的［与现代逻辑学家感兴趣的分析推理（证明）相对的］"辩证推理（证明）"。1958年，两人经过多年合作进行经验—分析研

（接上页）*La Preuve par l'étymologie* (1953)；*Les Paroles transparentes, avec des lithographies de Georges Braque* (1955)；*Le Clair et l'Obscur* (1958)；*G. Braque* (1958)；*De mauvais sujets, gravures de Marc Chagall* (1958, reissued 2006)；*Karskaya* (1959)；*Lettres* (1961)；*L'Art informel* (1962)；*Fautrier l'enragé* (1962)；*Progrès en amour assez lents* (1966, reissued 2006)；*Choix de lettres, Tome I, 1917-1936, La littérature est une fête* (1986)；*Choix de lettres, Tome II, 1937-1945, Traité des jours sombres* (1992)；*Choix de lettres, Tome III, 1946-1968, Le Don des langues* (1996)；*La Vie est pleine de choses redoutables* (Seghers, reissued by Claire Paulhan, 1990)。

1　参见Chaïm Perelman, "Old and New Rhetoric: An Address Delivered by Chaïm Perelman at Ohio State University, November 16, 1982", p. 4. 实际上，早在16世纪，德国学者已经专门出版过"法律修辞学"的专著：比如，Christoph Hegendorphinus, *Rhetorica Legalis libri duo*,1541（《法律修辞学两卷本》）；Bernhard Walther, *Praecepta Rhetorices ex iure*, 1542（《来自法律的修辞学规则》）；等等。（参见Jan Schröder,"'Communis opinio' als Argument in der Rechtstheorie des 17. und 18. Jahrhunderts", in: ders., *Rechtswissenschaft in der Neuzeit. Geschichte, Theorie, Methode. Ausgewählte Aufsätze, 1976-2009*, Hrsg. von Thomas Finkenauer, Claes Peterson und Michael Stolleis, Mohr Siebeck, Tübingen 2010, S. 173。）

究，终于出版代表新的论证理论水平的名作——《新修辞学：论证论集》。[1] 在这本书中，他们提出作为一种论证理论（a theory of argumentation）的非形式逻辑（nonformal logic），以补充作为形式逻辑对象的"演证理论"（the theory of demonstration）的不足。[2] 诚然，如他们自己所承认的，他们在写作过程中参考了亚里士多德在《论题篇》和《修辞学》中的相关思想，然而，他们的理论企图绝不是简单地复活古老的修辞学和辩证法（术），或者接通由于 17 世纪笛卡尔主义和科学主义之"几何学证明"方法的盛行被中断的西方哲学传统，而是试图在新的视角下系统地重构修辞学理论（"一种来自现代精神的修辞学"［eine Rhetorik aus dem Geiste der Moderne］），使之对于"新的（知识）兴趣"具有吸引力，在此意义上，他们把自己所发展的论证理论称为"新修辞学"（La nouvelle rhétorique, Die Neue Rhetorik）。[3] 有学者称，"新修辞学"不仅是修辞学—论证理论研究的"地籍簿"（Grundbuch，基础著

1　Chaïm Perelman, Lucie Olbrechts-Tyteca, *La nouvelle rhétorique: Traité de l'argumentation*, Presses Universitaires de France, Paris 1958.（英译本，*The New Rhetoric: A Treatise on Argumentation*, trans. by John Wilkinson and Purcell Weaver, University of Notre Dame Press, Notre Dame 1969; *Deutsche Übersetzung: Die neue Rhetorik. Eine Abhandlung über das Argumentieren*, Hrsg. von Josef Kopperschmidt, Bd 2. Frommann-Holzboog, Stuttgart 2004。）

2　Ch. Perelman, "Justice and Justification", p. 57.

3　Chaïm Perelman, Lucie Olbrechts-Tyteca, *Die neue Rhetorik. Eine Abhandlung über das Argumentieren*, Hrsg. von Josef Kopperschmidt, Bd. 1 Frommann-Holzboog, Stuttgart 2004, S. 6.

作），而且也是哲学旨趣的效力—理性论的"地籍簿"。[1]

三、佩雷尔曼的"新修辞学"思想

如上所述，佩雷尔曼的"新修辞学"思想主要原动力和目的在于解决其对正义问题的关怀所产生的理论难题。他的这个思想集中体现在其与奥尔布里希茨－泰特卡所著的《新修辞学：论证论集》一书之中。[2] 该书有3编，共105节：第1编"论证的框架限定"；第2编"论证的出发点"；第3编"论证的技术"。[3] 此处，笔者主要依据该著作的德文译本（间或参考其英译本）来叙述佩雷尔曼的"新修辞学"思想。

在第1编"论证的框架限定"中，佩雷尔曼以"听众"概念为核心，批判笛卡尔主义"几何学证明"的方法论，指出"论证"的逻辑与"演证"的逻辑的根本差异，[4] 强调"论证"在人文学科研究上的重要性。

1　Josef Kopperschmidt (Hrsg.), *Die Neue Rhetorik: Studien zu Chaïm Perelman*, S. 7.

2　佩雷尔曼在1979年出版的《逻辑与论证》一书第二部分"论证理论的要素"中对自己的"新修辞学"思想（主要是"论证的技术"）又予以重述。（参见Chaïm Perelman, *Logik und Argumentation*, Athenräum Verlag GmbH, Königstein/Ts. 1979, SS. 63-137。）

3　见 Chaïm Perelman, Lucie Olbrechts-Tyteca, *Die neue Rhetorik. Eine Abhandlung über das Argumentieren*, "Inhalt", SS. XIII-XVIII.

4　"论证"的逻辑与"演证"的逻辑的根本差异可以用相关的关键词描述：（1）"论证"的逻辑："辩证术""非形式的""法庭模式""意见""论证的说服力""理性推动的认同""基于认同的有效性"；（2）"演证"的逻辑："分析的""形式的""数学/几何学的模式""明见性（不证自明）""强制推导性""屈从于真理（必须认同）的客观有效性"。（Josef Kopperschmidt [Hrsg.], *Die Neue Rhetorik: Studien zu Chaïm Perelman*, S. 51.）

笛卡尔在《谈谈方法》（*Discourse de la Méthode*，1637）中提出"按照几何学方式"（more geometrico）进行思考，"从最简单、最容易认识的对象开始，一点一点逐步上升，直到认识最复杂的对象；就连那些本来没有先后关系的东西，也给它们设定一个次序"。[1]显然，在笛卡尔看来，唯有数学或几何学方法，即从公理的不证自明进行演证的推理（这里的不证自明［Evidenzbegriff］概念具有两层含义：一是指一切正常的心灵必须服从的一种力；二是因为不证自明而自我施与的真理的一种表征），由一事理推演出另一事理，最后绝不会有遥不可及、隐不可明的事理出现，以至于建立起形式公理体系，才是理性的。[2]然而，佩雷尔曼认为，笛卡尔的传统或演证的方法只适合于处理"客观事物""真理""谬误""概率"及"必然性"，而不适合于论证"人类行动""态度"和"信仰"等，在人类行动的领域（此领域往往涉及自然语言的使用，存在着意见的纷争，其中交织着一定的非理性因素，具有难以绝对掌握的复杂性[3]），由"人工语言"作为表达方式的演证

1　［法］笛卡尔：《谈谈方法》，王太庆译，商务印书馆2000年版，第16页。

2　［法］笛卡尔：《谈谈方法》，第16页；Chaïm Perelman, Lucie Olbrechts-Tyteca, *Die neue Rhetorik. Eine Abhandlung über das Argumentieren*, SS. 1f., 4, 17。

3　不过，在哲学上，也有人（比如赵汀阳）认为自然语言是最伟大的语言，它自动具有自我反思的功能，所以人类能够反思一切事情，包括反思语言和思想本身，而数学或逻辑语言（人工语言）却没有自动反思功能，只有表达和计算对象的功能，所以数学和逻辑语言不会自动去反思自身。（参见赵汀阳：《人工智能会"终结"人类历史吗？》，载《南风窗》2017年第16期，第86页及以下页。）

方法（形式逻辑方法或几何学方法）反而存在着"一种难以得到保证、完全不能证成的限制"。[1]在这种情形下，可能需要有一种与形式逻辑相对立的非形式逻辑，即亚里士多德在《论题篇》和《修辞学》中所论述的"辩证推理"以及"修辞式三段论"（"恩梯墨玛"），它是一种从"普遍接受的意见"（εὔλογος，eúlogos）进行推理的技艺，用佩雷尔曼自己的话说，此种技艺是一种"论证的理论"或"论证的逻辑"/论证的方法，其对象是"研究能够引起或提高人们认同所提出的主张之论辩程序（技巧）"。[2]所以，与演证方法不同，论证的方法旨在"获得人们的认同"，并通过这个事实假定经常有一种"心灵沟通"（der intellektuelle Kontakt）在这个过程中起作用。[3]这样，有效的论证过程需要一定的条件：比

1　Chaïm Perelman, Lucie Olbrechts-Tyteca, *Die neue Rhetorik. Eine Abhandlung über das Argumentieren*, S. 4.

2　Chaïm Perelman, Lucie Olbrechts-Tyteca, *Die neue Rhetorik. Eine Abhandlung über das Argumentieren*, SS. 5-6. 这里应做一点说明：在亚里士多德《论题篇》中表达"普遍接受的意见"的希腊文是ἔνδοξα（Endoxa），但佩雷尔曼在自己的著作中却使用了另一个希腊文εὔλογος（eúlogos），表达"普遍接受的意见"。（其实，εὔλογος是一个合成词，εὐ［eú］意思是"好的"，λογος［logos］在这里指"言语"，合起来就是"好的言语"，或"合理的表述"。显然，这个词绝不是在亚里士多德《论题篇》之论辩推理意义上使用的，更像是一个表达ἔνδοξα［Endoxa］之意义的修辞学词语。）但佩雷尔曼在《新修辞学：论证论集》中所用的这个词不是直接引自亚里士多德的《论题篇》或《修辞学》，而是转引自19世纪的两本修辞学著作。（参见Richard Whately, *Elements of Rhetoric*, J. W. Parker, London 1828；John Henry Cardinal Newman, *Grammar of Assent*, Burns & Oates, London 1870。）

3　Chaïm Perelman, Lucie Olbrechts-Tyteca, *Die neue Rhetorik. Eine Abhandlung über das Argumentieren*, S. 18.

如，任何言说者均必须把自己设想为参与论辩的谈话伙伴，论辩必须有（促成人类心灵沟通的）"共同的语言"（eine gemeinsamene Sprache）的存在（在心灵沟通中，人类的"共同的语言"应当是日常 / 自然语言，而非人造的符号语言），一般应当有如何开始谈话的规则，言说者不仅言说或者书写，他也还必须能够倾听或阅读，等等。[1]

　　由此看出：在佩雷尔曼的"新修辞学"理论中，"听众"（auditoire/Hörerschaft）是一个核心的概念。听众的角色（地位）把论证与演证区别开来：论证以听众为前提，而演证则不以说服听众为目标，这样一个证明的正确与否，不取决于任何一个听众的认同。按照佩雷尔曼的理解，在修辞学领域，听众是一个集合名词，即言说者想通过其论证来影响的人之总称。[2]虚拟的听众（auditoire présumé，假定的听众）对打算从事论辩的人（言说者）总是一种或多或少体系化的建构（或者简括地说，听众就是言说者的建构），为了能够确定言说者通过讲话所及的听众，就需要了解该言说者的意图。所以，一个议会中的言说者之听众可能就是他的议会党团、议会或全体国民。任何一种论证的目标在于获得或强化听众

1　Chaïm Perelman, Lucie Olbrechts-Tyteca, *Die neue Rhetorik. Eine Abhandlung über das Argumentieren*, SS. 18-22.

2　Chaïm Perelman, Lucie Olbrechts-Tyteca, *Die neue Rhetorik. Eine Abhandlung über das Argumentieren*, S. 25.

的认同。[1] 为了达到这个目标，言说者必须使自己的言说适应听众。[2] 同样一个主张，对一些支持言说者主张的听众，可能会用作支持的论点，对另一些不支持言说者主张的听众，也可能会用作反对的论点。故此，希望通过某种特定措施来缓解社会紧张关系的论证，只对那些等待社会平安的人有说服力，而说服不了那些盼望社会冲突的人。[3] 所以，在论证中要适用如下规则：言说者必须使自己的言说适应听众，而不管他们可能是什么样的人。任何论证都必须依赖于听众方可进行，在论证中，重要的不是要知道言说者本人认为什么是真的或者什么是关键的，而是要知道其言说所针对的听众的观点。换言之，论证就是听众的一项职能（l'argumentation est fonction de l'auditoire）。[4] 在佩雷尔曼看来，如果言说者成功地从其言说的

---

1 Chaïm Perelman, Lucie Olbrechts-Tyteca, *Die neue Rhetorik. Eine Abhandlung über das Argumentieren*, SS. 24-25.

2 Chaïm Perelman, Lucie Olbrechts-Tyteca, *Die neue Rhetorik. Eine Abhandlung über das Argumentieren*, SS. 31 ff., 33.

3 Chaïm Perelman, Lucie Olbrechts-Tyteca, *Die neue Rhetorik. Eine Abhandlung über das Argumentieren*, S. 26.

4 Chaïm Perelman, Lucie Olbrechts-Tyteca, *Die neue Rhetorik. Eine Abhandlung über das Argumentieren*, SS. 7, 24, 31, 60. "论证是听众的一个职能"（l'argumentation est fonction de l'auditoire）这一句，亦参见英译本：Ch. Perelman, L. Olbrechts-Tyteca, *The New Rhetoric: A Treatise on Argumentation*, trans. by John Wilkinson and Purcell Weaver, University of Notre Dame Press, Notre Dame 1969, p.44。"论证就是听众的一项职能"似乎可以通过下面的论证图式来表达：（1）"我（言说者）是一个普通人，也就是说，我与听众群体（G）分享一个共同的背景"；（2）"你（应答者）是听众群体（G）的一个成员"；（3）"因此，你应当承认我言说的内容"。（见 Douglas Walton, Chris Reed, Fabrizio Macagno, *Argumentation Schemes*, Cambridge University Press, New York 2010, p.129）

听众那里得到对其观点的接受，那么一项论证（证成）就可以被看作是理性的。[1]

听众是多元的，且与所处的环境（条件）密切相关，这就需要对听众的概念进行具体分析。佩雷尔曼根据言说所及受众的数量和性质，将听众分为三种：第一种是"普泛听众"（auditoire universel, Die universelle Hörerschaft），即"全人类，或者，至少所有正常的成年人"；与其相对的是特定情境、特定场合中的"特定听众"（partikuläre Hörerschaft）；第二种是"单一听众"（interlocuteur, einziger Gesprächspartner），即言说者在言说中的谈话伙伴（在这种言说中，言说者与听众是相互的，听者有机会面对言说者，提出质疑和反对意见）；第三种是言说者本人（le sujet lui-même）在为自己的行动给予理由时将自己当作听众，在这种场合，言说者自己与自己对话，其实就是个人（内心）的自我思辨（délibère, Die Beratung mit sich selbst）。[2]

---

[1] Eveline T. Feteris, *Fundamentals of Legal Argumentation: A Survey of Theories on the Justification of Judicial Decisions*, Springer-Science+Business Media B. V., 2nd edition, Dordrecht 2017, p. 65.

[2] Chaïm Perelman, Lucie Olbrechts-Tyteca, *Die neue Rhetorik. Eine Abhandlung über das Argumentieren*, SS. 40-41, 48ff., 55. 对于这一点，德国当代著名哲学家尤尔根·哈贝马斯也指出："如果我们可以把'思考'（Denken）理解为一个由单个主体在内心进行的、同对话相联系的（diskursgebunden）论证过程，那么，自我反思也可以被理解为一种'治疗性对话的'内心活动（Verinnerlichung）。在两种情况下，交往返回到孤独的主体内心（Innerlichkeit），绝不会使可能得到保存的主体相互间的对话结构停止：思考的主体同反思的主体一样，至少应该扮演两种对话角色，假如论证不应该仅仅是分析的（和基本上可用机器来代替）的话。这在（内心的）对话情况中是没有问题的。"（转下页）

　　无论如何，听众的概念乃是进入规范性论证理论的关键：在佩雷尔曼看来，论证的价值是根据由其所说服的听众的价值来加以确定的，同时，也需要"通过论辩来规限听众"（conditionnement de l'auditoire par le discours）。所以，佩雷尔曼的理论作为规范性论证理论，其中心点在于刻画只能通过理性论证来加以说服的听众。在此意义上，论证所强调的是对听众的说服（convaincre, Überzeugen），而不是仅仅对听众的劝说（persuader, Überreden）：他认为，如果有谁只想得到某个特定听众的认同，那他就是在试图进行劝说，如果有谁想努力得到普泛听众的认同，则是在进行说服（使人信服）。[1]与此相适应，得到普泛听众认同的论述是有效性的（valable, gütig），而仅仅得到某个特定听众认同的论述则只是实效性的（efficace/wirksam）。[2]普泛听众的认同就是论证之合理性与客观性的标准，或者说，所有的人，假如了解并理解自己的论点，那他们也应当认同自己的主张。不仅如此，谁要是诉诸普泛听众，他也是在诉诸其自身（言说者本人作为自我思辨的听众），因为其自身也是这种听众的一员。所以，那些连言说者自己都不相信的主

（接上页）（［德］尤尔根·哈贝马斯：《理论与实践》，郭官义、李黎译，社会科学文献出版社2004年版，第30页。）

1　Chaïm Perelman, Lucie Olbrechts-Tyteca, *Die neue Rhetorik. Eine Abhandlung über das Argumentieren*, S. 36.

2　Chaïm Perelman, Lucie Olbrechts-Tyteca, *Die neue Rhetorik. Eine Abhandlung über das Argumentieren*, S. 661ff. 另见Josef Kopperschmidt (Hrsg.), *Die neue Rhetorik: Studien zu Chaïm Perelman*, S. 51。

张和那些连言说者本人都不接受的建议，均排除在面对普泛听众的论证过程之外。"因此，普泛听众的认同不是一个事实问题，而是一个法律问题。"（L'accord d'un auditoire universel n'est donc pas une question de fait, mais de droit.）[1] 而且听众的明确认同在每一步都是不可或缺的，为的是让论证（推理）得以进行：假如有谁要进行论证，那么他就必须既要保证（听众）对其前提的认同，也要保证（听众）从引用作为证立根据的命题过渡到有待证立的命题得到听众的认同。原因在于，论证的目的旨在"理解人类的决定"（论证本身也总是意在改变现状的行动），我们首先应在人类行动的领域考察其（实践）效力：它着眼于未来而引起某些（合理的）行动或为某些（合理的）行动铺平道路，故而通过论辩（商谈）的手段来影响听众，以便（在对解答方案依其价值进行排序之标准事先达成共识的情况下）于众多可能的行为选择中做出审慎的选择。[2]

正因为论证的思想与其所铺平道路以及引起的行动之间有如此密切的关系，那么，规制论证（讨论）的制度安排就具有重要的

1　Chaïm Perelman, Lucie Olbrechts-Tyteca, *Die neue Rhetorik. Eine Abhandlung über das Argumentieren*, S. 42. 有关"事实问题"（Tatfrage）和"法律问题"（Rechtsfrage）的概念讨论，也参见Reinhold Zippelius, *Juristische Methodenlehre*, 10 Aufl., Verlag C. H. Beck, München 2006, S. 29ff.（汉译参见［德］齐佩利乌斯：《法学方法论》，金振豹译，法律出版社2009年版，第131页及以下页。）
2　Chaïm Perelman, Lucie Olbrechts-Tyteca, *Die neue Rhetorik. Eine Abhandlung über das Argumentieren*, SS. 63-64, 75.

意义。[1]这样，从理论上研究论证的结构对于论证（讨论）的规制（Regelung von Diskussionen）则是必不可少的步骤。在第 2 编"论证的出发点"中，佩雷尔曼重点讨论了"论证的前提""事实与真理""推定""价值""抽象价值与具体价值""层级""论题"（"量的论题""质的论题""其他论题"）等问题。[2]

　　佩雷尔曼把"论证的前提"理解为共识的客体。论证的分析自始至终关涉那些被认为是听众所接受的东西，人们首先要考虑什么种类的共识客体可以被用作前提，它们构成了论证的出发点。[3]此处，佩雷尔曼并不打算通过研究列出能够构成信念或认同的一切事物的完整清单，而仅仅是想探究在论证过程中起不同作用的共识客体的种类。在这种观点下，他把共识客体或论证前提分为两类：一类涉及"实在性的"（réel）共识客体，另一类涉及"偏好性的"（préférable）共识客体。[4]他将涉及实在性的共识客体或论证前提再细分为"事实"（faits）、"真理"（vérités）和"推定"（présomptions）三种；在偏好性的共识客体领域，他又

1　Chaïm Perelman, Lucie Olbrechts-Tyteca, *Die neue Rhetorik. Eine Abhandlung über das Argumentieren*, S. 81.

2　Chaïm Perelman, Lucie Olbrechts-Tyteca, *Die neue Rhetorik. Eine Abhandlung über das Argumentieren*, "Inhalt", SS. XIII-XV.

3　Chaïm Perelman, Lucie Olbrechts-Tyteca, *Die neue Rhetorik. Eine Abhandlung über das Argumentieren*, S. 90.

4　Chaïm Perelman, Lucie Olbrechts-Tyteca, *Die neue Rhetorik. Eine Abhandlung über das Argumentieren*, S. 90.

区分出"价值"（valeurs）、"层级"（hiérarchies）和"论题"
（lieux）三种。[1]

　　佩雷尔曼认为，所谓事实，是对客观现实（实在）的主张或见
解（信念）毫无争议，且为人们所普遍认同的出发点；[2]事实与真
理不同，它通常指某一确切的、有限的共识客体，而"真理"一
词则偏向适用于联结事实之间关系的复杂系统，其所涉及的可能是
"科学理论"或者超越我们经验的"哲学观念""宗教观念"：[3]
比如，地球在一定的轨道上以匀速绕太阳运行是一种事实，而基于
类似的事实的观察而得出的"万有引力"定律即为一种真理。相对
于事实与真理，推定是另一种"所有的听众应当认同的"实在性论
证前提，或者说，它不是基于毫无争议的确证，而是建立在人们的
共同经验、共同常识之"推测性"（假定）基础上的共识客体。[4]

1　Chaïm Perelman, Lucie Olbrechts-Tyteca, *Die neue Rhetorik. Eine Abhandlung über das Argumentieren*, S. 90.

2　Chaïm Perelman, Lucie Olbrechts-Tyteca, *Die neue Rhetorik. Eine Abhandlung über das Argumentieren*, SS. 91-92.

3　Chaïm Perelman, Lucie Olbrechts-Tyteca, *Die neue Rhetorik. Eine Abhandlung über das Argumentieren*, S. 94.

4　建立在人们的共同经验、共同常识之"推测性"（假定）/推定论证是一种重构的
　"诉诸（大众）流行意见的论证"（ad populum argument）或"流行意见图式"（the
　pop scheme），其论证图式可表述如下：（1）若一个特定的指涉群体G（a particular
　reference group G）中的绝大多数人（特别是处在特殊所知的地位的群体中的绝大多数
　人）承认A是真（假）的，那么就存在一种支持（反对）A的可废止性推定；（2）绝大
　多数人承认A是真（假）的；（3）因此，存在一种支持（反对）A的可废止性推定。这
　种论证形式可以引证民意测验（调查）或其他统计发现来评估公共意见。（参见Douglas
　Walton, Chris Reed, Fabrizio Macagno, *Argumentation Schemes*, Cambridge （转下页）

尽管其不如"事实"和"真理"那样确信，但仍应享有"普遍的共识"，当对它的认同不完全时，听众期望他们的认同通过进一步的细节来加以强化。认同推定的人通常要考量这样一种强化。[1]

相对于事实、真理和推定，"价值""层级"和"论题"则属于"只在特定的群体中主张认同"而"不要求普泛听众认同"的共识客体：（1）价值是涉及特定听众对一事物的偏好胜过另一事物的出发点。[2]认同某个价值意味着认可某个客体（实质或理想）对行为和行为倾向必定具有特定的影响，这种影响可以在论证中发生效力，并不指望这一观点被所有的人所接受；论证中的价值分为两种：一种是"抽象价值"（valeurs abstraites），比如，正义或真理，另一种是"具体价值"（valeurs concrètes），即"某一生命体、某个特定组织或某一特殊客体相关联"的价值，比如，西方道德中的"责任"（engagement）、"诚实"（fidélité）、"忠诚"（loyauté）、"团结"（soliarîté）、"纪律"（discipline），中国儒家思想中的（君臣、父子、夫妻、长幼、朋友之间的）"五伦"之德等；它们根据论证的不同目的而有不同的用法。[3]（2）论证不仅依赖价值，

（接上页）University Press, New York 2010, pp. 124-125。）

1　Chaïm Perelman, Lucie Olbrechts-Tyteca, *Die neue Rhetorik. Eine Abhandlung über das Argumentieren*, S. 96ff.

2　Eveline T. Feteris, *Fundamentals of Legal Argumentation: A Survey of Theories on the Justification of Judicial Decisions*, 2nd edition, p. 65.

3　Chaïm Perelman, Lucie Olbrechts-Tyteca, *Die neue Rhetorik. Eine Abhandlung über das Argumentieren*, SS. 102, 104, 106-110.

而且也依赖层级，比如，人优越于动物，神优越于人，与人相关的价值优越于与物相关的价值，等等。层级也分为"具体层级"和"抽象层级"，前者如人对于动物的优越性，后者如正义对于实用的优越性。正因为人们有可能同时追求多个不同的价值，则必须有对偏好的价值进行前后、优先顺序排列的层级。[1]（3）当言说者试图证立价值或层级，或者试图重新强化这些价值或层级所获得的认同之强度时，他可以连接其他价值或层级来巩固之，但也可以诉诸一般性质（等级）的前提，这就是所谓的"论题"（lieux），即论点的储存所，它就是亚里士多德《论题篇》中所讲的τόποι（Topoi）。[2]论题可以分为"量的论题"（lieux de la quantité，即基于数量的理由而认为一事物优越于另一事物的论题，比如，"更大、更小程度的论题"[3]）、"质的论题"（即基于独一无二的性质而认为一事物优越于另一事物的论题，比如，"有利时机论题""不可挽回论题"）和"其他论题"（比如，"位序论题"［ordre］、"存在论题"［existant］、"本质论题"［essence］、

1　Chaïm Perelman, Lucie Olbrechts-Tyteca, *Die neue Rhetorik. Eine Abhandlung über das Argumentieren*, S. 110ff.

2　Chaïm Perelman, Lucie Olbrechts-Tyteca, *Die neue Rhetorik. Eine Abhandlung über das Argumentieren*, S. 115.

3　比如，在罗马法上有一项规则："大中含小"（in maiore minus inest，参见［德］马克斯·卡泽尔、［德］罗尔夫·克努特尔：《罗马私法》，田士永译，法律出版社2018年版，第853页）。

"人格论题"［personne］等）。[1]

在第2编第25节至第43节，佩雷尔曼进一步详细讨论了"论题的运用及其还原：古典的精神与罗马的精神""某些特定听众的同意""讨论专有的同意""'基于偏好的'论证与'乞题'论证""数据的遴选及其展现""数据的解释""言说的解释及其难题""质的规定性之选择""概念的使用""概念的澄清与遮蔽""概念的论证性使用与可塑性""数据的呈现与言说的形式""言说的内容与形式""数据呈现的技术问题""言语形式与论证""思想表述上的模态""言语形态及与听众的交流""修辞格与论证""选择辞格、展示辞格与交流辞格""论证要素的地位及其展现"等内容。[2]

基于上述问题的研究，佩雷尔曼在第3编重点讨论"论证的技术"（Techniken der Argumentation）或"论证的程序"（Die Verfahren des Argumentierens）。[3]他试图告知一个言说者如何运用论证图式把对出发点的认同传递至观点论证之中。[4]

1　Chaïm Perelman, Lucie Olbrechts-Tyteca, *Die neue Rhetorik. Eine Abhandlung über das Argumentieren*, SS. 118ff., 123ff., 129ff.

2　Chaïm Perelman, Lucie Olbrechts-Tyteca, *Die neue Rhetorik. Eine Abhandlung über das Argumentieren*, SS. 133-260.

3　Chaïm Perelman, Lucie Olbrechts-Tyteca, *Die neue Rhetorik. Eine Abhandlung über das Argumentieren*, S. 263ff.; Ch. Perelman, L. Olbrechts-Tyteca, *The New Rhetoric: A Treatise on Argumentation*, p. 187ss.

4　Eveline T. Feteris, *Fundamentals of Legal Argumentation: A Survey of Theories on the Justification of Judicial Decisions*, 2nd edition, p. 65.

在论证的技术之视角下，佩雷尔曼首先研究各种不同的论述（论点）形式（scheme d'arguments，论述图式）。他把论述形式分为两类：一类是联系（liaison，结合）的论述形式，另一类是分离（Dissoziation，析离）的论述形式。联系的论述形式（程序）被理解为原本相互分离的因素融合起来形成统一（体系），旨在将它们组织起来或肯定或否定地评价它们的方法；分离的论述形式（程序）被理解为析解和分离原本统一（构成整体）的因素，通过修正构成实质部分的概念来修正这个思想整体（体系）的技术。[1]

在佩雷尔曼看来，有三种论证应算作是联系的论述形式（图式）：（1）准逻辑论述（die quasi-logischen Argumente）；（2）基于实在结构的论述（Argumente, die auf der Struktur des Wirklichen gründen）；（3）旨在建立实在结构的论述（Verbindunggen zur Begründung einer Wirklichkeitsstruktur）。

准逻辑论述根据其与形式逻辑或数学上有效推理之类似性而获得其说服力：其特征在于它们的非形式特性以及在还原过程中将这种形式特性加以形式化的精神努力，它们以或多或少明确的方式展现。这种展现类似形式逻辑或数学上的推理，通过"还原"（réduction）[2]或"细化"（précision）论证命题的非形式特性，使

---

1 Chaïm Perelman, Lucie Olbrechts-Tyteca, *Die neue Rhetorik. Eine Abhandlung über das Argumentieren*, SS. 267-268.

2 "还原"（德文réduction，英文reduction）一词，从字面上讲，是指将被研究的现象分解成简单的或更基本的项目或层次。而所谓"还原论"（reductionism），（转下页）

这些论述看起来像是严格的证明（演证），[1] 即先建构论点，然后进行还原的操作，这种操作将实在事物的"数据"（Daten）嵌入论述图式，旨在使这些数据具有可比较性、类似性和同质性。[2] 由于还原操作既涉及言说的概念，也涉及适合逻辑关系或数理关系的结构，故此，在准逻辑论述中，先要分析那些隐含逻辑结构的论述，然后分析那些隐含数理关系的论述：前者包括"不相容性（矛盾）论述""同一认定（定义）论述"和"传递性论述"；后者包括"部分与整体关系论述""大小关系论述"和"频度关系论述"。[3] 不相容性（矛盾）论述是指在同一个体系内肯定某个命题而又同时否定该命题，显示体系所包含的矛盾，使体系不一致、不可用，比如，多个道德规则或法律规则同时适用于某个特定情形，就可能存在不相容性（矛盾）或"荒谬"（rire d'exclusion）论述。在论证中，通常采取逻辑学上的归谬法（reductio ad absurdum）或（苏格拉底式的）"反讽"（irony）的修辞格方法来避免不相容性

（接上页）广义地说是指这样一种哲学观点，即认为通过把现象分解为基本的、元素的方面这一成分分析方法，便可以充分而完全地理解复杂的现象。在认知科学领域，还原方法主要有"相互作用式还原"和"排除式还原"。（参见熊哲宏：《认知科学导论》，华中师范大学出版社2002年版，第383页，第384—394页。）

1 简言之，"准逻辑论述"在这里的意思是，该种论述只是看上去像是逻辑式的，但其实不是严格的形式逻辑。（Eveline T. Feteris, *Fundamentals of Legal Argumentation: A Survey of Theories on the Justification of Judicial Decisions,* 2nd edition, p. 66.）

2 Chaïm Perelman, Lucie Olbrechts-Tyteca, *Die neue Rhetorik. Eine Abhandlung über das Argumentieren*, SS. 271-272.

3 Chaïm Perelman, Lucie Olbrechts-Tyteca, *Die neue Rhetorik. Eine Abhandlung über das Argumentieren*, SS. 272-273.

（矛盾），或者以此消除"荒谬"论述。[1] 同一认定论述是把构成论辩对象的各种不同因素加以等置的技术，即在概念的使用、分类的适用以及归纳的把握过程中，将一定的因素还原于本身属于同一的（identique）或可以相互替换的（interchangeable）对象上。论证中的同一认定活动可以分为两类：一类是致力于完全的同一认定（identité complète），这就是定义的使用（有四种定义：规范性定义、描述性定义、浓缩性定义、复合性定义）；另一类是仅仅主张在相互对比的因素间进行部分的同一认定（identité partielle），比如，正义规则（règle de justice）要求对同一种类的存在体或情境（从一定的观点被视为可以相互替换的对象）做同等对待（部分的还原）。[2] 传递性（transitivité）论述是基于 A 与 B 有关联（aRb）、B 与 C 有关联（bRc）而传递推出 A 与 C 有关联（aRc）的形式化论证技巧。"我们朋友的朋友也是你们的朋友"就是这种论述的适例。传递性论述原本是形式演证技术，但当关系的传递性是可辩驳的或者它的主张需要特别展开讨论和明细化时，这种论述也可以看作是一种准逻辑结构。[3] 部分与整体关系论述包含两组论述：一

1　Chaïm Perelman, Lucie Olbrechts-Tyteca, *Die neue Rhetorik. Eine Abhandlung über das Argumentieren*, SS. 273f., 276f., 288-289, 291ff.

2　Chaïm Perelman, Lucie Olbrechts-Tyteca, *Die neue Rhetorik. Eine Abhandlung über das Argumentieren*, SS. 295ff., 307ff.

3　Chaïm Perelman, Lucie Olbrechts-Tyteca, *Die neue Rhetorik. Eine Abhandlung über das Argumentieren*, SS. 319-325.

是涉及包含关系（inclusion）的论述，即部分包含于整体之中的关系（凡适用于整体的也适用于部分）的论述，另一涉及划分关系（division/partition）的论述，即整体划分为部分（属与种）以及源于划分的部分（种与种）之间关系的论述。[1]大小关系论述，也被称为"比较"（comparaisons）论述，是通过多个客体相互间进行对比，以便根据其相互关系（对立、顺序、数量位序等）来对它们进行评价的论证技术，比如，盗窃国家与损害公共利益进行贿赂是同一种犯罪（西塞罗的观点）。[2]频度关系（frequences）论述，或称"概率计算"（calcul des probabilités）论述，是利用一切科学研究领域中的统计和概率计算事情出现的频度关系（规律性）来尽可能揭示实在或真实（将实在还原为存在体或事件的系列或集合）的论证技术，比如，在通常情况下，一个人不可能错误地指控自己的朋友。[3]

基于实在结构的论述与准逻辑论述不同，它不是根据其与形式逻辑或数学上推理图式之或多或少的关系而获得其说服力，而是基于实在事物的结构，使人有可能在已经接受的判断与想要支

1　Chaïm Perelman, Lucie Olbrechts-Tyteca, *Die neue Rhetorik. Eine Abhandlung über das Argumentieren*, SS. 326ff., 329ff.

2　Chaïm Perelman, Lucie Olbrechts-Tyteca, *Die neue Rhetorik. Eine Abhandlung über das Argumentieren*, S. 341ff.

3　Chaïm Perelman, Lucie Olbrechts-Tyteca, *Die neue Rhetorik. Eine Abhandlung über das Argumentieren*, S. 360ff.

持的判断之间建立起一种连接关系。[1] 此种论证技术主要包括两类：
（1）连续关系论述，其适例有"因果关系论述"（lien causal）、[2]
"实用论述"（pragmatique）、[3] "浪费论述"（gaspillage）、[4] "方
向论述"（direction）等。[5]（2）共存关系论述，这种论述是对（事
物的）本质（essence）和其表现方式（manifestations）之间关系
进行论证的技巧，作为论述对象的共存关系包括"人及其行为"
（personne humaine et actes）、[6] "针对行为与人的互动的阻绝和
抑制程序"（rompent/rupture et freinent/freinage）、[7] "言说者及其
言语"（l'orateur et discours）、[8] "团体及其成员"（groupe et ses

1　Chaïm Perelman, Lucie Olbrechts-Tyteca, *Die neue Rhetorik. Eine Abhandlung über das Argumentieren*, S. 368ff.

2　Chaïm Perelman, Lucie Olbrechts-Tyteca, *Die neue Rhetorik. Eine Abhandlung über das Argumentieren*, S. 371ff.

3　Chaïm Perelman, Lucie Olbrechts-Tyteca, *Die neue Rhetorik. Eine Abhandlung über das Argumentieren*, S. 375ff.

4　Chaïm Perelman, Lucie Olbrechts-Tyteca, *Die neue Rhetorik. Eine Abhandlung über das Argumentieren*, S. 394ff.

5　Chaïm Perelman, Lucie Olbrechts-Tyteca, *Die neue Rhetorik. Eine Abhandlung über das Argumentieren*, S. 398ff.

6　Chaïm Perelman, Lucie Olbrechts-Tyteca, *Die neue Rhetorik. Eine Abhandlung über das Argumentieren*, S. 414ff.

7　Chaïm Perelman, Lucie Olbrechts-Tyteca, *Die neue Rhetorik. Eine Abhandlung über das Argumentieren*, S. 439ff.

8　Chaïm Perelman, Lucie Olbrechts-Tyteca, *Die neue Rhetorik. Eine Abhandlung über das Argumentieren*, S. 449ff.

membres）、[1]"行为与本质"（actes et essence）、[2]"象征关系"
（liaison symbolique）、[3]"应用于连续关系与共存关系中的双重层
级"（double hiérarchie）、[4]"程度与秩序"（degré et ordre）之差
异等。[5]

　　与准逻辑论述和基于实在结构的论述相比较，旨在建立实在结
构的论述是这样一种联系的论述形式（图式）：它试图通过诉诸
特定情形（cas particulier，个案）或者通过类比（analogie）来建立
实在结构的关系。故此，在佩雷尔曼看来，旨在建立实在结构的
论述又分为两类：（1）自身涉及某个特定情形（例如为了普遍化
的目的）的论述，即通过诉诸特定情形（个案）来建立实在结构
的关系的论述。在其过程中，特定情形（个案）可能起着各种不
同的作用：它作为"例证"（exemple）可以做到某种普遍化；它
作为"（生动直观的）例子"（illustration）可以确证某个业已存
在的规则；它作为"模式"（modèle）应当激起人们的模仿。相应

1　Chaïm Perelman, Lucie Olbrechts-Tyteca, *Die neue Rhetorik. Eine Abhandlung über das Argumentieren*, S. 456ff.

2　Chaïm Perelman, Lucie Olbrechts-Tyteca, *Die neue Rhetorik. Eine Abhandlung über das Argumentieren*, S. 463ff.

3　Chaïm Perelman, Lucie Olbrechts-Tyteca, *Die neue Rhetorik. Eine Abhandlung über das Argumentieren*, S. 470ff.

4　Chaïm Perelman, Lucie Olbrechts-Tyteca, *Die neue Rhetorik. Eine Abhandlung über das Argumentieren*, S. 478ff.

5　Chaïm Perelman, Lucie Olbrechts-Tyteca, *Die neue Rhetorik. Eine Abhandlung über das Argumentieren*, S. 489ff.

地，通过诉诸特定情形（个案）来建立实在结构的关系的论述就可以分为"例证论证"[1]"例子论证"[2]和"模式论证"[3]等方法。（2）涉及类比的论述，是基于"同一——相似—类比"（Identität-Ähnlichkeit-Analogie）的基本架构来建立实在结构的关系的论证技巧，其基本图式为"A 之于 B，正如 C 之于 D"。根据类比的对象不同，类比的论述又可以分为事物性质上相似的类比推论和事物关系上相似的类比推论。在修辞学上，"A 之于 B，正如 C 之于 D"结构也可以称为"比喻"/"隐喻"（Metapher）。[4]其中，"A 之于 B"用来立论，与结论有关，称为"本格"（theme），"C 之于 D"作为比喻的事物用来说明（或支持）本格，称为"喻格"（phoros），比如："统治者之于社会，犹如船长之于船舶"，"老年好像生命之黄昏"；此处，"统治者之于社会""老年"乃本

1 Chaïm Perelman, Lucie Olbrechts-Tyteca, *Die neue Rhetorik. Eine Abhandlung über das Argumentieren*, S. 497ff.

2 Chaïm Perelman, Lucie Olbrechts-Tyteca, *Die neue Rhetorik. Eine Abhandlung über das Argumentieren*, S. 507ff.

3 Chaïm Perelman, Lucie Olbrechts-Tyteca, *Die neue Rhetorik. Eine Abhandlung über das Argumentieren*, S. 515ff.

4 "隐喻"一词来自希腊语metaphora，词源meta有"超越"之意，pherein的意思是"传送"。在修辞学上，它是指一套特殊的语言学程序，通过这种程序，一个对象的诸方面被"传送"或转换到另一个对象上，使第二个对象似乎被说成第一个对象。（泰伦斯·霍克斯：《隐喻》，北岳文艺出版社1990年版，第1页。）但无论如何，不能把"隐喻"/"比喻"与类比推理混为一谈，两者之间存在很大的不同。（参见Cass R. Sunstein, *Legal Reasoning and Political Conflict*, Oxford University Press, Oxford 1996, p. 70。汉译参见［美］凯斯·R. 孙斯坦：《法律推理与政治冲突》，金朝武、胡爱平、高建勋译，法律出版社2004年版，第84页。）

格，"船长之于船舶""生命之黄昏"系喻格。[1]

　　以上所述均属联系的论述形式（图式），现在我们转向佩雷尔曼所讲的"分离的论述"。这一部分的内容主要见诸《新修辞学：论证论集》一书第3编第4章，整个章名叫作"概念的分离"（Begriffszergliederung），其在结构上包括第89—96节：第89节"联结的断裂与分离"；第90节"'表象—实在'的概念对子"；第91节"哲学的概念对子及其证成"；第92节"哲学概念对子的地位及其转型"；第93节"分离的表达方式"；第94节"促成分离的表述"；第95节"经过分离的定义"；第96节"作为方法的修辞学"。[2]

　　前文提及，分离的论述形式乃属于析解和分离原本统一的因素，通过修正构成实质部分的概念来修正这个思想体系的技术，这与将原本相互分离的因素融合起来形成统一的联系的论述恰好相反。分离技术主张，原本形成统一的因素被不适当地联结在一起，因此必须加以分离，使之保持相互的独立。[3]然而，分离的论述不只是简单地拆解由联系论述所创设的联结。在分离过程中，那些在

1　Chaïm Perelman, Lucie Olbrechts-Tyteca, *Die neue Rhetorik. Eine Abhandlung über das Argumentieren*, SS. 528ff., 533ff., 567ff.; Alan G. Gross, Ray D. Dearin, *Chaïm Perelman*, pp. 120-122.

2　参见Chaïm Perelman, Lucie Olbrechts-Tyteca, *Die neue Rhetorik. Eine Abhandlung über das Argumentieren*, "Inhalt", SS. XVII-XVIII。

3　参见Chaïm Perelman, Lucie Olbrechts-Tyteca, *Die neue Rhetorik. Eine Abhandlung über das Argumentieren*, S. 585。

论证中运用的概念本身将通过进一步的分离而加以改变。根据这一点，它就能够得到完全崭新的解答方案或意义理解。[1]分离论述的一个适例是表象（apparences）与实在的概念对子（Begriffspaar）。[2]比如说，"人不能亲眼所见的东西，好像根本就不存在"，这个句子就是不适当的表象与实在之概念联结，需要进行概念的分离。[3]此外，在历史上，哲学家们还曾经提出过一系列其他概念对子，诸如"手段/目的""后果/事实""行为/人""偶然性/本质性""时机/原因""相对/绝对""主观/客观""多样性/统一性""常规/规范""个别/一般""特殊/普遍""理论/实践""语言/思想""文字/精神""意见/知识""感性认识/理性认识""肉体/灵魂""变化/不变""人/神""适当认识/不适当认识""图像/观念""想象力/智力""抽象/具体""偶然性/必然性""激情/行为""奴役/自由""持续性/永恒性""迷信/宗教""形式/内容""形而上学/辩证法"，等等。[4]这些概念对子的不当联结有可能产生似是而非的表达，比如："抽

1　Chaïm Perelman, Lucie Olbrechts-Tyteca, *Die neue Rhetorik. Eine Abhandlung über das Argumentieren*, S. 586ff.

2　Chaïm Perelman, Lucie Olbrechts-Tyteca, *Die neue Rhetorik. Eine Abhandlung über das Argumentieren*, S. 591ff.

3　Chaïm Perelman, Lucie Olbrechts-Tyteca, *Die neue Rhetorik. Eine Abhandlung über das Argumentieren*, S. 594.

4　Chaïm Perelman, Lucie Olbrechts-Tyteca, *Die neue Rhetorik. Eine Abhandlung über das Argumentieren*, S. 597ff.

象的真理体现在具体之中"，此处就有必要对"抽象"和"具体"这一概念对子的联结进行概念的分离，人们方解其意。[1]

在其论证技术考察的第二部分，佩雷尔曼所研究的是论述（论点）的互动（Die Wechselwirkung von Argumenten）。这就是《新修辞学：论证论集》第 3 编第 5 章（全书最后一章）的内容，其包括第 97—105 节：第 97 节"论述的互动与说服力"；第 98 节"论述作为论证要素的说服力之评估"；第 99 节"立足点趋同的互动"；第 100 节"论证的广度"；第 101 节"广度的危险"；第 102 节"广度危险的抵消"；第 103 节"与说服相关的论证的次序"；第 104 节"言说的次序与听众的限定"；第 105 节"次序与方法"。[2]

在佩雷尔曼看来，研究视角下被考察的诸因素只要持续不断地在多个层面上处在互动（所提出的不同论述之间的互动、论述与论证情境整体之间的互动、论述与推论过程之间的互动、言说中包含的论述与言说本身上升为主题的论述之间的互动等）之中，它们就会实际上形成一个整体。不过，当互动现象自身发展的条件之把握还不很清楚时，那么在很大程度上论述（论点）的选择（choix）、论证的广度（ampleur）以及论证（说服）的次序（ordre）就具有决定作用。在这个过程中，因为论述（论点）的说服力（force des

---

1　Chaïm Perelman, Lucie Olbrechts-Tyteca, *Die neue Rhetorik. Eine Abhandlung über das Argumentieren*, S. 599.

2　Chaïm Perelman, Lucie Olbrechts-Tyteca, *Die neue Rhetorik. Eine Abhandlung über das Argumentieren*, "Inhalt", S. XVIII.

arguments）被言说者或其听众用作论证的因素，故此，言说者应不断地强化论述（论点）的说服力，适应听众，选择论证（说服）的次序（比如，论证情境，听众的限定，听众的反应），考虑（听众）认同的强度。[1]

在论述（论点）的互动中，特别令人感兴趣的是（立足点）"趋同"（convergence）概念以及"趋同的论述"。这一论述在以多个前提为基础的或然性推论中具有特别的意义，因为趋同本身作为一种主张依赖于论点的各个既有的解释，其推论的身份从来不是绝对的，而且有时还具有实验上的可检验性。[2]佩雷尔曼区别了两类趋同。第一类是：各不相同而又互不依赖的论述导致同一种结果。这种情况所谈的应当是补充性强化（additive Verstärkung）。[3]另一类是：论述的前提通过进一步的论述来证立。这里所谈的可能是递归性强化（regressive Verstärkung）。[4]递归性强化的继续进行将把论述纳入一个不断完善的体系。一个更值得提出的互动形式是一个论述与有关这个论述的另一个论述之间的互动，其中第一个论

1 Chaïm Perelman, Lucie Olbrechts-Tyteca, *Die neue Rhetorik. Eine Abhandlung über das Argumentieren*, SS. 653-655, 661, 697ff.

2 Chaïm Perelman, Lucie Olbrechts-Tyteca, *Die neue Rhetorik. Eine Abhandlung über das Argumentieren*, S. 668ff.

3 Chaïm Perelman, Lucie Olbrechts-Tyteca, *Die neue Rhetorik. Eine Abhandlung über das Argumentieren*, S. 669ff.

4 Chaïm Perelman, Lucie Olbrechts-Tyteca, *Die neue Rhetorik. Eine Abhandlung über das Argumentieren*, S. 671.

述是另一个论述关涉的对象。这个关系相对应的是论辩和元论辩（Metadiskurs）之间的关系。[1]

在《新修辞学：论证论集》的最后，佩雷尔曼对其新修辞学思想做了简要的总结。他指出：在这本论证论文集中所勾勒的各种不同的言说类型、其（依专业方向和相关的听众而不同的）典型差异、概念修正和组织的样态与方式、概念转型的历史、源自概念整体适应每个认识问题的方法与体系，以及只是偶尔论及的其他伦理问题，凡此种种，对于论证的考察而言是一个无比丰富的研究领域。然而，上述问题要么被人们完全忽视了，要么带着对修辞学完全陌生的方法和态度去加以研究。[2] 故此，他希望这本文集能够唤起一场有益的反向运动（Gegenbewegung），它的纯粹面世可以让我们未来避免将所有的证明方式还原成形式逻辑，在理性中不再只是看到一个演算家（Rechner）的能力。[3]

新修辞学的努力正在于"通过人们所理解的推理能力那样的样式和方式来扩展证明的概念"以及"由此而丰富逻辑本身"，对抗

1　Chaïm Perelman, Lucie Olbrechts-Tyteca, *Die neue Rhetorik. Eine Abhandlung über das Argumentieren*, S. 672. 另见Robert Alexy, *Theorie der juristischen Argumentation: Die Theorie des rationalen Diskurses als Theorie der juristischen Begründung*, 2 Aufl., SS. 211-212。（汉译参见［德］罗伯特·阿列克西：《法律论证理论》，第210页。）

2　Chaïm Perelman, Lucie Olbrechts-Tyteca, *Die neue Rhetorik. Eine Abhandlung über das Argumentieren*, S. 723.

3　Chaïm Perelman, Lucie Olbrechts-Tyteca, *Die neue Rhetorik. Eine Abhandlung über das Argumentieren*, S. 724.

那种"深深埋藏的、无以破解的哲学阻力"，即对抗"理解力"与"想象力"、"知识"与"意见"、"牢不可破的明见"与"欺骗的意志"、"普遍接受的客观性"与"不可媒介的主观性"、"对所有的人具有强制性的实在"与"纯粹的个人价值"之间的二元论；它不是把自己的哲学立场建立在"确定的、不可辩驳的真理"基础之上，而是从一切种类、具有不同强度的意见之人和团体认同这一事实出发，（健康的人类智识 / 共识，sens commun）把"事实"与"理论"、"真理"与"意见"，或者"客观的"与"不客观的"相互对照，以便指明：人们必须把什么样的意见置于优先地位，以及这样一种优先能否通过普遍接受的标准予以证立。[1]佩雷尔曼坚信：上述态度一旦得到证成，那么人们将会通过不断扩展的"概率演算"（Wahrscheinlichkeitsrechnung）的应用，为所有实际存在的人类难题（尤其是像正义这样的价值难题）找到一种正当合理的科学解答。[2]

四、佩雷尔曼之"新修辞学"思想的评价与影响

佩雷尔曼与露西·奥尔布里希茨 - 泰特卡的《新修辞学：论证论集》一书出版之后，学界对其中的论点多有批评与争鸣意见。兹

1　Chaïm Perelman, Lucie Olbrechts-Tyteca, *Die neue Rhetorik. Eine Abhandlung über das Argumentieren*, SS. 724-726.

2　Chaïm Perelman, Lucie Olbrechts-Tyteca, *Die neue Rhetorik. Eine Abhandlung über das Argumentieren*, S. 727.

择要述之：

（1）新修辞学强调非形式逻辑的论证技术，相对轻视形式逻辑或数学推理图式在法律论证中的重要性，而事实上，如荷兰阿姆斯特丹自由大学（Vrije Universiteit in Amsterdam）法哲学教授阿伦德·索特曼（Arend Soeteman，1944—　）在1989年出版的《法律中的逻辑》（Logic in Law）中所言，形式逻辑与非形式逻辑各有其不同的功能：形式逻辑可以发现在何种条件下某种关系是具有强制力的，以及在何种条件下前提为真可以保证结论为真；而非形式逻辑则可以检验形式逻辑所无法分析的论点之"可靠性"。[1]以色列逻辑学者约瑟夫·霍洛维茨（Joseph Horovitz）[2]在1972年出版的《法律与逻辑：法律论证的批判性说明》（Law and Logic: A Critical Account of Legal Argument）一书第二部分有关"比利时人对法律逻辑问题的讨论"之总结，也可以用来评价佩雷尔曼的"新修辞学"，那就是："作为一种语用研究的逻辑概念，以及一种不太清晰的法律论证合理性思想；不能在实质性的法律层面与方法论层面做出区分；歪曲性地将纯粹领域与法律领域之间的差异理解为形式

---

[1]　Arend Soeteman, *Logic in Law: Remarks on Logic and Rationality in Normative Reasoning, Especially in Law*, Kluwer Academic Publishers, Dordrecht 1989, pp. 14-15. 当然，佩雷尔曼也不是想以非形式逻辑的论证技术（新修辞学）取代或替换形式逻辑。诚如上述，他只是期待作为论证理论的非形式逻辑可以用来补充作为形式逻辑对象的"演证理论"的不足。（Ch. Perelman, "Justice and Justification", p. 57.）

[2]　陈锐将Horovitz译为"霍尔维茨"，本书统一为"霍洛维茨"。

逻辑与非形式的'修辞逻辑'之间的相应区别；自相矛盾地不顾法律与经验领域在逻辑与方法论上的相似性；'强调法律论证的语用方面'与'对法律中理论建构的非修辞方面感兴趣'这两种观点之间存在某种紧张关系；在运用'逻辑'与'法律逻辑'这些基本术语时，立场变化不定且前后不一致。"[1]

（2）新修辞学放弃了现代分析手段：德国基尔大学公法与法哲学教授罗伯特·阿列克西在所著的《法律论证理论》（*Theorie der juristischen Argumentation*, 2 Aufl., 1991）一书中指出：佩雷尔曼有关论证结构分析的最大缺陷是放弃了对分析哲学之工具的运用。在此一部分，似乎本应突出强调这些前提的逻辑结构。似应对比如简单的（原子的）判断和组合的（分子的）判断、单称的判断和全称的判断、价值的判断和义务的判断等加以区别。由于佩雷尔曼放弃了运用当代分析的工具，基于实在结构的论述和旨在确立实在结构的论述之区分，并不太令人明白。比如，佩雷尔曼对于类比所做的令人感兴趣的论述，如果借助于现代逻辑，在很大程度上本来是能够得到进一步深化的。阿列克西认为，论述的任何分析必须首先应考察其逻辑结构。只有这样做，才有可能系统地去揭示隐含着的前提，才能够搞清楚：在逻辑上不能进行有结论的过渡（推导）时如何插入有说服力的手段去跨越这个鸿沟。说现代逻辑的应用必

1　参见［以］约瑟夫·霍洛维茨：《法律与逻辑》，陈锐译，中国政法大学出版社2015年版，第137页。

须局限在人工语言中漫长的推理链条所存在的这个范围之内，这仍然是一个广泛散播的错误。这个观点把逻辑的特性误认为是一个分析的工具。在这一点上，佩雷尔曼的新修辞学显然也存在误判。[1]

（3）佩雷尔曼的新修辞学将普泛听众的认同作为论证之合理性与客观性的标准，然而学者们认为，"普泛听众"这个概念本身也产生了一些问题：阿列克西指出，普泛听众的理想特性本身倒没有什么太多的问题。较有问题的是这个理想的听众之构成取决于特定的个人和各种不同文化的观念。普泛听众是由实际上存在着的人类全体构成的。然而，这又不是佩雷尔曼的想法。普泛听众是"开智的人类"，它由作为"理性存在体"的人们所构成。由此而提出的问题是："开智的""理性的"这些概念应如何理解？这个资格界定与作为人类整体的普泛听众概念之间到底有什么关系？佩雷尔曼在这些问题上的认识是游移不定的。[2]1987年，时任芬兰赫尔辛基大学民法系法哲学教授的奥利斯·阿尔尼奥在所著的《作为合理性的理性：论法律证成》（ *The Rational as Reasonable: A Treatise on Legal Justification*, 1987）一书中承认，佩雷尔曼的听众理论提供了

1　Robert Alexy, *Theorie der juristischen Argumentation: Die Theorie des rationalen Diskurses als Theorie der juristischen Begründung*, 2 Aufl., SS. 212-213.（汉译参见［德］罗伯特·阿列克西：《法律论证理论》，第210—211页。）

2　Robert Alexy, *Theorie der juristischen Argumentation: Die Theorie des rationalen Diskurses als Theorie der juristischen Begründung*, 2 Aufl., SS. 203-206.（汉译参见［德］罗伯特·阿列克西：《法律论证理论》，第201—204页。）

一个很好的讨论延续的基础。不过，在阿尔尼奥看来，佩雷尔曼在听众概念上的主张于细节上尚有模糊之处：比如，他所说的普泛听众尽管是理想性的，但却在社会和文化上受到限制。这样，在一定程度上，"普泛听众"这个概念取决于偶然的事情。[1]阿尔尼奥试图发展出一套新的听众理论来弥补佩雷尔曼之听众概念分类的不足。[2]

（4）佩雷尔曼的新修辞学在他自己的法律论证的应用［比如，他于1976年所著的《法律逻辑》（*Logique juridique*）］上还存在不甚完善和不甚明晰之处：荷兰阿姆斯特丹大学人文学院语言交往、论证理论与修辞学系的伊芙琳·T. 菲特里斯（Eveline T. Feteris，一译"菲特丽斯"）在《法律论证的基础》（*Fundamentals of Legal Argumentation: A Survey of Theories on the Justification of Judicial Decisions*，1999 第1版，2017年第2版）一书中直言不讳地指出，尽管佩雷尔曼对法律的出发点（法律规则、一般法律原则和特定法律共同体所接受的原则）、论证图式以及法律决定创制过程的各个方面做了一些有趣的观察，但他并没有在法律语境中对其新修辞学做系统性的思考（或者说，他对出发点和论证图式的法律适用的描述不是很系统），他没有澄清特定的论证技术是如何能够有效运用

---

1 Aulis Aarnio, *The Rational as Reasonable: A Treatise on Legal Justification*, D. Reidel Publishing Company, Dordrecht 1987, p. 222.
2 有关阿尔尼奥的听众理论，参见下文有关"奥利斯·阿尔尼奥的法律解释之证成理论"的论述。

的。由于佩雷尔曼没有阐明他的一般观念如何能够适用于法律，所以，他对一般法律原则和解释方法的评论如何应置于新修辞学框架之内这一点也不清晰。[1]菲特里斯的最后结论是：佩雷尔曼的理论不适合用来作为分析和评价法律论证的实践（实用）工具。他没有提供任何实践性的指南，没有以一种有关出发点和论证图式之主体间正确的方式来解释具体的论证例子。由于他没有注意根据特定听众和普泛听众去区分可靠的论证与不可靠的论证之标准，所以，他没有为评价法律论点（论述）提供一个实践（实用）的架构。[2]

　　尽管如此，也有不少学者对佩雷尔曼的新修辞学的贡献给予了积极的评价和充分的肯定，或者为其立场进行理论辩护。比如，德国当代修辞学家、明兴－格拉德巴赫尼德尔海因高等学院（Hochschule-Niederrhein in Mönchengladbach）语言与传播专业教授约瑟夫·柯普尔施密特（Josef Kopperschmidt，1937— ）在《什么是新修辞学之新？》（"Was ist neu an der Neuen Rhetorik?"）一文中指出，佩雷尔曼的新修辞学之"新"在其构思方案乃论证理论方面。确切地说，新修辞学是在方法上聚焦于论证程序的修辞学，是逻辑一致地从论证原则发展而来的修辞学，是在哲学上对论证之

1　Eveline T. Feteris, *Fundamentals of Legal Argumentation: A Survey of Theories on the Justification of Judicial Decisions*, 2nd edition, pp. 68-69.

2　Eveline T. Feteris, *Fundamentals of Legal Argumentation: A Survey of Theories on the Justification of Judicial Decisions*, 2nd edition, pp. 67-68.

理性性格感兴趣的修辞学。[1]德国哲学家汉斯－格奥尔格·伽达默尔在《真理与方法》中也高度赞扬佩雷尔曼的新修辞学研究对于哲学诠释学所做出的极有价值的贡献，他指出："如果在修辞学中只看到一种纯粹的技术，甚至只看到一种操纵社会的工具，那就贬低了修辞学的意义。其实修辞学是一切理性行为的本质方面……我们这个工业社会所发展出的对公众意见有计划地进行组织也许具有很大的影响领域并继续为社会操纵服务——但它并未穷尽理性论证和批判反思的领域，而社会实践正占有这些领域。"[2]英国爱丁堡大学公法与自然法教授尼尔·麦考密克（Neil MacCormick，1941—2009）在《法律推理与法律理论》（*Legal Reasoning and Legal Theory*，1978）中考察法律裁决的构成要件（即在一个法律案件中，什么可以使一个论述成为好的、不好的？法律裁决可否通过理性论证来证成，抑或它们最终受更多的主观影响所决定？），基于"形式正义的约束"（constraint of formal justice）的分析，提出（疑难案件中的）法律裁决的"一阶证成"（演绎性证成，deductive justification）和"二阶证成"（second-order justification，即结果主义论述和融贯性论述／一致性论述）方法，他同意佩雷尔曼的见解，指出：法律证成（论证）实际上在于说服人，而说服的

---

1 Josef Kopperschmidt, "Was ist neu an der Neuen Rhetorik? Versuch einer thematischen Grundlegung", in: ders. (Hrsg.), *Die Neue Rhetorik: Studien zu Chaïm Perelman*, SS. 14, 16.

2 ［德］汉斯－格奥尔格·伽达默尔：《真理与方法》（下卷），洪汉鼎译，上海译文出版社1999年版，第755页。

功能在于提出"好的证成理由"（good justifying reasons），至少表面上好的证成理由。在法律裁决中，无论原告提出的主张，还是被告提出的辩护，或者法官做出的判决，基本都是为了提出好的证成理由。故此，值得研究的是提出证成理由以及正当化（证成）的论证过程。[1]英国已故知名法理学家、伦敦大学法律系教授丹尼斯·劳埃德爵士（Sir Dennis Lioyd, 1915—1992）在1964年出版的《法的理念》（*The Idea of Law*）一书第11章论述"司法程序"时，曾经专门谈及"法律推理的性质"（nature of legal reasoning），采取与佩雷尔曼类似的看法，认为：单纯的逻辑或逻辑上的一致性不能够自己为法庭面对的案件难题提供某种确切的答案。逻辑中没有任何东西迫使我们做出推断，由于一个规则对过失行为（negligent acts）课予责任，因此，该规则必然将这种责任延伸至过失陈述（negligent statements）；或者说，我们不能推断，一个对造成肉体损害的过失设定责任的规则必然将此责任延伸至没有这种损害的金钱损失。相反，法律推理像日常推理（everyday reasoning）一样，借重于通过类比的论证。[2]宽泛地说，法律人推导出其案件的方式

1　Neil MacCormick, *Legal Reasoning and Legal Theory* (Clarendon Law Series), Clarendon Press, Oxford 1978, Chap. II-VIII, especially pp. 13-15.（汉译参见［英］尼尔·麦考密克：《法律推理与法律理论》，姜峰译，法律出版社2005年版，第2—8章，特别是第11—14页。）另见Eveline T. Feteris, *Fundamentals of Legal Argumentation: A Survey of Theories on the Justification of Judicial Decisions*, 2nd edition, pp. 73, 91ss.

2　Dennis Lioyd, *The Idea of Law,* Penguin Books Ltd., Harmondsworth 1964, p. 267.

遵循着与日常生活推导相类似的型式，因为法律是一门处理各种日常难题的实用的科学，它用日常语言来表达并加以争辩。[1]

除此之外，还有一些学者直接尝试将佩雷尔曼的新修辞学用于法律论证的文献之中。试举几例：由美国俄亥俄州立大学新闻传播学院修辞学与政治传播学教授詹姆斯·L. 戈登（James L. Golden，1942—2001）与其同事约瑟夫·J. 皮洛塔（Joseph J. Pilotta）主编、1986 年出版的《人类事务中的实践推理：纪念沙伊姆·佩雷尔曼研究文集》（*Practical Reasoning in Human Affairs: Studies in Honor of Chaïm Perelman*）中，收录有来自哲学、法学、英语、人类学、政治学和交往理论等领域的学者贡献的 20 篇纪念文章，其中一些文章试图追踪佩雷尔曼思想的渊源和起源，阐明其体系中的核心概念（正义规则、普泛概念、论述形式、理性与合理性、证成等），另一些文章则尝试将他的理论观念应用于论证的实际文本。[2]特别是，一些法律学者讨论了佩雷尔曼的理论在法学、法哲学和法社会学中的应用。比如，美国犹他州立大学（University of Utah）人文学院传播系教授理查德·D. 里克（Richard D. Rieke）论述了司法证成的演进、佩雷尔曼的理性与合理性概念[3]以及其修辞学进路对于法律

1　Dennis Lioyd, *The Idea of Law*, p. 269.

2　Jame L. Golden, Joseph J. Pilotta (ed.), *Practical Reasoning in Human Affairs: Studies in Honor of Chaïm Perelman*, pp. 1-403.

3　在哲学上，理性（rationality）与合理性（reasonablity）是两个不同的概念，它们的含义是不同的：比如，一个论证可以是理性的，但它的前提和结论可能是不合理的；（转下页）

裁决之论证分析的优势；[1] 比利时布鲁塞尔自由大学法哲学与政治哲学教授居伊·阿尔舍（Guy Haarscher, 1946— ）关注佩雷尔曼与法哲学，特别是他的有关正义的观念；[2] 美国加利福尼亚州立大学教授约西娜·M. 迈考（Josina M. Makau）讨论了"信息时代的佩雷尔曼"，尤其是他的"法学模型"（jurisprudential model）；[3] 美国迈阿密州立大学（University of Miami）艺术与科学学院社会学教授约翰·W. 墨菲（John W. Murphy）运用佩雷尔曼的观念研究"社会本体论与回应性的法律"（social ontology and responsive law）问题。[4]1993 年，居伊·阿尔舍主编《沙伊姆·佩雷尔曼与当代的思考》（*Chaïm Perelman et la pensée contemporaine*, 1993）一书，该书的许多作者关注佩雷尔曼理论观念的法律方面：美国杜克大学法学院（Duke University School of Law）法理学教授乔治·C. 克

（接上页）一个计划可能是理性的，但执行该计划则是不合理的。与合理性构成对照的理性主要与推理的形式正确性、达到目标的手段的有效性以及信念的证实和确认相关联，这个概念有目标—指向的，而关于合理性的判断则是有价值—指向的，它们关注正确的生活方式，关注被认为对人有利或有害的事情。一般而言，合理的也是理性的，但"仅仅理性的"并不总是合理的。（参见［芬］冯·赖特：《科学的形象与理性的形式》，载氏著：《知识之树》，陈波编选，陈波、胡泽洪、周祯祥译，生活·读书·新知三联书店2003年版，第27页。）

1　Jame L. Golden, Joseph J. Pilotta (ed.), *Practical Reasoning in Human Affairs: Studies in Honor of Chaïm Perelman*, pp. 227-244.

2　Jame L. Golden, Joseph J. Pilotta (ed.), *Practical Reasoning in Human Affairs: Studies in Honor of Chaïm Perelman*, pp. 245-255.

3　Jame L. Golden, Joseph J. Pilotta (ed.), *Practical Reasoning in Human Affairs: Studies in Honor of Chaïm Perelman*, pp. 305-319.

4　Jame L. Golden, Joseph J. Pilotta (ed.), *Practical Reasoning in Human Affairs: Studies in Honor of Chaïm Perelman*, pp. 341-355.

里斯蒂（George C. Christie, 1934— ）探讨了"普泛听众 / 理想听众"在法律论证中的作用；[1] 日本冈山大学刑法教授江口三立论述佩雷尔曼有关法律思想的观念在日本的影响；波兰弗罗茨瓦夫大学（Uniwersytet Warszawski）教授米耶柴斯拉夫·马内里（Mieczysław Maneli, 1922—1994）讨论佩雷尔曼的新修辞学作为法哲学和方法论的重要性；澳大利亚国立大学（Australian National University）教授尤金·卡门卡（Eugene Kamenka, 1928—1994）及其夫人、悉尼大学（University of Sydney）法理学教授郑汝纯（Alice Erh-Soon Tay, 1934—2004）将佩雷尔曼的理论运用于英国普通法与欧陆法的研究之中；法国巴黎二大法学院教授弗朗索瓦·泰拉（François Terré,1930— ）分析了法官在佩雷尔曼的新修辞学中的作用。这些作者从不同的角度拓展了佩雷尔曼理论的法学应用价值。[2]

值得一提的还有新墨西哥大学（University of New Mexico）传播新闻系教授詹妮思·许茨（Janice Schuetz），她于 1990年 6 月 19—22 日在荷兰阿姆斯特丹召开的第二届论证国际研讨会上发表《墨西哥上诉法院中的佩雷尔曼的正义规则》

1　有关"法律论证中的理想听众概念"（作为分析工具的"理想听众"概念，能够陈述给理想听众的论证的限制条件，在法律语境中的理想听众的一般特征，理想听众的不同观念，等等），参见George C. Christie, *The Notion of an Ideal Audience in Legal Argument*, Springer-Science+Business Media B. V., Dordrecht 2000, pp. 1-223。

2　参见Guy Haarscher (dir.), *Chaïm Perelman et la pensée contemporaine*, Bruylant, Bruxelles 1993, pp. 1-491；另见Eveline T. Feteris, *Fundamentals of Legal Argumentation: A Survey of Theories on the Justification of Judicial Decisions*, 2nd edition, p. 70ss。

（"Perelman's rule of justice in Mexican appellate courts"）一文。在这篇文章中，许茨利用佩雷尔曼的术语比较详细地描述和分析了墨西哥刑事审判程序的框架，并举例说明佩雷尔曼的论证策略是如何被运用的。她把 1983 年墨西哥发生的"马丁内斯被控谋杀门多萨"一案（Martinez 541/983, 1983; Martinez 366/983, 1984）的辩护律师在上诉法院说服法官的技术概括为佩雷尔曼意义上的三种论证策略：第一种策略所使用的是"价值层级"（value hierarchies）；第二种策略是"基于实在结构的论述"（arguments which are based on the structure of reality）；第三种策略是基于"先例"（precedents）和"推定"（presumption）的论证。[1]

　　上述分析表明：佩雷尔曼的新修辞学理论不仅对建立和推展现代论证理论（尤其是普遍理性实践论证理论以及法律论证理论）本身具有重要的意义，[2] 而且可以直接为日常的法律实务的论证（像马丁内斯案的律师论证那样）提供具体的技术支持和指导。不过，不言而喻，这种实际的技术应用还有待人们对佩雷尔曼的论证技术

---

[1]　参见J. Schuetz, "Perelman's Rule of Justice in Mexican Appellate Courts", in: F. H. van Eemeren, R. Grootendorst, J. A. Blair, C. A. Willard (ed.), *Proceedings of the Second International Conference on Argumentation*, Sicsat (International Society for the Study of Argumentation), Amsterdam 1991, pp. 804-812。

[2]　参见Robert Alexy, *Theorie der juristischen Argumentation: Die Theorie des rationalen Diskurses als Theorie der juristischen Begründung*, 2 Aufl., S. 218。（汉译参见［德］罗伯特·阿列克西：《法律论证理论》，第217页。）

加以发展、完善和进一步的开发；在未做这样的理论和技术细化处理之前，对佩雷尔曼理论做盲目的实践对接和未经转换的直接运用显然也是不可取的。

法学实践知识之困与图尔敏论证模型 *

    我们总是根据规则、原则和价值等的规范性标准来规整我们人类的社会环境，但这些标准并不容易适用于具体的情形（案件）。[1]所以，实践论辩 / 论证总是有关规范性命题（应追求什么样的价值、什么规则应指导行为、什么规范具有约束力等）的论证。[2]

    知与行之关系一直是古今中外哲学的主题之一，认识"知与行"始终构成一种理论上的诱惑。[3]不过，应当看到，在"认识→理论→规则→实践"循环中涉及一系列复杂的"知与行"难题，[4]

---

* 原文载《国家检察官学院学报》2018年第5期。

1 David Hitchcock, Bart Verheij (ed.), *Arguing on the Toulmin Model: New Essays in Argument Analysis and Evaluation*, Springer, Dordrecht 2006, p. 219.

2 David Hitchcock, Bart Verheij (ed.), *Arguing on the Toulmin Model: New Essays in Argument Analysis and Evaluation*, p. 220.

3 比如，我国明代著名的思想家王阳明（王守仁）提出"以知为行""知决定行"的思想："知是行的主意，行是知的功夫；知是行之始，行是知之成。"（王阳明：《传习录上·徐爱录》）或者用西方学者的话说：为了得出有关"做什么"的正确结论，我们通常必须对如何做的处境有一个充分的描述。这种描述一般被视为理论推理，而不是实践推理。（参见Elijah Millgram, "Practical Reasoning: The Current State of Play", in: Elijah Millgram [ed.], *Varieties of Practical Reasoning*, The MIT Press, Cambridge, Massachusetts 2001, p. 17。）

4 从现代法律实践理论的角度看，"知与行"这个话题还需要做进一步的辨析：有作者指出，至少有一种实践（行动），即裁判实践（the practice of judging）需要理论。（转下页）

比如，认识兴趣（旨趣）的选择（认知选择）、理论路径的确定、

（接上页）（中世纪）波伦亚的法律评注家们是理论家，他们关心实践，他们把罗马法视为"活生生的、有拘束力的权威"，故此，他们必须采取其应当解决矛盾并揭示原理的方式来解释罗马法。否则，罗马法在实践中对于解决具体的案件就会没有用处。当今欧洲的教师—学者仍然保持着这个传统，为统一的法律解释提供教义学理论。（参见Richard Smith, "Can Practice Do Without Theory? Differing Answers in Western Legal Education", in: *Archiv für Rechts-und Sozialphilosophie* [*ARSP*], Beiheft Nr. 80, 1994, S. 431。）波兰罗兹大学哲学教授扬·格雷戈洛维奇根据现代法律推理的现实指出：在推理之前，法律人实际上并没有设计出一套可靠的、明确地带有前提与结论的论证，相反，他们是直接从实在法发布的规范开始，得到一个原先没有说出的规范。（参见［以］约瑟夫·霍洛维茨：《法律与逻辑》，第122页。）但这并不是说，实在法发布的规范是突兀的、没有根据的纯粹意志（任意）的产物，恰恰相反，在笔者看来，凡规定性的前提，必须具备其理论（认知）性基础，有其理论（认知）性的根据（理由），理论暗示着规则的类型、基础以及批判、修正和改进的方式。在此意义上，规则其实既是规定性的（或实践行为导向的），也是理论（认知）性的，或者理论（认知）性—规定性的，这就是笔者一再坚持的"实践内嵌理论"之观点的要义从理论到实践需要有一个过程，在意大利共产党领袖、西方马克思主义理论的代表人物安东尼奥·葛兰西（Antonio Gramsci）看来，理论与实践是统一/同一的，理论依附于实践，这种统一/同一是一种批判的行动，通过这种行动，实践被证明是合理的，理论则被证明是现实主义的和合理的。还有其他思想家的看法：比如，托马斯·阿奎那说"理论通过简单的传播就变成实践"，莱布尼茨的看法是"在科学方面，越是思辨，越是实践"，维科的名言是"真理的就是所做的"，克罗齐认为，知是行的一种形式（参见［意］葛兰西：《实践哲学》，徐崇温译，重庆出版社1990年版，第49—51页），即在解决"如何行"之前先要对"如何行"的一些前提性问题（生活/法律关系、规制的条件、可能的冲突观点、评价标准等）做"理论识别"（理论认识）或"理论描述"，在此基础上发现和确定"如何行"的"决定"（实践作为一种审慎的、深思熟虑的行动，必须包含一个经过深思熟虑的、得到证成的事先"决定"［decision］。"决定"既是人们实施行动的一阶理由，也是一个排他性理由：决定与单纯的行动意向的区别就在于它排除或限制其他理由的进一步竞争，乃属于"不再考虑赞成/反对做某种行为之其他理由的理由"。故此，在行为和决定之间具有一个时间距离/时差）及其"规则"（即清点和比较以前的规则，找出新的案型中的"事由"或"事理"，以及可以利用的法律素材，再与一般的"法理"进行理论权衡，发现规则规制的规范目的和可能的规范目标，消除意见/观点分歧，通过逻辑论证得出处理该案型之案情的"最佳方案"，引申出裁决规则，直至设计出一套符合理论/科学的规范体系，以此作为"行为决定"的根据。在这个阶段，规则内嵌着理论组成的元素、表达规则之观点/意见被理性接受/拒斥的理据、规则理论之展开的（转下页）

行为决定的理由及其权衡、规则确立的基础、规则的运用及其推
理、法律概念与案件事实（案型）的规范描述与涵摄、[1]法律裁判

（接上页）逻辑推论规则和理论评价的标准），再以此规则指导实践本身（规则通过指
导实践以及意义的约定旨在"为世界增加某种结构"，从而产生某种"本体论效果"
［ontological effect］）。这个过程可以简称为"认识理论规则实践"，其正向关系可以
表述为：认识形成理论（实然的理论和应然的理论），理论证成规则（规则自身的本质
需要理论说明：比如，从功利主义的角度看，在做出行为决定时，规则可以节省时间和
劳动成本，降低错误计算的风险，争议最小，危害可能最小，规则构成实践行为的"排
他性理由"等），规则指导实践，并将以此为基础的理论带入实践（在此意义上，实践
既是一个行为的"物质性进程"［material proceedings］，同时具有理论上的"理想内
容"［ideal content］，即实践具有可以对行为决定进行推理的逻辑特征）。其反向关系
则为：实践内嵌规则，规则内嵌理论，因而实践内嵌理论。故此，在纯（理）逻辑层
面刻画规范逻辑的命题乃是一件先行的工作，没有这样的先行作业，法律逻辑前提的规
定性（"应当"或"当为"的性质）就不容易寻找并得到理论上的证成（而理性推理不
仅使我们能够从所奉行的规则中推导出行为结果，而且使我们能够对那些借以推理的规
则是否仍属于一个一致和协调的秩序进行监督）。故此，笔者同意这种看法，道义性规
定本身或多或少地带有理论性特点。（参见［以］约瑟夫·霍洛维茨：《法律与逻辑》，
第175页，注释3。）不仅如此，"规则实践"关系中也必然有一些理论（认知）性的论
证（其中，"领域理论"［domain theory］或者"经验性理论"在一定程度上决定着逻
辑的应用），其中，作为实践推理的"基于理由的逻辑"（Reason-based logic，可以简
括地译为"理由逻辑"/RBL）的讨论，是一个特别重要的主题。（参见［荷兰］雅普·哈
赫：《法律逻辑研究》，谢耘译，中国政法大学出版社2015年版，第79页及以下页，第
122页及以下页，第223页，另见Joseph Raz, *Practical Reason and Norms*, Oxford University
Press, Oxford 1999, pp. 9-48, 62-63。汉译参见［英］约瑟夫·拉兹：《实践理性与规
范》，朱学平译，中国法制出版社2011年版，第1—44、62—63页。）
1　法律适用涉及在规范与具体案件之间所进行的"双向对流归属"（die wechselseitige
Zuordnung von Norm und konkretem Fall），即规范解释的案件关联性（Fallbezogenheit
der Normauslegung）和将具体的案件事实涵摄于一般规范之下（Reinhold Zippelius,
Juristische Methodenlehre, 10 Aufl, Verlag C. H. Beck, München 2006, S. 9. 汉译参见［德］
齐佩利乌斯：《法学方法论》，第12页）。在这个过程中，最关键的步骤在于对"现实
的世界情境"（real-world situation）或"案件/案情"进行概念的"过滤"（filtering），
即我们通常所讲的"案件的认定"（the assessment of a case）。因为从法律规定的角
度看，"现实的世界情境"/"案件"通常既包含（与案件裁判）相关的信息，也会包
含无关的信息。与案件裁判不相干的事实信息，不是必要的，因此应当把（转下页）

的法理依据等，这些问题的每一步解答都离不开论证。本文试图分析法学实践知识寻获的难题，并以斯蒂芬·图尔敏的论证模式作为求解的尝试。文章分以下四个部分：

一、法学实践知识寻获的难题

从认识论上讲，百分之百的确实性总是认识的终极根据，[1]任何命题或反命题、任何论证或反证、任何主张或反驳总是建立在这种确实性（理由）的基础之上的。我们通过上文有关逻辑和法律逻辑的分析，可以看到：与认识的客体（事实、事态、价值实体）之确实性相关的，有两个维度：一个是有关（事实、事态）命题的真假［真实性、客观性的维度，标准逻辑的保真性（truth-preserving/preservation）推论端赖于此］；[2]另一个是有关（应当、好坏等判

（接上页）它们从案件中过滤掉：在这个过程中，描述现实的世界情境的事实集必须在概念（术语）上与法律规定的概念（术语）相匹配/一致（match），人们必须基于法律规范的概念（术语）重新表述案件事实，经过这一过程（案件描述），案件和法律规定才"共享相同的词汇"（share the same vocabulary），在此基础上才可以做出适当的裁判。（见 Nienke den Haan, *Automated Legal Reasoning*, pp. 18-19, 21.）

1 逻辑哲学家路德维希·维特根斯坦曾强调："某些命题不容怀疑，好像就是这些问题和怀疑赖以转动的枢轴。"（参见［奥］路德维希·维特根斯坦：《论确实性》，张金言译，广西师范大学出版社2002年版，第53页。）

2 事实（事态）有时由于其本身性质（properties）而构成认知（信念）的对象，人们基于"认知性理由"（cognitive reasons）而相信它们，这些"认知性理由"包括：事实（事态）的"相关度"［relevance，事实/事态的实用性效用之程度，即依赖事实/事态之（所追求）目标的数量和价值］，"可信度"（credibility，支持事实/事态的数量和价值之程度），"重要度"（importance，事实之认知联系性的程度，即认知主体打算必须更正的事实/事态的数量和价值），"可喜好度"［likeability，事实之情感诉求的程度，即直接由事实/事态满足之（所追求）目标的数量和价值］。（参见David Hitchcock,（转下页）

断）陈述的对错（正确性、正当性的维度，规范逻辑和价值逻辑等追问此端）。[1] 在它们之间还有三个交叉的维度，即有关实践性（当为）陈述之"有效性"（有关命题的有效或无效）维度、"合理性"［有关实践行为之论证的合理（理性）或不合理（非理性）］维度以及"可接受性"维度，这些不同维度的问题需要细致的辨析，它们构成当代（指向行动的）实践逻辑论证的重点。[2]

　　法学实践知识寻获的难题主要在于这种知识的对象发生了改变，[3] 也就是说，此时的法学研究之对象是法律（行动）实践领域——法律裁决中的"法律理由"（ratio legis in case），此种"法

（接上页）Bart Verheij [ed.], *Arguing on the Toulmin Model: New Essays in Argument Analysis and Evaluation*, p. 364。）

1　不过，按照加拿大麦克马斯特大学教授戴维·希契科克（David Hitchcock）的理解，证成不同于真理或正确性，甚至坏的推理可能碰巧得出正确的结论，好的推理也可能不凑巧得出不正确的结论。好的推理优先于坏的推理的理由在于：整体上，人们通过好的推理比通过坏的推理更有可能对人们的问题得出正确的解答。（参见David Hitchcock, Bart Verheij [ed.], *Arguing on the Toulmin Model: New Essays in Argument Analysis and Evaluation*, p. 217。）

2　比如，与（数学、物理学等领域的）"良性–结构化难题"（well-structured problems）的解答不同，对于（日常生活中的）"病态–结构化难题"（ill-structured problems，比如，如何在伊拉克发展美国的出口战略？如何在学校体制中提高教育？人们何时应当开始思考退休问题？如此等等）之解答既谈不上对错，也无所谓有效或无效，它们应借助于某种可靠性或可接受性的层次来考虑，本质上属于修辞学的论证过程（参见David Hitchcock, Bart Verheij [ed.], *Arguing on the Toulmin Model: New Essays in Argument Analysis and Evaluation*, pp. 305-306。）

3　值得注意的是，实践知识的对象发生改变有可能是这种知识造成的，比如法学研究可以改变其研究的对象：有学者说，一本鸟类学的教科书不曾触动鸟类的世界，但一本刑法教科书却可以改变刑法。（参见［德］乌尔弗里德·诺伊曼：《法律论证学》，张青波译，法律出版社2014年版，第7页。）

理"是一种有"案件关联性"（Fallbezogenheit）并以决定为中心 1
的"法理"，有语境限定的"法理"，而不是（像普通逻辑或普通
哲学那样）在一般意义或者在非语境意义上探讨终极意义上的"法
理"或"法理"的（理论）逻辑，有"案件关联性"的"法理"
连接着"事实的世界"（the factual world）与"规范的世界"（the
normative world）。[2] 由于有"案件关联性"的"法理"并不一定是
明摆着的，[3] 在实践论证过程中，总会发现有数不清的"背景原则"

1　"以决定为中心"是法律实践思维的最重要的特点：从方法论上说，法学和其他精
神科学（人文科学）拥有相同的诠释学基础，但它通过以实践性决定为中心而将自己与
其他精神科学（如语言学、历史学等）区别开来。法学与社会科学（经济学、社会学、
政治学）也有一定的共同点，法学和政治法律必须考虑到社会科学对法律和新的法律计
划的研究成果，尽管如此，但法学不能归为社会科学，因为法学主要是运用精神科学
方法，它的工作以行为和决定为基础。（参见［德］N. 霍恩：《法律科学与法哲学导
论》，罗莉译，法律出版社2005年版，第38页，第40页。）

2　David Hitchcock, Bart Verheij (ed.), *Arguing on the Toulmin Model: New Essays in
Argument Analysis and Evaluation*, p. 238. 从理论上讲，在法律认定过程中，与"事实的世
界"与"规范的世界"相关的应当有两种知识：一是"事实的世界的知识"，简称"世
界的知识"（world knowledge），即描述某个特定法规适用之领域中的情境/状态与行为
/状态的改变（事实）的知识（涉及行为人、客体、行为和关系）；二是"规范的世界的
知识"，简称"规范的知识"（normative knowledge），即界定命令、禁止、许可（规
范性规则）和法律原则（元规则/meta-rules,即涉及规范性规则适用的规则）的知识（涉
及规范主体、规范适用根据和法律后果）。这两类知识在法律推理中具有不同的作用。
（参见Nienke den Haan, *Automated Legal Reasoning*, Thesis Universiteit van Amsterdam,
Amsterdam 1996, pp. 25, 28-29, 34s, 36s, 42s, 47. ）

3　重要的一点在于：在案件中，可能存在着"场地层面不合理"（Site-Level Unrea-
sonableness）现象，即由于案情千差万别，一个概括性的规则适用于某些具体情形显得
不合理或者毫无意义，出现了规则包含过度或包含不足的问题。此外，也有可能存在另
一种现象，即"规则层面不合理"（Rule -Level Unreasonableness）：在监管过程中，规则
规定本身因为不考虑不同的案情而不能实际执行。（参见Cass R. Sunstein, *Legal Reasoning
and Political Conflict*, Oxford University Press, Oxford 1996, p. 131. 汉译参见（转下页）

（background principles）可以用来限定、辩驳、甚或推翻借助（实在法的）规则表达出来的法理。[1]这就需要法学者凭借"概念之观察镜子"透视形形色色的晦暗不明的"事实/语境的帷幔"，寻求符合（案件）事实性质的认知、分析评价标准，尤其是进行逻辑推论的"可接受前提"（Acceptable Premises）[2]以及论证的"可靠性"标准，在规范与（案件）事实之间进行双向对流的解释（"目光的往返流转"［Hin-und Herwandern des Blickes］），即从（案件）事实来解释法律规范，也从法律规范角度来解释（案件）事实（这两个步骤旨在确定：第一，规范/规则的条件是否满足——解释问题；第二，规范/规则是否在法律上有效——有效性问题；[3]第

（接上页）［美］凯斯·R.桑斯坦：《法律推理与政治冲突》，第157页；Eugene Bardach, Robert A. Kagan, *Going by the Book: The Problem of Regulatory Unreasonableness*, Routledge, London/ New York 2002, p. 7。）

1　David Hitchcock, Bart Verheij (ed.), *Arguing on the Toulmin Model: New Essays in Argument Analysis and Evaluation*, p. 219.

2　有关"可接受前提"的专门论述，参见James B. Freeman, *Acceptable Premises: An Epistemic Approach to an Informal Logic Problem*, Cambridge University Press, Cambridge 2005, pp. 1-401。

3　规范/规则是否在法律上有效——有效性问题不应与它们的实效性以及可适用性相混淆：比如说，一个人有义务去服兵役，然而，由于他成功地对警察或法官行贿而逃避了服兵役，有可能没有因此实际地受到惩罚，不能因此说有关服兵役的规范失效。（参见H. L. A. Hart, *The Concept of Law*, 2nd edition, Oxford University Press, Oxford 1994, p. 201）一般而言，一个规范/规则是可适用的，意味着它在法律上有效的、且其适用的条件得到满足。（参见Arno R. Lodder, *DiaLaw: On Legal Jusitification and Dialogical Models of Argumentation*, Springer Science+Business Media, Dordrecht 1999, p. 68. 汉译参见［荷兰］阿尔诺·R. 洛德：《对话法律：法律证成和论证的对话模型》，魏斌译，中国政法大学出版社2016年版，第85页。）

三，既定的情形／案件是否排除规范／规则的适用——排除问题；第四，没有其他冲突的规则或原则能够适用——可适用性问题），[1] 寻求"法律—事实"这一关系维度的"法理"之统一、稳定的科学知识，以弥补因事实与法律之间的不调和而产生的"案件事实的具体性质与法律概念的抽象性质之间的巨大鸿沟（a large gap）"[2] 以及实践（行动、决策）理论上的"逻辑漏洞"。

　　随着历史的发展，人们发现：无论启蒙时期的理性主义还是经验主义（两者均追求像自然科学那样积累起来的知识）都不再能够担保实践知识的百分之百（最终）的确实性（endgültige Gewißheit, conclusive certainty）。我们的直觉和通过内在的反思所获得的有关实践的自我知识看起来也是不牢靠的。由此，实践知识

1　David Hitchcock, Bart Verheij (ed.), *Arguing on the Toulmin Model: New Essays in Argument Analysis and Evaluation*, p. 241.

2　David Hitchcock, Bart Verheij (ed.), *Arguing on the Toulmin Model: New Essays in Argument Analysis and Evaluation*, p. 241. 笔者认为，在对待事实与法律之间的关系论证上，为避免"案件事实的具体性质与法律概念的抽象性质之间的巨大鸿沟"，可能需要更多地使用"缺省逻辑""限定逻辑"这样的"非单调逻辑"技术，这些新的逻辑技术具有实践问题论证上的可应用性和优势。（参见［美］J. F. 霍蒂：《非单调逻辑》，载［美］罗·格勒尔主编：《哲学逻辑》，张清宇、陈慕泽等译，中国人民大学出版社2008年版，第388页及以下页，第398页及以下页。）在这个过程中，需要利用逻辑和概念分析技术把作为直观对象的案件事实进行概念抽象，用概念（特别是法律概念）来描述和认定案件事实，即将案件事实"概念化"，以便达到对它的理论认识和实践处理。在此意义上，正如康德所言，一切知识都是从经验开始的，而不过是关于对象的概念知识。（Immanuel Kant, *Kritik der reinen Vernunft*, Felix Meiner Verlag, Hamburg 1993, S. 37ff. 汉译参见［德］康德：《纯粹理性批判》，邓晓芒译，杨祖陶校，人民出版社2004年版，第1页及以下页；另见徐向东：《道德哲学与实践理性》，商务印书馆2006年版，第413—414页。）

的"确实性之墙"（the wall of certainty）出现了深深的裂隙。由于找不到实践知识的生成之根，人们之间有关时间行为的意见的交流很可能演绎成为"公说公有理、婆说婆有理"或"自说自话"的尴尬局面。更有甚者，那些受非理性的情感所宰制的人们将会把某些毫无意义的实践争论无止境地进行下去，导致无限递归的恶循环。

职是之故，一方面，寻求实践难题的"确实性的"（一定意义上也是"正确性的"或"可接受性的"）答案，是摆在每一个认识者或决定者面前的迫切任务。不能因为无法找到百分之百的实践知识（确切地讲，将实践作为认知法学对象的知识）的确实性（这种知识的确实性不是针对实践行动者的意志或动机方面，而是针对实践行动者的行动理由／根据方面，前者是实践活动心理学研究的对象，后者才是法学及其他实践科学要讨论的问题），而让我们人类的决定完全交给决定者（纯粹出于个人乖张意志的）无根据的决断或无理由的任性。[1] 应当看到：法律论证既非完全以涵摄教条为出发点，又不是法律非理性主义（决断主义）之立场的主题。确定主义（即认为任何法院裁决由法院完全确定之观点——涵摄教条）

1　也可以说，（理论）理性或理性推理不可能单独决定我们人类下一步该做什么，也不能决定道德"制度"或者道德"理论"的内容包括什么，但这并不是让我们滑向彻头彻尾的反理性主义泥淖。反理性主义者的谬误在于，他们总是认定道德和法律关系根本不可能被纳入理性秩序。而极端理性主义者的谬误，则在于总是假想存在某种通过推理和反思就可以建立客观而有效的道德和法律秩序的可行之路。［参见Neil MacCormick, *Legal Reasoning and Legal Theory* (Clarendon Law Series), pp. 265, 267-269, 271. 汉译参见［英］尼尔·麦考密克：《法律推理与法律理论》，第255页，第258—259页，第261页。］

不需要论证理论；对于法律非理性主义或决断主义（即认为法院裁决只是法官的意志行为之观点），也不能存在这样的理论。[1]不过，另一方面，也应看到：有关人类当下情境的某些即时决定，由于受人的认识能力和时间的限制，又不允许人们完全通过无限回归的方式来寻找到"唯一正确的答案"或这种答案的支点。这个矛盾在法律领域表现得尤为明显：法律的决定（如立法的决策、法官的判决）大多是在时间压力下做出的，但这种决定又绝不能是决定者（立法者、法官）无理性判断的体现。传统的法理论（尤其是纯粹法理论）至多揭示了有关实践理性的认识标准，但对于像法律实践这一类实践的活动如何以"实践的方式"来达到理性的结果，却并没有提供更有说服力、更有实践可能性的标准或规则。尤其是，就像我们在梳理法学知识之历史谱系中看到的，法官和律师的实务更像是一门技艺，而不像是一种纯粹科学的事业，[2]那么寻求其解答问题的方式和结论的正确性则显得更加困难。

在此背景下，单纯基于"公理"的逻辑（不可辩驳的逻辑）前提进行的推导似乎不能直接解决实践知识难题，原因在于：基于"公理"的逻辑（不可辩驳的逻辑）前提进行的推导旨在"评估前提和结论之间的形式关系"，而实践推理（法律实践推理）的重点在于如何寻找大前提和确定小前提，这涉及对前提（尤其是前提的

1　［德］乌尔弗里德·诺伊曼：《法律论证学》，第2页。
2　James E. Herget, *Conremporary German Legal Philosophy*, p. 43.

可接受性）的论证或评估，这种论证或评估本身是基于"公理"的逻辑解决不了的，或者说，它们根本不属于传统的逻辑学的范畴。人们求助适合于探讨实践知识难题的方法论和技术手段，必须首先为"前提的可接受性"之类的问题找到实质的（法律或道德上的）论证或评估标准，在这个过程中可能需要建立复杂的推论链条（complex inference chains），该推论链条形成两个或两个以上相互竞争的推论之辩证互动，使人在强弱的推论中做出选择。[1]这个时候，其他学者也会自觉或不自觉地像沙伊姆·佩雷尔曼、特奥多尔·菲韦格等人那样"回望古典"，从比如亚里士多德的修辞学、论题学或者斯多葛学派的辩证法中寻求技术和理论的支持。[2]这样，"从公理到对话/论辩"就必然成为讨论实践知识难题的一时之选，发展出一套合理的批判论证理论也就成了学者们追求的目标。[3]

　　于是，建立在现代逻辑学、语言哲学、语用学和对话理论基础上的道德论证理论与法律论证理论在哲学及法哲学领域悄然兴起。

1　Eveline T. Feteris, *Fundamentals of Legal Argumentation: A Survey of Theories on the Justification of Judicial Decisions*, 2nd edition, pp. 25, 35.

2　"前提的可接受性"之类的问题讨论最终还是要求作为辩论者的反方或者一个理性行动的听众接受。在此，逻辑论证仍然是理论上击败对手或说服听众接受的一个有效的工具。道理很简单：假如某人赞同一个有效论证的前提，却拒绝从这些前提中逻辑地推导出结论，那么其行为是不理性（不合理）的；假如某人不同意某个结论或决定，他就应当证明推论的前提不可接受。（Eveline T. Feteris, *Fundamentals of Legal Argumentation: A Survey of Theories on the Justification of Judicial Decisions*, p. 25.）

3　参见E. M. Barth, E. C. W. Krabbe, *From Axiom to Dialogue*, Walter de Gruyter, Berlin/New York 1982, "Preface", p. VIII。

自 20 世纪 70 年代以来，这个以"实践哲学的复归"（Rehabiterung der praktischen Philosophie）为特征的哲学和法哲学运动逐渐获得了它的影响力。在法学领域，法哲学家们承接亚里士多德以来的实践哲学（尤其是康德实践哲学）、修辞学、逻辑学（特别是现代逻辑学）、语言哲学的研究，为法与道德哲学寻找到新的理论生长点。在英国，实践理性的再发现，推动了法律规范、法律制度、法律推理、法与道德等问题的理论探讨，形成了新的法学研究思潮。与此相适应，在德国、奥地利、比利时、荷兰、北欧诸国，法律论证理论也已经成为一个强势的法哲学研究方向。1971 年，国际法哲学与社会哲学协会在比利时首都布鲁塞尔召开第五届世界大会，将"法律论证"作为大会的议题，此后法律论证理论就成为各种国际和国内法哲学学术研讨会的主题，一大批法学家在此领域进行开拓性的研究，取得了令人瞩目的成果。[1]

自 20 世纪 70 年代以来，受法律实践难题理性论证之内在需求的推动，并伴随着建立在现代逻辑学、分析哲学、语言哲学、修辞学、语用学和对话理论基础上，作为交叉科学研究的论证理论（Argumentation theory）的发展，[2] 以"实践哲学的复归"（Rehabiterung der praktischen Philosophie）[3] 为特征的法律论证理论

1　参见舒国滢：《战后德国法哲学的发展路向》，载《比较法研究》1995年第4期。

2　Douglas Walton, Chris Reed, Fabrizio Macagno, *Argumentation Schemes*, p. 1.

3　参见Manfred Riedel (hrsg.), *Rehabilitierung der Praktischen Philosophie*, 2 Bände, Verlag Rombach, Freiburg im Breisgau 1972-74。

也悄然兴起，并逐渐在法学领域内（主要在法理论和法哲学领域）获得了它的影响力，被学界普遍接受为一般法学（法律决策、法律解释）、法律逻辑和法学方法论的一部分。[1]

　　1971 年 8 月 28 日—9 月 3 日，国际法哲学与社会哲学协会在比利时首都布鲁塞尔召开的第五届世界大会上将"法律论证"（Die juristische Argumentation）作为大会的议题。此后，法律论证理论就成为各种国际和国内有关法哲学、法理论、论证理论、人工智能与法等学术会议（尤其是国际论辩研究学会 [International Society for the Study of Argumentation，缩写 ISSA]、言语交际协会 [Speech Communication Association，缩写 SCA]、安大略论辩研究学会 [Ontario Society for the Study of Argumentation，缩写 OSSA] 等）的主题：比如，1978 年 9 月 3—6 日，国际法哲学同社会哲学协会德国分会在慕尼黑召开年会，研讨"论证与法"（Argumentation und Recht）；1979 年，国际法哲学与社会哲学协会奥地利分会与格拉茨大学法哲学研究所在莱茨霍夫（Retzhof）联合召开国际研讨会，讨论"法学上的论证与诠释学"（Argumentation und Hermeneutik in der Jurisprudenz）；1979 年，国际法哲学与社会哲学协会芬兰分会在赫尔辛基召开国际研讨会，讨论"法律论证的方法论与认识论"（Methodologie und Erkenntnistheorie der juristische Argumentation）；

1　Eveline T. Feteris, *Fundamentals of Legal Argumentation: A Survey of Theories on the Justification of Judicial Decisions*, 2nd edition, p. 257.

荷兰鹿特丹大学于 1993、1996、1999、2003、2007、2011、2015
年相继组织了多场有关法律论证的学术研讨会，并于 2016 年主办
题为"法律论证与法治"（legal argumentation and the rule of law）的
第一届国际研讨会；波兰克拉科夫大学最近每两年（2011 年、2013
年、2015 年.）组织一次有关"法律论证之替代方法"（alternative
methods of argumentation in law）的学术研讨会；2016 年，在西班牙
阿利坎特（Alicante）召开拉丁语世界第一届法哲学大会，讨论的
主题之一是"理性与法律推理"（rationality and legal reasoning）；
等等。[1] 此外，一批有关法律论证的专业论文也开始频繁发表于国
际上著名的学术期刊（比如，《法哲学与社会哲学档案》《论证》
《论证与辩护》《非形式逻辑》《国际法律符号学杂志》《荷兰法
哲学与法理论杂志》《演讲季刊》《法理论》等），还有一些学术
杂志出版与法律论证主题相关的"专号"，[2] 一大批法学家在此领

1　Aulis Aarnio, Robert Alexy, Aleksander Peczenik, "The Foundation of Legal Reason-
ing", in: *Rechtstheorie*, Bd. 12, Heft 1, 1981, p. 133; Eveline T. Feteris, "A Survey of 25 Years
of Research on Legal Argumenation", in: *Argumenation*, Vol. 11, 1997, p. 356; Eveline T.
Feteris, *Fundamentals of Legal Argumentation: A Survey of Theories on the Justification of Judicial
Decisions*, 2nd edition, pp. 257-258.

2　比如：W. Hassemer, A. Kaufmann and U. Neumann, "Argumentation und Recht", in:
Archiv für Rechts–und Sozialphilosophie, Beiheft neue Folge Nr. 14, F. Steiner, Wiesbaden
1980; W. Krawietz and R. Alexy, *Metatheorie Juristischer Argumentation*, Duncker and
Humblot, Berlin 1983; B. E. Gronbeck, "Spheres of Argument", in: *Proceedings of the Sixth
SCA/AFA Conference on Argumentation*, Speech Communication Association, 1989, Annandale
VA.; F. H. van Eemeren, E. T. Feteris, R. Grootendorst, T. van Haaften, W. den Harder, H.
Kloosterhuis, T. Kruiger and J. Plug, "Argumenteren voor Juristen", in: *Het Analyseren en
Schrijven van Juridische Betogen en Beleidsteksten (Argumentation for Lawyers)* （转下页）

域进行开拓性的研究，展开了丰富的话题、进路、观念和原则，取得了令人瞩目的成果。[1]

正如当代德国法哲学家乌尔弗里德·诺伊曼在其出版的《法律论证学》第 1 版（1986 年版）中所指出的："在最近 20 年内，法律论证理论在法学研究领域已取得了统治地位。……目前，法律论证的各种问题继续居于国际法学理论讨论的前沿。"[2]荷兰阿姆斯特丹大学人文学院语言交往、论证理论与修辞学系的伊芙琳·T. 菲特里斯在《法律论证的基础》第 1 版（*Fundamentals of Legal Argumentation: A Survey of Theories on the Justification of Judicial Decisions*，1999）中也承认："法律论证业已成为一个重要的研究对象。在过去数十年间，法律论证的研究不仅在论证理论、法的理论、法律学和法哲学中，而且在也在大学和法学院有关法律推理的课程中扮演着重要的角色。"[3]她在 2011 年发表的一篇与人合写的

（接上页）(secion edition, 1st edition 1987), 1991, Wolters-Noordhoff, Groningen; "Special Issue on Informal Logic and Argumentation Theory", in: *Studies in Logic, Grammar and Rhetoric*, Vol. 16 (29), 2009。参见Eveline T. Feteris, *Fundamentals of Legal Argumentation: A Survey of Theories on the Justification of Judicial Decisions*, 2nd edition, p. 258, n. 7。

1　参见舒国滢：《战后德国法哲学的发展路向》，第349—350页；Eveline T. Feteris, *Fundamentals of Legal Argumentation: A Survey of Theories on the Justification of Judicial Decisions*, 2nd edition, pp. v, 258。

2　Ulfrid Neumann, *Juristische Argumentationslehre*, Wissenschaftliche Buchgesellschaft, Darmstadt 1986, S. 1. （汉译参见［德］乌尔弗里德·诺伊曼：《法律论证学》，第1页。）

3　Eveline T. Feteris, *Fundamentals of Legal Argumentation: A Survey of Theories on the Justification of Judicial Decisions*, Kluwer Academic Publishers, Dordrecht/Boston/London 1999, "preface".

文章中进一步指出："在过去 30 年中，法律论证成为一个重要的跨际学科。它从法理论、法哲学、逻辑学、论证理论、修辞学、语言学、文学理论、哲学、社会学以及人工智能中提取其数据、假定和方法。不同传统的学者们业已试图阐释法律决策的结构性特征以及来自不同观点的证成。"[1]

二、斯蒂芬·图尔敏的论证模型

在论证理论（包括法律论证理论）的发展中，英国当代哲学家斯蒂芬·图尔敏（Stephen Toulmin，1922—2009）是不可绕开的人物，他被称为"当代论证理论的创始人之一"，他在论证理论及其相关领域中具有举足轻重的地位，为论证理论提供了一种具有持续性影响的分析工具。[2]

早在 1950 年出版的（剑桥大学）哲学博士论文《理由在伦理学中的地位之考察》（*An Examination of the Place of Reason in Ethics*）中，图尔敏批评此前在英国哲学界颇有影响的逻辑实证主义哲学家们（比如阿尔弗雷德·朱利叶斯·艾耶尔）的分析方法和研究路径，

---

[1] Eveline T. Feteris, Harm Kloosterhuis, "Law and Argumentation Theory: Theoretical Approaches to Legal Justification", in: Bart van Klink, Sanne Taekema (ed.), *Law and Method: Interdisciplinary Research into Law*, Mohr Siebeck, Tübingen 2011, p.253.

[2] 参见David Hitchcock, Bart Verheij (ed.), *Arguing on the Toulmin Model: New Essays in Argument Analysis and Evaluation*, p.181ss. 有关斯蒂芬·图尔敏的学术生平，参见宋旭光：《理由、推理与合理性——图尔敏的论证理论》，中国政法大学出版社2015年版，第14—51页。

斥之为哲学上的"主观主义和情感主义"，认为他们不能公平地对待道德推理，指出应将"什么是伦理判断的良好（充足）理由"作为核心问题［即"什么是那个产生一套特定的事实的东西，其构成一个特定的伦理学结论 E 的一个良好（充足）理由 R？"[1]］，进而提出一种"伦理学的良好（充足）理由进路"（a good reasons approach of ethics）：按照他的观点，假如能够为一个道德陈述引证良好的理由时，那么这个陈述就是真的（这个观点被称为从事实命题过渡到规范性命题的道德论证）。[2]

图尔敏的一般论证理论比较完整地体现在其于 1958 年出版的《论证的使用》（*The Uses of Argument*）这本书之中。[3] 他在几乎没有仔细研读亚里士多德的《论题篇》《修辞学》《尼各马可伦理学》等篇章的情况下，天才地想到了与亚里士多德论题学几乎相同的思想，其所提出的论证模型被誉为"论题学的再发现"（the re-discovery of the topics）。[4] 按照他在 1963 年为该书所写的"平装版

1　Stephen Toulmin, *An Examination of the Place of Reason in Ethics*, Cambridge University Press, Cambridge 1950, p. 4.

2　Stephen Toulmin, *An Examination of the Place of Reason in Ethics*, pp. 53, 72ss.

3　汉译参见［英］斯蒂芬·图尔敏：《论证的使用》，谢小庆、王丽译，北京语言大学出版社2016年版。

4　"论题学的再发现"或"论题学的再生"（revival of the topics），这个评语是荷兰鹿特丹大学教授奥托·伯德在1961年发表在《心灵》杂志上的论文《论题学的再发现：图尔敏教授的推论—凭证》中提出来的，他把图尔敏的论证图式与中世纪（尤其是波伊提乌）的论题学论证方法进行比较研究，指出两者的相似性。（参见Otto Bird, "The Re-Discovery of the Topics: Professor Toulmin's Inference-Warrants", in: *Mind*, Vol. 70, No. 280 1961, pp. 534-539, especially, p. 536ss）图尔敏在2002年7月所写的《〈论证的使用〉（转下页）

序言"（Preface to the Paperback Edition）中的说法，《论证的使用》关心的主题是"实践推理的标准与价值"［他称之为"实质考量"（substantial considerations）或"实质论证"/非分析论证］，[1] 以及在评价论证的过程中必须使用何种规则。他为重建"逻辑与实践论证之间的关系"而放弃了自亚里士多德以来把数学作为追求理想的逻辑传统（片面地以三段论的知识范型为取向的"形式的欧几里得风格"），[2] 因为在他看来，推论（尤其是实践论证/日常论辩中的推论），不可能总是涉及演算，因为逻辑并不关心推论的方式或技术问题，其初始的事情是回溯性的、证成性的，即通过我

（接上页）升级版序言》（Preface to the Updated Edition）中承认，最初他并没有关注奥托·伯德的评论（尽管吉尔伯特·赖尔提醒），直到他开始研究医学伦理时（其成果就是他与美国华盛顿大学医学伦理学教授艾伯特·R. 琼森于1988年出版的《决疑术的滥用：道德推理的历史》），他才重新阅读亚里士多德的著作，此前，他主要集中于亚里士多德《工具论》中的《前分析篇》和《后分析篇》，通过重新阅读亚里士多德后面涉及伦理学、政治学、美学和修辞学的著作，他对亚里士多德的论题学有了更广泛的理解，表示"如果今天我重写这本书，我就会点到亚里士多德有关'一般论题'和'特殊论题'的对比，作为更清晰地阐明不同实践与论证领域所依赖的各种'佐证'的方式"。（参见Stephen Toulmin, *The Uses of Argument*, Updated Edition, Cambridge University Press, Cambridge 2003, "Preface to the Updated Edition", p.viii。汉译参见［英］斯蒂芬·图尔敏：《论证的使用》，"修订版序言"，第2页）有关图尔敏之"论题学的再发现"或"论题学的再生"一说，也可以从德国图宾根大学哲学系的古典文学教授曼弗雷德·克劳斯（Manfred Kraus）于2005年所写的一篇文章看出，他曾经试图用图尔敏的理论来解读西塞罗的《论题术》。（参见Manfred Kraus, "Arguing By Question: A Toulminian Reading of Cicero's Account of the Enthymeme", in: David Hitchcock, Bart Verheij [ed.], *Arguing on the Toulmin Model: New Essays in Argument Analysis and Evaluation*, p. 313ss。）

1　Stephen Toulmin, *The Uses of Argument*, Updated Edition, p.xi.（汉译参见［英］斯蒂芬·图尔敏：《论证的使用》，"平装版序言"，第3页。）

2　Stephen Toulmin, *The Uses of Argument*, Updated Edition, p. 149.（汉译参见［英］斯蒂芬·图尔敏：《论证的使用》，第138—139页。）

们能够提出的论证使我们成功地主张所得出的结论是可接受的。[1]
图尔敏所理解的"逻辑"不是指我们在前文所讲的数理逻辑或形式
逻辑，而是一种论辩者之间的"社会辩证（逻辑）"，一种对论证
者的断言（主张）和判断进行证成的理论。[2]也就是说，他说的逻
辑与我们所做出的主张的"可靠性"（soundness）、我们提出用来
支持它们的"根据（理由）的坚实性"（solidity of the grounds），
以及我们为之提出的支撑（佐证）的"牢固性"（firmness of the
backing）等有关。这样来理解的逻辑，与法学之间，而不是与数学
之间具有更多的近似性，而像法庭上的诉讼那样"提出、争辩和确
定法律上的主张"，通过类比法学，人们可以获得一个比（形式逻
辑的）三段论更优越、也更复杂的论证布局，采取这个布局的论证
程序可以被看作是一个"理性的过程"（rational process）。所以，
其结论是："逻辑（我们可以说）是一般化了的法学。"[3]简言之，
该逻辑是一种所谓的"工作逻辑"（working logic）或"应用逻辑"
（applied logic）/"实践中的逻辑"（Logic in Practice），而不是纯
粹的"理想化逻辑"（idealized logic）/"理论中的逻辑"（Logic in

1 Stephen Toulmin, *The Uses of Argument*, Updated Edition, pp. 5- 6.（汉译参见［英］斯蒂芬·图尔敏：《论证的使用》，第10—11页）

2 Stephen Toulmin, *The Uses of Argument*, Updated Edition, p. 9.（汉译参见［英］斯蒂芬·图尔敏：《论证的使用》，第13—14页）；David Hitchcock, Bart Verheij (ed.), *Arguing on the Toulmin Model: New Essays in Argument Analysis and Evaluation*, p. 273。

3 Stephen Toulmin, The Uses of Argument, Updated Edition, p. 7.（汉译参见［英］斯蒂芬·图尔敏：《论证的使用》，第12页）

Theory）。[1]

　　说到底，在他看来，（数理逻辑以及 20 世纪认识论中的）抽象的形式有效性的逻辑标准不适于日常语言中的论证 / 实践推理，日常语言中的（实践）论证 / 实践推理可能涉及实质性的评价标准，而实质性的评价标准是（论证之）"场域依赖的"（field-dependent），反之，欧几里得几何学中的证明则是（论证之）"场域不变的"（field-invariant）。论证的场域是多种多样的，论证的形势（phases of an argument）也就多种多样。所以，当我们在进行和反对不同场域的论证时，我们就需要搞清楚：我们所采纳的程序和使用的概念之特性是场域不变的，还是场域依赖的。[2] 这就要求对传统的逻辑理论进行重整。为了达到这种重整的目的，图尔敏研究了各不相同的场域（如物理学、法学和伦理学）中所使用的论证。他得出的结论是：这些论证在本质上具有相同的结构，论证的可接受性既取决于普遍的场域不变的可靠性标准，也取决于特定的场域依赖的标准，前者侧重形式方面，指

1　Stephen Toulmin, *The Uses of Argument*, Updated Edition, pp. 135ss, 171, 235.（汉译参见［英］斯蒂芬·图尔敏：《论证的使用》，第157页，第212—213页。）

2　Stephen Toulmin, *The Uses of Argument*, Updated Edition, pp.14-15, 21, 33ss.（汉译参见［英］斯蒂芬·图尔敏：《论证的使用》，第17—18页，第23页，第34页及以下页。）温策尔（J. W. Wenzel）认为："一个论证的场域就是概念、命题和论证的一个复合整体，这些概念、命题和论证历经时间保持不变，指向共享的说明性目标，实现共享的判断标准，并被一个学科的内行人共同持守。"（J. W. Wenzel, "On Fields of Argument as Propositional System", in: *Journal of American Forensic Association*, Vol. 18, 1982, p. 211）他的这个说法，可以作为图尔敏所用"场域"（field）一词的一种理解。

论证必须坚守一种带有固定因素的固定程序,后者侧重内容方面,指论证必须根据适用于特定场域的可靠性标准是可接受的。[1]在后一种意义上,决定一个论证的好坏涉及实质的判断,而不仅仅是形式的判断。[2]

总体上看,在所有这些场域,做出主张的同时提出应被他人予以承认的要求。假如这个主张受到怀疑,那它就必须进行证立。所以,推理和论证不仅涉及对观点的支持,也涉及对观点的攻击。[3]由此,图尔敏用"每个人均可以理解的通俗词语"(这也是他自认为的"成功之处"[4])提出了一个他称之为"微观论证"(micro-argument)、适用于各不相同的场域(或"场域不变")的论证型式(a field-invariant pattern of argument),这个论证型式后来被人称为"图尔敏模型"(toulmin model)或"图尔敏图式"(toulmin scheme)。[5]这个论证图式之证成过程的第一步是提出一个特定的主张或结论C(=claim/conclusion),第二步提出该主张或

1 Eveline T. Feteris, *Fundamentals of Legal Argumentation: A Survey of Theories on the Justification of Judicial Decisions*, 2nd edition, p. 59.

2 David Hitchcock, Bart Verheij (ed.), *Arguing on the Toulmin Model: New Essays in Argument Analysis and Evaluation*, p. 183.

3 David Hitchcock, Bart Verheij (ed.), *Arguing on the Toulmin Model: New Essays in Argument Analysis and Evaluation*, p. 3.

4 参见Stephen E. Toulmin, "Reasoning in Theory and Practice", in: David Hitchcock, Bart Verheij (ed.), *Arguing on the Toulmin Model: New Essays in Argument Analysis and Evaluation*, p. 29。

5 参见Stephen Toulmin, *The Uses of Argument*, Updated Edition, p. 89。(汉译参见[英]斯蒂芬·图尔敏:《论证的使用》,第84—85页。)

结论之根据或事实性的数据 D（=data，资料）。[1] 譬如，某人提出
"哈里是一个英国公民"这个主张 C，就可以通过哈里出生于百慕
大这个事实性数据 D 加以证立（其形式是"假如有数据 D，我们就
可以得出 C"，这个表达式简括地表示为"若 D，则 C"）。[2] 反对
者（反方）可能以两种方式反击这个论述。他可以对 D 的真实性
提出疑问，也可以就 D 是否决定 C 的问题表示怀疑。在第二种情
况下，提出主张者（正方）必须对从 D 过渡到 C 进行证成，使自
己的主张具有适当、合法的证明力。这种证成不能够通过陈述进一
步的事实性数据推导而来。所以需要有一个新的逻辑类型的陈述，
即一个推论规则（推论许可证，inference-licence）。这样一个推论
规则具有下面这种形式："像 D 这种数据使人有资格得出像 C 这
样的结论或做出像 C 这样的主张。"[3] 图尔敏把这个规则称为"凭
证"W（=warrants，"授权书"或"令状"）。在上述例子中，W

1　Stephen Toulmin, *The Uses of Argument*, Updated Edition, p. 90ss.（汉译参见［英］斯
蒂芬·图尔敏：《论证的使用》，第85页及以下页。）在此意义上，主张或结论、根据或
事实性的数据（理由）是论证/论辩的"构成性要素"（constitutive elements），这是
"论辩"或"论证"这一言语行为区别于其他言语行为的本质属性，论辩/论证的（理性
说服）规范性正在于此。（参见David Hitchcock, Bart Verheij [ed.], *Arguing on the Toulmin
Model: New Essays in Argument Analysis and Evaluation*, p. 75ss.）

2　Stephen Toulmin, *The Uses of Argument*, Updated Edition, p. 91.（汉译参见［英］斯蒂
芬·图尔敏：《论证的使用》，第86—87页。）

3　Stephen Toulmin, *The Uses of Argument*, Updated Edition, p. 95.（汉译参见［英］斯蒂
芬·图尔敏：《论证的使用》，第89—90页。）所以，作为推论规则的"凭证"要回答两
类问题：一是"为什么数据D是相关的？"二是"为什么推论是适当的？"（参见David
Hitchcock, Bart Verheij [ed.], *Arguing on the Toulmin Model: New Essays in Argument Analysis
and Evaluation*, p. 293。）

可以这样表达："凡在百慕大出生的人，一般会是英国公民。"这
个推论规则也可能受到质疑。但在前述事例中，人们仍然可以（例
如援引一定的制定法由议会发布这个事实来作为凭证W）进行辩
解。图尔敏把这种援引称为"佐证"B〔=backing，支撑，它通过
指出"凭证"的规范力（指导行动之力）或规范功能而赋予其权威
性〕。[1]但上述论证形式仅仅是一个开始，可能还有一些需要我们
注意的问题出现，因为W是多种多样的，也是场域依赖的，它们
对于证成的结论可能赋予不同程度的（证明）力量，比如"必然"
（necessarily）、"可能"（probably）、"大概"（presumably），
等等（此处的"模态"原则上限定了论证的结论），这些副词可以
视为结论C的"模态限定词"Q（=modal qualifiers），其表示或确
认证成"D⊢C"这一步骤的强度（即由D，经W、B，必然、可
能或大概得出C）。模态限定词Q的存在表明，由D，经W、B所
推论出的结论可能有一些"例外条件"（conditions od exception），
这些例外条件可以作为有模态强度（限定词）之结论的反驳R
（=rebuttal），从反面限定（或击败/废止）结论。[2]据此，图尔敏
得出下面这个复杂的论证结构：

1　Stephen Toulmin, *The Uses of Argument*, Updated Edition, pp. 92, 96, 98.（汉译参见
〔英〕斯蒂芬·图尔敏：《论证的使用》，第87页、第91页、第92页。）

2　Stephen Toulmin, *The Uses of Argument*, Updated Edition, pp. 93-94.（汉译参见〔英〕
斯蒂芬·图尔敏：《论证的使用》，第88—89页。）

```
D ─────────▶ 所以，Q，C
          │              │
          │              │
         因为          除非 R
          W
          │
          │
         因为
          B¹
```

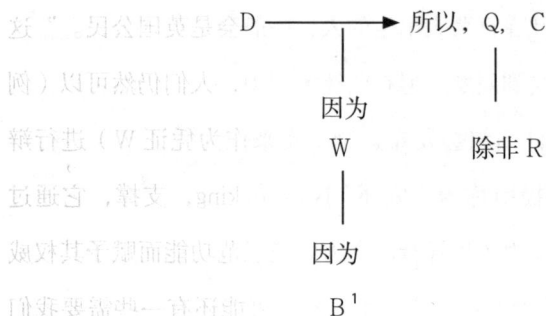

　根据这个结构，C 可以由 D、W 以及 B 在逻辑上推导出来。图
尔敏用"哈里是一个英国公民"作为例子来说明该论证结构：

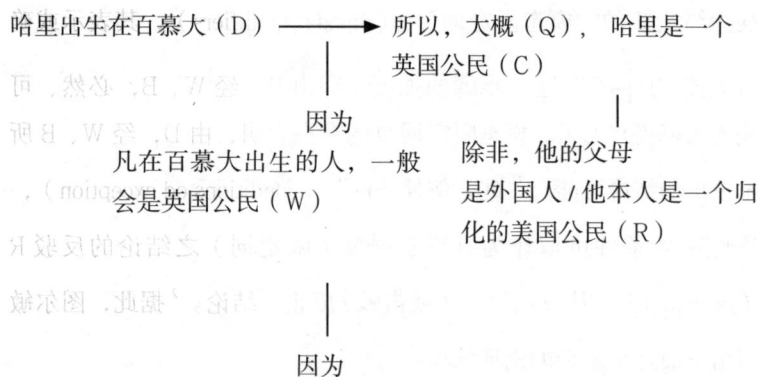

```
哈里出生在百慕大（D）────────▶ 所以，大概（Q），哈里是一个
          │                            英国公民（C）
          │                                 │
         因为                                │
   凡在百慕大出生的人，一般          除非，他的父母
   会是英国公民（W）                是外国人/他本人是一个归
          │                         化的美国公民（R）
          │
         因为
   下列法律和其他法律规定（B）²
```

1　Stephen Toulmin, *The Uses of Argument*, Updated Edition, p. 97.（汉译参见［英］斯蒂
芬·图尔敏：《论证的使用》，第91页。）
2　Stephen Toulmin, *The Uses of Argument*, Updated Edition, p. 97.（汉译参见［英］斯蒂
芬·图尔敏：《论证的使用》，第91页。）

　　图尔敏后来进一步发展了上述论证模型。1978 年，他与美国犹他州大学人文学院教授理查德·D. 里克（Richard D. Rieke，1935—）、奥地利维也纳大学文化哲学教授阿兰·雅尼克（Allan Janik，1941— ）出版《推理导论》（*An Introduction to Reasoning*，1978 年初版，1984 年第 2 版）一书，对论证模型进行了实践性描述，将该模型分为"一阶分析"［第 2 部分第 2—7 节，主要论述"论证的可靠性"（soundness of arguments）因素："主张与发现"、"根据"（他将 sata 改为 grounds）、"凭证与规则"、"佐证"、"论证的链条"］和"二阶分析"［第 3 部分第 8—13 节，主要论述"论证的力量"（strength of arguments），包括："合格的主张与初探性发现""反驳与例外""推定与困境""相关性与论证语境"等］，并在第 6 部分中试图把经其改造过的论证图式应用于各个"特殊的场域"，其中包括："法律推理"（第 26 节）、"科学中的论证"（第 27 节）[1]、"有关艺术的争辩"（第 28 节）[2]、"有关管理的推理"（第 29 节）[3]、"伦理推理"（第 30 节）[4]

1　Stephen Toulmin, Richard Rieke, Allan Janik, *An Introduction to Reasoning*, 2nd edition(1st edition, 1978), Macmillan Publishing Co., Inc., New York 1984, pp. 313-348.

2　Stephen Toulmin, Richard Rieke, Allan Janik, *An Introduction to Reasoning*, 2nd edition, pp. 349-368.

3　Stephen Toulmin, Richard Rieke, Allan Janik, *An Introduction to Reasoning*, 2nd edition, pp. 369-392.

4　Stephen Toulmin, Richard Rieke, Allan Janik, *An Introduction to Reasoning*, 2nd edition, pp. 393-422.

等。在"法律推理"一节，他们描述了法律论证的各种形式，指出在法律中可以提出什么样的陈述作为"主张"、"根据"（数据）、"凭证"、"佐证"、"反驳"以及"模态限定词"等，重点研究了律师在法律案件中提出的论证的种类：比如，在刑事审判中，控诉的主张多种多样，小到"随地吐痰""酗酒"或"滋事"，大到"谋杀""强奸"或"叛国"的指控；在民事案件中，主张包括"合同违约""销售瑕疵产品""机动车损害""名誉权损害""侵害""债务履行延迟"或"民事侵权"等；用来证明主张的数据或根据也是多样化的：书面资料（合同、信函等），口头资料（证人证言、专家证言）等。他们同时指出：在法庭上，凭证和佐证可以用来保证证人证言和专家证言的可靠性，但律师和法官很少使用"可能""大概"这样的模态限定词。[1]

三、"图尔敏模型"的反思与应用

"图尔敏模型"发表时并没有得到当时英国哲学家和逻辑学家的认可：比如，语言哲学牛津学派代表人物彼得·斯特劳森（Peter Strawson，1919—2006）在英国广播公司（BBC）出版的周刊《听

---

1 Stephen Toulmin, Richard Rieke, Allan Janik, *An Introduction to Reasoning,* 2nd edition, pp. 281-312. 在笔者看来，图尔敏所说的律师和法官很少使用"可能""大概"这样的"模态限定词"现象可能与法律论证的特殊性有关：排除合理怀疑（刑事诉讼），或者要求"高度盖然性"的证明（民事诉讼）等，均不可用"可能"或"大概"这样的模态限定词来表达、支持律师或法官的主张（辩护性意见或判决意见）。

众》（*The Listener*）上苛刻地指责其出版的《论证的使用》，他曾经的同事、英国利兹大学的彼得·亚历山大（Peter Alexander，1917—2006）也把这本书称为"图尔敏的反逻辑书"（Toulmin's anti-logic book），甚至连他在剑桥大学的博士导师理查德·布莱特怀特（Richard Braithwaite，1900—1990）也"深深痛苦地看到自己的一个学生攻击其对归纳逻辑的冒犯"。[1]

1951—1952 年，英国道德哲学家、牛津大学道德哲学教授理查德·梅尔文·黑尔（Richard Mervyn Hare，1919—2002）针对图尔敏在《理由在伦理学中的地位之考察》（1950 年）中提出的"伦理学的良好（充足）理由进路"以及有关"评价性推论规则"进行了一般性的批判；[2]1978 年，罗伯特·阿列克西在所著的《法律论证理论》（1991 年第 2 版）一书中对图尔敏的评价性推论规则之证成难题做了逻辑学分析，指出其根本规则的模糊性。[3]

对于图尔敏的论证图式，也有不少其他的批评 / 商榷意见：例如，有人把其有关"场域依赖"主张（即论证的评价标准对于其所

1　Stephen Toulmin, *The Uses of Argument*, Updated Edition, "Preface to the Updated Edition", p. viii. （汉译参见［英］斯蒂芬·图尔敏：《论证的使用》，"修订版序言"，第2页。）

2　R. M. Hare, "Review of Stephen Edelston Toulmin, An Examination of the Place of Reason in Ethics", in: *The Philosophical Quarterly*, Vol. 1, No.4, 1951, pp. 372-375; R. M. Hare, *The Language of Morals*, pp. 45, 48ss.

3　Robert Alexy, *Theorie der juristischen Argumentation: Die Theorie des rationalen Diskurses als Theorie der juristischen Begründung*, 2 Aufl., SS. 118-121. （汉译参见［德］罗伯特·阿列克西：《法律论证理论》，第109—113页。）

属的场域是内在的）斥之为"一种不可接受的相对主义"（an un-
acceptable relativism）；[1] 有学者指责图尔敏图式缺乏一个"批判性
成分"，即"合法化凭证"（a legitimation warrant），因而难以直
接应用于"合法化推论"（legitimation inference）和"复合案型"；[2]
有人认为图尔敏图式仅仅讨论了论证的结构（论证的不同种类的
因素）或论证的成分在不同场域所采取的形式，而没有注意论证的
评价，即他没有提供逻辑有效性的一种类似理论作为论证的评价标
准，也没有为解决日常生活中的难题（尤其是"病态—结构化难
题"）提供充分的信息，因而需要改造成为"良好的推理（Good
Reasoning）"模式（这种推理模式应具备"证成的根据""充分的
信息""证立的凭证"以及"没有例外适用的假定得以证立"等条
件），以便适用于更加广泛的或更高层级的论证/推理类型；[3] 有学
者认为图尔敏图式不适宜用来讨论论证结构的复合体，它过于简
单、静态，不足以把握实践推理的细节，属于"单一主张、单一
根据、单一图表模式"（single-claim, single-ground, single-diagram

1　David Hitchcock, Bart Verheij (ed.), *Arguing on the Toulmin Model: New Essays in Argument Analysis and Evaluation*, pp. 4, 73ss.

2　其实，作为实质推论规则的"凭证"，根据前提与结论联结的相关性，似乎尚可区分为"先验的凭证""经验的凭证""制度性的凭证""评价性的凭证"，这需要运用不同的论证策略，并建构出不同的场域依赖的具体的论证图式。（David Hitchcock, Bart Verheij [ed.], *Arguing on the Toulmin Model: New Essays in Argument Analysis and Evaluation*, pp. 41ss, 87ss, 103ss, 115ss.）

3　David Hitchcock, Bart Verheij (ed.), *Arguing on the Toulmin Model: New Essays in Argument Analysis and Evaluation*, pp. 183, 203, 217, 311.

mode），而在实践中，（动态的）论证有更复杂的结构；[1] 另一些学者看到，图尔敏的论证图式省略了"情感性论证"（motivational arguments）、"评价性主张"和"辩护性主张"/"实践性主张"，也缺乏与之相关的"情感性凭证"（motivational warrant）类型，后者具有多维度性（不同种类的维度）和不可公度性。[2]

尽管如此，图尔敏的理论在 20 世纪 60 年代后很快在北美、荷兰以及欧陆的其他地区受到关注，并且在诸多学科领域［逻辑学（特别是可辩驳推理、非形式逻辑）、修辞学、论证理论、哲学、认识论、法学、科学哲学、行为研究、决策支持系统、电脑科学（软件设计）以及人工智能等］获得影响力，其论证图式成为许多国际著名学术刊物（如《论证》《非形式逻辑》《哲学与修辞》等）和国际学术会议讨论的主题，被广泛应用于诸多论证领域（实践推理、修辞论证、文法论证、文本/非文本论证、数学推理、辩证推理、日常论辩、伦理/道德推理、政治论证、选择逻辑、交往行为理论、批判思维等），《论证的使用》成为这些领域研究的"一部战后的经典著作"（a post-war classic）。2005 年 5 月 18—21 日，加拿大社会科学和人文科学研究理事会（Social Sciences and Humanities Research Council of Canada）资助麦克马斯特大学召开了

1　David Hitchcock, Bart Verheij (ed.), *Arguing on the Toulmin Model: New Essays in Argument Analysis and Evaluation*, pp. 219-220.

2　David Hitchcock, Bart Verheij (ed.), *Arguing on the Toulmin Model: New Essays in Argument Analysis and Evaluation*, pp. 249ss.

一场有关《论证的使用》的国际学术研讨会，会后出版的论文集收录了连同图尔敏本人在内的来自三大陆10个国家的27位国际知名学者的24篇文章，他们从哲学、法学、数学、人工智能到语言交流等不同学科／理论角度撰文重新分析和评价图尔敏模型，这从一个侧面再现了图尔敏方法论（"反思实践者的视角"／尽可能反思地贴近实践的论证理论）之跨学科的吸引力。[1]

　　20世纪80年代—90年代以后，图尔敏模型开始在法学／法律界受到人们的青睐，被用作分析和评估法律实践领域之论证的工具，构成了法律实践论证／论辩分析的一个良好的出发点。这种在法律论证上的兴趣的增长可能与司法使命的变动观点有关，因为在现代法律制度中，法官不仅仅适用法律规则，而且也要解决解释难题，并对其在一个合理的裁决中这样做的正当性做出说明和论证，而在现实中，很难找到这种论证／证成的明确的法律规范，在这种情况下，法官仅仅陈述案件的事实和法律规则是否就足够了呢？他是否还必须解释为什么法律规则对个案是可适用的？法律规则的解释怎样可以是可接受地被证成的？在法律证成的语境中，法律规则、法律原则、一般道德规范和价值之间的关系是什么？[2]

1　David Hitchcock, Bart Verheij (ed.), *Arguing on the Toulmin Model: New Essays in Argument Analysis and Evaluation*, pp. 3-4, 8ss, 21；另见宋旭光：《理由、推理与合理性——图尔敏的论证理论》，第27页及以下页，第34页及以下页，第154页及以下页，第158—177页。

2　参见Eveline T. Feteris, *Fundamentals of Legal Argumentation: A Survey of Theories*（转下页）

对于这些问题，法学家们尝试应用图尔敏模型来进行解答：1983年，瑞典隆德大学法学院法哲学教授亚历山大·佩策尼克在《法律论证（证成）基础》（*The Basis of Legal Justification /Grundlagen der juristischen Argumentation*, 1983）中利用图尔敏图式，适当修改相应的术语，提出一个所谓法律的"最深度证成"（the deepest justification）的模型，这个模型将图尔敏图式中的 D（data）改写为"（法律证成的）描述性理由和评价性理由"（descriptive and evaluative reasons/legal justification），将 C（claim）改写为"有关有效法以及法律上正确决定的法律结论"（legal conclusion about valid law and legally correct decision），将 W（warrants）改写为"法律商谈的推论规则"（inference rules of legal disourse），将 B（backing）改写为"（深度证成的）描述性理由和评价性理由"（descriptive and evaluative reasons/ deep justification），得出改造的法律论证模型如下：

（接上页）*on the Justification of Judicial Decisions*, 2nd edition, p. 50; Eveline T. Feteris, Harm Kloosterhuis, "Law and Argumentation Theory: Theoretical Approaches to Legal Justification", p. 253。英国法理学家尼尔·麦考密克指出：原则和规则是相互作用的，原则支持规则、排除规则、限定规则，并可以为那些经受住了后果主义论辩检验的新裁判规则提供证成（参见Neil MacCormick, *Legal Reasoning and Legal Theory*, Clarendon Law Series, p. 244。汉译参见［英］尼尔·麦考密克：《法律推理与法律理论》，第235页）。

描述性理由和评价性理由　　　　　→　　有关有效法以及法律上
（法律证成）　　　　　　　　　　　　　正确决定的法律结论

　　　　　　↑

　　　　　法律商谈的推论规则

　　　　　　↑　　　←　　　法外（深度）商谈的推论规则

描述性理由和评价性理由（深度证成）[1]

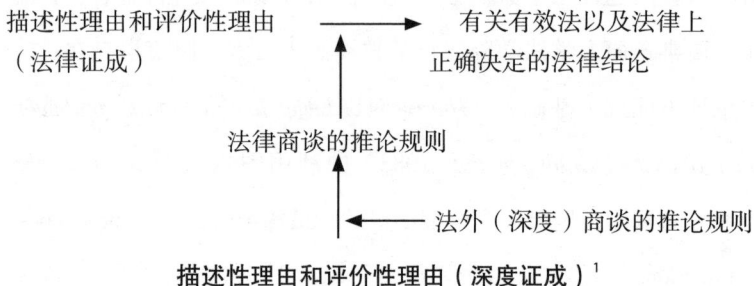

　　1987 年，美国盐湖城的一位女律师凯瑟琳·霍姆斯·斯内达克（Kathryn Holmes Snedaker）撰文讨论"萨姆·谢泊德上诉案"（Sam Sheppard appeal, 1966），运用图尔敏图式分析上诉双方的论证策略，证明申诉方的论证何以在上诉程序中获得成功；[2]1988年，美国审判顾问协会（American Society of Trial Consultants，简称 ASTC）执行主席罗纳德·J. 马特隆（Ronald J. Matlon，1938— ）在所著《法律程序中的交流》（*Communication in the legal process*）一书中使用图尔敏模型描述法律程序中的审前阶段问题，阐释其中的"证据""理由"与"结论"之间的关系，为出庭律师掌握法庭交

1　Aleksander Peczenik, *The Basis of Legal Justification*, Infotryck AB Malmö, Lund 1983, pp. 1, 4-5, 136.

2　参见Kathryn Holmes Snedaker, "The Content and Structure of Appellate Argument: Rhetorical Analysis of Brief Writing Strategies in the Sam Sheppard Appeal", in: Joseph Wenzel (ed.), *Argument and Critical Practices.Proceedings of the Fifth SCA/AFA Conference on Argumentation, Annandale VA: Speech Communication Association*, University of Chicago Press, Chicago 1987, pp. 315-324。

流（沟通，尤其是"非言语沟通"［non-verbal communication］）技巧提供了一种实用主义（现实主义）的工具；[1]1990 年，理查德·D. 里克和兰达尔·K. 斯塔特曼（Randall K. Stutman，1957— ）出版《法律辩护中的交流》（*Communication in legal advocacy*）一书，用图尔敏的术语来区分律师在开庭（事实和理由）陈述中的各种因素（推定、证明负担等），对庭审中的交流过程（谈判、斡旋等）提供了广泛的实用性分析；[2]1994 年，美国加利福尼亚州立大学商法系教授库尔特·M. 桑德斯（Kurt M. Saunders）发表《作为修辞的法，作为论证的修辞》（"Law as Rhetoric, Rhetoric as Argument"）一文，运用图尔敏模型探讨修辞学与法律论证之间的关系，并将该模型作为训练学生在不同的诉讼阶段如何建构论证的有用启发工具。[3]还有一批法学者运用图尔敏图式来建构法律决策支持系统（legal decision support systems）：比如，1994 年，美国法律信息学和人工智能专家 L. 卡尔·布兰廷（L. Karl Branting）在《人工智能与法律》杂志（*Artificial Intelligence and Law*）撰文，以图尔敏的

1　Ronald J. Matlon, *Communication in the Legal Process*, Holt, Rinehart & Winston, Inc., New York 1988, pp. 1-384. 另见W. Scott Nobles, "Communication in the Legal Process. By Ronald J. Matlon", in: *Argumentation and Advocacy*, Vol. 26, Issue 1, 1989, pp.39-40; Desan Iyer, "Using a Legal Realist Approach to Improve the Communicative Legal Skills of the Law Student", in: *Speculum Juris*, Issue 2, 2013, p. 130。

2　参见Richard D. Rieke, Randall K. Stutman, *Communication in Legal Advocacy*,University of South Carolina Press, Columbia S. C. 1990, pp. 1-245, especially, pp. 95-98。

3　Kurt M. Saunders, "Law as Rhetoric, Rhetoric as Argument", in: *Journal of Legal Education*, Vol. 44, 1994, pp. 566-578.

"凭证"论证结构分析和建构"判决理由"（ratio decidendi）这一法律概念的（电子）计算模型；在2005年5月加拿大麦克马斯特大学召开的有关《论证的使用》的国际学术研讨会上，来自澳大利亚墨尔本维多利亚大学信息系统学院（School of Information Systems, Victoria University Melbourne）的约翰·策勒兹尼科夫教授（John Zeleznikow, 1950—）提交论文，采用图尔敏的论证理论试图建构/开发一个自由裁量（澳大利亚家庭法）领域的决策支持系统（争端解决系统软件）。[1]

四、小结

由图尔敏模型的讨论，我们看到，实践论证（包括法律论证）/论辩本质上是一种多个实践行动者之"主体间的"反思判断（即认识论上相关的）活动，一种"说服性论证/论辩"（persuasive argumentation），其最终在于商谈者一方通过论证/论辩、使听众/商谈对方信服，从而达成"理性的共识"。[2]这是因

1　L. K. Branting, "A Computational Model of Ratio Decidendi", in: *Artificial Intelligence and Law*, Vol. 2, 1994, pp. 1-31; John Zeleznikow, "Using Toulmin Argumentation to Support Dispute Settlement in Discretionary Domains", in: David Hitchcock, Bart Verheij (ed.), *Arguing on the Toulmin Model: New Essays in Argument Analysis and Evaluation*, p. 294ss.

2　论证/说服的对象不同：一种针对言说者本人，如果他面对新的信息而改变自己以前的心灵（观点或意见），称为"信念修正"（belief revision），另一种就是修辞学/论证理论上经常讲的"说服"或"使人信服"，即言说者通过说服性策略力图改变他人的心灵（观点或意见），称为"说服性论证"。两者是同一个知识分币（the same epistemic coin）的两面（认知性的一面和社会性的一面）。有学者认为，如果论证理论不能奠基于信（转下页）

为：有关实践真理的获取（包括实践问题的认知、信念的证成、理论说明、"如何正确思考"以及实践真理标准的确立）本身就是一个实践问题，这个问题的解决要求实际经验和实践智慧。诚如亚里士多德指出的（我们从亚里士多德论题学/辩证推理的论述中可以看出这一点），离开了实践智慧得以行使、实践真理标准得以确立的共同体，一个人不可能获得实践智慧，也不可能获取"如何正确行动的"实践真理。[1] 既然法学像道德知识一样是一种实践知识/实践学问，那么它就必须通过理性论辩者间的商谈/论辩，通过主体间的"反思判断"，达成对"那些要求一致认同的理性原则"的服从，这种服从在人类的法律、道德等领域的实践活动中具有"根本的重要性"［不仅服从本身对于实践重要，其实，凡事一旦进入判

（接上页）念修正模式，它就是不完全的，它可能描述令人感兴趣的对话模式及其效果，但不能解释为什么以及如何以产生这样的效果。（David Hitchcock, Bart Verheij [ed.], *Arguing on the Toulmin Model: New Essays in Argument Analysis and Evaluation*, pp. 359-360.）在分析"信念修正"问题时，需要说明的是：从意向说明的角度看，"信念"表达了我们人类与世界的认知交往，它的目的在于（真实）表达世界，具有"心灵适应世界的方向"（the mind-to-world direction of fit），可以按真假来评价，其真假取决于它们是否把世界表达得如其所是，这一点不同于"欲望"，后者具有"世界适应心灵的方向"（the world-to-mind direction of fit），对它们进行评价取决于它们要把世界表达成什么样的（或应该是什么样的）状态。所以，"欲望"本身谈不上"信念修正"，但"欲望"（特别是激发实践行动的欲望）应以（有价值的或值得想望的）"评价性信念"（宗教信念、道德信念、政治信念等）和"信念修正"为基础或中介，因为评价性信念表达的内容能够对我们人类的意志、欲望产生影响，形成具有理性（反思/慎思判断）指涉（或价值上的重要性关注）的"动机效应"以及实践的本质根据（参见徐向东：《道德哲学与实践理性》，第178页，第188—189页，第253页）。

1　徐向东：《道德哲学与实践理性》，第211页。

断和论辩，它们对于实践而言就已经具有独特的重要性（简称"实践重要性"），不再属于实践行动者个人按照内在主义标准来进行的纯主观的认知、判断活动（或静态的个人的独白式论证），而属于多个实践行动者基于（一定程度的）外在主义标准来共同进行的"主体间的"反思判断活动（动态的共同实践）/动态的论辩活动〕，否则这些实践活动变得不可理解，也无从进行。[1]有鉴于此，在理论上重构图尔敏模型是必要的（诚如阿列克西所言："图尔敏的理论尽管不能被看作是实践论证/论辩的一个充分的理论，但它对这个理论的发展仍然提供了一些重要的启示。"[2]），这就要求我们发展出一种（基于当代逻辑背景的）特殊的论证理论。[3]或许，这样经过改造的论证理论才能解法律实践论证理论（法学实践知识寻获）之困。

1　徐向东：《道德哲学与实践理性》，第408页、第411页。

2　Robert Alexy, *Theorie der juristischen Argumentation: Die Theorie des rationalen Diskurses als Theorie der juristischen Begründung*, 2 Aufl., S. 123.（汉译参见［德］罗伯特·阿列克西：《法律论证理论》，第114页。）

3　David Hitchcock, Bart Verheij (ed.), *Arguing on the Toulmin Model: New Essays in Argument Analysis and Evaluation*, p. 184ss.

罗伯特·阿列克西《法律论证理论》述评 *

在法律论证理论发展的过程中，罗伯特·阿列克西的贡献无疑是独特的，其理论是任何想从事法律论证理论研究的人都无法绕开的高地。有人称，阿列克西曾经而且至今仍然是该理论的主导者。[1]

一、罗伯特·阿列克西的思想主旨

罗伯特·阿列克西于 1945 年 9 月 9 日出生在德国下萨克森州的奥尔登堡（Oldenburg）。中学毕业后在德国国防军服役 3 年，曾升任陆军少尉。1968 年夏季学期，开始在哥廷根大学学习法学和哲学。哲学专业，主要师从德国分析哲学大家京特·帕茨希教授。1973 年他在通过第一次法学国家考试之后，直到 1976 年一直在撰写博士论文《法律论证理论》（*Theorie der juristischen Argumentation*），指导教师为京特·帕茨希和拉尔夫·德莱尔。该书 1978 年由著名的法兰克福苏尔坎普出版社出版，至 2015 年已出

---

* 本文系德国当代著名法哲学家、基尔大学教授罗伯特·阿列克西所著《法律论证理论》中译本（舒国滢译，中国法制出版社2002年版）所写的"代译序"。收于本书时对文字做了部分修改，并加上各部分标题。

1 Herget, *Contemporary German Legal Philosophy*, p. 44.

第 8 版。[1]1982 年，阿列克西因为这本博士论文而获得哥廷根大学科学院哲学与历史学部的大奖。1984 年，他开始从事拉尔夫·德莱尔教授所主持"一般法理论"教席（Lehrstuhl für Allgemeine Rechtstheorie）的助手工作，并于同年通过教授资格论文《基本权利论》（*Theorie der Grundrechte*，该书于 1985 年由巴登－巴登出版社出版，至 2015 年已出第 7 版）；[2]在哥廷根大学取得公法和法哲学专业的教授资格。1986 年，他回绝了德国雷根斯堡大学的聘请，而应邀赴基尔大学任教，主持公法与法哲学教席，并很快使之形成强项专业。在公法方面，该教席的研究重点在于基本权利与宪法审判制度。在法哲学方面，其研究重点是法与道德的关系、规范论、正义论和法律论证理论。1991 年 3 月，阿列克西回绝奥地利格拉茨大学（die Karl-Franzens-Universität zu Graz）接替奥塔·魏因伯格的邀请。1991 年，他开始担任汉堡约阿希姆·朱尼厄斯科学学会理事，1994—1998 年任国际法哲学与社会哲学协会德国分会主席。1992 年出版专著《法概念与法效力》（*Begriff und Geltung des Rechts*，该书至 2011 年已出第 5 版）。[3]1997 年收到哥廷根大

---

1 Robert Alexy, *Theorie der juristischen Argumentation：Die Theorie des rationalen Diskurses als Theorie der juristischen Begründung*, Frankfurt a. M. 1978; Neudr. Frankfurt a. M. 1983; 3 Aufl., Frankfurt a. M. 1996; 8 Aufl., Frankfurt a. M. 2015.（汉译参见［德］罗伯特·阿列克西：《法律论证理论》，舒国滢译，中国法制出版社2002年版。）

2 Robert Alexy, *Theorie der Grundrechte*, Baden-Baden 1985; Neudr. Frankfurt a. M. 1986; 7 Aufl., Frankfurt a. M. 2015.

3 Robert Alexy, *Begriff und Geltung des Rechts*, Freiburg/München 1992; 2 Aufl., （转下页）

学聘请（接替其师拉尔夫·德莱尔的教席），但于 1998 年 2 月
回绝。自 2002 年起担任哥廷根大学科学院文献—历史学部委员
（ordentliches Mitglied der Philologisch-Historischen Klasse der Akad-
emie der Wissenschaften zu Göttingen）。从 2008 年起，获得多所大
学（其中包括西班牙阿利坎特大学，阿根廷布宜诺斯艾利斯大学、
图库曼大学，比利时安特卫普大学，秘鲁利马圣马科斯市长国立大
学、里卡多·帕尔马大学，巴西特雷西纳巴西利亚州立大学，捷克
布拉格大学，葡萄牙科英布拉大学，巴西圣卡塔琳娜大学圣奥斯特
分校、里约热内卢州立大学，哥伦比亚波哥大罗萨里奥大学）荣誉
博士学位。2010 年获得德国联邦一等十字勋章（das Verdienstkreuz
1. Klasse des Verdienstordens der Bundesrepublik Deutschland）。2013 年
获得德国基尔市科学奖（der Wissenschaftspreis der Stadt Kiel）。至
2017 年，阿列克西已出版学术专著 8 部、个人文集 15 部、主编文
集 11 部，发表论文、书评或学术报告 150 多篇。其论文和著作迄
今已译成十几国文字。

　　此处主要评述阿列克西的《法律论证理论》一书的主要思
想。该书乃阿列克西的成名之作，也是其后来有关基本权利、法
与道德之关系、规范理论和正义论研究的奠基性作品。有关其思

（接上页）Freiburg/München 1994; Neudr. Freiburg/München 2002; 5 Aufl., Freiburg/
München 2011.（汉译参见［德］罗伯特·阿列克西：《法概念与法效力》，王鹏翔译，商
务印书馆2015年版。）

想的主题，阿列克西于 1999 年撰写的一篇文章《我的法哲学：理性的制度化》（"My Philosophy of Law: The Institutionalisation of Reason"）中曾做过这样的概括："制定和实效构成了法的现实的或制度化的维度，而正确性则构成其理想的或可论辩的维度。我的主张是：一个适当的法概念只能导源于这两个维度的关系。这个关系只能在法律制度的包容性理论中获得。民主宪政国家之论辩理论将提供这样一种理论。我试图从四个步骤来发展这个理论。第一步研究确定整个理论的基础，即正确性宣称问题。它将揭示这个宣称必然与法相关联。……第二步研究作为实践正确性理论的论辩理论。这将不仅揭示论辩理性的可能性，而且也将揭示其局限性。后者将引导我们进入第三步：法的必要性。法的必要性不意味着对论辩理性的解除。这一点必须在第四步加以解释，其在法律制度的不同层面上讨论现实的或制度化的法与理想的或可论辩的法之间的关系。"[1]

《法律论证理论》一书的副标题为《作为法律证立理论的理性论辩理论》，其讨论的核心问题是通过程序性的技术（论证的规则和形式）来为正确性宣称提供某种理性的（可靠的、可普遍化的或可以普遍接受的）基础，试图在其设定的限度内于普遍实践论辩

1　Robert Alexy, "My Philosophy of Law: The Institutionalisation of Reason", in: Luc J. Wintgens (ed.), *The Law in Philosophical Perspectives: My Philosophy of Law*, Springer Science+Business Media B. V., Dordrecht/Boston/London 1999, pp. 23-24.

和法律论证领域走出"明希豪森困境"。[1]阿列克西注意到，理性（Rationalität，合理性）不应等同于百分之百的确实性，只要遵守了一定的讨论（论辩）规则和形式，那么规范性命题就可以按照理性的方式来加以证立，讨论的结论就可以称为理性的结论。这突出地表现了理性实践论辩理论之基本思想的特征。[2]很显然，阿列克

1 "明希豪森困境"借用的是18世纪德国汉诺威的一位男爵明希豪森（Baron Münchhausen，1720—1797）所讲的故事，他早年曾在俄罗斯、土耳其参与过战争。退役后为家乡父老讲述其当兵、狩猎和运动时的一些逸闻趣事，从而名噪一时。后出版一部故事集《明希豪森男爵的奇遇》，其中有一则故事讲道：他有一次行游时不幸掉进一个泥潭，四周旁无所依，于是其用力抓住自己的辫子把自己从泥潭中拉了出来。（有关这个故事本身，参见Rudolf Erich Raspe, *Wunderbare Reisen zu Wasser und Lande, Feldzüge und lustige Abentheuer des Freyherrn von Münchhausen, wie er dieselben bey der Flasche im Cirkel seiner Freunde selbst zu erzählen pflegt*, Übersetzet von Gottfried August Bürger, Verlag von Dieterich, Göttingen 1786, S. 54.）德国当代批判理性主义法哲学家汉斯·阿尔伯特根据这个故事来说明在论证中所遇到的"三重困境"：第一，无穷地递归（progress ad infinitum/infinite regression，无限倒退），以至无法确立任何论证的根基；第二，在相互支持的论点（论据）之间进行循环论证（circular argument）；第三，在某个主观选择的点上断然终止论证过程（或者：根据定义，某些命题被假定是证成的），例如通过宗教信条、政治意识形态或其他方式的"教义"来结束论证的链条。（Hans Albert, *Traktat über kritische Vernunft*, 3 Aufl., J.C.B. Mohr Paul Siebeck, Tübingen 1975, S. 13.）举例说明"明希豪森—三重困境"：第一重困境（无穷地递归）："（1）我是国王；（2）因为国王的长子将成为国王；（3）因为宪法这样规定；（4）因为议会大多希望如此；（5）因为……；（n）因为……"。第二重困境（循环论证）："（1）我是国王；（2）因为我佩戴了王冠；（3）因为我是国王"。第三重困境（断然终止论证）："（1）我是国王；（2）因为国王的长子将成为国王；（3）因为宪法这样规定"。（参见Arno R. Lodder, *DiaLaw: On Legal Jusitification and Dialogical Models of Argumentation*, pp. 21-22。汉译参见［荷兰］阿尔诺·R. 洛德：《对话法律：法律证成和论证的对话模型》，魏斌译，中国政法大学出版社2016年版，第26—27页。）
2 Robert Alexy, *Theorie der juristischen Argumentation: Die Theorie des rationalen Diskurses als Theorie der juristischen Begrüdung*, 2 Aufl., SS. 223-224.（汉译参见［德］罗伯特·阿列克西：《法律论证理论》，第223—224页。）

西理论的目标是有限的：通过程序规则的设计来寻求克服"明希豪
森困境"的途径。在这里，论证（argumentation）和论辩（Diskurs，
一译"商谈"）就变成了弥合"（知识）确实性之墙"裂隙的必经
工序。因为按照德国当代批判理性主义法哲学家汉斯·阿尔伯特的
说法，既然任何陈述或命题的理由、基础或根基都是可以提出疑问
和批评的，[1] 那么论证就显得十分重要。而所谓论证，简单地讲，
就是举出理由（证立或证成）支持某种主张或判断。[2] 任何正确性
标准（包括法律上的正确性标准）的寻求都必须经过论证。这种论
证表现为对规范性命题的证立或证成过程，这个过程就是"实践论
辩"（praktischer Diskurs，实践商谈），相应地，有关法律决定的
证立过程就是"法律论辩"（juristischer Diskurs，法律商谈）。在
阿列克西看来，"法律论辩"是"普遍实践论辩"的特殊情形，故
此，法律论证理论应当建立在普遍实践论证理论的基础之上。阿列
克西正是基于这个思路来一步一步构建其法律论证理论的。

　　从认识论上讲，百分之百的确实性总是认识的终极根据[3]，任
何命题或反命题、任何论证或反证、任何主张或反驳总是建立在

1　Hans Albert, *Traktat über kritische Vernunft*, 3 Aufl., S. 13.

2　参见颜厥安：《法、理性与论证——Robert Alexy的法论证理论》，载《政大法学评
论》（台湾地区）总第25期，第35页。

3　维特根斯坦曾强调："某些命题不容怀疑，好像就是这些问题和怀疑赖以转动的枢
轴。"（参见［奥］路德维希·维特根斯坦：《论确实性》，张金言译，广西师范大学出
版社2002年版，第53页。）

这种确实性（理由）的基础之上的。与确实性相关的，又有两个维度：一个是有关命题的真假（真实性、客观性的维度）；另一个是有关命题的对错（正确性、正当性的维度）。在它们之间还有两个交叉的维度，即有效性（有关命题的有效或无效）维度和合理性［有关论证的合理（理性）或不合理（非理性）］维度。阿列克西要解决的问题是：用什么方式找到可靠的理由（前提），来证明命题或主张（包括法律决定）的有效性与真实性，进而达到其合理性和正确性？这就是"可证立性"（Begründbarkeit, justifiability）问题。任何命题的结论，如果缺乏可证立性，那么就根本谈不上有真实性和正确性。在法律领域，所谓可证立性是指：无论一般规范还是个别规范（司法判决）都必须有合理的根据（理由）来加以证立（证成）。进一步讲，所谓证立的过程，即属论辩和说服的过程；可证立性也就是规范性命题及其结论的可接受性（Akzeptabilität, acceptability）[1]。由于规范性命题的可接受性总是与一定的证立程序相关联，所以在这个意义上，阿列克西把自己的论辩理论称为一种"实践正确性的程序理论"（a procedural theory of practical correctness）[2]。

1　参见Robert Alexy, *Theorie der juristischen Argumentation: Die Theorie des rationalen Diskurses als Theorie der juristischen Begründung*, 2 Aufl., S. 98ff.。

2　Robert Alexy, "My Philosophy of Law: The Institutionalisation of Reason", p. 28. 也见 Eveline T. Feteris, a.a.O., p. 92。

二、《法律论证理论》的主要内容

在《法律论证理论》中，阿列克西分三个相互关联的部分（三编）来展开其"实践正确性的程序理论"。

在该书第一编中，阿列克西用大部分篇幅来讨论实践论辩的一些有代表性的理论，为自己的学说清理出一个大致清晰的进路和思想框架：他详细考察有关规范证立的各种理论，讨论了道德分析哲学中的实践论辩［包括自然主义和直觉主义，斯蒂文森（Ch. L. Stevenson,1908—1979）的情感主义及对道德判断和道德论证的分析，语言哲学：维特根斯坦的语言游戏概念和约翰·奥斯丁的言语行为理论，黑尔（R. M. Hare, 1919—2002）的道德语言理论与道德论证理论，图尔敏的道德论证分析和一般论证理论，拜尔（K. Baier, 1917—2010）对道德论证的分析］，哈贝马斯的真理共识论，埃尔朗根学派的实践商谈理论以及沙伊姆·佩雷尔曼的论证理论。

我们在上文的理论讨论中业已看到，当代有关道德哲学乃至整个知识论的讨论都绕不开"休谟问题"。休谟认为，在以往的道德学体系中，普遍存在着一种思想的跃迁，即从"是"或"不是"为连系词的事实命题，向以"应该"或"不应该"为连系词的伦理命题（价值命题）的跃迁，而这种思想跃迁是不知不觉发生的，既缺乏相应的说明，也缺乏逻辑上的根据和论证。[1]这个有关事实与价值的"二分法"以及价值判断不可能从事实判断中推导出来的主张，就构成了后世，特别是20世纪道德分析哲学讨论的一个主题。自然主义伦理学用自然（事实）的属性去规定或说明道德（或价值），譬如"A是好的"可以表述为"A为大多数人所欲求的"。持直觉主义伦理学观点的摩尔（G. E. Moore, 1873—1958）把此种观点称为"自然主义谬误"，他认为："好"等基本概念是不可定义的，而是通过人类自身的某种特殊能力（直觉）来不证自明地察知的。情感主义（如斯蒂文森）则认为，伦理或价值语言不过是主体情绪、情感或态度的表达，从而割断了事实与价值之间的联系。黑尔以维特根斯坦后期的日常语言哲学和约翰·奥斯丁的言语行为理论为基础对价值语言的日常用法进行考察，提出了一种"普遍规定主义"的思想：道德或价值判断既有规定性，又是可普遍化的，是规定性与可普遍化性的统一。图尔敏从经验性—定义性的视角出发，论证一定的事实断定（G）可以作为一定的价值判断的充足理由（N），试图为事实与价值的"二歧鸿沟"找到连接的通道。最后，拜尔则通过对道德视点（立足点）的分析揭示了可普遍化概念的诸多方面（如"可普遍传授性"）。阿列克西基于对这些有代表性的道德分析哲学之进路、方法和主要观点的梳理，得出如下结

1　参见孙伟平：《事实与价值》，中国社会科学出版社2000年版，第4页及以下页。

论：（1）道德语言的功能并没有局限于描述经验的或者非经验的对象、性质或关系；（2）道德论辩是受规则支配的、以理性的方式平衡利益的独特活动；（3）实践论证的规则必须与各式各样的论述形式加以区别；（4）规范性命题是可普遍化的；（5）实践论证对规则的遵从，不同于自然科学的论证。[1]

哈贝马斯的商谈理论是阿列克西理论的主要来源之一。[2] 阿列克西对哈贝马斯有关理想的言谈情境的"超验语用学的"证立进行了考察，并由此归纳出建立在一般证立规则基础上的3个理性规则和2个证立规则。它们构成了理性的实践论辩之一般（普遍）理论的基本规则。[3]

埃尔朗根学派（洛伦岑和施韦默尔）的实践商谈理论以及沙伊姆·佩雷尔曼的论证理论各自为理性的论证理论做出了独特的贡献。埃尔朗根学派有关"规范体系的批判生成"思想是颇有价值的，阿列克西从中得出这样一个规则："在论辩中提出的任何一个规范必须既能够经得起其社会生成的检验，也能够经得起其个人生

1　Robert Alexy, *Theorie der juristischen Argumentation: Die Theorie des rationalen Diskurses als Theorie der juristischen Begründung*, 2 Aufl., S. 132ff.（汉译参见［德］罗伯特·阿列克西：《法律论证理论》，第124页及以下页。）

2　Herget, *Contemporary German Legal Philosophy*, p. 44ss.

3　Robert Alexy, *Theorie der juristischen Argumentation: Die Theorie des rationalen Diskurses als Theorie der juristischen Begründung*, 2 Aufl., S. 169ff.（汉译参见［德］罗伯特·阿列克西：《法律论证理论》，第163页及以下页。）

成的检验。"[1] 佩雷尔曼论证理论中的一些基本概念（如论述图式、普泛听众）对阿列克西思想的形成也颇有影响，尤其是佩雷尔曼所提出的"惯性原理"［Prinzip der Trägheit，即诉诸既存之实务（实践）者，无须证成，只有改变者才需要证成］[2] 直接构成了阿列克西的论证负担规则之理论资源。这个原理也在一定程度上解决了作为"明希豪森—三重困境"之一的无限递归问题，它对禁止漫无边际的怀疑（universelles Zweifel）提出了正当化的论证。

　　根据对上述诸学说的总结提炼，阿列克西在第二编中提出了理性实践论辩的一般（普遍）理论，这个理论的核心由5组总计22个明确表达的规则和6个论述形式的图表构成。其中包括5个"基本规则"、4个"理性规则"、4个"论证负担规则"、6个"证立规则"和3个"过渡规则"（见附录"普遍实践论辩理论与法律论辩之规则和形式一览表"）。第一组"基本规则"所规定的是规范性命题真实性或正确性之言语交往合理性（理性）的基本条件（如不矛盾规则，参与讨论者的真诚性要求、可普遍化原则、表达的清晰性、语言表达的共通性）；第二组"理性规则"所表达的是

1　Robert Alexy, *Theorie der juristischen Argumentation: Die Theorie des rationalen Diskurses als Theorie der juristischen Begründung*, 2 Aufl., S. 195.（汉译参见［德］罗伯特·阿列克西：《法律论证理论》，第192页。）

2　Robert Alexy, *Theorie der juristischen Argumentation: Die Theorie des rationalen Diskurses als Theorie der juristischen Begründung*, 2 Aufl., S. 216.（汉译参见［德］罗伯特·阿列克西：《法律论证理论》，第215页。）

对论辩理性的最大化要求（普遍证立的要求，论辩的平等权利要求、普遍性要求和无强迫性要求）；第三组"论证负担规则"（也称"论证负担分配规则"）是为防止无限递归或循环论证而设定的一套规则（区别对待的论证负担、惯性原理要求、反证的要求、持不相干立场或主张的论证负担）；第四组"证立规则"是涉及论辩中欲证立的命题或规则之内容的规则（可普遍化要求、可普遍传授的要求、规范的批判生成要求、可实现性要求）；第五组"过渡规则"是有关转入其他形式的论辩之可能性的规则，这些规则设定的目的是保证事实（尤其是后果的预测）问题、保证语言（尤其是理解）问题以及有关实践论辩自身的问题〔转入理论上（经验上）论辩的可能性、转入语言分析论辩的可能性、转入论辩理论的论辩可能性〕。通过上述规则和论述形式的表达，阿列克西试图创立某种像"实践理性法典"（Gesetzbuch der praktischen Vernunft）之类的体系。[1]

在简要地论述理性实践论辩的一般（普遍）理论之后，阿列克西在第三编中提出了自己的"法律论证理论"。

阿列克西认为，法律论辩所讨论的是实践问题，即什么应做、什么不应做或什么允许去做、什么不允许去做的问题；而且这些问

---

1 Robert Alexy, *Theorie der juristischen Argumentation: Die Theorie des rationalen Diskurses als Theorie der juristischen Begründung*, 2 Aufl., SS. 35, 234-255.（汉译参见〔德〕罗伯特·阿列克西：《法律论证理论》，第21页，第234—256页。）

题的讨论与正确性的宣称相关联。所以它与普遍实践论辩在正确性宣称上存在着局部一致性，在规则、形式方面存在着结构上的一致性。[1]但法律论辩与普遍实践论辩之间又有区别：法律论辩不讨论所有的问题；它们是在受限的条件下进行的，最主要的一点，即法律论辩要其受现行有效法的约束。此外，尽管法律论辩的确也可以提出正确性宣称，但这个宣称又明显地区别于在普遍实践论辩中提出的正确性宣称。它并不要求所主张、建议或作为判断表达的规范性命题绝对地符合理性，而只是要求它们在有效法秩序的框架内能够被理性地加以证立。再者，普遍实践论辩的程序不能保证有某个决定，或者说：尽管有完善的理性程序，但由于参与论辩者的规范性确信有时是不相容的，因而不能最终达成一致；而法律争论必须有一个最终清楚的结论。这表明：一方面，由于两者均有正确性的宣称，普遍实践论辩的规则和形式可以用于论证法律的规范性命题（尤其是那些"既非经验命题、亦非实在法规则的前提"）；但另一方面，法律论辩又不是普遍实践论辩的简单应用，确切地说，前者是后者的特殊情形（Sonderfall，特例／特案）。[2]在法律论辩（例如诉

1　Robert Alexy, *Theorie der juristischen Argumentation: Die Theorie des rationalen Diskurses als Theorie der juristischen Begründung*, 2 Aufl., S. 351ff.（汉译参见［德］罗伯特·阿列克西：《法律论证理论》，第354页及以下页。）

2　Robert Alexy, *Theorie der juristischen Argumentation: Die Theorie des rationalen Diskurses als Theorie der juristischen Begründung*, 2 Aufl., S. 261ff.（汉译参见［德］罗伯特·阿列克西：《法律论证理论》，第262页及以下页。）

讼）中，（法律）角色不是对等地分配的，参与被告的一方也不是自愿的，陈述实情的义务受到限定；论辩的程序有时效上的限制；各当事人允许以自己的利益为取向，他们经常，也许通常所关心的并不是达到某个正确的或公正的判决，而在于达到于己有利的判决。[1]

法律论辩主要涉及对法律判断的证成。这种证成可以区分为两个层面：内部证成（interne Rechtfertigung）和外部证成（externe Rechtfertigung）。内部证成处理的问题是：法律判断是否从为了证立而引述的前提中逻辑地推导出来；外部证成的对象是这个前提的正确性问题。[2]

由于内部证成涉及如何从前提中推导出结论，故此，它在本质上不过是对应用逻辑的操作。阿列克西运用现代符号逻辑来推证一些必要的条件以使内部证成更加合理。他从内部证成的最简单的形式出发，推导出一系列内部证成的规则，比如："欲证立法律判断，必须至少引入一个普遍性的规范"（J.2.1），"法律判断必须至少从一个普遍性的规范连同其他命题逻辑地推导出来"（J.2.2），"需要尽可能多地展开逻辑推导步骤，以使某些表达达到无人再争

1　Robert Alexy, *Theorie der juristischen Argumentation: Die Theorie des rationalen Diskurses als Theorie der juristischen Begründung*, 2 Aufl., SS. 262-263.（汉译参见［德］罗伯特·阿列克西：《法律论证理论》，第262—263页。）

2　Robert Alexy, *Theorie der juristischen Argumentation: Die Theorie des rationalen Diskurses als Theorie der juristischen Begründung*, 2 Aufl., S. 273.（汉译参见［德］罗伯特·阿列克西：《法律论证理论》，第274页。）

论的程度，即它们完全切合有争议的案件"（J.2.4），"应尽最大可能陈述逻辑的展开步骤"（J.2.5），等等。必须指出：（1）内部证成并不是法律给定的大前提的简单逻辑涵摄；（2）内部证成也不是简单复述法律决定者（如法官）实际思考的过程，应当把法律的"发现过程"（Entdeckungsprozess）与法律决定的"证成过程"（Prozess der Rechtfertigung）区别开来，[1]因为对决定的证成而言，唯一相关的问题是可以引入什么样的思考来支持决定者的决定，而不是法官如何进行实际决定的过程。阿列克西指出，内部证成具有三个方面的功能：第一，在内部证成的过程中，显得愈来愈清楚的是：到底什么样的前提需要通过外部加以证成；第二，通过内部证成的分析，提高了识别错误和批判错误的可能性；第三，对一般规则进行论述最终将能够容易做到裁判（决定）的一致性，并同时促进达成正义和法的安定性。[2]

内部证成中的前提条件的证成构成了外部证成的对象，后者的目的在于为论述的前提确立理性（合理）的基础。在阿列克西看来，外部证成是所有法律论证的核心焦点，因而也构成法律论证理

1　Robert Alexy, *Theorie der juristischen Argumentation: Die Theorie des rationalen Diskurses als Theorie der juristischen Begründung*, 2 Aufl., S. 282.（汉译参见［德］罗伯特·阿列克西：《法律论证理论》，第284页。）

2　Robert Alexy, *Theorie der juristischen Argumentation: Die Theorie des rationalen Diskurses als Theorie der juristischen Begründung*, 2 Aufl., S. 283.（汉译参见［德］罗伯特·阿列克西：《法律论证理论》，第285页。）

论的主题。外部证成的中心问题是：按照法律的标准，在内部证成中所运用的论述是否可以接受？ [1]

阿列克西指出，外部证成所要证立的前提条件大致上可以分为三类：（1）实在法规则；（2）经验命题；（3）既非经验命题，亦非实在法规则的前提。与这三类前提相对应的有三类证立方法。对某个规则（如实在法规则）的证立，通常通过下列方式来进行，即指出它符合该法秩序之有效标准。而对经验前提的证立则可能要引出一整套的程序。它们的范围涵盖从经验科学的方法到合理推测的准则直至诉讼的证明负担规则。最后，那种可以称为"法律论证"的东西，则被用于那些既非经验命题，亦非实在法规则的前提之证立。[2]

外部证成的规则和论述形式分为六组：（1）解释的规则和形式；（2）教义学论证的规则和形式；（3）判例适用之规则和形式；（4）普遍实践论证的规则和形式；（5）经验论证的规则和形式；（6）所谓特殊的法律论述形式。外部证成理论的首要任务，是对这六组中概括在一起的论述形式进行逻辑分析。这些分析最重要的成果在于审视它们之间相互联结的必要性和可能性。考察各种不同形式的论述之互动，主要是要搞清楚经验论证和普遍实践论证

1　Eveline T. Feteris, *Fundamentals of Legal Argumentation*, 1999, p. 103.

2　Robert Alexy, *Theorie der juristischen Argumentation: Die Theorie des rationalen Diskurses als Theorie der juristischen Begründung*, 2 Aufl., SS. 283-284.（汉译参见［德］罗伯特·阿列克西：《法律论证理论》，第285—286页。）

在法律论辩中的作用。[1]

在外部证成中，第一组，也是最重要的一组是法律规范解释中的论述形式。这些论述形式所依据的是"解释规准"（Die canones der Auslegung），即语义学解释方法、发生学解释方法、目的论解释方法、历史解释方法和体系解释方法。这些规则和方法均与用于内部证成的命题之证立相关联，但它们也各有不同的重要性，这个重要性的衡量则只能在各个解释情境和法律部门中来加以确定。[2]

第二组外部证成的规则涉及对法教义学语句的应用。这些法教义学语句包括：（1）"纯粹法概念"之定义；（2）其他概念的定义；（3）不能够从实在法中引申出来的规范所表达的语句；（4）对事态（事实状态）的描述和称谓的教义学语句；（5）对原则的表达的语句。应用这些教义学语句，有一些是由这些教义学语句连同经验语句，或者通过补充对实在法规范的表达，来推导出那些有待证立的语句；有一些需要有更进一步的规范性前提。第一种情形可以说是纯粹的教义学证立（reine dogmtische Begründung），第二种情形可以说是非纯粹的教义学证立（unreine dogmtische Begründung）。在非纯粹的教义

1　Robert Alexy, *Theorie der juristischen Argumentation: Die Theorie des rationalen Diskurses als Theorie der juristischen Begründung*, 2 Aufl., S. 285.（汉译参见［德］罗伯特·阿列克西：《法律论证理论》，第286—287页。）

2　Robert Alexy, *Theorie der juristischen Argumentation: Die Theorie des rationalen Diskurses als Theorie der juristischen Begründung*, 2 Aufl., S. 306.（汉译参见［德］罗伯特·阿列克西：《法律论证理论》，第308—309页。）

学证立的情形中，除了教义学论证，还需要有普遍实践论证。[1] 阿列克西认为，法教义学论证在法律论证中具有独特的地位，发挥着六个方面的功能：稳定功能、进步功能、减负功能、技术功能、检验功能、启发功能。[2]

第三组外部证成的规则是有关判例的适用。判例适用的基础是可普遍化原则，它要求我们对同样的事情（案件）应同样地对待。故此，若有人想要偏离（判例），则要被施加论证负担。这应适用佩雷尔曼的惯性原理：只有当能够为此提出充足的理由时，才允许改变一个（先前的）裁决。为此，阿列克西设定了两个原则。其一为"当一项判例可以引证来支持或反对某一裁决时，则必须引证之"（J.13）；其二为"谁想偏离某个判例，则承受论证负担"（J.14）。

第四组规则是关于特殊法律论述形式的应用，它们是法学方法论上所研究的特种论述形式，诸如类推（Analogie）、反面论述（argumentum e contrario）、当然论述（argumentum a fortiori）、归谬论述（argumentum ad absurdum）等。在阐述特殊法律论述形式的过程中，阿列克西也讨论了经验论证的作用，但他并未为此而表达

---

1 Robert Alexy, *Theorie der juristischen Argumentation: Die Theorie des rationalen Diskurses als Theorie der juristischen Begründung*, 2 Aufl., SS. 315-320.（汉译参见［德］罗伯特·阿列克西：《法律论证理论》，第317—322页。）

2 Robert Alexy, *Theorie der juristischen Argumentation: Die Theorie des rationalen Diskurses als Theorie der juristischen Begründung*, 2 Aufl., S. 326ff.（汉译参见［德］罗伯特·阿列克西：《法律论证理论》，第328页及以下页。）

一些特殊的规则。

　　接着讨论的是普遍实践论证在法律论辩中的作用。他指出，在下列情况下，普遍实践论证可能是有必要的：（1）对各种不同的论述形式达到饱和所需要的前提条件进行证立；（2）对将会导致不同结果的各种不同论述形式之选择进行证立；（3）对各种法教义学语句进行证立和检验；（4）对区别（技术）或推翻（技术）进行证立；（5）直接对在内部证成中应用的语句进行证立。[1] 在此意义上，普遍实践论证构成了法律论证的基础。

　　在《法律论证理论》这本书的最后一章，阿列克西对法律论辩与普遍实践论辩之间的关联关系进行了总结。他把这个问题主要分为四个方面：（1）从普遍实践论辩性质的角度看法律论辩的必需性；（2）在正确性要求上的局部一致性；（3）法律论辩规则、形式与普遍实践论辩规则、形式在结构上的一致性；（4）在法律论证框架内普遍实践论证之必需。

　　此外，阿列克西分析了理性法律论辩理论的局限性，例如：普遍实践论辩的缺点虽然在法律论辩中相当程度上得到缓解，但还不可能完全得到根除；法律论辩理论作为程序理论也像普遍实践论辩理论一样，不能保证得到唯一正确的答案和百分之百的确实性。不

1　Robert Alexy, *Theorie der juristischen Argumentation: Die Theorie des rationalen Diskurses als Theorie der juristischen Begründung*, 2 Aufl., S. 346ff.（汉译参见［德］罗伯特·阿列克西：《法律论证理论》，第348页及以下页。）

过，阿列克西也同时指出：绝不能把理性与确实性混为一谈，单纯
根据不可能达到确实性这一事实，几乎还不能够作为一个足够的理
由来否认法学具有科学性，也不能否定其属于一种理性的活动。他
说："（本书的）目标是较为有限的。假如本书能够做到稍微有点
清楚地说明法学能够以及如何能够作为实践理性的一个特殊领域，
那么这些目标也就达到了。"[1]

三、罗伯特·阿列克西理论的评价：批评与回应

阿列克西以普遍实践论辩理论为基础所建立起来的理性法律论
辩理论，也许是当今德国法哲学中企图心最强的理论研究。他拾起
哲学商谈理论（die philosophische Diskurstheorie，主要是哈贝马斯
的商谈理论及其建构性的超验语用学证立方案）并将它应用于讨论
法哲学、法学方法论的问题，[2] 这种努力不仅拓展了法学的问题领
域，而且其自身也关涉当代伦理学的理论争议，[3] 因而其理论不仅
受到法学界的注目，也引起哲学界（包括伦理学界）的兴趣。该书

1　Robert Alexy, *Theorie der juristischen Argumentation: Die Theorie des rationalen Diskurses als Theorie der juristischen Begründung*, 2 Aufl., S. 359.（汉译参见［德］罗伯特·阿列克西：《法律论证理论》，第362页。）

2　参见Eric Hilgendorf, "Rechtsphilosophie im vereinigten Deutschland", in: *Philosophische Rundschau*, Vol. 40, Heft 1-2, 1993, SS. 3, 8. 伊芙琳·T. 菲特里斯在《法律论证的基础》中谈到法律论证的对话理论进路以及法律论证研究哲学因素、理论因素、重构因素时均提及阿列克西的问题取向。（参见Eveline T. Feteris, *Fundamentals of Legal Argumentation*, 1999, pp. 19-23。）

3　颜厥安：《法、理性与论证——Robert Alexy的法论证理论》，第29页。

出版以后的 20 年间，不仅有十几个语种的译本，而且还有数不清
的来自法学、哲学、语言学及论辩学杂志的转摘、介引和评论，多
数评论者对阿列克西在法律论证理论上的贡献给予了积极的评价。[1]
阿列克西本人也正因为这本书而获得学界的肯定，其频频出入国
际和国内的各种学术讲坛，一时名扬欧陆和南美，后来在英语世
界［由于 1989 年英国人权专家拉什·阿德勒（Ruth Adler, 1944—
1994）和其导师尼尔·麦考密克将此书译成英文出版］亦产生广泛
的影响。[2]

---

1 例如，德国著名法学家卡尔·拉伦茨在其《法学方法论》第5版中用专门的篇幅正面
介绍阿列克西的理论。（Vgl. Karl Larenz, *Methodenlehre der Rechtswissenschaft*, 5 Aufl.,
Springer-Verlag, Berlin/Heidelberg/New York/Tokyo 1983, SS. 147-149.）。瑞典隆德大学
法学院亚历山大·佩策尼克教授在《法律论证基础》中称：阿列克西提出了一种包含实
践理性诸原理（原则）的较强的理论。（Aleksander Peczenik, *Grundlagen der juristischen
Argumentation*, Springer-Verlag, Berlin/New York 1983, S. 189ff.）德国不莱梅大学的赫尔
穆特·吕斯曼教授在自己的评论中指出："法律论证理论多年来也是紧缺的东西。那么
现在阿列克西为弥补这个紧缺迈出了巨大的一步。"（Helmut Rüßmann, "Rezension:
Alexy, Robert, Theorie der juristischen Argumentation", in: *Rechtstheorie,* B.10, 1979, S.
120）维尔茨堡大学法学院教授希尔根多夫指出，阿列克西与德尔夫·布赫瓦尔德、扬
-莱因哈德·希克曼（Jan-Reinhard Sieckmann, 1960—）构成哥廷根"帕茨希学派"的三
剑客。（Eric Hilgendorf, "Rechtsphilosophie im vereinigten Deutschland", S. 16）伊芙
琳·T.菲特里斯在1991年发表的书评中称赞："（阿列克西的）这本书对分析法理论做
出了重要的贡献……它对来自论辩理论和法学理论的审视之间的互动提供了一个良好的
概观，并且由此而发展出一个包含普遍理性论证和特殊理性论证特性的论证理论。"
（Eveline T. Feteris, "Rezension: Robert Alexy, Theorie der juristischen Argumentation", in:
Argumentation and Advocacy, Vol. 27, 1991, p. 179.）
2 参见Eveline T. Feteris, "Rezension: Robert Alexy, Theorie der juristischen Argumentation",
p. 179.美国纽约大学法学院的大卫·理查兹（David A. Richards）将阿列克西的理论与
罗纳德·德沃金（Ronald Myles Dworkin, 1931—2013）的学说作类比，认为广大的英语
世界的读者将从中受益匪浅。（David A. Richards, "Rezension: Robert Alexy, （转下页）

当然，阿列克西的理论也遭到法学和哲学界人士的某些批评与反驳。当代德国法哲学家阿图尔·考夫曼曾指出："罗伯特·阿列克西创制了令人印象深刻的规定性论证规则和优先规则。但这些规则虽然适合于理性的商谈，但却不适合法院的程序。法院的程序不是无控制的，参与人受法律，也受有缺陷的法律约束，程序不可能被推至无限延续……法院的判决，也包括不公正的判决，产生法律约束力，这在合乎理性的商谈中完全不可能。"[1]尽管阿列克西的法律论证理论部分来源于尤尔根·哈贝马斯的商谈理论，但后者对于阿列克西的论述并不完全认同。哈贝马斯在其出版的《在事实与规范之间：关于法律和民主法治国的商谈理论》一书中指出，罗伯特·阿列克西根本上是以程序条件的分析开始研究理性论辩（商谈）的。依此，法律的论辩（商谈）理论似乎只是按照论辩（商谈）伦理学模式的拓展。然而，事实上，我们不能径直得出结论，法律论辩（商谈）就是道德论辩（商谈）与现行法相连接的一个子集。阿列克西提出的所谓特殊情形命题，也许从启迪学的角度看是有说服力的，但它所暗示的把法隶属于道德的观点，却是令人

（接上页）A Theory of Legal Argumentation", in: *Ratio Juris,* Vol. 2, 1989, p. 305.）此外，英国格拉斯哥大学格尔奥基奥斯·巴夫拉科斯教授认为，罗·阿列克西的《法律论证理论》是目前内容最为详尽的法律论证理论。（参见Georgios Pavlakos, "The Special Case Thesis. An Assessment of R. Alexy's Discursive Theory of Law", in: *Ratio Juris,* Vol. 11, 1998, p. 126。）

1　［德］阿图尔·考夫曼、［德］温弗里德·哈塞默尔主编：《当代法哲学和法律理论导论》，第187页（中文个别译文有调整）。

误解的，因为它还没有摆脱自然法理论的意味。[1] 也有学者认为，法律论辩（商谈）理论歪曲了正确性概念，因而提出了一种人为的理性概念。[2] 法兰克福大学犯罪学研究所的克劳斯·京特（Klaus Günther, 1957— ）曾评论说，阿列克西的论辩（商谈）理论不能得出适用法律上的结论。由该理论所证成的若干"有效的"规范经常在特殊的语境中陷入冲突。这个"相互抵触的规范"问题需要"应用性商谈"的程序技术。其目的在于从相互冲突的有效规范中找到支配某个案件的"妥当"规范。事实上，法律商谈（论辩）不是普遍的道德实践商谈（论辩）之证成性（Begründung）商谈的子集，而是道德的应用性商谈（moralisches Anwendungsdiskurs）的一个特例。[3] 奥地利格拉茨大学的奥塔·魏因伯格教授在《作为法律论证基础的逻辑分析》（"Logische Analyse als Basis der juristischen Argumentation", 1983）这篇长文中对阿列克西理论的出发点、证成的概念、理性的程序观念、程序的规范证立、普遍实践论辩和法律论辩等问题进行了细致的分析，得出结论：意见争论（论辩）的结论靠遵守规则来保证其命题的真实或实践态度的正确是完全站不

1　Vgl. Jürgen Habermas, *Faktizität und Geltung. Beiträge zur Diskurstheorie des Rechts und des demokratischen Rechtsstaats*, SS. 282-286.（汉译参见［德］哈贝马斯：《在事实与规范之间：关于法律和民主法治国的商谈理论》，第283—287页。）

2　Herget, *Contemporary German Legal Philosophy*, p. 58.

3　Vgl. Klaus Günther, *Der Sinn für Angemessenheit: Anwendungsdiskurse in Moral und Recht*, Fankfurt a. M. 1988, S. 293ff.; Ders., "Critical Remarks on Robert Alexy's 'Special Case' Thesis", in: *Ratio Juris,* Vol. 6, 1993, p. 143.

住脚的，甚至是极端错误的。[1] 还有的学者从某些技术的层面对阿列克西的法律论证理论提出修正的建议。例如，伊芙琳·T.菲特里斯指出，阿列克西的理论应在下述两个方面加以完善：第一，它应该阐明内部证成的结构与外部证成的结构具有什么关系，应该说明外部证成的各种形式与基本规则之间有什么关系；第二，它应该更具体地描述外部证成的某些论述形式，应该陈明什么类型的命题在法律决定的证立过程中是至关重要的。[2] 近年来，有关阿列克西的理论的讨论已经不仅限于法律论证理论本身，阿列克西的其他学说（如基本权利论、法与道德相关性的命题等）也构成了学界论战的主题（阿列克西与阿根廷布宜诺斯艾利斯大学欧根尼奥·布柳金教授的论战尤其引人注目[3]）。

面对众多的批评，阿列克西对一些主要的反对意见做了回应。1991 年，他专门写了一篇文章《对若干批评者的回应》（附在《法

1　Vgl. Ota Weinberger, "Logische Analyse als Basis der juristischen Argumentation", in: Werner Krawietz/Robert Alexy (Hrsg.), *Metatheorie juristischer Argumentation*, Duncker & Humblot, Berlin 1983, S. 188.

2　Eveline T. Feteris, *Fundamentals of Legal Argumentation*, p. 118.

3　有关阿列克西与布柳金的论战，参见：Robert Alexy, *La pretensión de corrección del derecho. La polémica sobre la relatión entre derecho y moral* (zusammen mit Eugenio Bulygin; eingeleitet und übersetzt von Paula Gaido), Bogotá 2001；Robert Alexy, "Bulygins Kritik des Richtigkeitsarguments", in: *Normative Systems in Legal and Moral Theory*. Festschrift für Carlos E. Alchourrón und Eugenio Bulygin, hg. v. E. Garzón Valdés/W. Krawietz/G. H. v. Wright/R. Zimmerling, Berlin 1997, SS. 235-250; Robert Alexy, "On the Thesis of a Necessary Connection between Law and Morality: Bulygin's Critique", in: *Ratio Juris*, Vol.13, 2000, SS. 138-147。

律论证理论》1991 年第 2 版作为"跋文"），针对批评者们集中
论及的两个问题（论辩 / 商谈理论本身的问题和特殊情形的命题问
题）进行了补充论证和说明。在此，阿列克西再次强调：论辩理论
是一个程序理论。依照这个理论，一个规范，当且仅当其能够成为
通过论辩规则界定的程序之结果时，那么它就是正确的。就魏因伯
格在这一点上的批评，阿列克西指出：还没有任何其他程序比论辩
程序更合适来同时展开人的辨别和判断能力，并理性地对此加以控
制，根据这种方式能够更接近正确性的结果。[1] 针对有人提出作为
程序的论辩似乎与实践正确性概念之间没有必然联系的观点，阿
列克西对程序和正确性的概念、标准及两者的关系等问题进行了分
析，指出：问题不在于一个程序方案由于其带有的标准性质是否合
适，而在于它本身是否合适。为了回答这个问题，必须对理想的论
辩和实际的论辩加以区分。在理想的论辩中所涉及的主要问题是达
成共识和无矛盾性，而做到这一点则必须经过（论辩）程序；论辩
理论为正确性的绝对程序方案奠定了基础。[2] 谈到法律论辩是不是
普遍实践论辩的特殊情形（特例）这个命题，阿列克西指出，法律
论辩首先也是一个实践论辩，而不完全是一个理论论辩；即使是法
教义学论辩也是一个有关实践问题的论辩，因而也是普遍实践论辩

1　Robert Alexy, "Antwort auf einige Kritiker", in: Ders., *Theorie der juristischen Argumentation*, 2 Aufl., Frankfurt a. M. 1991, SS. 399-403.

2　Robert Alexy, "Antwort auf einige Kritiker", S. 414.

的特殊形式。[1]同时，特殊情形的命题也要求对法律理性（合理性）通过论辩理论来予以说明。故此，在法院的程序中，对法官的判决必然提出如下要求：法应当正确地适用，即使这个要求实现起来可能还很弱。[2]特殊情形的命题的最大难题在于正确性的内容。法律的主张和决定（裁判）不是要求其绝对地正确，而只是说：它们在有效法秩序的前提条件下，即假如它们在遵守法律、判例和法教义学的情况下能够理性地证立的话，那么它们就是正确的。[3]后来，阿列克西还撰写了一系列文章，对哈贝马斯、克劳斯·京特等人的观点做了专门的回应，这里恕不一一介绍。[4]

如果我们对以上所述做一个总结，则似乎可以得出以下几点结论：第一，阿列克西的法律论证理论至少是在法学领域试图走出"明希豪森困境"所迈出的坚实的一步。它在普遍实践论辩的框架内考察法律论辩，并且对法律决定的证立结构和论述形式给予了详细的描述，揭示出证立过程的不同层面和具体的步骤，把规范的研究和描述性的研究纳入法律论证，所有这些都是值得肯定和赞赏

1　Robert Alexy, "Antwort auf einige Kritiker", S. 428.

2　Robert Alexy, "Antwort auf einige Kritiker", S. 429.

3　Robert Alexy, "Antwort auf einige Kritiker", S. 429f.

4　有关哈贝马斯观点的回应，参见Robert Alexy, "The Special Case Thesis", in: *Ratio Juris*, Vol. 12, 1999, pp. 374-384；有关克劳斯·京特观点的反驳，参见Robert Alexy, "Normenbegründung und Normanwendung", in: *Rechtsnorm und Rechtswirklichkeit. Festschrift für Werner Krawietz*, hg. v. A. Aarnio/S. L. Paulson/O. Weinberger/G. H. v. Wright/D. Wyduckel, Berlin 1993, SS. 3-17, 该文也见其英译本：Robert Alexy, "Justification and Application of Norm", in: *Ratio Juris,* Vol. 6, 1993, pp. 157-170。

的。第二，尽管法律论证理论偏重程序理论，而且即使这个程序理论也还不是完美无缺的，但阿列克西的立足点和理论框架从其自身的逻辑上看还是站得住脚的。事实上，任何理论都不可能解决人类所有的理论和实践难题，但只要其推进了解决这些问题的过程，哪怕只是提出了解决这些问题的难度所在，那么也是应当予以正面评价的。更何况，阿列克西的理论贡献不仅仅限于后面这一点。第三，在评价阿列克西的理论时，应当以"同情地理解"其理论为前提，如果我们一方面要求阿列克西的理论应当在理论性格上做到滴水不漏，而又要求其解决诸如"百分之百的确实性"之类的恒久难题，那么这对一个理论家来讲就有些苛求了。诚如阿列克西本人所指出的，法律论证理论的目标是较为有限的。但这种自谦并不构成一个理由，来否定其法律论证理论的价值及贡献。或许，我们可以借用英国格拉斯哥大学格尔奥基奥斯·巴夫拉科斯教授（Georgios Pavlakos, 1970—）以及奥地利格拉茨大学法哲学、法社会学与法政策学教授马蒂亚斯·克拉特（Matthias Klatt, 1973—）的评价，把阿列克西称为在法律论证理论领域以及法哲学上"有自己的体系"的理论家。[1]

---

[1] 参见 G. Pavlakos, "Introduction", in: G. Pavlakos (ed.), *Law, Rights and Discourse: The Legal Philosophy of Robert Alexy*, Hart Publishing (www.hart.oxi.net), Oxford 2007, p. 1。另见Matthias Klatt, "Robert Alexy's Philosophy of Law as System", in: Matthias Klatt (ed.), *Institutionalized Reason: The Jurisprudence of Robert Alexy*, Oxford University Press, Oxford 2012, pp. 1-26。

附录：普遍实践论辩理论与法律论辩之规则和形式一览表

一、普遍实践论辩的规则和形式

1. 基本规则

1.1 任何一个言谈者均不得自相矛盾。

1.2 任何一个言谈者只许主张其本人所相信的东西。

1.3 任何一个言谈者，当他将谓词 F 应用于对象 a 时，也必须能够将 F 应用于所有相关点上与 a 相同的其他任一对象上。

1.3' 任何言谈者只许对这样的价值—义务判断做出主张，即当他处在所有相关点均与其做出主张时的情形完全相同的所有其他情形时，他同样会做出完全相同的主张。

1.4 不同的言谈者不许用不同的意义来做相同的表达。

2. 理性规则

（2）任何一个言谈者必须应他人的请求就其所主张的内容进行证立，除非他能举出理由证明自己有权拒绝进行证立。

2.1 任何一个能够讲话者，均允许参加论辩。

2.2（a）任何人均允许对任何主张提出质疑。

（b）任何人均允许在论辩中提出任何主张。

（c）任何人均允许表达其态度、愿望和需求。

2.3 任何言谈者均不得在论辩之内或论辩之外由于受到统治强迫的阻碍而无法行使其在 2.1 和 2.2 中所确定的权利。

3. 论证负担规则

3.1 如果有谁想将某人 A 与某人 B 做不同对待，那么他就负有责任，对这样做的理由进行证立。

3.2 如果有谁想对不属于讨论对象的命题或规范进行抨击，那么他就必须说明这样做的理由。

3.3 已经提出论述者，只有当出现反证时才负有责任做进一步的论述。

3.4 如果有谁想在论辩中就其态度、愿望或需求提出与其先前的表达无关的主张或陈述，那么他就必须应他人的请求证明其为何要提出这样的主张或这样的陈述。

4. 论述形式

（4）$\dfrac{\dfrac{G}{R'}}{\dfrac{N}{T}}$

4.1 $\dfrac{\dfrac{T}{R}}{N}$　　4.2 $\dfrac{F}{\dfrac{R}{N}}$　　4.3 $\dfrac{F_R}{\dfrac{R'}{R}}$

4.4 $\dfrac{\dfrac{T'}{R'}}{R}$

4.5 $R_i P R_k$ 和 $R'_i P R'_k$

4.6（$R_i P R_k$）C 和（$R'_i P R'_k$）C

5. 证立规则

5.1.1 任何提出规范性命题者，必须当假设其置身于当事人之处境时，也能够接受由其提出的命题预设为前提（满足每个人利益）的规则所造成的后果。

5.1.2 任何满足每个人利益的规则所造成的后果，必须能够被所有的人所接受。

5.1.3 任何规则必须公开，且是普遍可传授的。

5.2.1 言谈者之道德观念所依据的道德规则，必须能够经得起批判的、历史生成的检验。一旦下列情形之一出现，则道德规则就不可能经得起这样的检验：

（a）当该道德规则虽然以前经过理性地证立，但后来却又丧失了其合理性根据；或者，

（b）当该道德规则以前即未经过理性地证立，而现在又提不出任何足够的新的证明理由。

5.2.2 言谈者之道德观念所依据的道德规则，必须能够经得起其个人的发生史（生成史）的检验。一旦道德规则的采用仅仅根据某些无法证成的社会化条件时，它们就不可能经得起这样的检验。

5.3 事实上所形成的可实现界限必须得到遵守。

6. 过渡规则

6.1 任何人在任何时候都能够转入理论上的（经验的）论辩。

6.2 任何人在任何时候都能够转入语言分析的论辩。

6.3 任何人在任何时候都能够转入论辩理论的论辩。

二、法律论辩的规则和形式

1. 内部证成的规则和形式

1.1 形式

1.1.1 最简单的形式

（J.1.1）　（1）（x）（Tx $\rightarrow$ ORx）

（2）Ta

（3）ORa　（1），（2）

1.1.2 最普遍的形式

（J.1.2）　（1）（x）（Tx $\rightarrow$ ORx）

（2）（x）（$M^1x \rightarrow Tx$）

（3）（x）（$M^2x \rightarrow M^1x$）

（4）（x）（$Sx \rightarrow M^nx$）

（5）Sa

（6）ORa（1）—（5）

1.2 规则

（J.2.1）欲证立法律判断，必须至少引入一个普遍性的规范。

（J.2.2）法律判断必须至少从一个普遍性的规范连同其他命题逻辑地推导出来。

（J.2.3）每当对于 a 是否为 T 或者 M^i 产生疑问时，均必须提出某个规则，对该问题做出决定。

（J.2.4）需要尽可能多地展开逻辑推导步骤，以使某些表达达到无人再争论的程度，即它们完全切合有争议的案件。

（J.2.5）应尽最大可能陈述逻辑的展开步骤。

2. 外部证成的规则和形式

2.1 经验论证的规则和形式

这适用于 6.1 之规则。（特殊的规则和形式没有详述。）

2.2 解释的规则和形式

2.2.1 语义学解释的形式

（J.3.1）基于 W_i，R' 必须被接受为是对 R 的解释。

（J.3.2）基于 W_k，R' 可能不被接受为是对 R 的解释。

（J.3.3）因为 W_i 和 W_k 均不成立，所以，R' 可能接受为是对 R 的解释，也可能不接受为是对 R 的解释。

2.2.2 发生学解释的形式

（J.4.1）（1）R'（ $=I\dfrac{R}{W}$ ）是立法者意图所在。
　　　　　（2）R'

（J.4.2）（1）立法者根据 R 来追求目标 Z。

$$\neg\, R'\,(=I\dfrac{R}{W})\rightarrow \neg\, Z$$

　　　　　（3）R'

2.2.3 目的论解释的基本形式

（J.5）（1）OZ

$$（2）\neg R'（=I\frac{R}{W}）\rightarrow\neg Z$$

（3）R'

2.2.4 历史、比较和体系解释的形式没有详细列出。

2.2.5 规则

（J.6）任何属于解释规则的论述形式，必须达到饱和。

（J.7）那些表达受法律的文义或历史上的立法者意图之约束的论述，比其他论述具有优位，除非能够提出合理的理由说明其他的论述被赋予了优位。

（J.8）各种不同形式的论述的分量，必须根据权衡轻重的规则来加以确定。

（J.9）一切属于解释规则而又能够尽可能被提出的论述形式，都必须予以考量。

2.3 教义学论证的规则

（J.10）任何教义学语句，当它受到怀疑时，必须应用至少一个普遍实践论述来加以证立。

（J.11）任何教义学语句，必须能够既经得起狭义体系的检验，也经得起广义体系的检验。

（J.12）当能够使用教义学论述时，则必须使用之。

2.4 判例适用的最普遍规则

（J.13）当一项判例可以引证来支持或反对某一裁决时，则必须引证之。

（J.14）谁想偏离某个判例，则承受论证负担。

2.5 特殊的法律论述形式

2.5.1 形式

（J.15）（1）（x）（OGx $\rightarrow$ Fx）

（2）（x）（$\neg$ Fx $\rightarrow$ $\neg$ OGx）（1）

（J.16）（1）（x）（Fx $\vee$ F sim x $\rightarrow$ OGx）

（2）（x）（Hx $\rightarrow$ F sim x）

（3）（x）（Hx $\rightarrow$ OGx）（1），（2）

（J.17）（1）O $\neg$ Z

（2）R' $\rightarrow$ Z

（3）$\neg$ R'

2.5.2 规则

（J.18）各种特殊的法律论述形式必须达到饱和。

亚历山大·佩策尼克的法律转化与法律证成理论 *

对于汉语学界而言，瑞典隆德大学法学院教授亚历山大·佩策尼克（Aleksander Peczenik，一译"佩岑尼克"，1937—2005）并不是特别有知名度，他的法学著作也鲜有中国学者进行专业的讨论。实际上，他几乎与德国基尔大学公法与法哲学教授罗伯特·阿列克西同一时间进入法律论证理论领域，而且自20世纪80年代以来与阿列克西以及当代芬兰法学家奥利斯·阿尔尼奥等人在法律论证理论的研究方面有过多年密切的学术合作。近年来，他因为在这一领域提出了独特的理论而受到国际学术界（包括汉语学界）愈来愈多的关注，其中有不少有关其法学理论的专门研究。本文重点评述佩策尼克的法律转化与法律证成理论。

一、亚历山大·佩策尼克的生平与著作

佩策尼克于1937年11月16日出生在波兰的克拉科夫（Kraków），1955年进入克拉科夫雅盖隆大学（Jagiellonian University）学习法律，师从法哲学教授卡齐米尔兹·奥帕莱克（Kazimierz

* 原文载《北方法学》2020年第1期。

Opalek，1918—1995）。1960 年获硕士学位，1963 年获博士学位，1966 年取得法学教授资格，受聘为克拉科夫大学（University of Kraków）法学方法论研究所（Institute for Methodology of Law）教授。1969 年，他离开波兰，担任瑞典斯德哥尔摩大学法哲学助教，并开始学习瑞典法律，于 1975 年通过瑞典法国家考试，受聘瑞典隆德大学法学院高级讲师。1978 年，他接替托尔·斯特龙伯格（Tore Strömberg，1933—1993）和卡尔·奥利维克罗纳（Karl Olivecrona，1897—1980）的教席，担任隆德大学法理学与法律—计算教授（professor of Jurisprudence and Law-and-Computing）。从 2003 年起，担任隆德大学塞缪尔·普芬道夫研究教授（Samuel Pufendorf Research Professor in Lund），并兼任国际法哲学与社会哲学协会主席，2005 年于隆德去世，享年 68 岁。[1]

　　佩策尼克一生研究重点在于法律论证理论和认识论，特别是法律与正义上的融贯理论，[2] 著有专著多种，其中包括：《法教义学的科学价值》（*Wartosc Naukowa dogmatyki prawa*，1966）、《法理论论集》（*Essays in Legal Theory*，1970）、《法律方法问

1　Robert Alexy, "Aleksander Peczenik: In Memoriam", in: *Ratio Juris*, Vol. 19, No. 2, 2006, pp. 245-246.

2　"A Note on the Author", in: Aleksander Peczenik, *Scientia Iuris: Legal Doctrine as Knowledge of Law and as a Source of Law*, Springer, Dordrecht 2005; Aleksander Peczenik , "The Passion for Reason", in: Luc J. Wintgens (ed.), *The Law in Philosophical Perspectives: My Philosophy of Law*, Springer Science+Business Media B. V., Dordrecht/Boston/London 1999, p. 176s.

题:法律渊源与法律解释》(*Juridikens metodproblem: rättskällelära och lagtolkning*,1974)、《原因与损害赔偿》(*Causes and damages*,1979)、《有关法律推理的推理》(*Reasoning on Legal Reasoning*,1979)、《法律论证基础》(Grundlagen der juristischen Argumentation,1983)、《理性与经验主义法学》(*Rationalitet och empiri i rättsvetenskapen*,1985)、《法与理性:一般法教义学教程》(*Rätten och förnuftet : en lärobok i allmän rättslära*,1986)、《法律规范》(Rättsnormer,1987)、《法律与理性》(*Ratten och fornuftet*,1988)、《论法律与理性》(*On Law and Reason*,1989)、《法律论证》(*Juridisk Argumentation*,1990)、《什么是法?论民主、法治、道德与法律论证》(*Vad är rätt?: om demokrati, rättssäkerhet, etik och juridisk argumentation*,1995)、《法学研究的理论与方法:一般法教义学导论》(*Juridikens teori och metod: en introduktion till allmän rättslära*,1995)、《司法民主的问题解决了吗?》(*Löser juridiken demokratins problem?*,1999)、《法律科学:作为法律知识和法律渊源的法教义学》(*Scientia Iuris: Legal Doctrine as Knowledge of Law and as a Source of Law*,2005),等等。另外,他在国际专业刊物发表论文119篇(截至1999年,篇目从略)。[1]

1　参见Aleksander Peczenik, "The Passion for Reason", in: Luc J. Wintgens (ed.), *The Law in Philosophical Perspectives: My Philosophy of Law*, pp. 217-223。

佩策尼克自己承认, 他的法律论证理论在理论来源上主要受耶日·罗布列夫斯基 (Jerzy Wróblewski, 1926—1990)、[1] 奥利斯·阿尔尼奥、罗伯特·阿列克西以及荷兰马斯特里赫特大学法学院法理学教授雅普·哈赫 (Jaap Hage, 也译为"雅普·哈格", 或"亚普·哈格", 1956—) 等人著作的影响, 其所关注的焦点是法律推理的融贯性重构及其哲学反思, 其理论的旨趣不仅是描述法教义学 (legal doctrine/legal dogmatics[2]), 而且也强调理论的规定性和规范

---

1 耶日·罗布洛夫斯基系波兰当代法理论家、罗兹大学法学教授。他1947年毕业于雅盖隆大学, 获硕士学位, 1949年获博士学位, 1951年获聘罗兹大学教授, 先后担任该校国家与法的理论教研室主任 (1951年), 法学院副院长 (1953—1955年, 1958—1962年)、院长 (1955—1956年, 1962—1964年)、副校长 (1965—1968年) 和校长 (1981—1984年)。兼任波兰共和国国家法庭法官, 波兰科学院院士和芬兰科学与文学学会会员。著有《在法治主义与后果主义之间》(*Between Legalism and Finalism. Duncker und Humblot*, 1984)、《规范认知与通过规范的认知》(*Cognition of Norms and Cognition through Norms*, Università degli Studi di Trento, Dipartimento di Teoria, Storia e Ricerca Sociale, 1983)、《法律系统的模糊性》(*Fuzziness of Legal System*, Finnish Lawyers' Society, 1983)、《法与哲学》(*Law and Philosophy*, Springer-Verlag, 1977)、《法律决策与价值层级》(*Law-making and Hierarchies of Values*, Duncker & Humblot, 1987)、《法律解释中的法律推理》(*Legal Reasonings in Legal Interpretation*, Centre National Belge de Recherches de Logique, 1969)、《过程的道德性: 莱翁·彼得拉日茨基的社会哲学》(*Morality of Progress: Social Philosophy of Leo Petraycki*, Franz Steiner Verlag, 1982)、《法律推理的前提条件》(*Presuppositions of Legal Reasoning*, D. Reidel Publishing Company, cop. 1985)、《法律本体论上的复杂性难题》(*Problems of Ontological Complexity of Law*, Universidad del País Vasco : Centro de Análisis, Lógi a e Informática Iuridica, 1986)、《马克思主义国家与法理论上的国家与法》(*State and Law in Marxist Theory of State and Law*, Wayne State University Law School, 1976)、《理性的立法者: 一般理论与社会主义的经验》(*The Rrational Law-maker: General Theory and Socialist Experience*, Edizioni Scientifiche Italiane, 1987)等。

2 佩策尼克指出: legal doctrine经常被称为legal dogmatics (Rechtsdogmatik), 不过, 前者可以在所有 (包括英美) 法学语境中使用, 而后者则主要用于欧陆地区法学 (转下页)

性（他也主张，法教义学上的进路选择应基于某种规范性观点）。在知识论上，他赞同苏珊·哈克的一般知识论立场，认为知识是一种与经验证据相关联的融贯体系，而论证就像"解字谜"，经验证据就像这些字谜的线索。法学研究者的任务在于把"法律数据"（legal data，即法律知识的"输入"，比如，法律的字面规定、政治上相关事实的描述以及司法判决等等）编织成"一个信念和偏好的融贯体系"（a coherent system of beliefs and preferences）。这意味着法学研究者应当"以最理性的方式重新加工法律"（re-work the law in the most rational manner），因为只有遵循理性的要求，法律推理才能够达到和谐、正义，也只有按照这种方式，它才能促进社会稳定，后者乃进步和经济增长之必要条件。[1]

二、《法律论证基础》的结构

笔者重点讨论佩策尼克于1983年出版的著作《法律论证基础》[2]之核心观点（间或以他的其他著作的新论述作为补充）。

按照佩策尼克自己的理解，《法律论证基础》一书的标题或

（接上页）界，其任务是解释有效的法并对之加以体系化。（Aleksander Peczenik, *Scientia Iuris: Legal Doctrine as Knowledge of Law and as a Source of Law*, p. 2；ders., "A Theory of Legal Doctrine", in: *Ratio Juris*, Vol. 14, No. 1, 2001, p. 75）

1　Aleksander Peczenik, "Kinds of Legal Argumentation", in: Draft 2005© *Aleksander Peczenik*, pp. 4-6.

2　该书在1983年同时出了一个英文版本：Aleksander Peczenik, *The Basis of Legal Justification*, Infotryck AB Malmö, Lund 1983, pp. 1-218。

许可以称为"法律证成的证成"（Die Rechtfertigung der juristischen Rechtfertigung），更确切地说，应为"法律语境内充分证成的深度证成"（Die tiefgehende Rechtfertigung der im Rechtskontext hinreichenden juristischen Rechtfertigung）。[1] 在他看来，法学结论、司法裁决等既可以在法律语境之中（即法律推理的框架之内）充分证成，也可以在它之外加以证成。前者为"法律语境内充分证成"（之所以说是"法律语境内充分证成"，乃在于这种证成是在法律推理的框架之内进行的，它讨论的是被接受为法律材料的内容，论证者或解释者不需要提出当前的法律渊源类型为什么必须、应当或者可以被运用，为什么我们必须遵循这样的解释或论证规则[2]），其建立在既有的法律传统之上，而法律传统本身具有不同的目的和不同的语境，这就需要"其他类型的证成"，即"深度证成"（"根本证成"，或"证成的证成"，比如历史的证成），它们作为商谈之最佳化条件下尽可能根本的证成而为法律人视为正当的前提提供某种支持或者批判。借用图尔敏图式，这两种证成（图式）可表述如下：

1 Aleksander Peczenik, *Grundlagen der juristischen Argumentation*, S. 1.

2 参见Aulis Aarnio, "Argumentation Theory—and Beyond: Some Remarks on the Rationality of Legal Justifation", in: *Rechtstheorie*, Bd. 14, Heft 4, 1981, p. 390。

描述性理由和评价性理由　⟶　有关有效法以及法律上
（法律证成）　　　　　　　　正确决定的法律结论
　　　　　　　　　⬆
　　　　　法律商谈的推论规则
　　　　　　　　　⬆
　　　　　　　⟵　法外（深度）商谈的推论规则

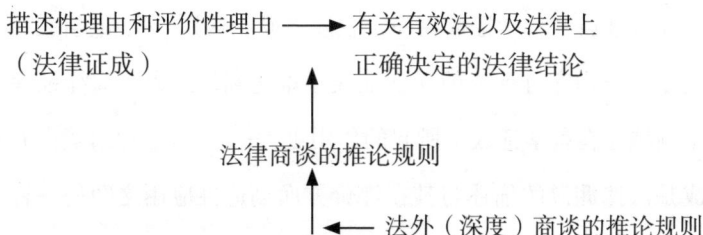

描述性理由和评价性理由（深度证成）[1]

　　《法律论证基础》共有 7 章：第 1 章简要地概括非演绎推理
的一般理论，其中探讨识别一个法律体系之必要的非演绎推理步
骤，并为该法律体系提供法律的"应然"—性质；第 2 章对法律语
境（法律"范式"）中的充分法律证成加以归类；第 3—4 章将法
（法律"范式"）或法律推理的深度证成作为对象（也就是说，
此处不是讨论法律"范式"的证成，而是将法律"范式"本身作
为证成的对象），第 3 章将法律论证 / 推理与某些科学论证 / 推理
（道德论证 / 推理）进行比较，第 4 章讨论法律论证 / 推理的"理
性"（Rationalität）；第 5 章阐述源自人类生活方式之理性的限
度；第 6 章概述法律领域之深度证成的规范理论；第 7 章比较法
律论证 / 推理与科学论证 / 推理，揭示出前者的某些特殊性。总体

1　Aleksander Peczenik, *Grundlagen der juristischen Argumentation*, SS. 1-2; ders., *The Basis of Legal Justification*, p. 1.

上看，这 7 章的内容主要围绕下列 5 个主题展开：（1）法律语境内充分证成与科学证成在一定程度上既相区别，又相类似；（2）法律语境内充分证成的深度证成很难达到，因为非演绎推理在这个领域比在科学证成中所起的作用更大；（3）法律语境内充分证成是法律渊源的描述与其在评价方面创造性应用之间的一种"折中"（Kompromiß，妥协），这样我们就可以解释（为什么）在法律上有数量惊人的非演绎推理；（4）法律渊源的描述像其他科学一样是一种深度证成，其具有科学理论可资利用的手段，最终由真理（真值）性之调整观念（die regulative Idee der Wahrheit）所决定；而（在评价方面）创造性应用则类似于规范的道德理论（即通过不同观点之间的反思平衡）可以得到深度证成，最终由实践正确性之调整观念（die regulative Idee der praktischen Richtigkeit）所决定；（5）（法律语境内充分证成上的）描述与评价之间的"折中"（妥协）可以利用某种规范的道德理论得到深度证成。从这一角度看，法律论证的评价部分是"最深度的"（tiefgehendste）。不过，道德理论本身又是无数个人和超个人之实践正确性的指导观念（Leitidee，比如，有用性、正义、文化的进步，等等）之间的一种"折中"（妥协）。也就是说，假如描述与评价之间的"折中"（妥协）是理性（合理）的、可接受的，那么它就得以证成，而理性与可接受性的标准则由我们人类的文化和我们的生活形式所决定。[1]

三、法律转化理论

在讨论论证/证成过程问题时，佩策尼克发现了这样一种现象：人类的认识和被证成的评价（gerechtfertigte Wertungen）经常依赖于从一个（认识）层面到另一个（认识）层面的"跳跃"（Sprüngen/jumps）或者"转化"（Transformationen），这些层面有"感知"（比如，亲眼看到一块有色彩和形状的场地）、"命题"（涉及个别事实及其价值）和"一般理论"（建构一般理论、自然法则、规范体系、价值体系）等。最简单的转化图式可以刻画为"pTq"——当且仅当下列条件得到满足，就可以从 p 转化为 q：（1）p 的真值性（或有效性等）被陈述为确认 q 的真值性的一个充足理由；（2）p 并非演绎地蕴涵 q；（3）添加一个平常的、众所周知的 ["隐含的"（suppressed）] 前提并不会使从 p 到 q 的过渡成为一个演绎过程。然而，无论 p 还是 q 都可能包含不止一个命题，而且，它们也可能指代完全不同的事情或命题（感知、描述/认知性命题、评价性命题，等等），故此人们有可能使用更为复杂的（转化）图式：（p1，……，pm Tq1，……，qn）。[2] "转化"

1　Aleksander Peczenik, *Grundlagen der juristischen Argumentation*, SS. 2-3; ders., *The Basis of Legal Justification*, pp. 1-2.

2　Aleksander Peczenik, *Grundlagen der juristischen Argumentation*, SS. 5-6.; ders., *The Basis of Legal Justification*, pp. 3-4.

一词本身也可能包含许多完全不同的事情：有些转化是基础性的，每个人都把它们当作天生的秉性和文化传统的结果；另一些转化则是由特定的人群（比如法律人）来行使的；一些转化与一般化（比如理论建构）有关联，另一些转化则与模糊概念的竞争解释之间的选择相关联，它们可能受到批评，也可能得到辩护，可能被发现正确，也可能被发现错误。它们不仅是有规律地重复的行为，而且也包含作为特殊种类之推论规则的"转化规则"（Transformationsregeln）：假如一个命题（或命题集）q 从另一个命题（或命题集）p 推导出来，一个推论规则可能证成这个推导，那么，由此，"若p，则 q"之命题就可以得到证成。[1]

基于上述分析，佩策尼克先后论述"规范转化"[2]"与权利相关联的转化"[3]"法律外部转化和法律内部转化"[4]概念及问题，由此引出与"法律的识别与证成"（Die Identifizierung und Rechtfertigung des Rechts）相关的两个步骤：第一步是确定某个既定规范的内在法律特性（即一个规范是不是法律规范，通常由规范

1 Aleksander Peczenik, *Grundlagen der juristischen Argumentation*, SS. 7-8.; ders., *The Basis of Legal Justification*, pp. 4-5.

2 Aleksander Peczenik, *Grundlagen der juristischen Argumentation*, S. 10ff.; ders., *The Basis of Legal Justification*, p. 6ss.

3 Aleksander Peczenik, *Grundlagen der juristischen Argumentation*, S. 15ff.; ders., *The Basis of Legal Justification*, p. 8ss.

4 Aleksander Peczenik, *Grundlagen der juristischen Argumentation*, S. 21ff.; ders., *The Basis of Legal Justification*, p.12ss.

体系决定，需要通过某个规范体系来"识别"，比如，某个刑法规范是不是法律规范，这要看它是否属于瑞典法）；第二步是确定这个（作为单个规范识别基础的）规范体系的外在法律特性［即识别一个规范体系整体（比如，瑞典法作为整体）是不是一个法律体系］。这两个步骤涉及两种转化：第一步涉及"法律内部转化"（Die Transformation innerhalb des Rechts），第二步涉及"法律外部转化"（Die Transformation in das Recht）。[1]它们涉及关"法""法律体系""有效法"等概念的理解及一系列相关的"范畴—转化"（die Kategorie-Transformation）和"标准—转化"（die Kriterien-Transformation）。[2]在这个过程中，"社会事实"（soziale Fakten/Tatschen）、"评价"（Bewertungen）或"规范性/评价性要求"（normative/wertende Forderungen），或者"事实"与"价值"两者的组合构成确定、识别规范体系之外在法律特性的标准："当一定数量的社会事实（F1—Fn）存在，当一定的规范性/评价性要求（W）得以实现，那么，规范体系（N）就是一个法律体系。"[3]在此方面，佩策尼克讨论了一系列以往"有效法"之效力来源（尤其

1　Aleksander Peczenik, *Grundlagen der juristischen Argumentation*, SS. 20ff., 22ff., 31ff.; ders., *The Basis of Legal Justification*, pp. 11ss, 12ss, 17ss.

2　Aleksander Peczenik, *Grundlagen der juristischen Argumentation*, S. 24ff.; ders., *The Basis of Legal Justification*, p. 13ss.

3　Aleksander Peczenik, *Grundlagen der juristischen Argumentation*, S. 22; ders., *The Basis of Legal Justification*, p. 12.

是一个法律体系之"最高法律规范"效力来源）的法理论（自然法学说、法律实证主义、法律现实主义等），也讨论了著名法学家汉斯·凯尔森的"法律秩序及其等级结构"的观点，但他不赞同以上这些法学上的所谓"强理论"（die starke Theorie），也不同意汉斯·凯尔森有关一国法律体系之最高法律规范（宪法）的效力来源于（虚构的）先验的"基础规范"[1]的说法。他把凯尔森的"基础规范"称为"基础规范1"［Die Grundnorm 1，不过，在佩策尼克看来，凯尔森所运用的这一概念实际上并非基础规范，而是比宪法更高的"顶层规范"（the apex norm）］，进而提出了一种新的基础规范概念——"基础规范2"（Die Grundnorm 2），即："当一定数量的社会事实（F1—Fn）存在和一定的规范性 / 评价性要求得以实现，那么，从法律的角度看，宪法即应得以遵守。"[2]按照佩

1　根据汉斯·凯尔森的"法律秩序及其等级结构"论，"若问监禁某人而剥夺其自由之强制行为何以合法并属某法律秩序，答案便是此行为乃出自司法裁判中个别规范之规定。若追问此个别规范何以有效、何以构成某法律秩序之一员，答案则为此规范符合刑法典。若再追问刑法典之效力根据，则须诉诸宪法：此刑法典乃由宪法规定之有权机关依合宪之程序制定……然而，我辈若打破砂锅问到底，进探寻宪法——其乃一切法律与合法行为之依据——之效力根据，则唯有追溯先前宪法，并最终溯及某僭主或无论何种机构制定之历史上首部宪法。制宪者意志之表达即为有效规范，若欲认知最终基于此宪法之法律秩序，便须为此基础性预设。那么，无论最初制宪者抑或其所委任之机关，依此宪法所定之要件与程序所立之强制秩序皆为法律秩序。此即该法律秩序之基础规范（此处仅以一国法律秩序为限）"。［奥］凯尔森：《纯粹法理论》，张书友译，中国法制出版社2008年版，第82—83页）丹麦阿尔胡思大学法学教授施蒂希·约根森在1988年出版的《法认知片论》中指出：凯尔森的"基础规范"是其法律体系的一个逻辑条件。（参见Stig Jørgensen, *Fragments of Legal Cognition*, p. 30。）

2　Aleksander Peczenik, *Grundlagen der juristischen Argumentation*, S.44; ders., （转下页）

策尼克的想法，这个"基础规范 2"不仅可以是一个被设定为前提的基础规范（"基础规范 2A"），而且也可以被用作证成法律的基础规范（"基础规范 2J"）。[1]"基础规范 2J"是一个转化规则，它调整着法律外部转化（范畴转化）的一个方面，其要么被确立，要么被建构出来，理由可以是事实性的，也可以是评价性的，其中存在一个从"实然"（Sein）和"非法律的应然"（nicht-rechtlies Sollen）到"法律的应然"（rechtlies Sollen）（证明法律有效性之根据）的"跳跃"（转化）。[2]"基础规范 2J"的数量取决于实际的／特定的法律体系或法律秩序（如瑞典法），而法律秩序的识别没有单个的标准，其交织着多重标准（比如，共同语言、职业规则、法律方法、规范之间的相互援引，不同规范之间解释的"运作关系"），对此，人们需要进行法律解释，这涉及法律内部转化。[3]

　　当人们试图为下位的法律渊源和具体的法律应然判断（比如具体的判决）赋予法律的效力时，就需要法律内部转化。法律论证包含多种法律内部转化，其中主要有：（1）从其他法律渊源（比如宪法）得出有关某些特定的法律渊源（比如判例）的结论，

（接上页）*The Basis of Legal Justification*, p. 25.

1　Aleksander Peczenik, *Grundlagen der juristischen Argumentation*, S. 45; ders., *The Basis of Legal Justification*, p. 26.

2　Aleksander Peczenik, *Grundlagen der juristischen Argumentation*, SS. 46-47; ders., *The Basis of Legal Justification*, p. 27.

3　Aleksander Peczenik, *Grundlagen der juristischen Argumentation*, SS. 51-52; ders., *The Basis of Legal Justification*, pp. 28-29.

这个非演绎步骤涉及法律渊源的新构造，可以简称为"渊源转化"（Quellen-Transformation）。（2）从法律渊源得出某个不成文的法律规则或法律原则，该非演绎步骤形成某个一般规范，即称"一般规范转化"（Allgemeine Norm-Transformation）。（3）从法律渊源、不成文的法律规则和法律原则得出某个具体的法律应然判断，该步骤产生某个个别规范，称为"个别规范转化"（Einzelne Norm-Transformation）。[1] 这些法律转化（rechtliche Transformation）的简单图式可以表述为：pT_1qT_2r。在这个图式中，p 相当于事实和非法律的价值；T_1 相当于法律外部转化，带有两方面，T_1^1 等于范畴转化，T_1^2 等于标准转化；q 相当于规范体系整体及其宪法和某些独立的法律渊源的法律效力（法律特性）；T_2 相当于"法律内部转化"，即 T_2^1 等于"渊源转化"，T_2^2 等于"一般规范转化"，T_2^3 等于"个别规范转化"；r 相当于其他法律渊源（不成文的法律规则和法律原则以及表达"法律应然"的具体断言）。[2]

"渊源转化"首先涉及对"法律渊源"概念与类型的理解。佩策尼克基于对法律领域不同类型的理据（实质理据、权威理据）的考辨，提出了一套独特的"法律渊源"学说。[3] 在他看来，

---

[1] Aleksander Peczenik, *Grundlagen der juristischen Argumentation*, SS.55-56; ders., *The Basis of Legal Justification*, pp. 32-33.

[2] Aleksander Peczenik, *Grundlagen der juristischen Argumentation*, S.56; ders., *The Basis of Legal Justification*, pp. 33-34.

[3] 这个学说在佩策尼克后来出版的其他著作中得到复述和完善。（参见 （转下页）

所有的法律根据都是最广义的法律渊源，制度化的法律权威理据是狭义的法律渊源，而"强制性渊源"（Aufforderungsquellen，mandatory sources）才是最狭义的法律渊源。法律渊源可以分为第一性法律渊源（die primäre Rechtsquellen）和第二性法律渊源（die sekundäre Rechtsquellen）：前者可以通过不涉及其他法律渊源的论证过程来加以识别，后者应当通过考量其他法律渊源的论证过程来加以识别。[1] 经此分析，他试图建立一个可以用来描述法源体系（Rechtsquellensystem）、适用于所有现代法律秩序，并且清晰地表明在法律问题之法院裁判部分"必须""应当"或者"可以"引证哪些资料的"法源层级模型"（Das hierarchische Modell der Rechtsquellen）。该模式预设一种构成法律论证之出发点的初显性法源层级存在——"必须—法源"（must-sources, die befohlene Quellen［强令性法源］）、"应当—法源"（should-sources, die empfohlene Quellen［建议性法源］）和"可以—法源"（may-sources, die erlaubte Quellen［许可性法源］）。其中，"必

（接上页）Aleksander Peczenik, *On Law and Reason*, Springer Science+Business Media B. V., Dordrecht 2008, chap. 6. 汉译参见［瑞典］亚历山大·佩策尼克：《论法律与理性》，陈曦译，中国政法大学出版社2015年版，第6章。）

1　Aleksander Peczenik, *Grundlagen der juristischen Argumentation*, SS. 58-59; ders., *The Basis of Legal Justification*, pp. 34-35. 由佩策尼克的讨论，我们似乎应当把"法律渊源"（Rechtsquelle）理解为"法律证成渊源"（Rechtsbegründungsquelle），以区别于"法律认识渊源"（Rechtserkenntnisquelle）。（有关这个说法，可以参见Heinrich Henkel, *Einführung in die Rechtsphilosophie : Grundlagen des Rechts*, 2 Aufl., C. H. Beck'sche Verlagsbuchhandlung, München 1977, SS. 380-381。）

须—法源"优先于"应当—法源"，"应当—法源"优先于"可以—法源"。[1] 不过，这些法源概念的精确解释是随法律秩序以及法律秩序的部分变化而变化的，而且不同的人可能会主张不同的精确解释，也可能会对"必须""应当"或者"可以"引证哪些资料作为法源有不同的看法：比如，1960 年，在瑞典，人们不好肯定地说立法准备资料（Gesetzgebungsmaterial）应该算作"应当—法源"，还是应该算作"可以—法源"，[2] 但大体上说，大陆法系的制定法（宪法、法律、行政法规等）、英美法系的判例法是所有法院必须运用来证成自己的裁决的渊源，具有正式的拘束力（效力），它们构成"必须—法源"。[3] 另一些渊源，比如大陆法上的判例并不具有正式的拘束力，但在证成法院判决时仍然应当予以考量，在某些案件中，法院也应考虑习惯以及行政当局所做出的指令（Anweisungen），它们若得不到重视，则判决是弱化的，这些渊源构成"应当—法源"。[4] 所有的法院和行政当局均可以运用如下资料来证成自己的决定：习惯；未在法律要报上发布的司法决定和

---

[1] Aleksander Peczenik, *Grundlagen der juristischen Argumentation*, S. 59; ders., *The Basis of Legal Justification*, p. 35.

[2] Aleksander Peczenik, *Grundlagen der juristischen Argumentation*, SS. 60-61; ders., *The Basis of Legal Justification*, p. 36.

[3] Aleksander Peczenik, *Grundlagen der juristischen Argumentation*, SS. 61, 64ff.; ders., *The Basis of Legal Justification*, pp. 36, 38ss.

[4] Aleksander Peczenik, *Grundlagen der juristischen Argumentation*, S. 61.; ders., *The basis of Legal Justification*, p. 36.

行政决定；不直接涉及所解释的法律文本，但仍提供相邻法域评价信息的先例和立法资料；法律草案；已废止的法律；外国法；私营和半私营组织（如瑞典出版委员会）的决定；法学专业文献（如教科书、专著等）；立法起草委员会成员、国会议员、政府部长的私人文告，这些资料构成"可以—法源"。[1] 这些不同种类的法源有"高阶"与"低阶"之分，有第一性和第二性之分，有数量多少之分，有作为理据的"证成力"（rechtfertigende Kraft）强弱之分：一般而言，"高阶"法源或第一性法源被认为比"低阶"法源或第二性法源有更强的理据，[2]"低阶"法源或第二性法源需要转化才能证成它们的运用，对此，人们不仅先要确定一个相应的第一性法源，而且也需要一个从第一性法源到第二性法源的非演绎的增加步骤，这个步骤可以称为"构成法源的转化"，或者干脆叫作"渊源—转化"。[3]

　　"一般规范转化"属于法律内部转化的进一步转化步骤，这一转化步骤经常发生在制定法的解释和判例规则的识别过程之中，其所涉及的是从法律渊源推导出不成文的（有效的）规则和原则，

1　Aleksander Peczenik, *Grundlagen der juristischen Argumentation*, S. 63; ders., *The Basis of Legal Justification*, p. 37.

2　Aleksander Peczenik, *Grundlagen der juristischen Argumentation*, SS. 64-78; ders., *The Basis of Legal Justification*, pp. 35-43.

3　Aleksander Peczenik, *Grundlagen der juristischen Argumentation*, S. 78; ders., *The Basis of Legal Justification*, pp. 43-44.

由此形成一般规范。"一般规范转化"与"渊源—转化"之间的区别在于：后者是对诸如制定法、判例或教科书等表达法律规范或者与法律规范的解释相关资料的识别，它回答"这是一个制定法吗？""这是一个判例吗？"等问题；而前者涉及这些资料的内容之相关信息，它回答诸如"该制定法表述了什么"之类的问题。"一般规范转化"采取两种方式实现：其一，让法律渊源——比如，同一制定法的不同部分、不同的制定法和判例或者制定法与其他渊源（"可以—法源"）之间相互适应，以此尽可能淡化它们之间的内在矛盾；而且，也可以使它们比原先更加融贯。由此，它们在更大程度上比以前更加相互支撑，乃至于受一般原则支撑。其二，在法律渊源和从事此种转化的人之道德评价之间找到某种相互的适应。[1]

照此逻辑，接着进行的法律内部转化是"个别规范转化"。佩策尼克指出，当且仅当下列条件满足，就存在着"个别规范转化"：（1）它导致某个具体的法律应然判断；（2）在它的前提中有某个一般法律规范，该规范要么包含在法律渊源当中，要么是从法律渊源当中推导出来的，或者是一般规范转化的一个产品；（3）不可能仅仅根据该一般法律规范连同案件的描述演绎地推导出这个具体的法律应然判断。[2]佩策尼克区分了 4 种"个别规范转化"类型：

1　Aleksander Peczenik, *Grundlagen der juristischen Argumentation*, SS. 79-80; ders., *The Basis of Legal Justification*, pp. 44-45.

2　Aleksander Peczenik, *Grundlagen der juristischen Argumentation*, S. 80; ders., *The Basis of Legal Justification*, p. 45.

（1）精确化（字面解释，扩大解释或限制解释）与涵摄；[1]（2）还原（Reduktion/reduction）与消除（Elimination）；[2]（3）创制一个新的一般规范（通过类比推理、法律归纳、反面论证、当然论证，等等）；[3]（4）冲突（渊源冲突与规范冲突、规则的不协调、法律规范之间的冲突、原则冲突）的限定与解决（废止规范、涉及判例和立法资料的特别冲突规范）。[4]

上述内容构成了"法律语境内充分证成"的讨论。

四、法律的深度证成

佩策尼克指出：在"法律语境内充分证成"之后就应当转向"深度证成"问题的研究。通常，法律证成发生在（法教义学意义上）一个法律共同体所默认的出发点之框架之内。或者说，在（法教义学意义上）法律证成中，法律渊源、建构规则、解释规则和论证规则被认为是在普遍接受的意义上被使用的。为了维护上述法律出发点在证立中的使用，出发点的选择必须在"深度证成"中获得

1　Aleksander Peczenik, *Grundlagen der juristischen Argumentation*, SS. 98, 104ff; ders., *The Basis of Legal Justification*, pp. 48, 52ss.

2　Aleksander Peczenik, *Grundlagen der juristischen Argumentation*, SS. 98, 107ff; ders., *The Basis of Legal Justification*, pp. 48, 54ss.

3　Aleksander Peczenik, *Grundlagen der juristischen Argumentation*, SS. 98, 108-121; ders., *The Basis of Legal Justification*, pp. 48, 55-62.

4　Aleksander Peczenik, *Grundlagen der juristischen Argumentation*, SS. 98, 121-133; ders., *The Basis of Legal Justification*, pp. 48, 62-69.

支持。[1]而且，法律证成构成了有关法源和规范性道德教义之描述性陈述的融合体，该融合体表达了法的安定性要求，它是下列两个要素的可接受的折中：一是可预测性——法律比道德评价更具有可预测性；二是评价的融贯性（道德上的可接受性）。这样，上文所讨论的法律转化会涉及完全不同的两种理由——理论理由和实践理由，它们的相互适应需要一种深度的证成。[2]

深度证成涉及法律语境内充分证成之支持或反对的理由，涉及法律推理中的知识、真理与正确性问题，所以深度证成必须首先证明：法律论证应当满足理性（Rationalität，合理性）的标准和要求。理性乃是深度证成的一个必要但未必充分的条件，它是两种调整性理念（想法）——"一般性"（Generalität）和"支持性"（Unterstützung）的统一。[3]所谓"一般性"，是指人们既应当能够一般地表达描述，也应当能够一般地表达评价；所谓"支持性"，是指描述和评价两者均应通过理据加以支持，其中，"逻辑的一致性"或"无矛盾性"是"支持性"的一个最低限度的条件

---

1 参见Eveline T. Feteris, *Fundamentals of Legal Argumentation: A Survey of Theories on the Justification of Judicial Decisions*, 2nd edition, p. 190。

2 Aleksander Peczenik, *Grundlagen der juristischen Argumentation*, S. 166; ders., *The Basis of Legal Justification*, p. 83.

3 Aleksander Peczenik, *Grundlagen der juristischen Argumentation*, S. 167. 值得提出的是，佩策尼克在该书的英译本中，讲到了三性——"一致性"（consistency）、"一般性"（generality）和"支撑性"（support）的统一。（参见Peczenik, *The Basis of Legal Justification*, p. 84。）

（Minimalbedingung）。最低限度的理性构成了理性的必要条件，但充分的理性条件则随一个领域到另一个领域的不同而发生变化。[1]

在之后出版的著作（比如 1989 年出版的《论法律与理性》）中，佩策尼克区分了三种形式的理性，即借用阿尔尼奥的术语，逻辑理性［logical rationality，简称 L—理性（L-rationality）］、支持理性［supportive rationality，简称 S—理性（S-rationality）］和商谈理性［discursive rationality，简称 D—理性（D-rationality）］。[2] 逻辑理性意指法律论证的结论从逻辑上一致和语言上正确的前提集中逻辑地推导出来。支持理性意指一个结论从融贯的前提集中逻辑地推导出来。商谈理性意指论辩符合一种理性商谈的要求。三者的关系是：商谈理性以支持理性为前提，支持理性以逻辑理性为前提。[3]

在佩策尼克看来，法律论证作为一种实践论证，既要求理论描述和道德（规范）评价尽可能得到足够一般、全面、可普遍化的表达（在此意义上，一般性同时被理论理性和实践理性预设为前提条件，甚至"支持性"也以"一般性"为前提条件："支持 p 的理由"概念以"理由在一定程度上是一般的"这一点作为前提，"为什么？"—问题以某种程度的一般语言表达的回答为前提），也更

1　Aleksander Peczenik, *Grundlagen der juristischen Argumentation*, SS. 167-168.

2　参见Aulis Aarnio, *The Rational as Reasonable: A Treatise on Legal Justification*, D. Reidel Publishing Company, Dordrecht/Boston/Lancaster/Tokyo 1987, pp. 189-190。

3　Eveline T. Feteris, *Fundamentals of Legal Argumentation: A Survey of Theories on the Justification of Judicial Decisions*, 2nd edition, p. 190.

强调论证结论的支持理性，即主张法律决定必须得到一组融贯的论据［尤其是评价性论据、道德论据或实践正确性（实践理性）论据］的支持。[1] 这里的所谓融贯性是指：若 p 支持 q，我们就可以说，p 和 q 之间是相互融贯的。此一概念也可以应用于主张或命题（描述性的、规范性的或评价性的，等等）之集合（两个集合 T1 和 T2，若其中一个支持另一个，则它们之间是相互融贯的；甚至可以比喻说，T1 和 T2 若形成一个紧密联结的整体——一个相连、统一的要素网络，它们就是融贯的）。比如，我们可以说某个理论与数据之间或者某个理论的各部分之间以及不同的理论之间具有融贯性。这些集合的融贯（支持）关系既可能是演绎的，也可能是非演绎的（立基于转化），并且可能是种类多样的；当对 T1 和 T2 的概念、结构与内容进行类比时，我们还可以发现有其他促进它们之间融贯性的因素存在。[2] 佩策尼克指出，进一步从逻辑角度看，前提和结论之间的支持关系可能有三种形式：（1）"弱支持"（a weak support），即当且仅当陈述 p 属于（陈述 q 从中逻辑地推出的）前提集 S，则 p 弱支持 q。原因在于，任何 p1 连同任意添加的前提对无论任何结论都予以支持，不意味着其结论是合理的。这

---

[1] Aleksander Peczenik, *Grundlagen der juristischen Argumentation*, SS. 168-171; ders., *The Basis of Legal Justification*, pp. 87-89.

[2] Aleksander Peczenik, *Grundlagen der juristischen Argumentation*, SS. 176-177; ders., *The Basis of Legal Justification*, p. 89.

一支持的弱概念仅可以用作讨论的起点。[1]（2）"合理支持"（a reasonable support），即当且仅当陈述 p 属于（陈述 q 从中逻辑地推出的）合理前提集 S，则 p 合理地支持 q。[2]（3）"强支持"（a strong support），即当且仅当陈述 p 所属的前提集 S 同时具有下列特性，则陈述 p 强支持陈述 q。所有的前提都是合理的；至少 S 的一个子集是，a）q 从中逻辑地推出，b）该子集的所有成员对于从子集中推导出 q 都是必要的（即如果属于该子集的任何前提从子集中移除，那么 q 则无法推导出来）；S 集的任一成员属于至少一个这样的子集；p 在如下较强的意义上是必要的——q 不能从 p 根本不属于 S 的任何子集推导出来。[3]从佩策尼克的论述中，我们也可以看出，融贯性实际上是指陈述集对于某一观点构成合理（完善）支持的程度，这种支持的程度（也包括在法律论证中）取决于多重标准：比如，支持关系的数目，支持链条的长度，强支持陈述的总量，支持链条之间关系的总量，各种原则之间偏好—关系的总量，陈述之间支持—关系的总量，以及运用在证成中的论据和概念的一

1　参见Aleksander Peczenik, *On Law and Reason*, pp.97-98（汉译参见［瑞典］亚历山大·佩策尼克：《论法律与理性》，第109—110页）；另见Eveline T. Feteris, *Fundamentals of Legal Argumentation: A Survey of Theories on the Justification of Judicial Decisions*, 2nd edition, p. 191。

2　Aleksander Peczenik, *On Law and Reason*, p .98.（汉译参见［瑞典］亚历山大·佩策尼克：《论法律与理性》，第110页。）

3　Aleksander Peczenik, *On Law and Reason*, p. 110.（汉译参见［瑞典］亚历山大·佩策尼克：《论法律与理性》，第123—124页。）

般性程度，一种理论覆盖的情形和人类努力的领域之多少，等等。[1]

不过，佩策尼克认为，融贯性仅仅有关法律论证的实质方面，它不能保证法律论证的程序理性，而且一个融贯体系的优势也受限于三个必然的劣势［第一，融贯性作为一个程度问题无法在体系间建立单一的判断标准；第二，融贯性标准无法完全排除规范体系的非正义、不合理内容；第三，融贯性的局限源于所有的规范体系的必然不完备性（"开放结构"）］。说到底，融贯性不能说明证成的全部性质。所以，在他看来，法律决定的证成还需要一种旨在达成合理共识的尽可能理性的论证程序，必须满足程序理性的要求。[2] 这就是罗伯特·阿列克西的"理性实践论辩理论"——商谈理性（D—理性）理论的核心主题。[3] 佩策尼克在总结阿列克西理论的基础上提出如下商谈理性论证的程序和方法：我们可以先从"定义问题"（Definitionsfrage）开始（定义的证成），即"理性"是什么？如果回答理性是指"支持性"和"一般性"，那么接下来需要讨论的就是"为什么？"—问题（指向真理理念和实践正确性

1　Aleksander Peczenik, *Scientia Iuris: Legal Doctrine as Knowledge of Law and as a Source of Law*, p.146; Eveline T. Feteris, *Fundamentals of Legal Argumentation: A Survey of Theories on the Justification of Judicial Decisions*, 2nd edition, p. 191.

2　Aleksander Peczenik, *On Law and Reason*, pp. 152-153.（汉译参见［瑞典］亚历山大·佩策尼克：《论法律与理性》，第172页。）

3　Aleksander Peczenik, *Grundlagen der juristischen Argumentation*, S. 182; ders., *The Basis of Legal Justification*, p. 93; ders., *On Law and Reason*, pp. 152-153.（汉译参见［瑞典］亚历山大·佩策尼克：《论法律与理性》，第172页。）

理念，即"一般性"和"支持性"为什么构成知识、理解以及主体间交往的必要条件："为什么？"—问题需要一个真的或实践正确的答案）以及"为什么？"—问题之间的关系（理性之超验的、普遍语用学的证成）。其结果，建立在"支持性"和"一般性"基础上的理性理论需要进一步接受经验的检验（经验的证成）。最后，我们需要"从技术上"（技术的证成）指出，人类通过上述意义的理性运用，能够继续生存，并且能够常常达到"人类之间的有效理解""将暴力降至最低限度"等从其他理由（比如道德理由）看颇有价值的目标。[1]

在此过程中，佩策尼克注意到，法律论证满足理性要求仅仅是其最低限度的深度证成，还有两个重要的难题需要解决：第一，这种证成存在着一些局限（界限），所以法律论证的完全自然的规范似乎比抽象地表述和证成实践理性更应当成为前提条件。为了能够以深度的方式证成法律论证的其他部分，人们不仅必须诉诸实践理性（商谈理性），而且也必须诉诸（我们的文化视为当然的）确信和承诺（责任）的大量积累。第二，理性的前提在于"举出理由"，但我们可否"无限地"举出理由？这涉及知识的终极基础概念（der Begriff der endgültigen Grundlagen des Wissens），涉及"确

---

[1] Aleksander Peczenik, *Grundlagen der juristischen Argumentation*, SS. 183-187; ders., *The Basis of Legal Justification*, pp. 93-95.

实性""知识""语言"和"行动"之间的关系。[1]他基于对路德维希·维特根斯坦有关"确实性""语言游戏"和"生活形式"等论述的理解，最终将"生活形式"（Lebensform，the form of life）作为"证成的未知终点的一个确证"（a reification of the unknown end-points of justification）。[2]这其实是人在知识上形成确实性的一个"确定点"（Die "feststehenden Punkte" / the "certain points"）。确实性根据程度分为"强确实性"（starke Gewißheit）和"弱确实性"（schwache Gewißheit）。确定点也可以分为"严格意义的确定点"（Die "feststehenden Punkte" sensu stricto）和"宽泛意义的确定点"（Die "feststehenden Punkte" sensu largo）。前者对应"强确实性"，其包括（人类）继续生存所必需的行动（比如吃饭）、无人可以否决的信念或信念条件（比如，时间、空间、真理、实践正确性、因果性、一般性、支持性、量化、实体等）；后者对应（与规范性命题或评价性命题相关的）"弱确实性"，它的肯定和否定都实际上调整我们人类的行为，并形成某种融贯性。据此，佩策尼克指出，法律论证可以是合理的，即可以把支持性和一般性以最佳的方式统一起来，但证成的支持性程度以及某个理论或原理的相对最佳的合理性则必须最终依靠"确定点"来加以判断。[3]

1 Aleksander Peczenik, *Grundlagen der juristischen Argumentation*, SS. 197-199; ders., *The Basis of Legal Justification*, pp. 97-98.

2 Aleksander Peczenik, *The Basis of Legal Justification*, p. 98.

3 Aleksander Peczenik, *Grundlagen der juristischen Argumentation*, SS. 201-202;（转下页）

　　佩策尼克进而从知识的社会维度看到，任何一个人的信念体系都在因果上受其他人的信念体系的影响：他从别人那里学习语言，相信别人所说的话，他的生活及有关正确和错误的态度必须适应别人的生活。我们可以把这些事情也都看作是"确实的"。[1]当不同的人——比如 A 和 B 的信念体系处在因果相互依赖的关系之中，在有关概念、可触及的经验数据以及认可的价值上存在至关重要的相似性，他们能够理性地讨论大多数他们所尊重的生活之相关话题，那我们就可以说，A 和 B 之间具有相同的"生活形式"。[2]生活形式是法律证成的终极基础，而它本身不能接着被证成。[3]法律论证可以是多元主义的，比如，自然法与法律实证主义、法律现实主义之间存在争议，也存在着关于"疑难案件"的诸多争论。尽管如此，法律论证仍然需要依靠一些由社会确立的论证规范，即需要依靠某些由社会确立的"确定点"。[4]

（接上页）ders., *The Basis of Legal Justification*, p. 99.

1　Aleksander Peczenik, *Grundlagen der juristischen Argumentation*, SS. 205-206; ders., *The Basis of Legal Justification*, p. 101.

2　Aleksander Peczenik, *Grundlagen der juristischen Argumentation*, S. 208; ders., *The Basis of Legal Justification*, p. 102.

3　在这个意义上，我们似乎也可以说，"生活形式"（胡塞尔："生活世界"）是"前反思的"（"前认识的""前理论的"），"纯粹自我的构成物"。作为普遍的地平线（视域），它又是纯粹自我的主观性的构成条件，即一切主观总是已经以"生活形式"（"生活世界"）为其匿名的地平线（视域）。有关这一点，参见李恒威：《"生活世界"复杂性及其认知动力模式》，中国社会科学出版社2007年版，第54页。

4　Aleksander Peczenik, *Grundlagen der juristischen Argumentation*, SS. 210-211; ders., *The Basis of Legal Justification*, pp. 103-104.

　　佩策尼克认为，在法律领域，由社会确立的"确定点"就是
"法律意识形态"（Die Rechtsideologie），后者为支持法律上的
"跳跃"提供转化规范（Die Transfoemationsnormen）。[1] 在他看来，
法律意识形态是一个社会的文化传统和生活形式的特殊部分，旨
在将法律人所从事、遵循的碎片化的实践和规范形成一个融贯整
体的理论结构。[2] 从内容上看，法律意识形态包含许多不同的组成
部分：比如，上述的"必须—法源""应当—法源"和"可以—
法源"，说明何为渊源范畴的范畴规范，判断某一规则是否属于
有效法的标准，说明从法律角度看宪法应当予以遵守之条件的基
础规范（"基础规范 2A"），以及前文有关"个别规范转化"论
述中提及的法律推理规范——解释规范、建构规范和冲突规范，
等等。[3] 其中，法律渊源学说构成乃是法律意识形态的一个重要成
分，该学说包括法的承认规范［die Erkenntnisnormen des Rechts，
即英国法哲学家赫伯特·L. A. 哈特所讲的"承认规则"（a rule of
recognition）[4]］，而承认规范则是针对标准转化（并非针对范畴

1　Aleksander Peczenik, *Grundlagen der juristischen Argumentation*, S.211; ders., *The Basis of Legal Justification*, p. 104.

2　Aleksander Peczenik, *Grundlagen der juristischen Argumentation*, S.213; ders., *The Basis of Legal Justification*, p. 105.

3　Aleksander Peczenik, *Grundlagen der juristischen Argumentation*, SS.211-212; ders., *The Basis of Legal Justification*, pp. 103-104.

4　英国著名法哲学家、新分析法学派的重要代表人物赫伯特·L. A. 哈特在其《法律的概念》中认为，"法"这个字是"初级规则"（primary rules）和"次级规则"（secondary rules）的结合："初级规则所涉及的是个人必须去做或不可以做的行为，相对地，次级（转下页）

转化）的转化规范，它们具有语言学性质（术语学的，概念性质
的），并决定什么应被称作一个特定社会的法律秩序。按照佩策尼
克的看法，"法律意识形态"可以用"大逻辑圆"来加以描述：这
个大逻辑圆内含"法律渊源学说"这个"次逻辑圆"，"法律渊源
学说"这个"次逻辑圆"又内含"语言上的承认规范"（Sprachliche
Erkenntnisnormen）这个"小逻辑圆"，最后，"语言上的承认规
范"（Sprachliche Erkenntnisnormen）这个"小逻辑圆"内含"哈特
的承认规则"这个"核心逻辑圆"。[1]

（接上页）规则都是关于初级规则本身。它们规定了初级规则被确定、引进、废止、变
动的方式，以及违反事实被决定性地确认的方式。"（[英] H. L. A. 哈特：《法律的概
念》，许家馨、李冠宜译，法律出版社2006年版，第89页。）而次级规则中的"承认规
则"（a rule of recognition）又是哈特规则体系的核心。他认为："承认规则会指出某个
或某些特征，如果一个规则具有这个或这些特征，众人就会决定性地把这些特征当作正
面指示，确认此规则是该群体的规则，而应由该社会的压力加以支持。此种承认规则可
能以各种样式存在，包括简单的或复杂的。在许多早期社会的法律中，它可能不过是记
载于某文件上，或刻于某公共石碑上的一份权威性规则的列表或文本。"（哈特：《法
律的概念》，第89页。）这就是说，承认规则本身并非一个具体的法律规则，它只是
一个衡量其他规则是否具有法律效力的标准。正如哈特所言："在……我们所描述的雷
克斯一世的简单法体系中，只有这位君主订立的才是法律。鉴别法律的唯一标准，很简
单地，就是去查考雷克斯一世立了什么样的法律。这种简单形式的承认规则，会在官员
和人民依照这项规则来辨别法律时的实践中呈现出来。对照之下，现代法体系中的'法
源'则较为多样，因此相应的承认规则也更为复杂：鉴别法律的判准是众多的，通常包
括一份成文的宪法，立法机构通过的法案，以及司法的裁判先例。"（哈特：《法律的
概念》，第95页。）故此，"大部分时候，承认规则并未被陈述出来，但是其存在显示
于（shown）特定规则被鉴别出来的时候，不管此鉴别的行动是由法院、其他官员、还是
一般人民或其顾问所做的"（哈特：《法律的概念》，第96页）。也就是说，承认规则
的存在是一个事实问题。

[1] Aleksander Peczenik, *Grundlagen der juristischen Argumentation*, S. 212.［佩策尼克在《法律论
证基础》德文版中用圆形图来表示从"法律意识形态"到"哈特的承认规则"（转下页）

　　法律意识形态可以按照下列四种方式加以确定：（1）其中的一部分明确地表述在制定法或其他法律渊源（比如"应当—法源"或"推荐性法源"）之中；（2）另一部分是不明确的，但也为所有的法院、官员和律师所接受（认可），可以从他们的实践中推导出来。这一部分包括所有法院、官员和律师在理性商谈的最佳条件下均会接受的基础规范、渊源规范和论证规范；（3）第三部分包括一部分法院、官员和律师在理性商谈的最佳条件下将会接受的基础规范、渊源规范和论证规范；（4）第四部分包括人们期待在某些不完善的商谈条件下被一部分法院、官员和律师所接受的基础规范、渊源规范和论证规范。[1]

　　无论如何，法律意识形态给予每个法律人一种法律论证之"可接受性的初显的—指导路线"（prima facie-Richtlinien der Akzeptabilität），法律人可以将这些指导路线与理性要求结合在一起并加以检验，以便达到自己观点内部的融贯性。对他们而言，这一结果将会形成理性可接受的最大化。[2]由此，法律人作为"道德

（接上页）之间层层包含的逻辑关系（该书英文版则舍弃了该图），笔者未复制其原图，而用"大逻辑圆""次逻辑圆""小逻辑圆""核心逻辑圆"等概念来描述该图，特此说明。]

1　Aleksander Peczenik, *The Basis of Legal Justification*, p.105.（佩策尼克在《法律论证基础》德文版中将"渊源规范、解释规范、论证规范、冲突规范之类型"的"进一步规定"作为"例子"列出5点，其英文版则表述为4点，此处采用英文本的观点，特此说明。）

2　Aleksander Peczenik, *Grundlagen der juristischen Argumentation*, S.213.; ders., *The basis of legal justification*, pp. 104-105.

人"（a moral person）和"社会人"（a social person）的一言一行
须关注他人的需要，遵从他人（如立法者）在法律中表达的确定观
点，就仿佛他们（事先）业已接受了法律意识形态。[1]

　　不过，另一方面，法律意识形态并不是一个静态的整体，而会
在法律实践的影响下发生变化，它们的存在和实际内容是一种经验
事实，也就是说，（现实中）存在很多"版本"（Versionen）的法
律意识形态，这取决于法律职业的差异（法官的意识形态、律师的
意识形态，等等），取决于不同的民族特性、宗教信念和政治信
念、道德理论、社会的变化特征以及风尚和（偶然的）机遇等。[2]
总之，什么属于法律意识形态，或者应被视为法律意识形态的一部
分，这取决于听众，取决于法律共同体成员所属的生活形式。[3] 它
不是一个前后一致的、融贯的认知和规范确信体系，而是一个不
断变化的确信（确断）集合体，这个集合体可以部分地（而非全部
地）安置于诸多自身融贯，但相互不融贯的体系之中。[4]

　　正是在这个意义上，佩策尼克不同意美国法哲学家罗纳德·德

1　Aleksander Peczenik, *Grundlagen der juristischen Argumentation*, S. 213; ders., *The Basis of Legal Justification*, pp. 104, 105.

2　Aleksander Peczenik, *Grundlagen der juristischen Argumentation*, S. 218; ders., *The Basis of Legal Justification*, p. 106.

3　Eveline T. Feteris, *Fundamentals of Legal Argumentation: A Survey of Theories on the Justification of Judicial Decisions*, 2nd edition, p. 190.

4　Aleksander Peczenik, *Grundlagen der juristischen Argumentation*, S. 220; ders., *The Basis of Legal Justification*, p.107.

沃金（Ronald Myles Dworkin，1931—2013）所主张的每个法律问题都有"唯一正确的答案"（唯一正解）的见解，[1]其理由在于：（1）"争辩""理由""证成"等概念的运用就预设了这样的前提——法律的意见可能正确，也可能错误，答案可能是强的（"解答 X 是正确的"），也可能是弱的（"诸解答 X_1-X_n 中的一个是正确的，但不能告诉是哪一个"），或者是相对的（"解答 X 从特定人群的视角或者基于某些论证规范的角度看是正确的"），或者既是弱的，又是相对的，甚或是否定性的（"没有任何解答是正确的"）。（2）法律商谈的程序表明，没有有效的标准寻找到解

1　罗纳德·德沃金早在《认真对待权利》一书中就论述过：赫拉克勒斯式"具有超人技巧、学识、耐心和聪慧"的理想法官利用"反思平衡"技术和"建构性模式"可以为"疑难案件"寻找到"唯一正确的答案"。（参见Ronald Dworkin, *Taking Rights Seriously*, Harvard University Press, Cambridge, Mass. 1978, pp. 105-130, 155ss, 160ss。）他在1986年出版的《法律帝国》中再次重申并细化了这一思想，他指出："在大多数疑难案件中，透过理性与想象，我们都可以找到正确答案。"（Ronald Dworkin, *Law's Empire*, The Belknap Press of Harvard University Press, Cambridge, Mass, 1986, p.viii. 汉译参见［美］德沃金：《法律帝国》，李冠宜译，台北时英出版社2002年版，第xix页。）"这项理想有时以这样的标语被描述，即我们必须对类似案件予以类似处理（treat like cases alike）。它要求政府对所有公民，必须要以一个声音说话、以一个具原则性且融贯的方式来行动、把自己对某些人所使用的公平或正义之实质性标准，扩张到每个人。如果政府依赖多数主义民主（majoritarian democracy）的诸原则，来证立自己对'谁可以投票'的决定，那么它在设计投票区时，也必须尊重相同原则。"（Ronald Dworkin, *Law's Empire*, p.165. 汉译参见［美］德沃金：《法律帝国》，第174页。）对于德沃金"唯一正确的答案"思想的反思批判，也可参见德国当代著名哲学家、法兰克福学派的第二代领袖尤尔根·哈贝马斯在《在事实与规范之间：关于法律和民主法治国的商谈理论》中的相关论述。（Jürgen Habermas, *Faktizität und Geltung: Beiträge zur Diskurstheorie des Rechtes und des demokratischen Rechtsstaats*, 2 Aufl., Suhrkamp Verlag, Frankfurt a. M. 1992, SS. 272, 275-276, 277. 汉译参见哈贝马斯：《在事实与规范之间：关于法律和民主法治国的商谈理论》，第272页、第275—276页、第277页。）

决所有"疑难"的法律问题的正确答案。第一，以赫拉克勒斯式法官为例，假如他们讲日常语言，而不是形式逻辑的语言，那么他们的语言是含混、模糊、尚无定论的，"赫拉克勒斯1"（Hercules 1）和"赫拉克勒斯2"（Hercules 2）之间所使用的概念可能有区别，因而他们的观点将会存在分歧。第二，法律论证预设了非演绎的步骤（"跳跃"，转化），故此，我们可以合理假设，在论证过程中拥有非演绎的"跳跃"越大，其结论的确定性越小。第三，不存在唯一正确的政治意识形态，由于在某些"疑难案件"中交织着法律事项和政治事项，一个自由主义的赫拉克勒斯可能找到一种正确的答案，而一个保守主义的赫拉克勒斯可能找到另一种正确的答案。第四，道德商谈立足于"反思平衡"（方法），但一个人很难有说服力地把平衡表述为一个精确的、对所有可能情形都有效的优先秩序，相应地，与道德论证相交织的法律论证就不可能期待像自然科学那样确定。第五，与确定道德问题和法律问题之正确答案相关的因素范畴是难以界定的，譬如，可能用在法律论证中的相关道德理由范畴或法律渊源范畴（"可以—法源"/"许可性法源"）均不好精确定义。第六，支持和反对某个既定答案的理由可能是不可公度的，甚至在某个既定的意识形态之内，我们也不可能有"用单一尺度的可量化价值"。事实上，人们所运用的"评价"必然涉及"正义""共识""公共政策""法律权宜之计"等多重标准。故此，在个案中，人们必然会根据情况来权衡相关因素，而一些因素的权衡结果取决于其他数量不确定的因素之不断变化的影响：比如，原告和被告在侵权案件中的权利之权衡取决于不同的经济因素和社会因素的考量，取决于理由呈现的秩序，最后可能还取决于有关判决之未来效果的后果主义考量。在这种情形下，未来的不确定性造成了道德和法律上相关因素权衡的不确定性。赫拉克勒斯们可能有时会对什么是决定正确答案的相关因素达成一致意见，但有时"赫拉克勒斯 1"和"赫拉克勒斯 2"会对相关理由有各自的反思平衡。第七，法律史表明，最佳答案以及最佳的解释方法会随着时间而变，这就会使赫拉克勒斯们比如在（本周）星期五得出的正确答案到下周一还是否正确这个问题变得不确定。（3）"道德（或法律）问题之正确答案"这个表述的哲学分析表明：正确答案是"可接受的"答案。但"可接受性"观念是与人相关的（person-related），可接受意味着对某人可接受。不同群体可能有不同的可接受性标准。法官们也肯定是维护他们认为最好的答案。他们可能相信他们发现了这个答案，但事实上仍然不过是在"立法"，即在众多同样可证成、可选择的答案中选择一个答案而已。[1]

1　Aleksander Peczenik, *Grundlagen der juristischen Argumentation*, SS. 220-222; ders., *The Basis of Legal Justification*, pp. 107-110.

五、评价与批评

从佩策尼克对德沃金理论的批评，我们大致可以看出，佩策尼克的法律转化与法律证成理论摇摆于规范主义法学与法律现实主义之间，试图在"社会事实"（描述性理由）与"规范性"/"评价性"要求（评价性理由）之间架起一座论述的桥梁（"跳跃"/"转化"），以寻求一种似乎体现"社会本位的规范性"（Society-centered Normativity）之理论目标。[1]他本来找到了像罗伯特·阿列克西等人一样的哲学资源（比如，普遍实践理性/实践正确性学说）和方法论（非演绎逻辑），但他并没有将这些资源和方法的运用贯彻始终（比如，"法律意识形态"作为在法律领域由社会确立的"确定点"，本来可以用来构成法律论证的基础，在此它们具有法律知识论上的证成价值，但佩策尼克后来却又强调法律意识形态的存在和实际内容是一种经验事实，现实中有很多"版本"的法律意识形态，不存在唯一正确的意识形态。这样，"法律意识形态"作为认识信念"确定点"的论证价值就被消解了），而不断地切换自己的论题域和论题维度，不断地使用一些独创的术语来描述和讨论这些不同论题域及论题维度中的理论与实践问题。他本来可以建立起一套前后一贯的规范主义的法律论证理论，[2]但却把那些具有

1　参见Aleksander Peczenik, "Can Philosophy Help Legal Doctrine?", in: *Ratio Juris*, Vol. 17, No. 1, March 2004, pp. 111-112。

2　佩策尼克在2005年出版的《法律科学：作为法律知识和法律渊源的法教义学》（转下页）

规范主义法学品质的论证素材（比如"可接受性"概念）用作了事实论据［说"可接受性"观念是与人相关的，这一看法不仅走向了法律相对主义，而且滑向了法律现实主义。从规范主义法学的角度看，"可接受性"是具有论证规范性意义的证成标准，而不是一种事实证据标准。在这里，佩策尼克把作为说服"理想的普泛听众"之规范性判准的"可接受性"概念误用作了实际的、具有特定情境条件的对话中的听众（特定听众）之接受效果事实］，以此批判具有规范主义法学品质的德沃金之"唯一正确的答案"（唯一正解）学说。在此意义上，他的法学理论尽管经历了前后的修改（比如，其《法律论证基础》德英两个版本在同一年出版，许多内容表述有很大差异，一些关键概念的用法和思想的要点不一致），但在本质上更偏向所谓"新现实主义"（neorealism）法学，他本人也可以被归入"新现实主义者"（a neorealist）行列。[1]

（接上页）中开宗明义地指出："本书的初始目的是对法教义学的理性重构。……所谓'理性重构'是指这样一种活动，即通过诉诸理论对象，把那些碎片化的、具有潜在冲突的数据（因为被呈现为复合的、秩序井然的整体之部分而）视为相对融贯的，以此来对这些数据进行阐释。"（Aleksander Peczenik, *Scientia Iuris: Legal Doctrine as Knowledge of Law and as a Source of Law*, p. 1.）在笔者看来，这个目标实际上体现了一种典型的规范主义法学的理论企图。事实上，佩策尼克本人承认：法学理论具有重要的规范性成分，法教义学产生一种相对稳定的规范性，它以融贯性为基础，适用于"法律知识""法律之下的正义"以及"法律概念"等。（Aleksander Peczenik, *Scientia Iuris: Legal Doctrine as Knowledge of Law and as a Source of Law*, p. 179.）

1 在1974年出版的《法律方法问题：法律渊源与法律解释》（*Juridikens metodproblem: rättskällelära och lagtolkning*）中，佩策尼克借助如下6条标准来描述"新现实主义"概念：（1）法理学研究应利用法学、哲学和社会科学上的不同学科；（2）这些不同的多层面的学科可以而且必须在基本法律概念（例如"有效法"）的分析中得到特别有效（转下页）

　　研究佩策尼克理论的学者也曾就其法律论证学说中的一些提法或论述提出过疑问：荷兰阿姆斯特丹大学人文学院语言交往、论证理论与修辞学系的伊芙琳·T.菲特里斯在《法律论证的基础》一书第十章评述佩策尼克法律转化理论时指出，佩策尼克在讨论论证的有效性和前提的可接受性问题时混淆了"有效性"（validity）和"可靠性"（soundness）的区别，进而混淆了重构论证的分析阶段和前提的实质可接受性得以确立的评价阶段，于是得出了错误的结论：如果前提没有被普遍接受，那么论证就不可能相应地在演绎上是有效的。而在一个法律论证中，若从一开始就搞不清楚前提是否具有可接受性，这并不意味着该论证不可能被重构为一个演绎上有效的论证。论证的有效性必须与前提的可接受性区别开来。[1]奥利斯·阿尔尼奥在评述佩策尼克理论时注意到他的"跳跃"和"转化"概念以及"法律语境内充分证成"和"深度证成"二分的重要性，但仍然指出：其"转化"学说在

（接上页）的利用；（3）此种分析在涉及哲学冲突时应当审慎地保持中立；（4）该分析类型应与法学上的概念分析的众多例子相适应；（5）作者运用这样一种分析作为起点，来描述法律解释的确定规则，并称之为"实践法理学"（practical jurisprudence）；（6）该分析也可用于法学研究与已确立的科学学科之间的比较。据此标准，奥利斯·阿尔尼奥认为，佩策尼克的法学理论属于"新现实主义"。（参见Aulis Aarnio, "Introduction", in: Aleksander Peczenik, *On Law and Reason*, p. 1。汉译参见［瑞典］亚历山大·佩策尼克：《论法律与理性》，"引言"，第1页。）

1　Eveline T. Feteris, *Fundamentals of Legal Argumentation: A Survey of Theories on the Justification of Judicial Decisions*, 1999, p. 159.

国际法哲学界已有诸多的讨论，至今存在严重的争议和误解。[1] 此外，佩策尼克的理论始终坚持"融贯论"，把融贯论当作支持理性（S—理性）的重要特征，甚至提出"一个好的融贯理论是一种关于一切事物的理论"（即它可以适用于物理世界及其规律、社会世界以及包括道德在内的"应当领域"和法律世界），[2] 但平心而论，他的法律融贯论（a coherence theory of law）并没有能很好地解释法律知识的性质。当代著名法理学家约瑟夫·拉兹在 1994 年发表的文章《融贯的相关性》（"The Relevance of Coherence"）中区分出"认识融贯论"（epistemic coherentism）和"构成融贯论"（constitutive coherentism）。[3] 在认识融贯论中，融贯被当作是对某些东西能否有资格作为某对象域的知识（knowledge of some object domain）的一种检验。在构成融贯论中，融贯被当作是对象域的一个特征。用在法律上，这一区分可归结如下：根据认识融贯论，某种法律理论只有当它是（充分）融贯的，才可能被算作是法律知识。根据构成融贯论，融贯是法律自身的特征，而非仅是知识的特征。按照拉兹的看法，德沃金的整全法理论（theory of

---

1　Aulis Aarnio, "Introduction", in: Aleksander Peczenik, *On Law and Reason*, p. 5.（汉译参见［瑞典］亚历山大·佩策尼克：《论法律与理性》，"引言"，第5页。）

2　Jaap C. Hage,"Preface to the Second Edition of Aleksander Peczenik: On Law and Reason", in: Aleksander Peczenik, *On Law and Reason*, p. vii.（汉译参见［瑞典］亚历山大·佩策尼克：《论法律与理性》，"第二版序言"，第8页。）

3　参见Joseph Raz, "The Relevance of Coherence", in: Joseph Raz, *Ethics in the Public Domain*, Clarendon Press, Oxford 1994, pp. 277–326。

law as integrity）是构成融贯论适用于法律的一个典型例子。[1] 相形之下，佩策尼克坚持关于融贯的认识工作并发展出一套法律性质的理论（比如，他强调"法律是融贯的，建立在合理性支持基础上，是理由的权衡"），不过，这一理论似乎在法律的实在与知识问题上翻转了本体论和认识论的传统顺序：根据该翻转了的理论，我们首先要有相关的知识或业已证成的理论，其次我们才会拥有这一理论的对象。也就是说，法律实在的性质依赖于我们对它的证成理论。[2] 如此看来，佩策尼克的法律学说反而有可能在理

1　Joseph Raz, "The Relevance of Coherence", in: Joseph Raz, *Ethics in the Public Domain*, p. 279. 德沃金在罗尔斯"反思平衡理论"基础上发展出整全法理论（theory of law as integrity），在他把法官对法律的争论看作是一种建构式的诠释过程，"即为了使某个对象或实践，成为其被认为所属之形式或类型的最佳可能实例，而赋予该对象或实践以目的。"在这个过程中，法官从自己的司法信念出发，在法律共同体内部对法律进行解释，法官的解释在信念、规则与原则之间不断的往复循环，直至在各个要素之间形成一个融贯的整体，并以此作为"唯一正确的答案"（唯一正解）的基础。德沃金将其称为"整全法"（law as integrity），并提出两项实践原则："第一项是立法的整全性原则（principle of integrity in legislation），其要求透过立法创设法律的那些人，使被创设的法律在原则上保有融贯性。第二项是裁判的整全性原则（principle of integrity in adjudication），其要求负有责任决定法律是什么的那些人，把法律看成以上述那种方式有着融贯性，并去执行那样的法律。"（Ronald Dworkin, *Law's Empire*, p. 167. 汉译参见［美］德沃金：《法律帝国》，第175—176页。）第一个整体性原则要求立法者及其他法律制定者，把法律看作是一个融贯的整体，他们在扩张或变更公共标准时，应当遵守和尊重法律制度的整体性要求；第二个整体性原则要求法官们，只要有可能，必须把当前公共标准体系当成一个融贯的整体，并在此基础上对其进行诠释。德沃金认为，实现以上目的的方式就是通过法律论证以最佳方式显示社会实践，"制定法应该以促进原则社群之目标的方式来解读，亦即它们应该被解读为，表达了制定它们的立法机构中最优势的一个融贯信念体系"。（Ronald Dworkin, *Law's Empire*, p. 330. 汉译参见［美］德沃金：《法律帝国》，第337页。）

2　Jaap C. Hage, "Preface to the Second Edition of Aleksander Peczenik: On Law and Reason", in: Aleksander Peczenik, *On Law and Reason*, pp. vi-vii.（汉译参见［瑞典］亚历山大·佩策尼克：《论法律与理性》，"第二版序言"，第7—8页。）

论上遭遇更为沉重的论证负担。

尽管如此，我们并不能因此而否定佩策尼克的法律转化与法律证成理论在当代法律论证理论发展中的地位和它们在法学理论上的价值。事实上，他的理论在很大程度上开放出法律论证理论研究的领域，其某些学说推展了相关问题研究的广度和深度：他所提出的"必须—法源""应当—法源"和"可以—法源"的法源分类比传统的法源二分法（"正式法源"和"非正式法源"）更加细致，更具有解释力和理论适用性；其法律转化理论为法律证成中所需要的各种步骤提供了引人关注的想法，他的这一理论能够在许多方面拓展和增强分析与评价法律论证的理论能力。[1] 或许奥利斯·阿尔尼奥的评价是中肯的："当佩策尼克将法律范式与法律作为一种文化现象和融贯的要求而加以分析时，他在处理着这些基础难题。……他成功地将法律解释的分析与我们这个时代最为核心的哲学、道德和文化问题结合起来。职是之故，佩策尼克的著作是对北欧法理论的最为重要的贡献之一。"[2]

---

[1]　Eveline T. Feteris, *Fundamentals of Legal Argumentation: A Survey of Theories on the Justification of Judicial Decisions*, 1999, p. 162.

[2]　Aulis Aarnio,"Introduction", in: Aleksander Peczenik, *On Law and Reason*, p. 12.（汉译参见［瑞典］亚历山大·佩策尼克：《论法律与理性》，"引言"，第12页。）奥利斯·阿尔尼奥在《芬兰法理论与法哲学的进展》一文中还特别指出：20世纪70年代以来，亚历山大·佩策尼克关于法律推理基础的著作对于当代芬兰法理论的发展具有重要的激励作用。（Aulis Aarnio, "The Development of Legal Theory and Philosophy of Law in Finland", in: Aulis Aarnio, *Philosophical Perspectives in Jurisprudence*, The Philosophical Society of Finland, Helsinki 1983, p. 37.）

奥利斯·阿尔尼奥的法律解释之证成理论 *

对于汉语学界而言，芬兰当代法学家奥利斯·阿尔尼奥并不是特别有名和为人所熟知，他的法学著作也鲜有中国学者进行专业的讨论（其实，亚历山大·佩策尼克的学术研究成果目前在中国的境遇也好不了多少）。但这一在中国学界的冷遇现象丝毫不减弱他在法律论证理论研究上的学术水准和学术贡献。我们若想进一步在中观和宏观层面了解当代法律科学（法教义学）所遭遇的实践难题及其解答方案，就不可能不研究他的法律学说。本文重点评述其法律解释之证成理论。

一、奥利斯·阿尔尼奥的理论理路

奥利斯·阿尔尼奥于 1937 年 5 月 14 日出生在芬兰东南部的屈米省（Kymi），1958 年中学毕业后进入赫尔辛基大学学习法学，师从民法学教授马蒂·维乔·埃尔奥斯塔洛（Matti Viljo Ylöstalo，1917—2002）和西莫·齐廷（Simo Zitting，1915—2012），[1] 1961

*　原文载《语言与法律研究》2019年第1期（创刊号）。

1　参见Aulis Aarnio, "The Systematisation and Interpretation of Statutes. Some Thoughts（转下页）

年获得法学硕士学位，1967 年得法学博士学位。1966—1968 年
任赫尔辛基大学助教，1968—1970 年任该校家庭法与继承法副教
授，1970—1996 年任该校民法学教授，其间于 1974—1982 年兼
任芬兰科学院研究教授。1991—1996 年任坦佩雷大学（University
of Tampere）社会科学研究所主任，1996—2002 年任坦佩雷大学教
授、社会科学研究所主任。1983 年担任瑞典隆德大学科学院外籍院
士，1988 年获第一届芬兰律师协会奖，1989 年获波兰科学院哥白
尼奖章（Copernicus Medal, Polish Academy of Sciences），1995 年
任俄罗斯科学院全职院士，1997 年获芬兰文化基金会奖、芬兰律
师协会卡罗·尤霍·斯托尔贝里勋章（Order of K. J. Ståhlberg）、
隆德大学荣誉博士和德国亚历山大·冯·洪堡奖（Alexander von
Humboldt Prize），1998 年任欧洲科学院院士，1999 年获芬兰拉普
兰大学（University of Lapland）荣誉博士，2003 年任世界法哲学与
社会哲学大会荣誉主席，现为坦佩雷大学荣休教授。

　　阿尔尼奥治学领域主要在民法学（尤其是继承法）、法理论与
法哲学。截至 1999 年，其以多国语言出版专著 30 部、论文集 12
部，[1] 发表学术论文 300 余篇。其代表作主要有《论法律推理》（*On*

（接上页）on Theoretical and Practical Legal Science", in: Luc J. Wintgens (ed.), *The Law
in Philosophical Perspectives: My Philosophy of Law*, Springer Science+Business Media, B.V.,
Dordrecht/Boston/London 1999, p. 3.

1　Aulis Aarnio, "The Systematisation and Interpretation of Statutes. Some Thoughts on
Theoretical and Practical Legal Science", in: Luc J. Wintgens (ed.), *The Law in* （转下页）

Legal Reasoning，1977）、《法律的观点：法哲学六篇》（*Legal Point of View: Six Essays on Legal Philosophy*，1978）、《法学的思维方式：法学研究理论导论》（*Denkweisen der Rechtswissenschaft: Einführung in Die Theorie der Rechtswissenschaftlichen Forschung*，1979）、《法理学的哲学视角》（*Philosophical Perspectives in Jurisprudence*，1983）、《作为合理性的理性：论法律证成》（*The Rational as Reasonable: A Treatise on Legal Justification*，1987）、《理由与权威：论法教义学的动态范式》（*Reason and authority: A Treatise on the Dynamic Paradigm of Legal Dogmatics*，1997）、《论法律的融贯性》（*On Coherence Theory of Law*，1998）、《法教义学研究论集》（*Essays On The Doctrinal Study of Law*，2011）等。

　　总体上看，阿尔尼奥的法学研究经历了一个前后的变化。他自己承认，在其学术生涯开始阶段（20 世纪 60 年代早期）曾经信奉斯堪的纳维亚法律现实主义（Scandinavian legal realism）代表人物、丹麦法哲学家、哥本哈根大学宪法教授阿尔夫·罗斯（Alf Ross，1899—1979）的学说（经验主义的思维方式），但其后来（尤其是 1980 年代前后的）所有著作开始与他所欣赏的这位"学术之父"（scholarly "father"）试图保持某种距离，原因在于：罗斯的学术刻意否定法律的认知中包含一种特殊的规范性认知（a special

---

normative cognition），而提出一种有关法教义学研究的有名的所谓
"预测论"（predictive theory）。[1] 阿尔尼奥过后认为罗斯的理论
并不正确。法教义学研究的真正问题在于如何控制这种研究中的
陈述命题，以使此种研究结果满足一种"社会合理性"（a societal
rationality）要求，这种要求乃法律论证、经验论证和道德论证的混
合体。[2] 在他看来，司法系统之裁决不能放任自流，而应当强调对
（司法过程中的）法律解释的证成，这种证成应符合法律和正义二
者，其以一种权衡的方式同法律和道德的线索勾连在一起。[3]

1　阿尔夫·罗斯的法律现实主义学说的哲学出发点植根于逻辑实证主义，他的基本观点
是：任何有意义的科学语句都可以回溯至某种经验（知觉语句）。这样，科学理论仅仅
包括三种句子：逻辑演绎、知觉语句，或从它们逻辑推导出来的语句。在此基础上，他
发展出一套自己的法学理论，认为法教义学的研究目的是现行司法（the jurisdiction in
force）。但他所提供的回答与（概念法学的）法律形式主义方案截然相反，而追随美
国的法律现实主义，指出：一个法律规范只有当它是以某种权威的运用自发地适用或者
包含在主流法官的意识形态之中时才是有效的。故此，法学的研究使命在于考察法院的
实践，即使科学法律思维也必须回归到经验，必须依据经验，因为法院实践是法学必须
考察的自然经验现实。他由此提出著名的"预测论"：实践法学的任务在于预测法院的
行为，也就是说，预测一定的规范是否包含在主流法官的意识形态之中。（参见Aulis
Aarnio, "The Systematisation and Interpretation of Statutes. Some Thoughts on Theoretical
and Practical Legal Science", in: Luc J. Wintgens [ed.], *The Law in Philosophical Perspectives:
My Philosophy of Law*, pp. 12-13。）

2　参见Aulis Aarnio, *Reason and Authority: A Treatise on the Dynamic Paradigm of Legal
Dogmatics*, Ashgate/Dartmouth Publishing Company Limited, Aldershot 1997, "Prologue",
pp. 2-3; ders., "Argumentation Theory—and Beyond: Some Remarks on the Rationality of
Legal Justifation", in: *Rechtstheorie*, Bd. 14, Heft 4, 1981, p. 396。

3　Aulis Aarnio, *Reason and authority: A Treatise on the Dynamic Paradigm of Legal Dogmatics*,
pp. 15-16; ders., "The Systematisation and Interpretation of Statutes. Some Thoughts on
Theoretical and Practical Legal Science", in: Luc J. Wintgens (ed.), *The Law in Philosophical
Perspectives: My Philosophy of Law*, p. 5.

阿尔尼奥在 1987 年出版的《作为合理性的理性：论法律证成》一书的开篇（前言）就提出了一个令其困扰多年的问题："法律规范的解释在这个语词的某个本质意义上是否可以是正确的，我们能否有正当的理据去谈论与法律解释相关的知识。"[1] 因为法律规范并不是描述现实（实在）的理论命题，那么，一个更为重要的问题值得考虑：在何种意义上，那些适用法律的人（法官和行政官员）能够"认识法律"（know the law）。为此，我们必须面对一系列"如何"（how）的问题，这些解答方案涉及的问题主要是方法论的结构：如我们应该如何刻画法律解释的特点？[2]

阿尔尼奥评述自己的法学研究之路时注意到：在解释法律的过程中，法学方法（the method of legal science）不同于自然科学方法，后者乃是一种将相应数据（事实）输入系统而保证得出结果的"演算的制度"（an "institution of calculus"），即一组能够收集数据、将其程序化、形成假设、检验假设并记录实验结果的概念、推论与规范，而前者重在解释规定或将规范用于实践，这不是一个遵循清晰规则的数学演算过程，说到底，它是一个权衡的问题（a matter of weighing and balancing）。按照冯·赖特的话说，自然科学"说明"（explain）现象，而像法学这样的人文科学则"解释"（interpret）

---

[1] Aulis Aarnio, *The Rational as Reasonable: A Treatise on Legal Justification*, "Foreword", p. xiii.

[2] Aulis Aarnio, *The Rational as Reasonable: A Treatise on Legal Justification*, "Foreword", pp. xiii-xix.

和"理解"（understand）（人类的）行为与事件，因而与历史研究和文献研究相联结。[1]不过，"法学"这个概念是多元的（甚或模糊的），广义上包括"法教义学""法社会学""比较法学"和"法律史学"，可能还有所谓的"法理论"（legal theory）。在所有这些所谓的法学学科中，最古老、最重要的学科是法教义学，它本质上是一种解释性研究（interpretative research），分析的焦点也在于解释立场（interpretative standpoints，缩写为 P_1），其任务包括两部分：（1）解释法律（制定法／法律规范）的内容（或法律文本材料）并为所谓的"缝隙情形"（gap situations）提供答案；（2）运用一定的明细标准将法律规范（或法律文本材料）体系化。前者强调法学的实践部分（实践法学），后者乃强调法学的理论维度（理论法学）。它们两者（法律解释和规范的体系化）各有自己的方法，但又处于互动关系之中。[2]

　　阿尔尼奥的方法是围绕两个支柱——理论法学和实践法学加以组织的。理论法学的方法是分析概念。在他看来，法律概念的语料

1　Aulis Aarnio, "The Systematization and Interpretation of Statutes. Some Thoughts on Theoretical and Practical Legal Science", in: Luc J. Wintgens (ed.), *The Law in Philosophical Perspectives: My Philosophy of Law*, p. 1.

2　Aulis Aarnio, "The Systematization and Interpretation of Statutes. Some Thoughts on Theoretical and Practical Legal Science", in: Luc J. Wintgens (ed.), *The Law in Philosophical Perspectives: My Philosophy of Law*, p. 2; ders., "Argumentation Theory—and Beyond: Some Remarks on the Rationality of Legal Justifation", in: *Rechtstheorie*, Bd. 14, Heft 4, 1981, pp. 387, 389.

库愈丰富，我们可以提出问题的方式就愈有用途，而一旦问题变得愈有用途，则法律体系的内容图像也就愈丰富。这样，理论法学试图为实践法学必须面对的问题（关于法律事实和法律规范后果问题，即法律解释和法律适用问题）开启概念的可能性，而实践法学的方法则是论证性的。[1]

进而言之，实践法学（practical legal science）的基本任务是澄清事实与法律规范后果（F→S）之间的关系。然而，这一过程不可能像概念法学所想象的那样，法律后果可以仅仅从法律概念中推导出来，但法律概念又是我们观察"法律现实"（legal reality）的透镜（lens），透过概念，我们可以"抓住"法律规范，而不使其形象受到歪曲。故此，法律科学必须能够回应来自动态的、复杂的现代社会的挑战，这需要重新定位和阐述基本概念问题（basic conceptual questions），清除法律解释的障碍，重新评估我们传统的法学思维方式。[2]无论如何，在阿尔尼奥看来："没有理论，审判就不存在。"（Jurisdiction without theory does not exist.）[3]理论概

1　Aulis Aarnio, "The Systematization and Interpretation of Statutes. Some Thoughts on Theoretical and Practical Legal Science", in: Luc J. Wintgens (ed.), *The Law in Philosophical Perspectives: My Philosophy of Law*, p. 19.

2　Aulis Aarnio, "The Systematization and Interpretation of Statutes. Some Thoughts on Theoretical and Practical Legal Science", in: Luc J. Wintgens (ed.), *The Law in Philosophical Perspectives: My Philosophy of Law*, pp. 6-7, 10, 12.

3　Aulis Aarnio, "The Systematization and Interpretation of Statutes. Some Thoughts on Theoretical and Practical Legal Science", in: Luc J. Wintgens (ed.), *The Law in Philosophical Perspectives: My Philosophy of Law*, p. 10.

念、理论法学、法的一般学科、法教义学、法律论证理论是每个法律人必备的工具箱。如果对一般法原理的掌握有所放松，那么，就会丧失对法的本质特征的理解，更糟糕的是，人类（法律）关系中的是非感也将失去。[1]为了解决司法实践中的难题，法学必须对法律体系的内容提出充分有据的论证，以便能够获得可靠的法律规范的解释。这样，除了体系化，法律论证就成为阿尔尼奥之方法论研究兴趣的另一块基石。[2]

在阿尔尼奥看来，法律论证是这样一个过程：它利用一定的基础（法律渊源），旨在就证成判决或法律解释而说服反方（听众）。其对象在于论证的理性可接受性，即"尽可能采取法律共同体大多数成员那样的方式维护你的主张，以理性方式讨论问题的人可能接受你的主张，他们会考量问题的所有可能的方面"。[3]为此，他同德国基尔大学公法与法哲学教授罗伯特·阿列克西、瑞典隆德大学法学院法哲学教授亚历山大·佩策尼克在1981年合作完成一篇文章《法律论证的基础》（"The Foundation of Legal

1 Aulis Aarnio, "The Systematization and Interpretation of Statutes. Some Thoughts on Theoretical and Practical Legal Science", in: Luc J. Wintgens (ed.), *The Law in Philosophical Perspectives: My Philosophy of Law*, pp. 10-11.

2 Aulis Aarnio, "The Systematization and Interpretation of Statutes. Some Thoughts on Theoretical and Practical Legal Science", in: Luc J. Wintgens (ed.), *The Law in Philosophical Perspectives: My Philosophy of Law*, p. 15.

3 Aulis Aarnio, "The Systematization and Interpretation of Statutes. Some Thoughts on Theoretical and Practical Legal Science", in: Luc J. Wintgens (ed.), *The Law in Philosophical Perspectives: My Philosophy of Law*, p. 17ss.

Reasoning"，该文分三部分载于德国《法理论》杂志 1981 年第 12
卷第 1—3 期），试图为上述原则及法律问题的解决提供一套法律
论证的理论框架（阿尔尼奥基于维特根斯坦生活形式概念而构建的
论证合理性理论、阿列克西的实践理性商谈理论和佩策尼克的法律
转化理论）、逻辑图式和结构等，为法律理论与法律实践架起一座
桥梁。[1]1983 年，阿尔尼奥又单独在《法理论》杂志第 12 卷第 4 期
发表一篇文章《论证理论——以及超越：有关法律证成合理性的若
干评论》（"Argumentation Theory—and Beyond: Some Remarks on the
Rationality of Legal Justifation"），再访法律论证理论，以期在法律
论证的元层次（佩策尼克意义上的深度证成层次）上确立法律论证
合理（可接受）性理论。[2]

二、奥利斯·阿尔尼奥的法律论证合理性理论

　　阿尔尼奥所建构的比较完整系统的法律论证合理性理论主要集
中体现在 1987 年出版的《作为合理性的理性：论法律证成》一书
之中。他指出，这本书的"主要目标并不是为实践法律解释提供方
法论上的指导"。其更为重要的目的在于，从一般层面上尝试增进
法律学者、法官与律师"认识你自己"（Know Thyself）的意识。

1　Aulis Aarnio, Robert Alexy, Aleksander Peczenik, "The Foundation of Legal Reasoning", in:
Rechtstheorie, Bd. 12, Heft 1-3, 1981, pp. 133-158, 257-279, 423-448.
2　Aulis Aarnio, "Argumentation Theory—and Beyond: Some Remarks on the Rationality of
Legal Justifation", in: *Rechtstheorie*, Bd.14, Heft 4, 1981, pp. 385-400.

因而，阿尔尼奥在许多方面力图使法律解释理论的研究更加哲学化，尤其是将佩雷尔曼的新修辞学、后期维特根斯坦的语言哲学以及尤尔根·哈贝马斯所代表的理性主义三种进路结合起来，在他们的哲学观念（诸如把解释理解为语言游戏的总和，强调语言与生活形式的关联，借助生活形式的概念解释听众概念，考察作为解释命题之测量尺的融贯论和共识论、温和的价值相对主义理论、正义理论，以及尝试为解释的理性主义特征予以定位）和思维方式中，寻找对法律解释理论有益的关联点（profitable points of contact）。[1]

笔者从阿尔尼奥有关法律规范内容的科学研究进路（a scientific approach to the contents of legal norms）谈起。阿尔尼奥注意到，面对法律的适用，学者（尤其是法教义学者，the legal dogmatician）和法官的角色不同，但在解释法律这一点，他们具有某种类似的内部视角——认识论上的内部视角（an epistemologically internal point of view），其中最为重要的是他们受同样的认识论前提拘束，具有相同的解释立场或法教义学视角（the perspective of legal dogmatics），有相同的论证类型和结构。也就是说，一方面，法教义学者必须使用与法官一样的法律渊源，他们应当诉诸同样的方法论（解释）规则。[2] 另一方面，原则上，法官所采纳的解释，与法教义学者所提

1　Aulis Aarnio, *The Rational as Reasonable: A Treatise on Legal Justification*, "Foreword", pp. xvi-xviii.

2　Aulis Aarnio, *The Rational as Reasonable: A Treatise on Legal Justification*, pp. 8-10, 13, 16.

出的解释，具有同样意义、同等程度的可信赖性。[1] 在此意义上，法教义学视角以科学态度和科学方法的目标（体系化、一致性、可控性、主体间性、客观性）为标志，区别于在实践中完成某些技术任务的职业能力。[2]

阿尔尼奥指出：在科学上，法教义学视角本质上也不同于社会科学的典型视角，后者代表着对于探究主题的一种典型的外部视角，社会科学家将法律规范当作既有条件而接受，然后再去审视诸如法律规范是如何被遵循的问题。换句话说，他们的主要目标之一是对于行为之规律性（不变性）的说明。[3] 法教义学活动的态度基本集中于法律规范（规则），而不是公民、法官等的行为的规律性。也可以说，法教义学的研究旨趣是规范性的，完全不同于社会学的旨趣。[4] 对于法律规范是如何被遵循（法律适用）的问题，法教义学采取体系化的方式，以（科学）认识论上的内在视角来对待（法律适用中的）法律规范内容的阐释。[5]

这样，就可以看到，法教义学的学科基质（disciplinary matrix）不同于社会科学或历史学，其有至少四类构成要素：（1）这一基质包括一个有关法教义学中的解释主题（即被解释的是什么）的假定。

1　Aulis Aarnio, *The Rational as Reasonable: A Treatise on Legal Justification*, p.15.

2　Aulis Aarnio, *The Rational as Reasonable: A Treatise on Legal Justification*, pp. 14-15.

3　Aulis Aarnio, *The Rational as Reasonable: A Treatise on Legal Justification*, p.10.

4　Aulis Aarnio, *The Rational as Reasonable: A Treatise on Legal Justification*, p.12.

5　Aulis Aarnio, *The Rational as Reasonable: A Treatise on Legal Justification*, p.16.

这意味着，存在着对于什么是法律规范以及人们应该如何思考法律的起源、效力等法哲学假定的承诺。（2）这一基质包括对于法律渊源的一系列合意。法教义学的实践者对什么是"必须渊源"、什么是"应当渊源"或什么是"可以渊源"，（几乎）有着相同的概念观。（3）法教义学的背景基质也暗含着特定的方法论规则和原则。它们大略地显示出在解释中法律渊源应当以及能够如何被运用。（4）在法教义学的基质中，也可以包含这一观点——价值和评价可以在法教义学解释（事实解释和规范解释）中被找到。法律的适用与法教义学，都会使用价值概念来作为解释的基础，或者在证成中间接地诉诸评价。因此，法教义学本质上是评价性的。在这里，它与（例如）社会科学的界限是相对清楚的。[1]进而言之，法教义学属于解释性科学（interpretative sciences），属于人文学科传统，而不是经验社会科学的近邻。[2]

在此基础上，阿尔尼奥力图对法教义学解释立场的证成结构（the justificatory structure of the interpretative standpoints of legal dogmatics）予以明证。在他看来，法教义学的证成理论可能是描述性的、分析性的或规范性的：描述性证成理论试图描述的是事实上的证成活动；分析性证成理论主要关注的是证成所使用的那些概念（比如，"类比意指什么？"或"判例意指什么？"）；规范性证

1　Aulis Aarnio, *The Rational as Reasonable: A Treatise on Legal Justification*, pp. 18-19.

2　Aulis Aarnio, *The Rational as Reasonable: A Treatise on Legal Justification*, p. 72.

成理论要阐明的是"法教义学证成需要什么样的理据才能实现合理性和可接受性条件"。[1]在此，本体论、认识论和方法论问题相互之间有着必然的内在关系，这样，法的本体论、法教义学知识的性质、法教义学的方法论、真理的概念与标准乃显示出证成理论所关注的领域。其中的研究在于寻找下列基本问题的答案：（1）真/假属性可以被归属于法教义学解释吗？如果这是可能的，那么，真/假的标准是什么？或者，法教义学有哪些方法来确定真/假？（2）如果使用真/假概念是有问题的，甚或是不可能的，那么法教义学中是否有某种类似于真/假的概念？或者，通过何种方法才可能确定这种"真"？（3）在裁量案件中，是否有可能认识有关法律秩序的某些内容？或者，哪种方法可以被用来获取知识？（4）如果谈论与法教义学相关联的知识是有问题的，甚或是不可能的，那么使用一个类似的概念是否可能？或者，是否有某种演绎的方法，来表述这样的"知识"？（5）人们是否能够主张法教义学解释的基础是（内在）适当的？或者，如果它是一个适当的基础，那么内在适当的证成标准是什么？[2]

　　阿尔尼奥尝试先从法教义学解释的本体论和认识论来破解上述难题。在他看来，基于本体论，法律规范可以被理解成一种通过语言表达的思想（即意义）内容，属于卡尔·波普尔所讲的"第三世

1　Aulis Aarnio, *The Rational as Reasonable: A Treatise on Legal Justification*, pp. 22-23.

2　Aulis Aarnio, *The Rational as Reasonable: A Treatise on Legal Justification*, pp. 24-25.

界"范畴（World 3，"世界 3"）。[1] 在法律规范之本体论理解中，
效力概念起着关键的作用。[2] 他基于耶日·罗布列夫斯基和亚历山
大·佩策尼克等人的论述（比如，罗布列夫斯基在 1979 年发表的
文章《法学上的证实与证成》[Verification and Justification in the
Legal Sciences]中把效力分为三种进路："体系效力"[systemic
validity]、"事实效力"[factual validity]和"价值论效力"
[axiological validity][3]），而分别从"体系性""实效性"与"可
接受性"角度论述法律规范的效力问题。[4] 按照罗布列夫斯基的理
解，一个（法律）规范若满足了下列四个条件，则在体系意义上
是有效的：（1）它业已适时地被接受并被公布；（2）该规范没有
被撤销；（3）它并不与同一体系内的另一现行规范相矛盾；

1　1967年，卡尔·波普尔在第三次国际逻辑学、方法论和科学哲学大会上做了题为《没
有认识主体的认识论》的报告。在这次报告中，他提出了著名的第三世界（"世界3"）
理论，为他的客观知识的发展提供本体论基础。他在1972年出版的《客观知识——一个
进化论的研究》一书中再次肯定和明确了世界三分的观点。波普尔认为，在所有存在的
宇宙客体中，可以"区分下列三个世界或宇宙：第一，物理客体或物质状态的世界；第
二，意识状态或精神状态的世界，或关于活动的行为意向的世界；第三，思想的客观内
容的世界，尤其是科学思想、诗的思想以及艺术作品的世界"（[英]卡尔·波普尔：
《客观知识——一个进化论的研究》，舒炜光、卓如飞、周柏桥、曾聪明等译，上海译
文出版社1987年版，第114页）。在这里，波普尔所指的"第三世界"（"世界3"）是
"概念东西的世界，即客观意义上的观念的世界——它是可能的思想客体的世界：自在
的理论及其逻辑关系、自在的论据、自在的问题境况等的世界"（[英]卡尔·波普尔：
《客观知识——一个进化论的研究》，第165页）。

2　Aulis Aarnio, *The Rational as Reasonable: A Treatise on Legal Justification*, pp. 30, 33.

3　Jerzy Wróblewski, "Verification and Justification in the Legal Sciences", in: *Rechtstheorie*,
Bd.10, Heft 1, 1979, p. 207ss.

4　Aulis Aarnio, *The Rational as Reasonable: A Treatise on Legal Justification*, p. 33.

（4）若有矛盾，则有一个已然接受的规则用来解决这一冲突。[1] 但应当区分"形式效力"的两个方面，即法律秩序的内部效力和外部效力（internal and external validity of legal order）：前者指体系"之内"的效力，后者指的是体系本身的效力。[2] 比如，由希特勒政权建立的法律秩序，在内部体系的意义上以及从形式外部视角看均是有效的，但在这一概念的外部体系意义上，它并不能被称为是实质（法律上）有效的。[3] 有关实效性的典型观点是以法律现实主义为代表的。按照这种观点，一个规范在事实意义上的效力意指它反于（形式上）既定规范的实际实效性。也可以说，当且仅当公民在其行为中有规律地遵循了在某个社会中的规范 N，即当规范从这个意义上说在社会中是有效的，那么这个规范 N 是事实上有效的。[4] 然而，并非所有形式有效，且有实效的法律规范都获得价值论上可接受性的保证（a guarantee of axiological acceptability），如此说来，一个规范 N，尽管并没有在形式上被废除，若不符合一个被普遍接受的价值体系，则不具有可接受性。基于这一理由，将理性的可接受性作为讨论法律效力的一种相关的方式，就获得了证成。故此，整体上看："规范 N_i 在共同体 C 中是有效的，当（1）N_i 属于那个由 C 的宪法所授权制定的规范体系；（2）该宪法因为基础规范 G_1 而必须

1　Aulis Aarnio, *The Rational as Reasonable: A Treatise on Legal Justification*, pp. 33-34.

2　Aulis Aarnio, *The Rational as Reasonable: A Treatise on Legal Justification*, p.34.

3　Aulis Aarnio, *The Rational as Reasonable: A Treatise on Legal Justification*, p.38.

4　Aulis Aarnio, *The Rational as Reasonable: A Treatise on Legal Justification*, p.39.

被遵守；（3）规范 G_1 基于一个证成性（条件性）规范 G_2 而必须被遵守；且（4）在此意义上，N_i 于 C 中是可接受的，即大多数成员，在理性考量这个事情之后，约束他们自己去接受 N_i 作为应被遵循的法律规范。"[1]

谈到法教义学解释的方法论，阿尔尼奥注意到解释难题可能出现在两种类型的法学研究情形之中：一是"以法律文本为中心的研究策略"（a text centered research strategy），二是"以难题为中心的研究策略"（a problem centered research strategy）。以法律文本为中心的研究的出发点是特定的表达，在成文法体系中，这通常是一个法律文本。其任务是为这一文本的一个可选择的解释进行证成。解释的主题可能是文本的含混性或者可以通过不同方式来解释的事实。在实践中，这样的解释总是一个涉及选择的决定，即一个在两种或两种以上语义上且法律上可能的选项中进行选择的问题。以难题为中心的研究的出发点是一个具体的法律难题，或者一个想象的，但在现实中可能的法律难题（Q）。对此，研究者可能要努力阐明的是，已知法律文本（L_i）的哪一个解释（I_1，I_2）可以用来处理待决的疑难问题（Q_i）。尽管上述两种研究策略的出发点不同，一个是文本，一个是法律难题，但就解释的结构而言，它们二者之间并没有本质的差别。以难题为中心的研究最终都会导向那些

---

1 Aulis Aarnio, *The Rational as Reasonable: A Treatise on Legal Justification*, pp. 43-44.

与以文本为中心的研究相同或相同类型的基本问题。在这两种研究中，学者们都是对意义不明晰的法律内容（或者更准确来说，是对形式有效的法律文本）进行阐明。[1]

为了更进一步说明上述问题，阿尔尼奥对不同类型的陈述的语义学进行了一般性分析，将所有的陈述分成两个群组：理论陈述（theoretical statements）和实践陈述（practical statements）。理论陈述可能是经验陈述或者逻辑陈述，具有真/假的属性。实践陈述则又有不同的类型，比如（1）意在产生某种效果的语句（"效果语句"，包括命令和规范）。（2）表达性语句。分为两组：第一组既包括规定性语句（规范与命令），也包括说服性语句（例如，建言、操纵性表达等）。另一组是由"纯粹的"表达性语句构成的（例如，态度、意向的表达等）立场（论点），而立场（论点）需要理由支持，即只有立场是被证成的。[2]

在这个脉络里，阿尔尼奥提出"规范陈述"（the norm statement）和"解释陈述"（the interpretative statement）以及"规范立场"（a norm standpoint）和"解释立场"（an interpretation standpoint）两组概念。规范陈述是对法律规范 N 的内容的陈述。例如，解释者可以提出这样一个规范命题，P_n："具有内容 I 的规

1　Aulis Aarnio, *The Rational as Reasonable: A Treatise on Legal Justification*, pp. 47-49.
2　Aulis Aarnio, *The Rational as Reasonable: A Treatise on Legal Justification*, pp. 49-50.

范 N 是芬兰（有效）法律的一部分。"[1] 在这里，（内在意义上的）
体系效力也可以满足规范命题（类型 P_n）的真值条件，但作为效力
标准的可接受性的概念却是颇成问题的，于是需要有表达理性可接
受性有关内容的陈述。有关理性可接受性的规范陈述就被称为规范
立场（规范论点）。这一陈述表达的是某些有关有效规范（有效法
律）的内容，但它是一个立场，因为它不仅包含有关现实（实在）
的命题而且包含了价值判断。由于规范立场不可能像有关现实（实
在）命题那样具有真假，对于同一个解释难题，提出两个或两个以
上的被充分证成的规范立场，是可能的。这样，规范命题只有在与
特定群体的人（听众）的关系之中才能获得证成。"接受规范 N 是
理性的"这个结论，对于那些共享着共同价值 V 的人来说，是一个
技术性义务（a technical obligation）。也可以说，这一规范立场作
为"技术性应当"（a technical ought），对于这个群体的人来说，
是真的。但是，这种真并不是符合论意义上的真。规范立场表达的
是有关有效法律秩序的论点。从这一点来看，法教义学解释作为规
范立场，表达的是法律所调整的理想世界的东西。这一立场获得的
可接受性愈广泛，它作为对于有效法律的一个解释，所具有的社
会价值也就愈大。[2] 相对于规范陈述而言，解释陈述是一种意义陈
述（a meaning statement），即对核心表达之意义进行阐明的意义命

1　Aulis Aarnio, *The Rational as Reasonable: A Treatise on Legal Justification*, p. 51.

2　Aulis Aarnio, *The Rational as Reasonable: A Treatise on Legal Justification*, pp. 52-56.

题，其中包括规定性定义（a stipulative definition）、分析性定义（an analytical definition）、非分析性且非规定性的定义（nonanalytical and nonstipulative definitions，比如"继承份额的转让是指某位继承人将其遗产份额转让给其他继承人、死者遗产的另一共同所有权人或第三人的法律行为"）以及非描述的分析性定义（nondescriptive analytical definitions），对于它们的真或非真在原则上根本无法判断，它们可能是一个处在真/假范畴之外的立场——解释立场问题：比如说，"法律文本 L_i 中的表达'E_1'所意指的内容是与表达'E_2'相同的"，或者"根据有效的（芬兰）法律，在文本 L 中表达的规范 N 具有规范内容 E_2"。[1]

解释立场的焦点在于法律文本，规范立场的焦点在于（有效的）规范。规范是通过特定的语言表达（规范表述）与思想内容形成的（比如，"禁止偷盗"这个规范就包括两个方面："禁止偷盗"这个表达，以及表示人们不能偷盗的思想内容），法律文本以及相对照的语言资料，是帮助我们理解法律规范的素材。从法理论上看，规范中的法律事实和法律后果之间的关系（法律关系）与事实和后果在本质上具有的（因果）关系是不同的。关联性要素"应当"将这种法律关系，与（自然因果意义上的）原因和结果的关系区分开来。在这里，"是"与"应当"有着截然分离的界限。[2]故

1 Aulis Aarnio, *The Rational as Reasonable: A Treatise on Legal Justification*, pp. 56-61.
2 Aulis Aarnio, *The Rational as Reasonable: A Treatise on Legal Justification*, pp. 61-62.

此，法律规范的结构包括三要素——"法律事实"（F）、"应当要素"（O）和"法律后果"（G），其逻辑符号表达式：$N_i(x)(Fx \rightarrow OGx)$。这个公式读作："对所有的（x）都是真的：如果某人（x）以方式（F）行为，那么，他将会被判处法律后果 G。"[1]但法律文本并不是以这种方式书写的，它有可能表达两个或两个以上的规范，每一个规范都可能是法律秩序的一部分。解释者的任务是从这些规范选项中选择一个"符合法律秩序"的选项。解释的范围，要么与法律事实的描述相关，要么与法律后果的描述相关，或者与二者都有关联。当解释的范围与法律事实相关时，规范的逻辑符号表达式就是 $N_i(x)(F_1x \lor \cdots F_mx \rightarrow OGx)$；当解释的范围与法律后果相关时，规范就可以重述为 $N_i(x)(F_1x \lor \cdots F_mx \rightarrow OGx)$；当解释的范围涉及法律事实的描述和法律后果的描述两者时，规范的逻辑形式更为复杂 $N_i(x)(F_1x \lor \cdots F_mx \rightarrow OG_1x \lor \cdots G_mx)$，其中解释的规范选择情形也极为复杂。[2]

可以看出，此处的一个中心任务在于证成规范立场，即证成为什么接受规范 N 作为一国（比如芬兰）有效法律的一部分是理性的和合理的。而作为一种解释陈述，解释立场则陈述法律文本的何种意义内容是理性的和正确的选择。[3]不过，由规范（解释）立场

1　Aulis Aarnio, *The Rational as Reasonable: A Treatise on Legal Justification*, p. 63.

2　Aulis Aarnio, *The Rational as Reasonable: A Treatise on Legal Justification*, pp. 63-65.

3　Aulis Aarnio, *The Rational as Reasonable: A Treatise on Legal Justification*, p. 67.

构成的解释游戏（interpretation game），却也并不是一个内在同质（homogeneous）的游戏，而是"援引法律文本（文义解释）""概念分析""经验资料或法律渊源的提出"和"评价的提出"等四种语言游戏的任意组合。因此，由解释立场构成的解释，并不能以任一个体部分或者任何这些部分的结合为基础进行界定。解释只是这些不同游戏构成的家族相似实体（family resemblance entity）。[1]

　　阿尔尼奥接着对解释立场的证成进行了结构化分析，他把解释立场的证成看作是一个遵循理性商谈原则的商谈程序，即提出证成的人（解释者 A）与判断这一证成之效力的人（解释者 B）之间的对话。B 可以是个人，但在实践中，证成却总是指向群体的，他们被通称为"听众"。对于解释的对象，A 和 B 之间可能存在分歧，它们可能是语言上的分歧，也可能是事实上的分歧；可能是实质分歧，也可能是表面分歧；可能是理论分歧，也可能是非理论分歧。在制定法中，一个术语可能是模糊的、含混的、在评价上开放的，规范之间可能有冲突，或者法律和法律体系中存在"缝隙"，其中也可能有价值缝隙、逻辑缝隙和技术缝隙。作为对话的结果，A 的解释立场得到了某个证成理据之组合的支持，基于这一解释立场的证成理据的理性基础，A 试图使接受方 B 信服，那么，A 和 B 基于理性基础就达成了合意，证成就成功了。[2]这一程序性机制可以被

1　Aulis Aarnio, *The Rational as Reasonable: A Treatise on Legal Justification*, pp. 73, 74.

2　Aulis Aarnio, *The Rational as Reasonable: A Treatise on Legal Justification*, pp. 108-110.

转化为法教义学机制：在证成的程序中，解释者 A 试图强化其所选择的可选择解释 I_1，并努力消除解释者 B 的反对论据（the counter-arguments），而解释者 B 的反对论据将支持可选择解释 I_2。这样，在商谈中，就存在（解释者 A 和解释者 B）两个选项之间以及（支持与反对）两组论据之间同时进行的持续"竞争"。[1]

上述论据本身可以安排成一个由不同层次构成的层级体系（a hierarchy）：我们将使用 p 来表示"支持论据"，用 c 来表示"反对论据"。对上述论据的意义进行阐释的陈述（分析性陈述），可以表示为 p' 和 c'：对支持论据进行分析的陈述可以写作 p'p。论据的层次可以通过数字表达：支持论据的层次是 p_1，p_2……p_n（第一层支持论据，第二层支持论据，依次类推）。反对某一特定支持论据（例如反对 p_1）的论据将在同一层次上表述。而如果一个反对论据只是旨在寻求对某一分析性论据的阐明，可以用"？"来表示。在某些情况下，反对论据的提出将会迫使解释者提出论据来支持先前提出的论据。根据论据的层次，这些增加的论据也将会获得自己的索引。例如，p_1p_2 表示"论据 p_1 由论据 p_2 所支持"。[2]

如果解释者 A 对所支持的法律文本 L_i 的可选择解释表示为 I_1，解释者 B 的相反解释表示为 I_2，那么，A 和 B 之间的论证图式

1　Aulis Aarnio, *The Rational as Reasonable: A Treatise on Legal Justification*, pp. 115-116.

2　Aulis Aarnio, *The Rational as Reasonable: A Treatise on Legal Justification*, p. 116.

就可以表示如下（图解）：[1]

L_i

I_1	(I_2)
p_1	?
$p' \, p_1$	c_1
p_2	c_2
$p_2 \, p_3$	c_3
p_4	

图解

继耶日·罗布列夫斯基（1974）[2]和罗伯特·阿列克西（1978）[3]
之后，阿尔尼奥对解释立场的"内部证成"（IN—证成）和"外部
证成"（EX—证成）也进行了区分：内部证成是指解释由某些已
被接受的推论规则从前提中推导而来；外部证成是指前提以及推论
规则的有效性要求证成。[4]举一个例子，制定法 L_i 表达了这样一个规

1　Aulis Aarnio, *The Rational as Reasonable: A Treatise on Legal Justification*, p. 117.

2　Jerzy Wróblewski, "Legal Syllogism and Rationality of Judicial Decision", in: *Rechtstheorie*, Bd. 5, Heft 1, 1974, p. 39ss.

3　Robert Alexy, *Theorie der juristischen Argumentation：Die Theorie des rationalen Diskurses als Theorie der juristischen Begründung*, 2 Aufl., S. 273ff.（汉译参见［德］罗伯特·阿列克西：《法律论证理论》，第274页及以下页。）

4　Aulis Aarnio, *The Rational as Reasonable: A Treatise on Legal Justification*, p. 119.

范："如果 F_1，那么应当 G_1。"某位法律学者 A 以这种形式来表达其关于制定法 L_i 的意见（立场）："在 f 这个案件中，应该 G_1。"这个立场称为解释 I_1。接着一个很自然的问题就是：为什么结果 G_1 应该与事实 f 相关联呢？学者 A 可能回答，在法律文本中，"F_1"这个术语意味着"f"且只有这一个意思。因此，A 给出了其证成中的第一层次的论据，可以通过三段论的形式（三段论 I）表述如下：[1]

三段论 I　　PR_1：法律文本 L_i 规定：如果 F_1，那么应当 G_1
　　　　　　PR_2：$f\,\varepsilon\,F_1$

　　　　　　C：在 f 这个案件中，应该 G_1

这个证成是一个典型的内部证成。但阿尔尼奥指出：法律证成的核心难题与外部证成有关。在他看来，将解释者分为不同阵营（解释者 A 和解释者 B）的难题，一方面与前提的选择和内容相关，另一方面与相匹配的推论原则或价值被选择的方式相关。法律商谈的难题因而集中于外部证成。[2] 这种证成的程序是一场解释者 A 和解释者 / 听者 B 之间的实践论辩：当 A 提出一个解释立场（如三段论 I 所示），B 质疑该立场的可接受性时，他们之间就开始了一种论辩。比如，针对三段论 I，因为第二前提 PR_2 把法律文本 L_i

1　Aulis Aarnio, *The Rational as Reasonable: A Treatise on Legal Justification*, p. 120.
2　Aulis Aarnio, *The Rational as Reasonable: A Treatise on Legal Justification*, p. 120.

与其解释 I_1 连接起来，假如 B 提出这一问题：为什么第二前提是 $f\varepsilon F_1$ 而不是 $f'\varepsilon F_1$ 呢？为了回答这个问题，A 必须增加论据来为 "$f\varepsilon F_1$" 这一陈述提供支持性根据。这一阶段的推理同样可以以三段论形式（三段论 II）来表述：[1]

三段论 II　　PR_1：如果在 Li 的情况中立法准备资料表明
　　　　　　　　$f\varepsilon F_1$，那么，Li 的适当解释就是 I_1，
　　　　　　　即 "如果 f，那么应当 G_1"
　　　　　　PR_2：立法准备资料表明 "$f\varepsilon F_1$"

　　　　　　C：根据立法准备资料，Li 的解释是：如果 f，
　　　　　　那么应当 G_1

　　上述这个论证链中每一个步骤总是会有一个内部证成。更加准确地说，三段论 II 被描述为第二层次的论据，以同样的方式可以把支持某一特定论据的论据（例如 p_1p_2）写成三段论的形式。在这个意义上，内部证成与外部证成是相互联系在一起的。面对 B 的解释 I_2 立场，A 可能不断地提出 "三段论 I，三段论 II……三段论 N" 等构成的论证链条，但构成链条的诸三段论之间并没有三段论式的内在关联，根据论据的复合性整体（p_1，p_2，p_1p_2，等等）并不能演绎地推导出解释 I_1。法律解释就其本质来说并不仅仅是三段论式

1　Aulis Aarnio, *The Rational as Reasonable: A Treatise on Legal Justification*, p. 121.

的。这就是整个法律解释的关键所在。法律解释的外部证成根本就不是一个或一组演绎有效的三段论，而是一个使其他人（即解释的接受者 B）信服的问题。如果论证的整体（三段论链条）对于其他人来说是足够令人信服的，解释者（A）就算是成功的。[1]

证成是一个理性实践商谈的程序。在某种程度上，对解释立场的证成就是要遵循这个理性实践商谈的程序。提出一个被证成的解释立场，是指解释者最终会找到这一证成所需的一个支持性论据的组合和一个满足一定标准的融贯的陈述集，其结论为解释接受者，乃至为整个法律共同体理性地接受。[2]这样，解释立场的理性可接受性是法律证成程序之最终结果的一个属性。法律解释本质上是解释者和接受者之间的一个理性对话、人类交往的一种形式。因此，根据哈贝马斯的观点，这种涉及论证和信服的解释性论辩的理性乃是一种交往理性。[3]而交往理性是人类理解的基础，也是可接受性的基础。[4]

交往理性至少可以通过下列两种方式理解：首先，理性可以指

1 Aulis Aarnio, *The Rational as Reasonable: A Treatise on Legal Justification*, pp. 121-122.
2 Aulis Aarnio, *The Rational as Reasonable: A Treatise on Legal Justification*, pp. 185-187.
3 按照阿尔尼奥的看法，"理性"（rationality）这个概念可以通过许多不同的方式来使用：首先，我们可能谈及法律理性以及一般层面的理性。在这里，"法律理性"这个概念所指涉的是法教义学（审判）的范式。我们把它称为法律理性（legal rationality）。其次，还有其他类型的理性：比如，目的论理性（teleological rationality），即决定论理性（finalistic rationality）；制度理性（institutional rationality），体系—理论意义上的理性；等等。（Aulis Aarnio, *The Rational as Reasonable: A Treatise on Legal Justification*, pp. 188-189.）
4 Aulis Aarnio, *The Rational as Reasonable: A Treatise on Legal Justification*, p. 189.

推理的形式。在这种观点看来，逻辑（演绎）推论总是理性的。这种推理模式遵循特定的法则，而且它是重言式的。从前提到结论，以演绎方式推进的所有推理链，都是理性的。内部证成在这个意义上就是理性的。我们把逻辑理性简称为 L—理性。但这只是交往理性的一个方面而已。法律证成不仅仅是推理形式的问题，而且也是逻辑规则所不能约束的商谈程序问题。法律推理的理性商谈总是与外部证成相关联的，它处理前提得到证成所经由的程序。这种与商谈相关联的理性——商谈理性，简称为 D—理性。这样，我们就有了理性的两种特征概括：（1）狭义的理性＝L—理性，（2）广义的理性＝L—理性＋D—理性。阿尔尼奥在其理论中更关注（2）意义上的理性，它所指的是推理的逻辑形式以及对前提进行证成的商谈。[1]

　　阿尔尼奥提问：在法律证成中，为什么要是理性的？或者，为什么 D—理性在法律推理的理论中是如此重要的背景要素？[2] 理性的根基在于我们的文化，即我们在日常语言中使用这个概念的方式。我们的生活形式是以这样一种方式来建构的，以至于我们期待在人类的交互过程中人们是理性的。一种一致、融贯的思维方式是深深根植于我们文化之中的，我们将它作为评价其他人的行为的尺度。在这个意义上，一致和融贯的概念就是我们共有的理性概念的必要

1　Aulis Aarnio, *The Rational as Reasonable: A Treatise on Legal Justification*, pp. 189-190.

2　Aulis Aarnio, *The Rational as Reasonable: A Treatise on Legal Justification*, p. 193.

要素。它们属于人类交往的基础。我们的社会生活以及我们人类交往的互动，只有在这些前提条件被满足时，才可以进行。在这个意义上，理性是一个贯穿整个社会生活的理念。[1]

理性的诸条件和可接受性的诸条件均与法律解释相关联，因而法律解释的理性可接受性理论应当包括论辩性讨论的程序理论和内容可接受的实质理论。在程序理论中，应阐述理性论辩的一般条件；在实质理论中，应说明论辩结果何时可以为特定法律共同体所接受。[2]

在其理论的程序部分，阿尔尼奥在阿列克西研究的基础上把理性商谈的必要条件区分为五个要素："一致性""实效性""真诚性""普遍性"与"支持性"。[3]在此基础上，他提出商谈理性的五组基本原则和规则：（1）一致性规则，涵盖逻辑上的无内部冲突的要求、排除第三值法则以及可传递性规则等；（2）实效性规则，即不仅解释的各方必须使用共同的语言，他们还必须以一种统一的范式来使用每一个表达；（3）真诚性规则，要求每一个使用当前语言的人，都有权利参与到这个讨论中来，禁止诉诸权威，讨论者不得诉诸其自知无效的证成，证成必须是不偏不倚的、客观的；（4）普遍性规则，即讨论者不得援引一个他不愿意将之普遍

1　Aulis Aarnio, *The Rational as Reasonable: A Treatise on Legal Justification*, pp. 193-194.

2　Aulis Aarnio, *The Rational as Reasonable: A Treatise on Legal Justification*, pp. 191-192.

3　Aulis Aarnio, *The Rational as Reasonable: A Treatise on Legal Justification*, p. 196.

化从而涵盖其他类似情况的价值判断，必须接受所接受的规范的后果，满足某个人利益的规范后果必须对其他所有人来说也都是可接受的；（5）支持性规则，即解释立场（P）必须与所有被用作 Pi 的支持性理由的素材（法律渊源）保持一种融贯的关系。[1]此外，阿尔尼奥还区分出专门用作法律论辩的两组证明负担（责任）规则：第一组包括证明负担的程序性规则；第二组包括证明负担的实质性规则。证明负担的程序性规则包括三项：第一，证明负担归于批判通行现状并企图有所变化的人；第二，某人为他的命题或立场提出了证成，只有在这个证成被质疑的情况下，他才有义务提出额外的证成；第三，诉诸与证成无关或者不具有任何证成力量的命题或立场的人负有证明负担，说明自己为什么使用这一证成。[2]证明负担的实质性规则包括两项：第一，类似的案件必须以类似的方式予以处理，违反了公平对待原则的人有义务为他的行动过程提出证成；第二，在法教义学中，如果立法准备资料被忽视了，那么，这样做的人必须对他的程序进行证成，如果某人没有援引有关这个问题的法院实践，那么，他必须对他的程序进行证成。[3]

在其理论的实质部分，阿尔尼奥讨论了解释论辩结果之可接受性的实质要素，重点在于探讨法律解释何时为特定法律共同体所接

1　Aulis Aarnio, *The Rational as Reasonable: A Treatise on Legal Justification*, pp. 196-201.
2　Aulis Aarnio, *The Rational as Reasonable: A Treatise on Legal Justification*, pp. 201-202.
3　Aulis Aarnio, *The Rational as Reasonable: A Treatise on Legal Justification*, p. 203.

受。在此方面，他首先借用了维特根斯坦的"生活形式"概念来阐明解释立场的可接受性如何与特定法律共同体的规范和价值共识相关联。[1] 在他看来，价值与评价（包括个人主观的评价）均可以通过多种方式进入解释程序，但这并不意味着，价值不能在主体间的意义上拥有客观性。在社会实践中，价值体系并不是通过某个个体或某个群体自主建立的，它是与特定的基础，即与生活形式相关联的。也就是说，价值体系是"受我们的生活所拘束的"，它们是与我们的"生活实践"关联在一起的。因此，评价的标准是在我们的外部被确定的。生活形式由共同体成员之间交往中进行的各种行为构成，包括社会共同体共有的整体价值和规范。属于相同生活形式的人有着相同的规范和价值，属于不同生活形式的人有不同的规范和价值。这样，只有当解释者和接受者属于相同的生活形式时，解释者才能理性地说服接受者，他们能够相互理解并达成理性共识；若解释者和接受者属于不同的生活形式，价值判断的语言游戏可能无法获得证成，因为生活形式之间不可能有理性地得到证成。从一种生活形式到另一种生活形式——且因此从一个价值体系到另一个价值体系——是一个说服的问题。在这种情况下，法律规范解释的可接受性并非是完全任意的：在各种生活形式之间，可能存在家族相似性的关系和价值判断标准彼此之间"重叠"的部分。如果

1　Eveline T. Feteris, *Fundamentals of Legal Argumentation: A Survey of Theories on the Justification of Judicial Decisions*, 1999, p. 131.

生活形式（语言游戏）之间具有足够的家族相似性，那么，在那些属于不同生活形式的人之间，就评价标准达成共识就是可能的。不仅他们可以彼此理解，而且他们也能够接受彼此的观点，即使这种接受并不是建立在理性根据之上的。我们可以称之为"妥协"（compromises）。[1]

三、奥利斯·阿尔尼奥的"听众"概念：简要的评价

为了更进一步说明法律解释立场如何与特定法律共同体的共识相关联，阿尔尼奥在佩雷尔曼的"听众"概念基础上发展出一套新的听众理论。他指出：解释是指向某种特定的接受人的。对于可接受性来说，我们假定，接受人是一种叫作"法律共同体"的群体。在论证理论中，这个接受的群体一般被称为受众或者听众。在某种意义上，这是生活形式的"人类"面向（the "human" side of the form of life）。听众是由那些共享着相同生活形式的个体构成的。而且，准确来说，正是在这个意义上，听众的概念处于一个关键的位置。[2] 根据佩雷尔曼的说法，理性论证指向的是所谓的"普泛听众"。这是这样一种听众，其成员是在他们已经为这个立场的证成所信服之后，才以理性论据为基础接受这个立场的。虽然这一听众

1　Aulis Aarnio, *The Rational as Reasonable: A Treatise on Legal Justification*, pp. 204, 209, 211-213.

2　Aulis Aarnio, *The Rational as Reasonable: A Treatise on Legal Justification*, pp. 220-221.

概念提供了一个很好的讨论延续的基础（佩雷尔曼所使用的普泛听
众的概念，其中的重要之处在于，价值判断获得了客观的本质），
但它在细节上尚有模糊之处：比如，普泛听众尽管是理想性的，但
却在社会和文化上受到限制。这样，在一定程度上，普泛听众这
个概念取决于偶然的事情。[1] 阿尔尼奥认为，为了使普泛听众概念
更为明确，就必须把听众的观念分为两个层次：一方面是"具体听
众"（a concret audience）和"理想听众"（an ideal audience），
另一方面是"普泛听众"（a universal audience）和"特定听众"
（a particular audience）。具体听众可以分为由一人组成的听众和
由多人组成的听众，还可以分为"普泛的具体听众"（a universal
concret audience，即某一时刻生存在世的所有人类个体）和"特定
的，且同时具体的听众"（a particular and at the same time concret
audience，即由实际存在的、履行听众职能之特征的人组成的听
众）。相应地，理想听众也可以分为两类："普泛的理想听众"
（比如，佩雷尔曼所说的"所有的理性人"组成的听众）和"特定
的理想听众"。后者主要通过使用两个标准来加以界定：首先，特
定听众的成员受理性的商谈规则的约束；其次，特定听众的成员接
受了共同的价值，用路德维希·维特根斯坦的话说，听众受制于
"一定的生活形式"。[2]

1　Aulis Aarnio, *The Rational as Reasonable: A Treatise on Legal Justification*, p. 222.

2　Aulis Aarnio, *The Rational as Reasonable: A Treatise on Legal Justification*, pp. 222-225.

　　总之，在阿尔尼奥看来，一个理想且特殊的听众（"特定的理想听众"）是一个可以达成理性共识的群体。从法教义学解释的社会关联性角度看，这具有重大意义。因为解释立场之证成的本质是对话，所以，当且仅当我们使得接受 D—理性原则的接受人（听众）信服了下面这一点：接受这个被提议的解释是正确的，那么，证成获得了成功。这意味着，对话各方（解释者 A 和解释者 / 听众 B），在理性基础上，就这一问题取得了共识。根据这种观点，获得了最大理性共识之支持的解释立场具有了最大的社会关联性（the greatest societal relevance）。[1]由此，可以推导出下面这个调整性原则："法教义学应该努力达到这样的法律解释，它们能够确保得到一个理性推理的法律共同体中大多数人的支持。"[2]"理性可接受性"作为法教义学的一个调整性原则，扮演着与"真理"在经验科学中所扮演的相同角色。与经验研究不断努力接近真理的方式一样，法教义学是要将理性可接受性最大化（to maximalize the rational acceptability）。其次，理性可接受性也使得我们从法的安定性的视角来对规范立场进行评价（衡量）变得有意义了。[3]但这并不意味着对于某种"真理表决论"（voting theory of truth）的接受。这一理念并不是说，就某个规范立场，人们都必须有投票表决的机会，

1　Aulis Aarnio, *The Rational as Reasonable: A Treatise on Legal Justification*, p. 226.

2　Aulis Aarnio, *The Rational as Reasonable: A Treatise on Legal Justification*, p. 227.

3　Aulis Aarnio, *The Rational as Reasonable: A Treatise on Legal Justification*, p. 227.

且如果大部分投票表决都支持这个立场，那它在那个社会中就是真的。此种思维方式中存在着许多错误，原因在于：理性可接受性的理论并不处理真／假二分法。相反，规范立场并不属于真理王国。社会中可以存在一个以上的"真的"规范立场，全然取决于出发点的不同。另一方面，这里所提及的大多数人是一个理想的现象。它是由那些共享着与待决法律难题相关的特定评价的理性人构成的。接受这一立场的理想听众中的理性成员越多，这一立场所具有的社会关联性就越大。如果这个立场为这些成员中的大多数人所接受，那么，在有关该法律难题的所有竞争性立场中，它就是最相关联的。在这个社会中，找不到更好的方式来对这一立场中所指涉的规范的正当性进行"测量"。这样来理解的话，多数表决原则是与"合法性问题"（legitimacy problem）而非与"真理问题"（truth problem）相关联的。[1]

阿尔尼奥的法律解释之证成理论的主要关注点指向法教义学，但是，他所提出的诸多教义学规则和技术并非仅仅针对法律的适用，或者仅仅用来处理具体的案件。[2] 他的理论的重要性在于：从法教义学视角将法律解释的三个维度——本体论维度、认识论维度和方法论维度联结起来，在总结他人研究成果的基础上［诚如上述，阿尔尼奥在其著作的论述中合理吸收了佩策尼克的"法律渊

---

1 Aulis Aarnio, *The Rational as Reasonable: A Treatise on Legal Justification*, pp. 227-228.
2 Aulis Aarnio, *The Rational as Reasonable: A Treatise on Legal Justification*, p. 230.

源"理论、阿列克西的法律商谈理论（特别是内部证成与外部证成学说）、罗布列夫斯基的"效力"理论、佩雷尔曼的"听众"概念、哈贝马斯的商谈理论、维特根斯坦的"生活形式"学说，等等］，创造性地提出了一系列与法律解释之证成相关的理论洞见。比如，他对实践法学与理论法学、法教义学与法社会学、法学方法与数学方法之区别的辨析，澄清了法学上的诸多似是而非的看法；他从卡尔·波普尔所讲的"世界3"理论来讨论法律规范，对于认识法律规范的本体论性质也具有相当的启迪意义；他在法律解释理论中提出"规范陈述"和"解释陈述"、"规范立场"和"解释立场"等范畴，比较清楚地展示法律解释的诸逻辑维度，从而便于对法律解释的图式进行一定程度的逻辑刻画；其对解释立场的证成进行结构化分析，尤其是建立论据支持的层级体系，这对于细化法律解释中的"对话逻辑"步骤有一定的参考价值；他把听众的观念分成"具体听众"和"理想听众"、"普泛听众"和"特定听众"两个层次，并组合出相应的新的听众类型（如"特定的理想听众"），丰富了传统的修辞学（包括佩雷尔曼的新修辞学）理论上有关听众概念的定义和应用范围；他提出法律解释的理性可接受性理论包括论辩性讨论的程序理论和内容可接受的实质理论，并就"理性共识""妥协"以及"（意见）表决"等理论难题进行了卓有成效的论述，对于规范评价与"真理"问题之间关系的讨论提供了独到的认识视角和认识标准。正如德国明斯特大学教授维尔纳·克拉维茨在阿尔尼奥六十周年诞辰的祝寿庆典致辞中所指出的："奥利斯·阿尔尼奥如今可以算作现代法理论上最杰出的人物之一……他试图将实践司法论证加以理性化并予以证成。由于在这一领域的成就——由于缺少时间妨碍我做更密切的描述——奥利斯·阿尔尼奥确实必须被看作是新分析法学的创立者之一。最近十几年来，他一直致力于现代法律系统之性质、结构和功能的更为广泛的理论研究，其最终版本迄今尚未被完全地予以利用。"[1]

---

1 Werner Krawietz, "Hommage à Professor Aulis Aarnio: To His 60th Birthday", in: Werner Krawietz, Robert S. Summers, Ota Weinberger, Georg Henrik von Wright (ed.), *The Reasonable as Rational?: On Legal Argumentation and Justification, Festschrift for Aulis Aarnio*, Duncker & Humblot, Berlin 2000, pp. ix, xi.

参考文献

一、外文文献

Achterberg, *Theorie und Dogmatik des Oeffentlichen Rechts*, 1980.

Albert, Hans, *Traktat über kritische Vernunft*, 3 Aufl., J.C.B. Mohr Paul Siebeck, Tübingen 1975.

Aarnio, Aulis, "Argumentation Theory—and Beyond: Some Remarks on the Rationality of Legal Justifation", in: *Rechtstheorie*, Bd. 14, Heft 4, 1981.

Aarnio, Aulis, "The Systematization and Interpretation of Statutes. Some Thoughts on Theoretical and Practical Legal Science", in: Luc J. Wintgens (ed.), *The Law in Philosophical Perspectives: My Philosophy of Law*, Springer Science+Business Media, B.V., Dordrecht/Boston/London 1999.

Aarnio, Aulis, "The Development of Legal Theory and Philosophy of Law in Finland", in: Aulis Aarnio, *Philosophical Perspectives in Jurisprudence*, The Philosophical Society of Finland, Helsinki 1983.

Aarnio, Aulis, *Reason and Authority: A Treatise on the Dynamic*

Paradigm of Legal Dogmatics, Ashgate/Dartmouth Publishing Company Limited, Aldershot 1997.

Aarnio, Aulis, Robert Alexy, Aleksander Peczenik, "The Foundation of Legal Reasoning", in: *Rechtstheorie*, Bd. 12, Heft 1–3, 1981.

Aarnio, Aulis, *The Rational as Reasonable: A Treatise on Legal Justification*, D. Reidel Publishing Company, Dordrecht/Boston/Lancaster/ Tokyo 1987.

Alexy, Robert, "My Philosophy of Law: The Institutionalisation of Reason", in: Luc J. Wintgens (ed.), *The Law in Philosophical Perspectives: My Philosophy of Law*, Springer Science+Business Media, B.V., Dordrecht/ Boston/London 1999.

Alexy, Robert, "Aleksander Peczenik: In Memoriam", in: *Ratio Juris*, Vol. 19, No. 2, 2006.

Alexy, Robert, "Bulygins Kritik des Richtigkeitsarguments", in: *Normative Systems in Legal and Moral Theory. Festschrift für Carlos E. Alchourrón und Eugenio Bulygin*, hg. v. E. Garzón Valdés/W. Krawietz/G. H. v. Wright/R. Zimmerling, Berlin 1997.

Alexy, Robert, "Normenbegründung und Normanwendung", in: *Rechtsnorm und Rechtswirklichkeit. Festschrift für Werner Krawietz*, hg. v. A. Aarnio/S. L. Paulson/O. Weinberger/G. H. v. Wright/D. Wyduckel, Berlin 1993.

Alexy, Robert, "On the Thesis of a Necessary Connection between Law and Morality: Bulygin's Critique", in: *Ratio Juris*, Vol. 13, 2000.

Alexy, Robert, "The Special Case Thesis", in: *Ratio Juris*, Vol.12, 1999.

Alexy, Robert, *Begriff und Geltung des Rechts*, Freiburg/München 1992; 2 Aufl., Freiburg/München 1994; Neudr. Freiburg/München 2002; 5 Aufl., Freiburg/München 2011.

Alexy, Robert, *La pretensión de corrección del derecho. La polémica sobre la relatión entre derecho y moral* (zusammen mit Eugenio Bulygin; eingeleitet und übersetzt von Paula Gaido), Bogotá 2001.

Alexy, Robert, "My Philosophy of Law: The Institutionalisation of Reason", in: Luc J. Wintgens (ed.), *The Law in Philosophical Perspectives: My Philosophy of Law*, Kluwer Academic Publishers, Dordrecht/Boston/ London 1999.

Alexy, Robert, *Theorie der Grundrechte*, Baden–Baden 1985; Neudr. Frankfurt a. M. 1986; 7 Aufl., Frankfurt a. M. 2015.

Alexy, Robert, *Theorie der juristischen Argumentation: Die Theorie des rationalen Diskurses als Theorie der juristischen Begründung*, 2 Aufl., Suhrkamp Verlag, Frankfurt a. M. 1991.

August, Karl, *Über das Grunddogma des rechtsphilosophischen Relativismus*, Berlin/Leipzig 1916.

Ballweg, Ottmar, "Phronetik, Semiotik und Rhetorik", in: Ottmar Ballweg, et al. (Hrsg.): *Rhetorische Rechtstheorie*, Verlag Karl Alber, Freiburg/München 1982.

Bardach, Eugene, Kagan, Robert A., *Going by the Book: The Problem of Regulatory Unreasonableness*, Routledge, London/New York 2002.

Barth, E. M., Krabbe, E. C. W., *From Axiom to Dialogue*, Walter de Gruyter, Berlin/New York 1982.

Bird, Otto, "The Re-Discovery of the Topics: Professor Toulmin's Inference-Warrants", in: *Mind*, Vol. 70, No. 280, 1961.

Bobbio, Norberto, *Über den Begriff der "Natur der Sache"*, Saarbrücken 1957.

Bodenheimer, Edgar, *Jurisprudence: The Philosophy and Method of the Law*, Harvard 1981.

Branting, L. K.,"A Computational Model of Ratio Decidendi", in: *Artificial Intelligence and Law*, Vol. 2, 1994.

Buchwald, Delf, *Der Begriff der rationalen juristischen Begründung: Zur Theorie der juridischen Vernunft*, Nomos Verlagsgesellschaft , Baden-Baden 1990.

"Bürgerliches Gesetzbuch" vom 18. August 1896, §659(2), in: *Reichs-Gesetzblatt*, Vol. 21, 1896.

"Bürgerliches Gesetzbuch", §§905, 1603 (2), 1609, in: *Reichs-Ge-*

setzblatt, Vol. 21, 1896.

"Bürgerliches Gesetzbuch", §823(2), in: *Reichs–Gesetzblatt*, Vol. 21, 1896.

Busse, Dietrich, *Juristische Semantik*, Berlin 1993.

Bydlinski, Franz, *Juristische Methodenlehre und Rechtsbegriff*, Springer–Verlag Wien GmbH, Wien/New York 1982.

Canaris, G.–W., *Systemdenken und Systembegriff in der Jurisprudenz*, Berlin 1969.

Castañeda, Hector–Neri, *Thinking and Doing: The Philosophical Foundations of Institutions*, D. Reidel Publishing Company, Dordrecht/ Boston/London 1975.

Christie, George C., *The Notion of an Ideal Audience in Legal Argument*, Springer–Science+Business Media B. V., Dordrecht 2000.

Collins English Dictionary, 12th edition, HarperCollins Publishers, London 2014.

Davidson, Donald,"A Coherence Theory of Truth and Knowledge", in: Ernest LePore (ed.), *Truth and Interpretation: Perspectives on the Philosophy of Donald Davidson*, Blackwell, Cambridge 1986.

Dhyani, S. N., *Jurisprudence: A Study in Legal Theory*, New Delhi 1985.

Diederichsen, Uwe,"Topisches und systematisches Denken in der

Jurisprudenz", in: *Neue Juristische Wochenschrift* (NJW), Band 19, 1966.

Dreier, Ralf (Hrsg.), Rechtspositivismus und Wertbezug des Rechts, *ARSP*, Beiheft 37, 1990.

Dreier, Ralf, "Julius Binder (1870–1939). Ein Rechtsphilosoph zwischen Kaiserreich und Nationalsozialismus", in: Fritz Loos (Hrsg.), *Rechtswissenschaft in Göttingen*, Vandenhoeck & Ruprecht, Göttingen 1987.

Dreier, Ralf, *Zum Begriff der "Natur der Sache"*, Walter de Gruyter & Co., Berlin 1965.

Dreier, Ralf, *Was ist und Wozu Allgemeine Rechtstheorie?* Tübingen 1975.

Dreier, Ralf, Zur gegenwärtigen Diskussion des Verhältnisses von Recht und Moral in der Bundesrepublik Deutschland, *ARSP*, Beiheft–44, 1991.

Durham, W. Cole, "Translator's Foreword to Theodor Viehweg", in: *Topics and Law*, trans. by W. Cole Durham, 1993.

Dworkin, Ronald, *Law's Empire*, The Belknap Press of Harvard University Press, Cambridge, Mass. 1986.

Dworkin, Ronald, *Taking Rights Seriously*, Harvard University Press, Cambridge, Mass. 1978.

Ehrlich, Eugen, *Grundlegung der Soziologie des Rechts*, 3 Auft,

Duncker & Humblot, Berlin 1967.

Endicott, Timothy, "The Reason of the Law", in: *The American Journal of Jurisprudence*, Vol. 48, 2003.

Engisch, Karl, *Logische Studien zur Gesetzesanwendung*, Heidelberg 1943.

Esser, J., *Grundsatz und Norm in der richterlichen Fortbildung des Privatrechts*, Tübingen 1956.

Esser, Josef, "Zur Methodenlehre des Zivilrechts"(1959), in: ders., *Wege der Rechtsgewinnung: Ausgewählte Aufsätze*, hsg. von Peter Häberle/ Hans G. Leser, J.C.B. Mohr (Paul Siebeck), Tübingen 1990.

Esser, Josef, *Vorverständnis und Methodenwahl in der Rechts- findung: Rationalitätsgarantien der richterlichen Entscheidunspraxis*, Athenräum Verlag GmbH, Frankfurt a. M. 1970.

Fechner, Erich, *Rechtsphilosophie: Soziologie und Metaphysik des Rechts*, Tübingen 1956.

Feteris, Eveline T., "A Survey of 25 Years of Research on Legal Argumenation", in: *Argumenation*, Vol. 11, 1997.

Feteris, Eveline T., "Rezension: Robert Alexy, Theorie der juristischen Argumentation", in: *Argumentation and Advocacy,* Vol. 27, 1991.

Feteris, Eveline T., *Fundamentals of Legal Argumentation: A Survey of Theories on the Justification of Judicial Decisions*, Kluwer Academic

Publishers, Dordrecht/Boston/London 1999.

Feteris, Eveline T., *Fundamentals of Legal Argumentation: A Survey of Theories on the Justification of Judicial Decisions*, Springer–Science +Business Media B. V., 2nd edition, Dordrecht 2017.

Feteris, Eveline T., Kloosterhuis, Harm, "Law and Argumentation Theory: Theoretical Approaches to Legal Justification", in: Bart van Klink, Sanne Taekema (ed.), *Law and Method: Interdisciplinary Research into Law*, Mohr Siebeck, Tübingen 2011.

Fikentscher, Wolfgang, *Methoden des Rechts in vergleichender Darstellung*, Bd. 3, J.C.B. Mohr (Paul Siebeck), Tübingen 1976.

Fikentscher, Wolfgang, *Methoden des Rechts in vergleichender Darstellung*, Bd. 2, J.C.B. Mohr/Tübingen, 1975.

Forkel, Hans, "Heinrich Hubmann", in: *Juristen im Portrait. Verlag und Autoren in 4 Jahrzehnten. Festschrift zum 225jährigen Jubiläum des Verlages C. H. Beck*, C. H. Beck'sche Verlagsbuchhandlung, München 1988.

Freeman, James B., *Acceptable Premises: An Epistemic Approach to an Informal Logic Problem*, Cambridge University Press, Cambridge 2005.

Geburtstag, *C. H. Beck'sche Verlagsbuchhandlung*, München 1983.

Gény, François, "Judicial Freedom of Decision: Its necessity and Method", in: The Editorial Committee of the Association of American Law

Schools (ed.), *Science of Legal Method: Select Essays by Various Authors*, trans. by Ernest Bruncken, Layton B. Register, The Boston Book Company, Boston 1917.

Gepita, S., Theory of law and Legal Policy in the works of Leon Petrazycki, *ARSP,* Beiheft 54, 1992.

Golden, Jame L., Pilotta, Joseph J. (ed.), *Practical Reasoning in Human Affairs: Studies in Honor of Chaïm Perelman*, D. Reidel Publishing Company, Dordrecht 1986.

"Grundgesetz für die Bundesrepublik Deutschland"vom 23. Mai 1949, §1 und §2, in: *Bundessgesetzblatt*, Vol. 1, 1949.

Günther, Klaus, "Critical Remarks on Robert Alexy's 'Special Case' Thesis", in: *Ratio Juris*, Vol. 6, 1993.

Günther, Klaus, *Der Sinn für Angemessenheit: Anwendungsdiskurse in Moral und Recht*, Fankfurt a. M. 1988.

Haan, Nienke den, *Automated Legal Reasoning*, Thesis Universiteit van Amsterdam, Amsterdam 1996.

Haarscher, Guy (dir.), *Chaïm Perelman et la pensée* contemporaine, Bruylant, Bruxelles 1993.

Habermas, Jürgen, *Legitimationsprobleme im Spätkapitalismus*, Frankfurt a. M. 1973.

Habermas, Jürgen, "*Erkenntnis und Interesse*", in: *Technik und*

Wissenschaft als 'Ideologie', Suhrkamp, Frankfurt a. M. 1968.

Habermas, Jürgen, *Erkenntnis und Interesse*, Suhrkamp, Frankfurt a. M., 1991.

Habermas, Jürgen, *Faktizität und Geltung: Beiträge zur Diskurstheorie des Rechtes und des demokratischen Rechtsstaats*, 2 Aufl., Suhrkamp Verlag, Frankfurt a. M. 1992.

Habermas, Jürgen, *Zur Rekonstruktion des Historischen Materialismus*, 3 Aufl., 1982.

Hare, R. M., "Review of Stephen Edelston Toulmin, An Examination of the Place of Reason in Ethics", in: *The Philosophical Quarterly*, Vol. 1, No. 4, 1951.

Harris, J. W., *Legal Philosophies*, Butterworths, London 1980.

Hart, H. L. A., *The Concept of Law*, 2nd edition, Oxford University Press, Oxford 1994.

Hartmann, Nicolai, "Diesseits von Idealismus und Realismus" in: *Kant-Studien*, Bd. XXIX, 1924.

Hassemer, Winfried, *Dimensionen der Hermeneutik—Arthur Kaufmann zum 60*. Geburtstag, Heidelberg 1984.

Hassold, Gerhard, "Strukturen der Gesetzesauslegung", in: *Claus-Wilhelm Canaris*, Uwe Diederichsen (Hrsg.), *Festschrift für Karl Larenz zum 80. Geburstag, C. H. Beck'sche Verlagsbuchhand*, München

1983.

Heck, Philipp, "Begriffsjurisprudenz und Interessenjurisprudenz" (1929), in: ders., *Grundriß des Schuldrechts*, S. 473, Anm. 1; Ders.," Begriffsjurisprudenz und Interessenjurisprudenz" (1929), in: Günter Ellscheid und Winfried Hassemer (Hrsg.), *Interessenjurisprudenz*, Wissenschaftliche Buchgesellschaft, Darmstadt 1974.

Henkel, Heinrich, *Einführung in die Rechtsphilosophie: Grundlagen des Rechts*, 2 Aufl., C. H. Beck'sche Verlagsbuchhandlung, München 1977.

Herget, James E., *Contemporary German Legal Philosophy*, University of Pennsylvania Press, 1996.

Hilgendorf, Eric," Rechtsphilosophie im vereinigten Deutschland", in: *Philosophische Rundschau*, Vol. 40, Heft 1–2, 1993.

Hippel, Eike von, *Rechtspolitik*, Duncker & Humblot, Berlin 1992.

Hippel, Fritz von, *Gustav Radbruch als rechtsphilosophischer Denker*, Heidelberg/Tübingen 1951.

Hitchcock, David, Verheij, Bart (ed.), *Arguing on the Toulmin Model: New Essays in Argument Analysis and Evaluation*, Springer, Dordrecht 2006.

Hommes, H. J., "Sein und Sollen im Erfahrungsbereich des Rechts", *ARSP*. Beiheft–6, 1970.

Hubmann, Heinrich, "Grundsätze der Interessenabwägung", in: *Archiv für die civilistische Praxis* (AcP), Bd. 155, Heft 2, 1956.

Hubmann, Heinrich, "Naturrecht und Rechtsgefühl", in: *Archiv für die civilistische Praxis* (AcP), Bd. 153, Heft 4. 1954.

Hubmann, Heinrich, *Wertung und Abwägung im Recht*, Carl Heymanns Verlag, Köln 1977.

Hugo, Gustav, *Lehrbuch des Naturrechts, als einer Philosophie des positiven Rechts, besonders des Privatrechts*, 4 Aufl., Berlin 1819.

Irigaray, Luce, *Teaching*, Continuum, London 2008.

Iyer, Desan, "Using a Legal Realist Approach to Improve the Communicative Legal Skills of the Law Student", in: *Speculum Juris*, Issue 2, 2013.

Jacob, Bernard E., "Ancient Rhetoric, Modern Legal Thoughts, and Politics: A Review Essay on the Translation of Viehweg's 'Topics and Law'", *Northwestern University Law Review*, Summer 1995.

Jaspers, Karl, *Way to Wisdom: An Introduction to Philosophy*, Yale University Press, New Haven/ London 1954.

Jhering, Rudolf von, *Geist des römischen Rechts*, Bd. 3, 3 Aufl., Druck und Verlag von Breitkopf & Härtel, Leipzig 1877.

Jørgensen, Stig, *Fragments of Legal Cognition*, Aarhus University Press, Aarhus 1988.

Jørgensen, Stig, *Reason and Reality*, Aarhus University Press, Aarhus 1986.

Jørgensen, Stig, *Values in Law: Ideas, Principles and Rules*, Juristforbundets Forlag, København 1978.

Kant, Immanuel, *Kritik der praktischen Vernunft*, Felix Meiner Verlag GmbH, Hamburg 1993.

Kant, Immanuel, *Kritik der Reinen Vernunft*, Felix Meiner Verlag GmbH, Hamburg 1993.

Kant, Immanuel, *Kritik der Urteilskraft*, Felix Meiner Verlag GmbH, Hamburg 1993.

Kaufmann, Arthur, "Preliminary Remarks on a Legal Logic and Ontology of Relations: Foundations of a Legal Theory based on the Concept of a Person", in: Patrick Nerhot (ed.), *Law, Interpretation and Reality: Essays in Epistemology, Hermeneutics and Jurisprudence*, Kluwer Academic Publishers, Dordrecht/Boston/London 1990.

Kaufmann, Arthur, *Die ontologische Begründung des Rechts*, Darmstadt 1965.

Kaufmann, Arthur, *Gustav Radbruch. Rechtsdenker, Philosoph, Sozialdemokrat*, München/Zürich 1987.

Kaufmann, Arthur, *Naturrecht und Geschichtlichkeit*, Tübingen 1957.

Kaufmann, Arthur, *Rechtsphilosophie*, 2 Aufl., C. H. Beck'sche Verlagsbuchhandlung, München 1997.

Kaufmann, Arthur, "Rechtsphilosophie, Rechtstheorie, Rechts-dogmatik", in: A. Kaufmann und W. Hassemer (Hrsg.), *Einführung in Rechtsphilosophie und Rechtstheorie der Gegenwart*, 3 Aufl., C. F. Müller Juristischer Verlag GmbH, Heidelberg/Karlsruhe 1981.

Klatt, Matthias, "Robert Alexy's Philosophy of Law as System", in Matthias Klatt (ed.), *Institutionalized Reason: The Jurisprudence of Robert Alexy*, Oxford University Press, Oxford 2012.

Klatt, Matthias, "Contemporary Legal Philosophy in Germany", in: *Archiv für Rechts- und Sozialphilosophie (ARSP)*, Bd. 93, 2007.

Klee, Ernst (Hrsg.), *Das Personenlexikon zum Dritten Reich: Wer war was vor und nach 1945*, Fischer Taschenbuch Verlag, Zweite aktualisierte Auflage, Frankfurt a. M. 2005.

Kohler, Josef, *Lehrbuch der Rechtsphilosophie*, 2 Aufl., Berlin u. Leipzig 1917.

Koller, Pert, Csaba Varga, Ota Weinberger, "Theoretische Grundlagen der Rechtspolitik", in: *ARSP*, Beiheft 54, 1992.

Kollhosser, Helmut, "Harry Westermann 1909–1986", in: *60. Deutscher Juristentag Münster*, Redaktionsbeilzu den Zeitschriften des Verlages C. H. Beck, München 1994.

Köndgen, Johannes, "Josef Esser: Methodologe zwischen Theorie und Praxis", in: *JuristenZeitung*, 2001.

Kopperschmidt, Josef (Hrsg.), *Die Neue Rhetorik: Studien zu Chaïm Perelman*, Wilhelm Fink Verlag, München 2003.

Krawietz, Werner, "Hommage à Professor Aulis Aarnio: To His 60th Birthday", in: Werner Krawietz, Robert S. Summers, Ota Weinberger, Georg Henrik von Wright (ed.), *The Reasonable as Rational? On Legal Argumentain and Justification, Festschrift for Aulis Aarnio*, Duncker & Humblot, Berlin 2000.

Krawietz, Werner, *Juristische Entscheidung und wissenschaftliche Erkenntnis: Eine Untersuchung zum Verhältnis von dogmatischer Rechtswissenschaft und rechtswissenschaftlicher Grundlagenforschung*, Springer–Verlag, Wien/New York 1978.

Kreiser, Lothar, *Gottlob Frege: Leben–Werk–Zeit*, Felix Meiner Verlag, Hamburg 2013.

Lacambra, Luis Legazy, *Rechtsphicosophie* (1961), dt. Ausg. 1965.

Lampe, Ernst–Joachim, "Rechtsanthropologie heute", in: *ARSP*, Beiheft 44, 1991.

Larenz, Karl, *Methodenlehre der Rechtswissenschaft*, 5 Aufl., Berlin 1983.

Larenz, Karl, *Rechts– und Staatsphilosophie der Gegenwart*, 2 Aufl.,

Berlin, 1935.

Liddell, Henry George, Robert Scott, *An Intermediate Greek–English Lexicon*, Clarendon Press, Oxford 1889.

Lioyd, Dennis, *The Idea of Law*, Penguin Books Ltd., Harmondsworth 1964.

Lodder, Arno R., *DiaLaw: On Legal Jusitification and Dialogical Models of Argumentation*, Springer Science+Business Media, Dordrecht 1999.

Lord Lloyd of Hampstead, *Introduction to Jurisprudence*, 3th edition, Stevens & Sons, London 1972.

Lübbe, Weyma, *Legitimität kraft Legalität*, Tübingen 1991.

Luhmann, Niklas, *Rechtssystem und Rechtsdogmatik*, 1974.

MacCormick, Neil, *Legal Reasoning and Legal Theory* (Clarendon Law Series), Clarendon Press, Oxford 1978.

Maihofer, Werner, *Recht und Sein: Prolegomena zu einer Rechtsontologie*, Frankfurt a. M. 1954.

Matlon, Ronald J., *Communication in the Legal Process*, Holt, Rinehart & Winston, Inc., New York 1988.

McCoubrey, Hilaire and White, D. Nigel, *Textbook on Jurisprudence*, 2nd edition, Blackstone Press Limited, 1996.

Meyer, Ernst, *Grundzüge einer systemorientierten Wertungsjurisprudenz*,

J.C.B. Mohr (Paul Siebeck), Tübingen 1984.

Millgram, Elijah, "Practical Reasoning: The Current State of Play", in: *Elijah Millgram* (ed.), Varieties of Practical Reasoning, The MIT Press, Cambridge, Massachusetts 2001.

Naucke, Wolfgang, *Rechtsphilosophische Grundbegriffe*, Frankfurt a. M. 1986.

Nelson, Leonard, *Die Rechtswissenschaft ohne Recht*, 2 Aufl., Göttingen/Hamburg, 1949.

Neumann, Ulfrid, *Juristische Argumentationslehre*, Darmstadt 1986.

Nobles, W. Scott, "Communication in the Legal Process. By Ronald J. Matlon", in: *Argumentation and Advocacy*, Vol. 26, Issue 1, 1989.

Noguchi, Hiroshi, Die"Natur der Sache"in der juristischen Argumentation, *ARSP*, Beiheft–30, 1987.

Pavlakos, George, "Introduction", in: G. Pavlakos (ed.), *Law, Rights and Discourse: The Legal Philosophy of Robert Alexy*, Hart Publishing (www.hart.oxi.net), Oxford 2007.

Pavlakos, George, "Normative Knowledge and the Nature of Law", in: Sean Coyle, George Pavlakos (ed.), *Jurisprudence or Legal Science? A Debate about the Nature of Legal Theory*, Hart Publishing, Oxford and Portland, Oregon 2005.

Pavlakos, Georgios, "The Special Case Thesis. An Assessment of R.

Alexy's Discursive Theory of Law", in: *Ratio Juris*, Vol. 11, 1998.

Peczenik, Aleksander, "The Passion for Reason", in: Luc J. Wintgens (ed.), *The Law in Philosophical Perspectives: My Philosophy of Law*, Springer Science+Business *Media*,B.V., Dordrecht/Boston/London 1999.

Peczenik, Aleksander, "Can Philosophy Help Legal Doctrine?", in: *Ratio Juris*, Vol. 17, No. 1, March 2004.

Peczenik, Aleksander, "A Theory of Legal Doctrine", in: *Ratio Juris*, Vol. 14, No. 1, 2001.

Peczenik, Aleksander, *On Law and Reason*, Springer Science+ Business Media B. V., Dordrecht 2008.

Peczenik, Aleksander, *Scientia Iuris: Legal Doctrine as Knowledge of Law and as a Source of Law*, Springer, Dordrecht 2005.

Peczenik, Aleksander, *The Basis of Legal Justification*, Infotryck AB Malmö, Lund 1983.

Peczenik, Aleksander, *Grundlagen der juristischen Argumentation*, Springer–Verlag, Berlin/New York 1983.

Perelman, Chaïm, "Concerning Justice" (De la justice, 1945), in: ders., *Justice, Law, and Argument: Essays on Moral and Legal Reasoning*, D. Reidel Publishing Company, Dordrecht/ Boston/London 1980.

Perelman, Chaïm, "Notice sur Eugène Dupréel", in: *Annuaire, Académie royale de Belgique*, Bruxelles 1980.

Perelman, Chaïm, "Old and New Rhetoric: An Address Delivered by Chaïm Perelman at Ohio State University, November 16, 1982", in: Jame L. Golden, Joseph J. Pilotta (ed.), *Practical Reasoning in Human Affairs: Studies in Honor of Chaïm Perelman*, D. Reidel Publishing Company, Dordrecht 1986.

Perelman, Chaïm, "Une Conception de la Philosophie", in: *Revue de l'Institut de Sociologie* 20, 1940.

Perelman, Chaïm, "Justice and Justification" (1964), in: ders., *Justice, Law, and Argument: Essays on Moral and Legal Reasoning*, D. Reidel Publishing Company, Dordrecht/Boston/London 1980.

Perelman, Chaïm, *Logik und Argumentation*, Athenräum Verlag GmbH, Königstein/Ts. 1979.

Perelman, Chaïm, Lucie Olbrechts–Tyteca, *Die neue Rhetorik. Eine Abhandlung über das Argumentieren*, Hrsg. von Josef Kopperschmidt, Bd. 1, Frommann–Holzboog, Stuttgart 2004.

Petersen, Jens, *Von der Interessenjurisprudenz zur Wertungsjurisprudenz*, J.C.B. Mohr (Paul Siebeck), Tübingen 2001.

Rabruch, Gustav, "Fünf Minuten Rechtsphilosophie", in: ders., *Rechtsphilosophie*, 4 Aufl., Stuttgart 1963.

Rabruch, Gustav, *Der Mensch im Recht*, Tübingen 1927.

Rabruch, Gustav, "Legal Philosophy", in: *The Legal Philosophies of*

Lask, Radbruch, and Dabin, trans. by Kut Wilk, 1950.

Rabruch, Gustav, *Rechtsphilosophie*, Leipzig 1932.

Rabruch, Gustav, *Rechtsphilosophie*, 4 Aufl., Leipzig 1950.

Rabruch, Gustav, *Vorschule der Rechtsphilosophie*, Heidelberg 1947.

Raspe, Rudolf Erich, *Wunderbare Reisen zu Wasser und Lande, Feldzüge und lustige Abentheuer des Freyherrn von Münchhausen, wie er dieselben bey der Flasche im Cirkel seiner Freunde selbst zu erzählen pflegt,* Übersetzt von Gottfried August Bürger, Verlag von Dieterich, Göttingen 1786.

Reinhardt, Rudolf, "Methoden der Rechtsfindung", in: Rudolf Reinhardt, Wilhelm König, *Richter und Rechtsfindung*, C. H. Beck'sche Verlagsbuchhandlung, München/Berlin 1957.

Richards, David A., Rezension: Robert Alexy, "A Theory of Legal Argumentation", in: *Ratio Juris*, Vol. 2, 1989.

Riedel, Sammelbände M. (Hrsg.), *Rehabilitierung der praktischen Philosophie*, Bd. 2, 1972/74.

Rieke, Richard D., Stutman, Randall K., *Communication in Legal Advocacy*, University of South Carolina Press, Columbia S. C. 1990.

Rottleuthner, Hubert, *Rechtstheorie und Rechtssoziologie*, München 1981.

Rubin, Edward L., "Legal scholarship", in: Dennis Patterson (ed.), *A*

Companion to Philosophy of Law and Legal Theory (Blackwell Companions to Philosophy, Vol. 8), Blackwell Publishers, Oxford 1996.

Rüßmann, Helmut, Rezension: Alexy, Robert, "Theorie der juristischen Argumentation", in: *Rechtstheorie*, Bd. 10, 1979.

Rüthers, Bernd, "Hans Brox als Methodenlehrer: Von der Interessen- zur Wertungsjurisprudenz", in: *Rechtstheorie*, Bd. 41, 2010.

Rüthers, Bernd, "*Anleitung zum fortgesetzten methodischen Blindflug?*" in: *NJW*, 1996.

Rüthers, Bernd, *Die Wende-Experten-Zur Ideologieanfälligkeit geistiger Berufe am Beispiel der Juristen*, C. H. Beck'sche Verlagsbuchhandlung, München 1995.

Sauer, Wilhelm, *Philosophie der Zukunft*, Stuttgart 1923.

Saunders, Kurt M., "Law as Rhetoric, Rhetoric as Argument", in: *Journal of Legal Education*, Vol. 44, 1994.

Schambeck, Hebert, *Der Begriff der "Natur der Sache"*, Wien 1964.

Schelauske, Hans Dieter, *Naturrechtsdiskussion in Deutschland—ein Überblick über zwei Jahrzehnte (1945—1965)*, Köln 1968.

Schmitt, Carl, *Legalität und Legitimität*, Berlin/München 1932.

Schoppmeyer, Heinrich, *Juristische Methode als Lebensaufgabe: Leben, Werk und Wirkungsgeschichte Philipp Hecks*, J.C.B. Mohr (Paul Siebeck), Tübingen 2001.

Schramm, Theodor, *Einführung in die Rechtsphilosophie*, München 1978.

Schuetz, J.,"Perelman's Rule of Justice in Mexican Appellate Courts", in: F. H. van Eemeren, R. Grootendorst, J. A. Blair, C. A. Willard (ed.), *Proceedings of the Second International Conference on Argumentation*, Sicsat (International Society for the Study of Argumentation), Amsterdam 1991.

Schult, Hans, "Harry Westermann", in: Stefan Grundmann, Karl Rie-senhuber(Hrsg.), *Deutschsprachige Zivilrechtslehrer des 20. Jahrhunderts in Berichten ihrer Schüler: Eine Ideengeschichte in Einzeldarstellungen*, Bd. 1, Walter de Gruyter & Co., Berlin 2007.

Smith, Richard, "Can Practice Do Without Theory? Differing Answers in Western Legal Education", in: *Archiv für Rechts-und Sozialphilosophie (ARSP)*, Beiheft Nr. 80, 1994.

Snedaker, Kathryn Holmes, "The Content and Structure of Appellate Argument: Rhetorical Analysis of Brief Writing Strategies in the Sam Sheppard Appeal", in: Joseph Wenzel (ed.), *Argument and Critical Practices. Proceedings of the Fifth SCA/AFA Conference on Argumentation*, Annandale VA: Speech Communication Association, University of Chicago Press, Chicago 1987.

Soeteman, Arend, *Logic in Law: Remarks on Logic and Rationality in Normative Reasoning, Especially in Law*, Kluwer Academic Publishers, Dordrecht 1989.

Stadtmüller, Georg, *Das Naturrecht im Lichte der geschichtlichen Erfahrung*, Recklinghausen 1948.

Stammler, Rudolf, *Lehrbuch der Rechtsphilosophie*, 3 Aufl., Berlin/Leipzig 1928.

Stammler, Rudolf, *The Theory of Justice*, trans. by I. Husik, Macmillan, New York 1925.

Stella, Giuliana, "From Criticism to The Phenomenology of Law", in: Enrico Pattaro, Corrado Roversi (ed.), *Legal Philosophy in the Twentieth Century: The Civil Law World*, Tome 1, Language Areas, Springer, Netherlands 2016.

Stone, Julius, *Legal System and Lawyers' Reasonings*, Standford University Press, Standford, California, 1968.

Struck, Gerhard, *Topische Jurisprudenz*, Frankfurt a. M. 1971.

Sunstein, Cass R., *Legal Reasoning and Political Conflict*, Oxford University Press, Oxford 1996.

Third New International Dictionary, Merriam–Webster, Inc., Springfield, Massachusetts 1993.

Toulmin, Stephen, *An Examination of the Place of Reason in Ethics*, Cambridge University Press, Cambridge 1950.

Toulmin, Stephen, Richard Rieke, Allan Janik, *An Introduction to Reasoning*, 2nd edition (1st edition, 1978), Macmillan Publishing Co., Inc., New York 1984.

Toulmin, Stephen, *The Uses of Argument*, Updated Edition, Cambridge University Press, Cambridge 2003.

Vecchio, Giorgio Del, *Lehrbuch der Rechtsphilosophie*, dt. Ausg. 2 Aufl., Basel 1957.

Viehweg, Theodor, *Topik und Jurisprudenz*, 5 Aufl., Verlag C. H. Beck, München 1974.

Walton, Douglas, Reed, Chris, Macagno, Fabrizio, *Argumentation Schemes*, Cambridge University Press, New York 2010.

Weber, Max, *Die drei reinen Typen der Legitimen Herrschaft*, 1922.

Weinberger, Ota,"Logische Analyse als Basis der juristischen Argumentation", in: Werner Krawietz/Robert Alexy (Hrsg.), *Metatheorie juristischer Argumentation*, Duncker & Humblot, Berlin 1983.

Weiner, Philip P., *Dictionary of the History of Ideas*, Charles Scribner's Sons, 1973.

Windscheid, Bernhard, *Lehrbuch des Pandektenrechts*, Bd. 1, 9 Aufl., bearb. v. Theodor Kipp, Literarische Anstalt Rütten & Loening, Frankfurt a. M. 1906.

Wenzel, J. W., "On Fields of Argument as Propositional System", in:

Journal of American Forensic Association, Vol. 18, 1982.

Westermann, Harry, *Lehrbuch des Sachenrechts*, Verlag C. F. Müller, Karlsruhe 1951.

Westermann, Harry, *Person und Persönlichkeit als Wert im Zivilrecht*, Westdeutscher Verlag, Köln /Opladen 1957.

Westermann, Harry, *Wesen und Grenzen der richterlichen Streit-entscheidung im Zivilrecht*, Aschendorff Verlag, Münster Westfalen 1955.

Whately, Richard, *Elements of Rhetoric*, J. W. Parker, London 1828.

Wieacker, Franz, "Zur rechtstheoretischen Präzisierung des §242 BGB"(1956), in: Franz Wieacker, *Kleine juristische Schriften: Eine Sammlung zivilrechtlicher Beiträge aus den Jahren 1932 bis 1986*, hrsg. von Malte Dießelhorst, Verlag Otto Schwartz & Co. Göttingen 1988.

Williams, Glanville,"International Law and the Controversy Concerning the Meaning of the Word 'Law'", in: Peter Laslett (ed.), *Philosophy, Politics and Society*, Basil Blackwell, Oxford 1956.

Windscheid, B., *Lehrbuch des Pandektenrechts*, 9. Aufl., Bd. I, Frankfurt a. M. 1906.

Woleński, Jan,"The Reception of Logic in Poland: 1870—1920", in: *Czasopismo Techniczne 14*, Nauki Podstawowe Zeszyt 1 NP. (7), 2014.

Wolf, Erik, *Grosse Rechtsdenker der deutschen Geistesgeschichte*, 4 Aufl., Tübingen 1963.

Wolfgang Benz u.a. (Hrsg.), *Enzyklopädie des Nationalsozialismus*, 4 Aufl., München 2001.

Wróblewski, Jerzy,"Legal Syllogism and Rationality of Judicial Decision", in: *Rechtstheorie*, Bd. 5, Heft 1, 1974.

Wróblewski, Jerzy,"Verification and Justification in the Legal Sciences", in: *Rechtstheorie*, Bd. 10, Heft 1, 1979.

Würtenberger, Thomas (Hrsg.), *Phänomenologie, Rechtsphilosophie, Jurisprudenz: Festschrift Für Gerhard Husserl zum 75.* Geburtstag, V. Klostermann, Frankfurt a. M. 1969.

Wurzel, Karl Georg, "Methods of Juridicial Thinking", in: The Editorial Committee of the Association of American Law Schools (ed.), *Science of Legal Method: Select Essays by Various Authors*, trans. by Ernest Bruncken, Layton B. Register, The Boston Book Company, Boston 1917.

Wyduckel, Diete, "Zur Begründung, *Rechtfertigung und Legitimation des modernen Staates*", in: *ARSP*, Heft 15, 1981.

Zippelius, Reinhold, *Juristische Methodenlehre*, 10 Aufl., Verlag C. H. Beck, München 2006.

Zweigert, Konrad,"Vorwort", in: Josef Esser, *Grundsatz und Norm in der richterlichen Fortbildung des Privatrechts: Rechtsvergleichende Beiträge zur Rechtsquellen- und Interpretationslehre*, J.C.B. Mohr (Paul

Siebeck), Tübingen 1956.

二、中文文献（含汉译文献）

艾青：《我爱这土地》，载牛汉、郭宝臣主编：《艾青名作欣赏》，中国和平出版社 1993 年版。

［德］罗伯特·阿列克西：《法概念与法效力》，王鹏翔译，商务印书馆 2015 年版。

［德］罗伯特·阿列克西：《法律论证理论》，舒国滢译，中国法制出版社 2002 年版。

卡尔·波普尔：《客观知识——一个进化论的研究》，舒炜光、卓如飞、周柏桥、曾聪明等译，上海译文出版社 1987 年版。

班固：《汉书》卷八《宣帝纪第八》，中华书局 2000 年简体版。

陈根发：《论东亚的拉德布鲁赫法哲学思想研究》，载《云南大学学报法学版》2002 年第 15 卷第 4 期。

《德国民法典》（第 3 版），陈卫佐译注，法律出版社 2010 年版。

［美］德沃金：《法律帝国》，李冠宜译，台北时英出版社 2002 年版。

［法］笛卡尔：《谈谈方法》，王太庆译，商务印书馆 2000 年版。

董必武：《关于整顿和改造司法部门的一些意见》，载《董必武政治法律文集》，法律出版社 1986 年版。

［美］奥斯丁·J. 弗里莱：《辩论与论辩》，李建强等译，河北大学出版社 1996 年版。

北京广播电视大学法律教究室编：《法学基础理论参考资料》，中央广播电视大学出版社 1984 年版。

［德］汉斯－格奥尔格·伽达默尔：《真理与方法》，洪汉鼎译，上海译文出版社 1999 年版。

高明士：《律令法与天下法》，上海古籍出版社 2013 年版。

［意］葛兰西：《实践哲学》，徐崇温译，重庆出版社 1990 年版。

谷振诣：《论证与分析——逻辑的应用》，人民出版社 2000 年版。

郭道晖、李步云、郝铁川主编：《中国当代法学争鸣实录》，湖南人民出版社 1998 年版。

郭庆藩：《庄子集释》（全四册），王孝鱼点校，中华书局 1961 年版。

郭卫、周定枚编：《中华民国六法理由判解汇编》（第一册：民法），会文堂新记书局 1934 年版。

［美］罗·格勃尔主编：《哲学逻辑》，张清宇、陈慕泽等译，中国人民大学出版社 2008 年版。

［德］尤尔根·哈贝马斯：《在事实与规范之间：关于法律和民主法治国的商谈理论》，童世骏译，生活·读书·新知三联书店2003年版。

［德］尤尔根·哈贝马斯：《理论与实践》，郭官义、李黎译，社会科学文献出版社2004年版。

［英］H. L. A. 哈特：《法律的概念》（第2版），许家馨、李冠宜译，法律出版社2006年版。

《韩非子》，陈秉才译注，中华书局2007年版。

［德］埃德蒙德·胡塞尔：《逻辑研究》（第一卷），倪梁康译，商务印书馆2015年版。

何勤华编：《律学考》，商务印书馆2004年版。

贺麟：《黑格尔著〈法哲学原理〉一书评述》，载［德］黑格尔：《法哲学原理》，商务印书馆1982年版。

［德］黑格尔：《哲学史讲演录》（第2卷），贺麟、王太庆译，商务印书馆1983年版。

洪逊欣：《法理学》，台北三民书局1998年版。

胡玉鸿：《民国时期法律学者"法理"观管窥》，载《法制与社会发展》2018年第5期。

黄瑞明：《纳粹时期的拉伦兹：德国法学界的一页黑暗史》，载《台大法学论丛》2003年第5期。

［以］约瑟夫·霍洛维茨：《法律与逻辑》，陈锐译，中国政

法大学出版社 2015 年版。

［德］N. 霍恩：《法律科学与法哲学导论》，罗莉译，法律出版社 2005 年版。

［荷兰］雅普·哈赫：《法律逻辑研究》，谢耘译，中国政法大学出版社 2015 年版。

［德］J. H. 冯·基尔希曼：《作为科学的法学的无价值性——在柏林法学会的演讲》，赵阳译，载《比较法研究》2004 年第 1 期。

［英］吉尔比：《经院辩证法》，王路译，上海三联书店 2000 年版。

蒋楠楠：《传统法典中的法理及其现代价值——以〈唐律疏议〉为研究中心》，载《法制与社会发展》2018 年第 5 期。

《京外学务报告》，载《学部官报》，第 21 期。

［奥］凯尔森：《纯粹法理论》，张书友译，中国法制出版社 2008 年版。

［德］康德：《纯粹理性批判》，邓晓芒译，杨祖陶校，人民出版社 2004 年版。

［德］康德：《判断力批判》，邓晓芒译，杨祖陶校，人民出版社 2002 年版。

［德］康德：《实践理性批判》，邓晓芒译，杨祖陶校，人民出版社 2003 年版。

《康熙字典》，同文馆书局原版，中华书局 1958 年版。

［德］阿图尔·考夫曼、［德］温弗里德·哈斯默尔主编：《当代法哲学和法律理论导论》，郑永流译，法律出版社 2002 年版。

［德］阿图尔·考夫曼：《法律哲学》，刘幸义等译，台北五南图书出版公司 2000 年版。

［德］阿图尔·考夫曼：《古斯塔夫·拉德布鲁赫传——法律思想家、哲学家和社会民主主义者》，舒国滢译，法律出版社 2004 年版。

［德］阿图尔·考夫曼：《类推与"事物本质"——兼论类型理论》，吴从周译，台北学林文化事业有限公司 1999 年版。

［德］马克斯·卡泽尔、［德］罗尔夫·克努特尔：《罗马私法》，田士永译，法律出版社 2018 年版。

［荷兰］阿尔诺·R.洛德：《对话法律：法律证成和论证的对话模型》，魏斌译，中国政法大学出版社 2016 年版。

［苏联］彼·斯·罗马什金等主编：《国家和法的理论》，中国科学院法学研究所译，法律出版社 1963 年版。

［芬］冯·赖特：《科学的形象与理性的形式》，载氏著：《知识之树》，陈波编选，陈波、胡泽洪、周祯祥译，生活·读书·新知三联书店 2003 年版。

［德］古斯塔夫·拉德布鲁赫：《法律智慧警句集》，舒国滢译，中国法制出版社 2001 年版。

〔德〕H. 李凯尔特：《文化科学和自然科学》，涂纪亮译，商务印书馆 2000 年版。

〔德〕卡尔·拉伦茨：《法学方法论》，陈爱娥译，商务印书馆 2003 年版。

〔德〕蓝德曼：《哲学人类学》，彭富春译，工人出版社 1988 年版。

黎靖德：《朱子语类》，王星贤点校，中华书局 1986 年版。

李贵连等编：《百年法学：北京大学法学院院史（1904—2004）》，北京大学出版社 2004 年版。

李恒威：《"生活世界"复杂性及其认知动力模式》，中国社会科学出版社 2007 年版。

〔美〕理查德·罗蒂：《真理与进步》，杨玉成译，华夏出版社 2003 年版。

梁实秋主编：《远东英汉大辞典》，台北远东图书公司 1977 年版。

廖义铭：《佩雷尔曼之新修辞学》，台北唐山出版社 1997 年版。

林立：《法学方法论与德沃金》，中国政法大学出版社 2002 年版。

林文雄：《法实证主义》（增订三版），台北三民书局 1982 年版。

［日］铃木敬夫：《法哲学序说》，成文堂 1988 年版。

刘宝楠：《论语正义》，载《诸子集成》（第 1 册），中华书局 1993 年版。

刘俊文：《敦煌吐鲁番唐代法制文书考释》，中华书局 1989 年版。

刘晓林：《〈唐律疏议〉中的"理"考辨》，载《法律科学》2015 年第 4 期。

刘星：《西方法学理论的"中国表达"》，载《政法论坛》2005 年第 1 期。

［奥］路德维希·维特根斯坦：《论确实性》，张金言译，广西师范大学出版社 2002 年版。

［英］约瑟夫·拉兹：《实践理性与规范》，朱学平译，中国法制出版社 2011 年版。

［英］罗素：《西方哲学史》（下卷），马元德译，商务印书馆 1982 年版。

《逻辑学辞典》，吉林人民出版社 1983 年版。

《马克思恩格斯选集》第 3 卷，人民出版社 1976 年版。

［英］尼尔·麦考密克：《法律推理与法律理论》，姜峰译，法律出版社 2005 年版。

马玉珂主编：《西方逻辑史》，中国人民大学出版社 1985 年版。

［法］孟德斯鸠：《论法的精神》（上册），商务印书馆 1987 年版。

牟宗三：《政道与治道》，载氏著：《牟宗三先生全集》第 10 册，台北联经出版事业股份有限公司 2003 年版。

［德］乌尔弗里德·诺伊曼：《法律论证学》，张青波译，法律出版社 2014 年版。

《南京市十位学者：对撤销南京大学法学院提出批评》，载《人民日报》1957 年 5 月 19 日版。

［瑞士］皮亚杰：《发生认识论原理》，王宪钿等译，胡世襄等校，商务印书馆 1985 年版。

［瑞典］亚历山大·佩策尼克：《论法律与理性》，陈曦译，中国政法大学出版社 2015 年版。

［美］罗伯特·帕斯诺：《中世纪晚期的认知理论》，王宏波译，吴天岳校，北京大学出版社 2018 年版。

［德］齐佩利乌斯：《法学方法论》，金振豹译，法律出版社 2009 年版。

钱穆：《庄老通辨》，生活·读书·新知三联书店 2005 年版。

钱穆：《中国思想通俗讲话》，生活·读书·新知三联书店 2002 年版。

沈家本：《法学名著序》，载氏著：《历代刑法考》，中华书局 1985 年版。

沈宗灵、罗玉中、张骐编:《法理学与比较法学论集——沈宗灵学术思想暨当代中国法理学的改革与发展》上册,北京大学出版社、广东高等教育出版社 2000 年版。

史忠植编著:《认知科学》,中国科学技术大学出版社 2008 年版。

舒国滢:《从方法论看抽象法学理论的发展》,载《浙江社会科学》2004 年第 5 期。

舒国滢:《寂静的旅途》,载《在法律的边缘》,中国法制出版社 2000 年版。

舒国滢:《面临机遇与选择的中国当代法理学》,载《法学》1995 年第 9 期。

舒国滢:《我们这个时代需要什么样的法律精神?》,载《在法律的边缘》,中国法制出版社 2000 年版。

舒国滢:《战后德国法哲学的发展路向》,载《比较法研究》1995 年第 4 期。

舒国滢:《走出概念的泥淖——"法理学"与"法哲学"之辨》,载《学术界》2001 年第 1 期。

舒国滢:《法哲学沉思录》,北京大学出版社 2010 年版。

[美]凯斯·R.孙斯坦:《法律推理与政治冲突》,金朝武、胡爱平、高建勋译,法律出版社 2004 年版。

[荷兰]斯宾诺莎:《笛卡尔哲学原理》,王荫庭、洪汉鼎

译，商务印书馆1997年版。

［荷兰］斯宾诺莎：《知性改进论》，贺麟译，商务印书馆1960年版。

宋旭光：《理由、推理与合理性——图尔敏的论证理论》，中国政法大学出版社2015年版。

孙伟平：《事实与价值》，中国社会科学出版社2000年版。

［英］斯蒂芬·图尔敏：《论证的使用》，谢小庆、王丽译，北京语言大学出版社2016年版。

［苏联］安·扬·维辛斯基：《国家和法的理论问题》，法律出版社1955年版。

［德］弗朗茨·维亚克尔：《近代私法史》（下），陈爱娥、黄建辉译，上海三联书店2006年版。

王弼：《老子道德经注校释》，楼宇烈校释，中华书局2008年版。

王夫之：《张子正蒙注》，中华书局1975年版。

王海明：《伦理学方法》，商务印书馆2003年版。

［美］王浩：《哥德尔》，康宏逵译，上海译文出版社2002年版。

王健：《超越东西方：法学家吴经熊》，载《比较法研究》1998年第2期。

王路：《弗雷格思想研究》，商务印书馆2008年版。

王守仁：《王阳明全集》（上），吴光、钱明、董平、姚延福编校，上海古籍出版社1992年版。

王宪钧：《数理逻辑引论》，北京大学出版社1982年版。

王勇飞、张贵成主编：《中国法理学研究综述与评价》，中国政法大学出版社1992年版。

［德］魏德士：《法理学》，丁晓春、吴越译，法律出版社2005年版。

吴经熊：《超越东西方》，周伟驰译，社会科学文献出版社2002年版。

熊哲宏：《认知科学导论》，华中师范大学出版社2002年版。

徐国栋：《共和晚期希腊哲学对罗马法之技术和内容的影响》，载《中国社会科学》2003年第5期。

徐向东：《道德哲学与实践理性》，商务印书馆2006年版。

许慎：《说文解字》，中华书局1963年版。

［古希腊］亚里士多德：《工具论》（下），余纪元等译，中国人民大学出版社2003年版。

［古希腊］亚里士多德：《尼各马科伦理学》，苗力田译，中国人民大学出版社2003年版。

［古希腊］亚里士多德：《形而上学》，苗力田译，中国人民大学出版社2003年版。

［古希腊］亚里士多德：《形而上学》，吴寿彭译，商务印

书馆 1959 年版。

［德］卡尔·雅斯贝尔斯：《轴心期》，俞新天、魏楚雄译，载《史学理论》1988 年第 1 期。

［德］卡尔·雅斯贝尔斯：《悲剧的超越》，亦春译，工人出版社 1988 年版。

颜厥安：《法、理性与论证——Robert Alexy 的法论证理论》，载《政大法学评论》（台湾地区）总第 25 期。

颜厥安：《法与实践理性》，台北允晨文化实业股份有限公司 1998 年版。

颜厥安：《规范、论证与行动——法认识论论文集》，台北元照出版公司 2004 年版。

《杨兆龙法学文选》，中国政法大学出版社 2000 年版。

张家龙：《逻辑史论》，中国社会科学出版社 2016 年版。

张文显：《法理：法理学的中心主题和法学的共同关注》，载《清华法学》2017 年第 4 期。

张文显：《二十世纪西方法哲学思潮研究》，法律出版社 1996 年版。

张友渔主编：《中国法学四十年》，上海人民出版社 1989 年版。

长孙无忌等：《唐律疏议》，刘俊文点校，法律出版社 1999 年版。

赵汀阳：《人工智能会"终结"人类历史吗？》，载《南风窗》2017 年第 16 期。

赵汀阳主编：《论证》，辽海出版社 1999 年版。

郑戈：《法学是一门社会科学吗？》，载《北大法律评论》（第 1 卷第 1 辑），法律出版社 1998 年版。

郑戈：《韦伯论西方法律的独特性》，载《韦伯：法律与价值》，上海人民出版社 2001 年版。

［日］中义胜、［日］山中敬一译：《グスタフ・ラートズルフ》，成文堂 1992 年版。

周超、朱志方：《逻辑、历史与社会：科学合理性研究》，中国社会科学出版社 2003 年版。

《周敦颐集》，陈克明点校，中华书局 1990 年版。

朱晓喆：《布洛克斯的〈德国民法总论〉及其法学方法论》，载《东方法学》2014 年第 1 期。

后 记

近年来的春节，本人几乎都是在写作中度过的。我喜欢这样一种独特的休闲方式：一个人，在相对静谧的盛满书籍的房间里读书写字，听手指敲击键盘的声音，就像在太空中孤独地旅行，恍若远离尘世。

然而，2020 庚子年春节，我们每一个人注定不会平静：新型冠状病毒（CDVID-19）潮水般肆虐吾国大地，打破了千家万户在节日里所期盼的祥和生活。于此，余透过书斋一窗之外阴郁的天空，为家乡（湖北武汉、随州以及八棵树村的）父老祈福。《地母经·庚子年》诗曰："太岁庚子年，人民多暴卒。春夏水淹流，秋冬频饥渴。高田犹及半，晚稻无可割。秦淮足流荡，吴楚多劫夺。桑叶须后贱，蚕娘情不悦。见蚕不见丝，徒劳用心切。"笔者不迷信此说，愿天下苍生渡过劫难。

本书于 2010 年由北京大学出版社出版，曾入选《法治周末》和"凤凰网"于 2014 年联合主办的"1978—2014 年影响中国法治图书评选"50 本书单。其中收录多为旧说，但敝帚自珍，自认为书里尚有一些值得讨论的见解和文献资料，故不揣浅陋，整理再版。

中国政法大学 2019 级法理学博士生邓经超同学负责全书参考文献的整理，谨此致谢。台海出版社执行总编刘峰先生襄助，使本书得以在广西师范大学出版社出版，一并致谢。

舒国滢

2020 年 1 月 29 日（农历正月初五）
于元大都土城西夕峰吟斋